신경과학과 학습장애

-진단과 교육을 위한 새 지평-

2013년 정부(교육부)의 재원으로 한국연구재단의 지원을 받아 수행되었음.
(NRF-2013S1A3A2055007)

SNU SERI 연구총서 2

신경과학과 학습장애

진단과 교육을 위한 새 지평

Elaine Fletcher-Janzen · Cecil R. Reynolds 편저 | 김동일 역

**Neuropsychological Perspectives
on Learning Disabilities in the Era of RTI:**
Recommendations for Diagnosis and Intervention

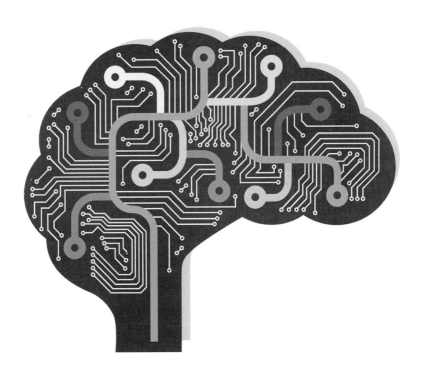

학지사

● 역자 서문 ●

　지금까지 교육 연구자들은 인간의 뇌 안에서의 인지 활동을 연구하기 위해 인지 활동 그 자체보다도 그러한 인지 활동을 통해 나타나는 관찰 가능하고 측정 가능한 행동에 의존하였다. 그러나 최근 과학기술의 발달을 통해 신경과학(신경심리학) 분야는 인지 활동의 주체인 뇌 자체의 구조 및 기능에 대한 체계적이고 심도 깊은 이해에 접근해 가고 있다. 특히 주어진 인지 과제를 수행하는 동안 어느 뇌 영역이 가장 활성화되는지를 살펴볼 수 있는 기능적 뇌영상(functional neuroimaging) 기법이 개발되고 발전함에 따라 뇌 활동과 행동 사이의 관련성에 관한 연구가 가능해졌고, 이를 통해 뇌의 복잡한 구조뿐만 아니라 그 안에서 이루어지는 학습과 기억 그리고 행동 기제들에 대하여 설명할 수 있게 되었다.

　관련 연구들이 축적됨에 따라 신경과학이 교육과 학습의 과학을 진전시키기 위한 방법을 제공해 줄 수 있다는 가능성에 대한 관심이 증가하고 있다. 하지만 여전히 교육 연구자 및 교사들은 학습, 기억 그리고 행동의 주체인 뇌에 대한 이해와 관심이 부족하고, 그간에 이루어진 뇌에 대한 기초적인 이해와 특성 연구들은 교육 현장에 주는 실천적 의미가 약하다. 그러나 실제로 교육적 실제에 연결될 수 있는 인지신경과학 연구 결과들이 확산되고 있고, 뇌 연구에 따른 정보들을 교육에 적용해 보려는 시도인 뇌 기반 연구라는 새로운 패러다임하에서 학습에서의 효과성을 입증하는 데에도 뇌 활동 분석의 정당성이 제기되면서 뇌와 학습의 연관성 연구를 교육에 적용하고자 하는 노력이 이루어지고 있다. 이러한 연구들은 특히 학습장애 학생들의 인지 활동에 대해 제공해 주는 인지신경심리학적 발견들이 교육적으로 어떻게 활용될 수 있을지 숙고하여야 하는 기회이자 과제를 부여한다.

이 책은 중재반응(response to intervention: RIT) 모형이 제시된 현 상황에서 신경과학의 눈을 가지고 학습장애에 대한 진단과 교육을 체계적으로 이해하고자 시도한 본격적인 개설서다. 이 책을 통하여 신경과학의 관점에서 다양한 진단과 중재에 대한 시사점을 살펴볼 수 있다.

이 책이 나오기까지 직간접적으로 자신의 희생을 감내하며 참여한 많은 이에게 사의를 표한다. 먼저 이 책을 같이 읽고 그 의미를 이해하며 토론에 참여해 준 서울대학교 대학원 학습장애 전공생들에게 깊은 고마움의 말을 전하고자 한다. 또한 책으로 출판하기 위하여 애써 주신 학지사 김진환 사장님과 편집부 관계자들의 정성과 끊임없는 노력에 감사드린다.

2014년 11월

SNU SERI(Seoul National University, Special Education Research Institute)

소장 김동일

● 편저자 서문 ●

   아동기의 뇌와 행동의 관계에 대한 연구와 저술을 시작한 지 어느새 30여 년이 다 되어 간다. 우리가 특수교육을 시작할 때만 해도 법률과 임상적 지침에서 학습장애의 정의를 제시하는 움직임이 막 시작되고 있었으며, 학계에서는 학습장애(learning disability: LD)를 가진 아동의 뇌와 마음속에서 어떤 일이 벌어지는지 이해하기 위한 흥미로운 연구 결과가 쏟아지기 시작하였다. 그 당시에는 IQ와 지능의 본성에 대한 논쟁이 중심을 이루었으며, 연구자들은 학습장애가 신경생물학적 원인에서 기인한다고 확신하였다. 또한 읽기 교육과정에서 인지 처리 결함을 교정하고자 하였고, 장애를 가진 모든 아동이 개별화 학습의 요구를 반영하는 적절한 공교육을 자유롭게 받을 수 있는 권리를 가져야 한다는 주장이 힘을 얻었다. 이러한 생각은 세월이 지나도 그리 많이 변하지 않아서, 오늘날에도 학습장애에 대한 큰 담론으로 이와 같은 내용들이 다루어지고 있다. 그러나 신경과학과 신경심리학이 눈부신 발전을 이뤘음에도, 최근 학습장애를 판별하기 위해 행동 기반으로 고안된 중재반응(response to intervention: RTI) 모형에 의거하여 연방정부 법안을 구성할 때 이러한 발전적 증거가 반영되지 않고 있다. RTI가 저학년에서 읽기 문제를 가지고 있는 아동들을 돕는 확실한 방법이라는 것은 더 이상 놀랍거나 새로운 이야기가 아니다. 학습장애를 판별하고 진단하는 데 있어서 RTI적 접근 방식을 지지하는 전문가들은 학습장애 아동에 대해 지칠 줄 모르는 헌신과 관심을 보인다. 반면, 안타깝게도 의미 있는 중복변수(예: 학습장애와 더불어 흔하게 나타나는 다른 공존장애들)를 무시하는 방법론을 선호하는 것은 모든 과학적 조사연구 방법의 핵심을 무시하는 것이다. 학습장애로 진단되지 않은 아동에게 체계적이고 표준화된 평가 과정을 거치지 않은 상태에서 중재를 실시하는 것은 진단 정보의 객관성, 공정성, 풍부성을 무시하는 것이다. 더 나아가 모든 읽기 문제를 음운론적 읽기교육으로 교정하려고 하거나 독해를 읽기 유창성과 같은 것으로 잘못 규정하여 초등학교 중기나 후기에서 읽기 이해에 관계된 인지 처리 과정을 무시하는 결과를 초래하게 된다.

　복잡한 학습 과제에 대한 뇌의 인지 처리를 이해하기 위한 신경과학과 신경심리학의 성과를 무시하는 것은 교육 정책과 실제에 매우 직접적이고 중요한 영향을 미치는 연구를 무시하는 것과 같다. 또한 이렇게 중요한 시기에 신경과학적 공헌을 무시하는 것은 학습장애 아동들과 다른 공존장애를 가진 아동들을 불필요한 스트레스와 학습 실패에 시달리게 할 것이다. RTI를 편협하게 적용하면 더 많은 학습장애 판별이 이루어진다. 즉, 읽기에 관련된 주의(attention), 실행 기능(executive functions), 특정 뇌 영역의 역동적 국지화(dynamic localization)에 대한 신경과학적 증거를 도외시함으로써 불필요한 진단을 내리게 되는 것이다.

　이 책은 학습장애 판별을 위한 신경과학과 신경심리학의 기여를 밝히기 위해서 구성되었다. 학습장애 분류가 처음 시도되었던 초기에는 기술적인 영역에 대한 이해 문제로 인하여 뇌 관련 연구가 매우 제한적으로 소개되었다. 그러나 지금은 사정이 다르다. 실험실 연구에 의하여 확실한 연구 결과가 나오고 있고 이를 교실에서 적용할 수 있도록 수행하는 해석적 연구 결과는 증거 기반 교육의 준거로 사용되고 있다. 교육 전문가와 정책 입안자들이 최근의 신경과학적 연구 결과를 이해하는 것은 매우 중요한데, 이러한 결과가 우리가 어떻게 학습에 대해서 생각하고 뇌에 대해서 생각하는지에 대한 직접적인 근거가 되기 때문이다.

이 책의 저자들은 신경과학자, 신경심리학자, 임상심리학자, 그리고 뇌-행동 관계에 대하여 훈련받은 학교심리사 등이다. 모든 저자는 지금까지 연구되었던 풍부한 결과를 이 책에 담았다. 그들은 어떻게 미래의 교육이 신경과학적인 발전을 품을 수 있는지에 대하여 고민하고 있다.

저자들의 세계관과 학문적·직업적 특성이 적나라하게 드러나게 되면 책을 구성하는 데 문제가 될 수 있다. 그러나 적어도 표면적으로 모든 저자가 같은 주제에 대해서 이야기하고 있다. 사실 우리는 내용의 중복성에 대해서 걱정하였지만, 신경과학의 다양한 본질이 저자들의 개인적인 차이점과 풍부한 경험을 반영하여 보여 줄 것임을 알고 있다. 신경과학과 신경심리학이 현재 교육 개혁에서 중요한 역할을 하지 못한다고 생각하는 독자들이 있다면 이 책은 그러한 생각을 바꿔 줄 것이다. 이것이 우리의 목표이고, 이 책이 신경과학의 가치를 믿는 독자들에게 정말 흥미로운 책이 될 것이라고 생각한다. 이 책은 정말 그렇다! 우리는 또한 저자들에게 먼저 답을 정해 놓고 내용을 끌어가도록 요구하지 않았다는 것도 밝힌다. 우리는 참여하고 싶어 하는 저자들을 포함하고 다양한 관점으로 책 내용을 구성하도록 노력하였다.

이 책을 집필한 모든 저자에게 감사드린다. 우리는 매우 바쁜 저자들에게 스트레스가 될 수 있다는 것을 잘 알면서도 4개월의 시한을 정하여 원고 작성을 요청했다. 그럼에도 그들은 강렬하고 설득력 있는 작업을 해 주었다. 우리는 또한 학습장애에 대해서 연구하는 데 있어 신경과학과 신경심리학의 역사에 대해 지혜롭게 풀어 써 준 Alan Kaufman에게도 감사를 드린다. 그 덕분에 이 책이 더욱 멋지게 완성될 수 있었다. 서문을 써 준 Sally Shaywitz에게도 감사를 드린다. 그의 성실하고 열심히 노력하는 모습은 정말 최고라고 생각한다. 일정을 잘 맞추어 이 책을 세상에 나올 수 있게 해 준 편집자 Isabel Pratt과 John Wiley and Sons 직원들에게도 고마움을 전한다.

개인적으로 저자 Elaine은 늘 든든히 지지해 준 가족 David, Emma 그리고 Leif에게 감사의 마음을 전한다. 저자 Cecil은 Julia의 따뜻한 지지와 격려라는 선물에 대해서 끝없는 감사를 보내며, 앞으로 같은 선물로 보답하기를 기대한다.

Elaine Fletcher-Janzen(San Angelo, Texas),

Cecil R. Reynolds(Bastrop, Texas)

● 저자 서문 ●

　이 책은 미래(교육과 아이들의 미래)에 관한 책이며, 모든 아이, 특히 읽기장애가 있는 아이들을 가르치기 위해서 어떻게 현대 신경과학의 발전을 교육적 틀에 가장 잘 통합할 것인가에 관한 책이다. 미래는 지금이며, 다음 순간 그리고 다음날이기도 하다. 중요한 점은 미래가 손에 잡힐 만큼 가까이 있다는 것이고, 시급한 문제는 학습에 어려움을 겪는 학습자뿐만 아니라 모든 학습자에게 가장 효과적으로 읽기를 가르치기 위해서 교육자들이 활용 가능한 21세기의 도구를 어떻게 잘 이용하는가다. 놀랍게도 이 책은 일관된 시각이나 공통의 관심사가 없어 보이는 연구자 및 교육자로 이루어진 다양한 집단에게 일련의 핵심적인 질문을 하고 있다. 질문은 모두 6개이고, 응답자들은 적어도 4개를 언급하도록 요구되었다. 질문의 처음 3개는 학습장애 학생들을 효과적으로 진단하고 중재를 제공하는 발전적인 교육 방법에 신경과학의 발전을 어떻게 접목시킬 것인가에 대한 해결책을 찾는 것이다. 질문은 다음과 같다.

　① 신경과학은 학습장애 판정에 관한 법률 및 정책에 어떻게 기여해야
　　하는가?
　② 신경과학은 학습장애 평가(사정)와 판별에 어떻게 기여할 것인가?

③ 향후 신경과학의 발달은 학습장애의 분류화 중재에 어떤 영향을 줄 것인가?

뇌 연구에서 읽기에 대해 이루어진 놀라운 성과를 바탕으로, 우리는 그간 신경과학적 연구 결과와 불일치하는 교육 형태에 대해 의문을 가지고 다음 단계를 고민할 필요가 있다. 즉, 뇌의 활동을 직접 관찰할 수 있는 경이로운 발전을 이해하며, 이러한 놀라운 발전에 적합한 가장 효과적인 프로그램이 무엇인가에 대한 일련의 다양한 질문에 대해 고민하는 것이다. 간단히 말해, 이러한 발전은 읽기에 사용되는 뇌와 신경에 대해서 밝히고, 이러한 중추신경계가 읽기가 유창한 학습자와 그렇지 못한 학습자 사이에서 어떤 차이점이 있는지를 확인한다. 이는 유창한 읽기에 사용되는 신경계를 정확히 찾아내는 것이고 부진한 읽기를 보상할 수 있는 신경계를 밝히는 것이다. 예를 들어, 빠르고 유창한 읽기에 필요한 '단어 형성' 뇌 신경 영역에서 활성화 감소를 보이는 학습자의 사례는 난독증이 읽기에 더 많은 시간을 필요로 한다는 것에 대한 기존의 읽기 중재 방법과 신경생물학적 설명을 모두 가능하게 한다. 뇌영상 연구는 난독증에 두 가지 특정한 하위 영역이 존재한다는 것을 암시하고 있다. 하나는 유전적인 영향에 의한 것이고, 다른 하나는 환경적인 영향에 의한 것이다. 직접적이고 실제적으로 관련이 있는 사례 중에서 우리와 다른 신경영상 연구는 읽기에 대한 신경 조직의 가소성이나 유연성을 증명했다. 특히 그것들은 가르치는 문제와 읽기에 대한 신경 회로가 증거 기반의 강력한 읽기 중재에 반응한다는 것을 암시한다. 효과적인 교수 방법을 통해 학습함으로써, 뇌는 변화할 수 있고 읽기는 향상될 수 있다. 또한 최근 연구에서는 읽기를 잘하는 사람과 그렇지 못한 사람들의 신경 회로 발달에 차이가 있다고 하였다. 난독증 학습자가 기억에 더 의존하는 조직을 발달시킨 반면, 읽기를 잘하는 사람은 소리에 의존하는 조직을 발달시킨 것으로 보였다.

이런 경이로운 발견에도 불구하고, 기본적인 질문은 이러한 과정이 교육적으로 무엇을 의미하는지에 대한 것이다. 우리는 어떻게 하면 이러한 정교하고 새로운 신경과학 지식을 미래 학교 교육에 가장 현명하게 사용할 수 있을까? 가장 중요한 것은 어떻게 생산적으로 학교의 실제 수업에 신경생물학적인 증거를 적용하는지에 대한 것이다.

그리고 현재 신경과학이 제공하는 특별한 가능성에 대해서 생각해 볼 때, 참여자들은 현재의 교육적인 정책과 실제의 향상을 어떻게 이루어 갈 것인지에 대해서 시기적절하고 중요한 논의를 할 것을 요구받는다. 특히 우리가 교육의 미래를 고려할 때, 가장 정확하고 효율적이며 효과적으로 분류하고 중재하는 모형의 발전에 있어서 신경과학, 신경생리학 그리고 중재반응(response to intervention: RTI)의 기여를 극대화하는 방법에 대해서 생각해야 한다.

① 학습장애 진단 방법으로서 RTI와 임상신경과학 지식을 어떻게 조화시킬 것인가?
② 학습장애 진단에서 신경심리학은 어떤 역할을 해야 하는가?
③ RTI 맥락에서의 중재 설계에서 신경심리학은 어떤 역할을 해야 하는가?

이러한 맥락과 역사적인 관점을 제공한 Alan Kaufman, 읽기와 관련된 뇌에 대한 새로운 지식은 물론이고 교육적인 정책을 알리기 위해서 RTI의 잠재력을 언급한 Virginia Berninger를 포함한 여러 연구자의 통찰은 시의적절하고 타당하며 지적인 즐거움을 제공한다. 예를 들어, 중재 전 전략으로서 RTI 접근의 잠재적 활용 가능성을 인정하지만 다른 의견을 가진 저자들은 RTI가 진단적인 도구 혹은 중재 전략으로서 받아들여지고 널리 보급될 준비가 되었는지에 대하여 심각한 의문을 제기했다. 이 관점에 대한 논의는 설득력이 있으며, 자신들이 인지한 것에 대해 심각하고 건설적인 질문을 하는 Cecil Reynolds와 H. Lee Swanson과 같은 사려 깊고 매우 현명한 연구자들에 의한 논쟁을 통해 단순히 RTI를 받아들이는 것이 아니라 이에 대한 비판적 시각을 가질 수 있을 것이라고 생각한다.

RTI가 국가적으로 전체 학교에서 적용된다면 이 책에서 제기한 질문과 걱정이 국가적인 토론의 주제가 된다는 점에서 매우 시의적절하며 의의가 있다. RTI는 난독증의 초기 분류와 정확한 진단에 대해서, 그리고 효율적인 읽기 기술과 시기적절한 중재를 제공하기 위해서 가장 효과적인 전략을 찾고 있는 것에 대한 해답인가? 혹은 RTI는 트로이의 목마보다 더 나쁜 것인가? 그것은 겉으로는 매력적으로 보이지만 매우 위험하고 검증되지 않았으며 결국에는 해롭기까지 한 것인가? 혹은 RTI는 최선과 최악의 사이에 존재하는 것인가? 만약 RTI에 문제가 있다면 이 모형을 개선하기 위한 조정이나 건설적인 접근은 있는가? 이러한 문제 각각에 대한 관점이 이 책에 잘 나타나 있다. 예를 들어, Swanson은 독자들에게 RTI는 새로운 것이 아니라 30년 전의 개념으로 거슬러 올라가야 하는 다소 묵은 개념이며, RTI에 대한 빈약한 실험적 근거에 대해 깊이 있는 논의를 해야 한다고 주장한다. 그는 분류 모형 혹은 중재 전략으로서 RTI의 효과성에 대해 통제된 실험 연구의 부족을 언급한다. RTI에서 사용하는 증거 기반 교육은 일관되고 신뢰성 있으며 유효한 적용이 부족하다. 그리고 그러한 교육에 대해 검증된 전문가의 교육 모형이 부족하다. Swanson은 근본적인 질문을 한다. '무반응'이 의미하는 것은 무엇인가? 그것은 어떻게 정의되고 어떻게 측정되는가? 질문의 미묘한 차이로 의미 있고 중요한 결과가 달라진다. 즉, 반응성을 결정하는 방법에서 일관성이 낮으면, 학습장애 아동의 내재적인 특성이 아니라 적용하는 방법에 따라 대상 아동이 달라지고 출현율도 달라지게 된다.

　Swanson은 또한 RTI의 사용에 대해 진단 모형으로서 확고한 경험적 증거가 부족하다는 점에 독자들의 주의를 환기한다. 알려진 대로 RTI의 장점은 RTI가 IQ 측정에 의존하지 않는다는 것이고, 그에 따라 지능-성취 불일치를 검증해야 할 필요성이 없다는 것이다. 하지만 여기서 제기되는 문제는 RTI가 불일치 모형의 한 가지 다른 모습이 아닌가 하는 것이다. 즉, 지능과 성취의 개인 내 불일치가 아니라 동년배 성취 수준과 대상 학생 성취의 불일치에 기반하는 것이다. RTI 모형의 중심 가설은 지능(IQ)이 읽기 능력과 거의 관련이 없다는 것이다. 결과적으로 지능이 읽기장애를 판별하거나 중재하는 데 필요하지 않다는 것이다. 동등한 교육 기회(양질의 교육)가 주어진다면 모든 학생은 성공할 것이라는 가정이 있다. 이 책에는 그러한 가정에 내재하는 결함을 종종 언급한다. 경험적인 데이터에 따르면 그러한 교육 기회의 동등성이 교육적인 성과에서 다양성을 결코 감소시키지 않고 더 증가시키는 결과를 낳을 것이라는 것을 알고 있다. 이러한 동등한 교육으로 인하여 음운론적인 성취는 동등할 수도 있겠지만, 읽기 이해나 어휘의 교육 성과에서는 그렇지 못하다. Swanson은 읽기곤란 학생 중에서 지능-성취 불일치 집단과 그렇지 않은 집단은 읽기 성취 수준이 비슷하기는 하지만, 메타분석 결과를 보면 언어지능이 효과 크기의 조절변수가 되거나 두 집단의 수행 수준 차이에서 중요한 변수가 된다고 주장하였다. 더 나아가 지능은 읽기 능력을 설명하는 가장 중요한 변수라고 하였다. 그러나 교육 성과를 해석하는 데 지능을 활용하는 것이 적절함을 설명하는 경험적 연구 결과는 복잡하고 때때로 모순적이다. 지능의 영향을 폄하하는 학자들의 주장보다 더 문제가 되는 비일관성이 종종 존재한다. 적어도 전반적인 경험적 연구 결과에 의하면 중재에 대한 반응을 평가하거나 읽기장애를 진단할 때 여전히 지능(적성)은 무시할 수 없는 것으로 생각된다.

간과할 수 없는 중요한 쟁점은 RTI의 역할을 학습장애를 진단하는 전략으로 볼 수 있는가다. 예를 들면, Reynolds는 '적절한 교육'에 같은 학급의 또래만큼 반응을 하지 못하고 진전을 보이지 않으면 충분히 학습장애로 진단할 수 있는가에 대한 질문을 했다. 그 결과, 오히려 충분히 진단할 수 없다는 연구 자료를 제시하였다. 어떤 학급에서는 한 학생을 학습장애로 진단하고 다른 학급에서는 같은 학생을 비학습장애로 진단할 수도 있는 RTI 접근은 '근본적으로 학습장애 개념을 바꾸어 버렸다'는 것이다. 좀 더 유추해 보면, 흥미롭게도 RTI는 본질적으로 불일치 모형의 특별한 경우라는 것이다. 즉, 학급 평균 수준과 개별 학생의 수준 차이에 근거하기 때문이다. 그러나 RTI의 이중불일치 준거, 즉 학급 평균 수행 수준과 진전도 및 개별 학생의 수준과 진전도의 차이에 근거한 '개인 간 개인차' 학습장애 진단 준거는 '개인 내 개인차'로 표현되는 적성과 성취 불일치의 학습장애 개념과는 완전하게 다른 것처럼 보인다. Reynolds는 RTI 모형을 적용하면 경계선급 지능(IQ 90 이하) 학생들을 학습장애로 과잉진단을 하게 될 것이며, 결과적으로 '느린 학습자(slow learner)'를 학습장애로 진단하게 될 것이라고 주장하였다. 지능(적성)을 고려하지 않는 문제는 결과적으로 학업적 지능이 상대적으로 높은 학생들의 교육적 필요성을 무시하게 될 것이다. 예를 들어, 매우 똑똑하지만 읽기 성취도는 학급의 평균 정도 되며(지능에 비해 낮은 학업 성취), 동시에 다른 과목은 잘하는 학생은 RTI 모형하에서는 학습장애로 진단받지 못하게 될 것이다. Reynolds는 RTI에 대해서 "학습장애의 특정성에 대한 지금까지의 개념을 거부한다."라고 주장했다. 또한 RTI에서는 '실패하기를 기다리는(wait to fail)' 모형을 '학생들이 실패하는 것을 보는(watch them fail)' 모형으로 대체했다고 하였다. 학습장애에 대한 신경과학과 행동에 관련된 최신의 연구 결과에 의거하여, Reynolds는 RTI가 학습장애 개념과 진단에 중요한 요인인 인지처리장애를 제대로 드러내지 못하는 것에 대하여 우려를 표시하였다. 이러한 문제의식과 더불어 RTI 모형의 잠재적 위험성이 드러날 수 있다. 이러한 문제점은 바로 RTI 모형하에서는 신경생리학적 특성에 대해서 진단 정보를 구하지 않거나 제대로 진단하지 않게 되며 결과적으로 학습장애의 부적절한 치료/중재를 초래하게 될 수 있다는 것이다.

이 책은 논쟁의 여지가 있지만 늘 흥미롭고 유익한 토론의 모범을 보여 줄 것이다. 예를 들어, 이 책의 저자들은 RTI 구성 요소를 갖추면서 신경과학의 여러 가지 발견을 반영하여 더욱 향상된 모형을 개발하는 것을 포함시킴으로써 건설적이고 논리적인 접근을 하고 있다.

이 책은 각자 다른 대안적인 관점을 가진 교육자들과 연구자들을 한곳에서 많이 접할 수 있다는 점에서 흥미롭다. 독자들은 책을 읽을수록 이 관점에 대한 비교와 대조를 할 수 있을 것이다. 나는 각 저자들의 글을 읽으면서 앞뒤로 왔다 갔다 하는 것을 즐겼고, 각 연구자들이 찾은 결과를 완전히 이해하려고 하였으며, 종종 다른 연구자들이 제시한 관점과 대조하였다. 이 책은 매력적이고 유익하며 중요한 책이 될 것이다. 또한 연구자와 정책 담당자 그리고 교육자들이 꼭 읽어 봐야 할 책이다.

Sally E. Shaywitz, M.D.

Audrey G. Ratner Professor of Learning Development,

Yale Center for Learning, Reading, and Attention 공동소장

Yale Center for Dyslexia and Creativity 공동소장

Overcoming Dyslexia(Alfred E. Knopf, 2003)의 저자

● 차 례 ●

제1장
RTI

신경과학과 특정학습장애 ⋯ 27
－최근 논쟁과 미래 임상적 개입에 대한 지침으로서의 역사적 배경

제2장
RTI

중재반응(RTI) 모형, 신경과학, 감각 ⋯ 43
－학습장애 진단과 중재에서의 혼란

제18장 신경과학, 신경심리학 그리고 교육 ⋯ 323
–함께 공부하고 서로 어울려 지내기 위한 학습을 위하여

제19장 소수 집단에서의 학습장애 진단 ⋯ 333
–비신경심리학적 접근의 적용상 난점에 대하여

제20장 RTI 패러다임과 학습장애의 진단에서 신경과학과 신경심리학의 역할 ⋯ 345

제1장

신경과학과 특정학습장애

－최근 논쟁과 미래 임상적 개입에 대한
　지침으로서의 역사적 배경

Alan S. Kaufman

　　1950년대 Ralph Reitan에 의해 신경심리학이 널리 알려지고 1963년 Sam Kirk가 학습장애(learning disability: LD)라는 용어를 구안하기 전부터 학습장애와 신경심리학은 서로 밀접한 관계를 맺고 있었다. 특정학습장애(specific learning disability: SLD)의 근원을 Kurt Goldstein과 Alfred Strauss의 지각처리장애 접근이라고 보든, Samuel Orton과 James Hinshelwood의 발달적 언어장애 개념화라고 보든, 특정학습장애의 역사는 뇌손상과 뇌기능장애에 전통적으로 집중해 왔다(Shepherd, 2001). 과거에도 특정학습장애와 신경심리학의 강한 연관성이 지지를 받았지만, 현재의 연구 혹은 미래의 특정학습장애 평가에서 신경심리학적 기술 적용의 중요성은 더욱 커질 것이다.

　　특정학습장애의 역사는 시간의 순서를 따르는 것이기보다 개념적으로 다르고 통합되기 어려운 두 가지 학문적 전통의 혼합물이라 볼 수 있다. 뇌손상을 입은 군인들의 지각, 인지, 주의력, 기분 장애에 대한 Kurt Goldstein(1942)의 연구에 기초한 Goldstein-Strauss-Werner 전통은 지각, 특히 시지각의 장애를 강조하고 있다. 사실 특정학습장애로 간주되는 것은 지각적 처리에서의 결함이다(이 모형에서는 특정학습장애에 대해서는 언급하지는 않는다).

그러나 Goldstein 이전의 특정학습장애의 역사는 1890년대 유럽에서 뇌졸중 후 읽기 능력을 잃었지만 말하기와 쓰기는 유창하게 할 수 있고, 세부적인 것도 기억할 수 있으며, 이해도 잘하는 성인 환자를 설명하는 것으로부터 처음 시작되었다(Dejerine, 1892). 14세의 글을 읽지 못하는 소년인 Percy F.에 대한 설명은 다음과 같다. "나는 그 소년이 똑똑하며, 대화에서도 보통의 지능을 가졌다고 덧붙여 말하고 싶다. 몇 년 동안 그를 가르친 교사는 수업을 구어(口語)로만 진행했을 때 아이가 가장 잘 따라왔다고 말했다."(Morgan, 1896, p. 1378) Orton과 Hinshelwood에 의해 널리 알려진 학문적 전통은 Percy에 대한 Pringle Morgan 박사의 1896년 설명에 이어 읽기와 쓰기에 특정학습장애를 가진 개인 사례에 대한 명확하고 인상적인 연구를 낳았고(예: Kerr, 1897; Morgan, 1914), 그 이후에 수학에 대해 특정화된 연구가 진행되었다(Schmitt, 1921). Hinshelwood (1917)는 시각적 기억을 글자나 단어로 저장하고 기억하는 능력에서의 결함을 나타내는 문제는 좌각회의 타고난 장애의 문제라고 믿었다. Orton(1937)은 뇌 반구의 결손과 관계된 기능적 뇌장애는 언어를 다루는 다른 것을 지배하게 된다는 가설을 세웠지만, 그럼에도 불구하고 "난독증의 원인은 이 각회 부분에 있다는 개념을 받아들였다."(Spreen, 2001, p. 285) 즉, 두 사람 모두 특정학습장애가 문어(文語)의 발달적 장애의 결과라는 것에는 동의한 것이다.

때때로 특정학습장애의 역사를 연구한 신경심리학자들은 Goldstein-Strauss-Werner 전통을 Hinshelwood-Orton 접근과 함께 생각하기도 했다. "Orton의 이론은 1947년에 Strauss와 Lehtinen이 주의력을 학습장애 아동들에게 나타나는 신경학적 신호라고 명명하기 전까지 하나의 이론에 불과했다."(Spreen, 2001, p. 286) 그러나 일반적으로 두 가지 전통은 따로 다루어져 왔다.

물론 특정학습장애의 두 역사적 뿌리는 개념, 근원 또는 연구 방법에서 매우 다르다. 하지만 그들은 신경학과 신경심리학이 학습 문제를 이해하고 그들을 치료하는 데 열쇠가 된다는 기본 전제에는 합의하였다. 발달적 언어장애 접근의 창시자들은 초기에 신경과학의 영역에 근거하고 있었더라도 신경학적 원인에는 동의하지 않았다. 초기 특정학습장애 개척자들의 근원에 상관없이, 또 특정학습장애에 대한 그들의 직관적 이해가 어떤 것이든 상관없이, 특정학습장애는 특정한 지각적 장애 또는 언어 발달에서의 특정한 장애로 인식되었고, 신경학과 신경심리학을 통해서 현재의 특정학습장애 분야가 확립되었다.

특정학습장애에 대한 Goldstein-Strauss-Werner의 시지각적 접근

Goldstein-Strauss-Werner 이론에서는 주의력 문제에 수반하는 시지각장애가 지각과 주의력에 의존하는 과제의 학습에 결함이 있다고 가정하며, 이러한 뇌손상을 입은 개인들의 지각적 장애를 고치고(부주의와 산만함을 줄이는 학습환경에서) 학습 문제를 고쳐 왔다(정신지체라 할지라도). Goldstein의 제자인 Alfred Strauss는 스승의 연구를 정신지체 청소년으로 확장하였고, 이 집단(낮은 IQ)에서도 Goldstein이 뇌손상을 입은 군인들로부터 찾아낸 것과 똑같은 종류의 지각, 기분, 학습의 장애를 관찰하였다(Strauss & Werner, 1943). 이 연구자들은 뇌손상으로 인한 장애의 연구에 공헌하였으며, ① 뇌손상(brain damage)으로 인한 정신지체(mental retardation: MR)와 유전으로 인한 정신지체 간에는 차이가 있고, ② 뇌손상은 특정한 지각적 · 행동적 결함을 발생시키며, ③ 관찰된 지각적 · 행동적 문제를 다루는 특수교육은 뇌손상으로 인한 정신지체에는 효과적이지만 유전으로 인한 정신지체에는 그렇지 않다고 결론 내렸다. Strauss는 Laura Lehtinen이라는 교사와 함께 지각 훈련을 수행하기 위한 연구를 하였는데(Strauss & Lehtinen, 1947), 학습과 행동 문제 치료를 위해서는 지각장애 운동의 발단에서부터 학습과 행동 문제를 확인하고 서로 협력하여야 한다고 강조하였다.

이 이론을 확장하기 위한 다음의 논리적인 단계는 청소년 및 성인이 아닌 아동을 연구하는 것이었고, 정상 또는 정상에 가까운 지능을 가진 아동을 연구하는 것이었다. 이 연구들은 뇌성마비와 같은 뇌손상을 가진 아동을 포함하였고(Cruickshank, Bice, & Wallen, 1957), 흥미롭게도 이 연구를 급진적으로 발전하게 하였던 학습과 행동 문제를 가지고 있다는 증거가 있음에도 뇌손상의 임상적 현상들은 보이지 않는 아동들의 표본도 포함하였다. Goldstein, Strauss, Werner, Cruickshank 그리고 Kephart는 학습과 행동 문제가 정신지체와는 구분되는 미세뇌기능장애(minimal brain dysfunction)—뇌손상에도 불구하고 표준적인 의학적 과정을 통하여 찾아낼 수 없는—로 인한 것이라는 개념을 수립한 선구자들이다.

Lehtinen의 초기 연구는 지각장애의 치료가 가능성이 있고, 시각-지각-운동 훈련 프로그램의 과잉은 1960년대에 Frostig, Ayres, Getman, Kephart, Barsch 등 같은 주제로 방법론을 펼친 연구자들과 함께 우세해지기 시작하였다. 그러나 500개 이상의 다른 통계적 비교를 포함하였음에도 불구하고, 81편의 연구를 통한 충분하고 체계적인 검토에서는 "어떠한 중재(treatment)도 인지, 언어, 학업 또는 학교 읽기 능력에 효과적이지 않았고, 훈련 활동이 학생이 보이는 시지각 그리고/또는 운동 기술

향상에 가치가 있는지에 대한 심각한 질문이 제기되었다."(Hammill & Bartel, 1978, p. 371). 그러나 이러한 연구에 대한 지지의 부족이 학교에서의 시각 훈련을 중단시키지는 못하였고, 보통 시각 문제 혹은 청각 문제와 같은 지각 문제를 지닌 학습장애(당시에는 미세뇌기능장애 또는 지각장애로 불림)를 지지하는 움직임을 막지 못하였다. 사실 특정학습장애 역사에 대해 연구한 몇몇의 영향력 있는 특수교육자(예: Kavale & Forness, 1995; Torgesen, 1998)는 Goldstein-Strauss-Werner가 "연방법에서의 '특정학습장애'의 정의와 미국 공립학교 현장에 커다란 영향을 미쳤다고 보고 있다."(Shepherd, 2001, p. 5)

특정학습장애에 대한 Orton-Hinshelwood의 발달적 문어 접근

Goldstein-Strauss-Werner 접근과 마찬가지로, 특정학습장애에 대한 Orton-Hinshelwood의 관점 역시 그 시작은 뇌손상을 입은 성인의 학습 문제나 행동으로부터 출발하였다. 발달적 언어 개척자들은 전쟁에서 부상을 입은 군인들에게 초점을 맞추기보다, 19세기 후반의 영국, 프랑스, 독일에서 특정 뇌 영역에 손상을 입고 쓰기와 철자 기술은 유지하고 있음에도 읽기 능력을 잃은 성인들에게 관심을 가졌다(Shepherd, 2001). 이러한 설명들은 21세기 초반에 외현적으로 뇌손상이 나타나지 않고, 지각이나 성취 등 다른 영역에서 정상적인 능력을 가졌음에도 읽기, 쓰기 또는 수학에서 특정한 장애를 가지고 있는 아동들을 포함하기 시작하였다. 안과의사였던 Hinshelwood(1895)는 초기에는 각회의 손상 후에 읽기가 불가능하여 단어맹(word blindness)을 얻은 성인 환자들에게 연구의 초점을 맞추었지만, 선천적으로 단어맹을 가진 아동들에 대한 Morgan(1896)

의 초기 연구에도 관심을 가졌다. 그는 유럽과 북미에서 명백히 읽기장애를 가진 채 태어났지만 뇌손상은 없는 아동들과 청소년들의 14개 사례를 다룬 의사들의 연구들에 흥미를 가지게 되었다(Spreen, 2001).

이러한 의학적 사례들의 축적은 Hinshelwood에게 「선천적 단어맹(*Congenital Word Blindness*)」(1917)이라는 유명한 논문을 발표하게 하였는데, 이는 다음과 같은 아동들에 대한 세부적인 처방을 포함하고 있다. 즉, 시력검사를 하기 위해 어머니가 데려온 12세 소년의 경우 "그는 한 번에 두세 단어 이상을 읽을 수 없었고, 두세 번째 단어마다 정지하였지만, 백만까지의 모든 숫자 조합은 매우 유창하게 읽을 수 있었다."(p. 21) 또한 Sally Shaywitz(2003)는 난독증의 진단은 다른 의학적 진단만큼이나 정확하고 과학적 기반에 의한 것이라고 주장하였다. 사실상 Hinshelwood (1917)도 똑같은 이야기를 한 세기 이전에 했는데, 환경이 다른 의학적 병리학만큼 명확하고 구별되기 때문에 선천적인 단어맹을 진단하는 것은 꽤 쉽다는 것이다.

Orton(1937)은 난독증(dyslexia)이라고 알려진 것을 설명하기 위하여 대칭인지(strephosymbolia, 비꼬임 기호장애[twisted symbols])라는 용어를 만들었다. 그는 글자나 단어 반전—Orton은 이러한 아동들이 오른쪽에서 왼쪽으로 읽기 때문에 발생하는 치환의 일종이라고 하였다—에서 특별한 어려움을 보이는 읽기장애를 가진 아동들에 대한 훌륭한 임상적 설명을 제공하였다. 그는 광범위한 가족 및 교육력을 기록하는 것과 IQ 측정, 성취도 검사를 포함하는 신중한 평가를 확고히 신뢰하였다. 그는 특히 읽기장애를 가진 아동이 수학 시험보다 읽기와 철자 시험에서 더 낮은 점수를 보이고, 또 쓰기장애를 가진 학생은 수학보다 철자 점수가 더 낮을 것이라는 그의 믿음을 확고히 하기 위하여 다른 학업 영역에서의 성취도에 특히 관심을 가졌다. Orton은 지각 이론가들과는 달리 기분 또는 주의력을 학습장애의 양상으로 보지 않았으며, 읽기장애를 가진 그의 많은 환자가 구어 또는 운동 장애를 가지고 있다는 점에 주목하였다. 환자들은 거의 남성이었으며, 학업 기술에서 일생에 걸친 어려움을 보이고 있었다. Orton은 그들을 주로 가족 구성원들과 함께 치료하였다.

Hinshelwood(1917)는 선천적인 단어맹을 진단함에 있어 결함의 심각성을 보이는 사람과 증상의 순수성을 나타내는 사람에 한정하였고, 습득한 읽기 기술보다 약간 부족함을 보이는 아동들은 제외하였다. Orton의 정의는 Hinshelwood의 정의만큼 엄격하지 않다. "수백 개의 연구와 재훈련 사례에서 우리는 그들이 모든 수준의 장애의 심각성을 포함하고 있는 구별되는 연속을 형성한다는 것을 알 수 있었다."(Spreen, 2001, p. 285)

Hinshelwood는 Orton의 평가법과 매우 유사한 방법을 옹호하였으며, 그들은 둘 다 학업 문제를 직접적으로 목표로 하는 치료를 매우 선호하였다. 예를 들어, 그들은 모두 읽기를 가르칠 때 발음 접근을 강조하였는데, 차이점은 Hinshelwood는 글자에 상응하는 소리를 가르치는 것을 선호했고, Orton은 소리에 상응하는 글자를 가르쳤다는 것이다(Shepherd, 2001). 지각장애 이론가들과 함께, 신경학은 학습 문제의 근원에 있다고 알려져 왔다(Hinshelwood에게는 뇌손상, Orton에게는 우세 성립의 실패). 그러나 뇌손상이나 기능장애는 아동들이 나타내는 특정언어장애와 직접적인 연관을 보인다(지각과 같이 하나의 과정이 아닌). Goldstein-Strauss-Werner 이론가들과 반대로, 치료는 예상되는 내재적인 과정을 강화하는 것이 아니라 특정한 학습 문제(철자 또는 읽기)를 향상하는 것에 목표를 둔다. 특정학습장애의 역사적 뿌리를 형성한 두 이론 모두 발달적 장애를 강조하지만, 이러한 뇌 관련 장애들은 지각(미세뇌기능장애, Goldstein-Strauss-Werner)이나 문어(발달적 난독증, Hinshelwood-Orton)와 관련되어 있다고 강조한다.

통합적 모형을 제안한 Sam Kirk

　Kirk(1963)는 학교에서 문제를 겪고 있는 아이를 가진 대규모의 부모 집단과 이 주제에 대하여 흥미를 가지고 있는 소규모의 전문가를 대상으로 한 연설에서 학습장애라는 용어를 만들어 냈다. Kirk가 하나 또는 그 이상의 발달적 결함(지각과 문어의 발달적 장애를 포함하는)을 가지고 있는 것으로 간주한 아동들을 지칭하기 위한 이 명칭은 모두가 찾고 있었던 것이었다. Kirk의 명칭은 확고한 교육적 관심을 반영한 것이며, 가설적인 원인보다는 문제의 특징에 주목하고 있다. 또한 특정학습장애를 그 진단을 받은 사람은 누구든지 특수교육 서비스를 받을 수 있는 장애로 선언한 1960년대 후반과 1970년대의 연방 정의와 법의 전신이 되었다. Kirk의 연설(1963) 전문을 읽어 보면, "언어, 발화, 읽기, 사회적 상호작용에 필요한 관련 의사소통 기술에 장애를 가지고 있는 아동 집단"(p. 3)이라고 언급함으로써 학습장애에 대한 그의 개념이 Goldstein-Strauss-Werner보다는 Hinshelwood-Orton과 일관된 입장을 취하고 있다는 것을 알 수 있다. 지각 이론가들과 마찬가지로, Kirk는 처리과정장애를 포함하는 학습장애라는 것을 강조하였다. 그러나 그는 지각 이론가들과는 달리 처리 과정상의 장애가 심리언어적인 특징이라고 믿었으며 시지각의 문제가 아니라고 생각했다. 그는 이러한 심리언어적 장애들이 읽기, 언어, 또 다른 장애들에 직접적인 원인이 될 것이라고 믿었다. 이는 뇌손상 또는 뇌 구조화가 문어장애와 특히 관련이 있을 것이라는 Hinshelwood-Orton의 믿음과 일치하는 접근이다. 그러나 Kirk는 그의 모델을 치료로 간주함으로써 지각 이론가들과 더욱 일치한다. 그는 아동의 학습장애를 중재하기 위하여 심리언어적 처리 과정(1963년 그의 연설에서 설명되었지만, 1968년까지 출판되지는 않았던 일리노이 심리언어 능력검사[Illinois Test of

Psycholinguistic Abilities]에 의해 측정)에 대한 직접적인 치료(remediation)
가 필요하다고 믿었다. 그러나 심리언어적 훈련의 효과성에 대한 후속
연구들은 불행히도 지각적 훈련과 마찬가지로 결과가 그리 밝지 않았다
(Newcomer & Hammill, 1976).

특정학습장애: 연방정부 정의

1969년의 특정학습장애아동법령(Children with Specific Learning
Disabilities Act)에서 시작된 특정학습장애의 정의는 1975년 전장애아교
육법(Right to Education for All Handicapped Children's Act)과 IDEA 1997,
IDEA 2004에서도 유지되었다. 이 정의의 처음 부분은 다음과 같다.

> '특정학습장애'라는 용어는 구어와 문어의 이해 및 사용을 포함하는 기
> 본적인 심리적 처리 과정의 하나 또는 그 이상의 장애를 의미한다. 이 장
> 애는 듣기, 사고하기, 말하기, 읽기, 쓰기, 철자, 수학적 계산 능력의 결손
> 으로 나타날 수 있다.

이 정의는 Kirk의 접근에서 파생된 것이 명백하지만, 두 가지의 서로 다
른 특정학습장애의 역사적 뿌리와 관련 지어 바라보면, Orton이나
Hinshelwood보다는 Goldstein-Strauss-Werner의 견해와 일치한다는
데에 의심의 여지가 없다. 처리과정장애는 문어의 발달적 장애 개념에서
아무런 역할을 하지 않는다.
정의의 두 번째 부분은 두 역사적 전통의 혼합물이다.

> 학습장애는 다음을 포함한다. 지각장애, 뇌손상, 미세뇌기능장애, 난독

증, 발달적 실어증(*Federal Register*, 2006).

지각장애(perceptual disabilities)와 미세뇌기능장애(minimal brain dysfunction)라는 용어는 Goldstein과 Strauss와 관련되어 있고, 난독증(dyslexia)과 발달적 실어증(developmental aphasia)은 Hinshelwood-Orton 개념과 관계가 있다. 이 정의는 특정학습장애가 시작된 이래로 계속되어 왔고, 위원회는 지난 10년 동안의 논쟁을 확실히 밝히고자 이 정의를 그대로 유지하였다.

이 논쟁의 일부는 진단 과정의 부분으로서 처리과정장애(processing disorder; Hale et al., 2004)와 특정학습장애의 진단을 위한 접근으로서 RTI만을 선호하는 사람들에 의하여 무시되거나 대수롭지 않게 다루어졌던 IDEA 2004의 특정학습장애 정의를 확인할 필요성과 연관이 있다(예: Gresham, 2002). 흥미롭게도 처리과정장애는 Goldstein-Strauss-Werner 관점에서 비롯된 특정학습장애 정의에는 포함되어 있으나, Hinshelwood-Orton 정의에는 포함되지 않았다. 그러므로 역사적인 관점에서 처리과정장애 판별의 중요성은 절반의 지지만을 받게 된 것이다.

그러나 역사적으로 진단 과정으로서의 신경심리학적 평가(사정)는 더 폭넓은 지지를 받았다. 그동안 학습장애 판별의 역사는 특정학습장애를 뇌손상(brain damage), 뇌기능장애(brain dysfunction) 또는 뇌 구조화(brain organization)와 모두 관련되는 것으로 보아 왔다. 문제가 장애를 가진 처리 과정이든, 읽기, 쓰기, 수학과 관련된 뇌기능장애의 한 종류이든 상관없이 신경심리학적 평가(사정)는 개인의 학습장애를 이해하고 중재하기 위하여 필요하다. Kirk는 특정학습장애의 신경학적 기반을 특별히 지지하지는 않았지만 연구의 필요성은 지지하였다. "교육에서 사용하는 학습장애의 개념은 신경학적 결함을 부정하거나 거부하는 것은 아니다……. 주요 강조점은 심리학적 검사의 사용과 치료적 프로그램 구성의 목적을 위한 관찰에 있다. 이러한 프로그램은 심리학적 능력과 장애에 깊은 관련이 있다."(Kirk & Kirk, 1971, pp. 12-13) 또한 특정학습장애에 대한 모든 역사적 접근들은 검사 결과에 근거한 치료적 프로그램 개발의 중요성뿐만 아니라 불충분한 능력과는 뚜렷하게 대조되는 잠재적이고 내재적인 능력을 강조하였다. 지각적이고 심리언어적인 과정을 치료하기 위해 고안된 프로그램들이 문제가 있는 과정들을 개선시키거나 학습장애를 '치료(cure)'하는 데에 효과적이라고 밝혀지지는 않았지만, 읽기 과정과 관련된 특정 뇌 영역을 찾고 중재에 정보를 제공하는 신경심리학적 평가를 지지하는 신경심리학적 연구의 양은 증가하고 있다(Shaywitz, 2003; Spreen, 2001).

신경심리학 연구와 특정학습장애

신경학(neurology)과 신경심리학(neuropsychology)은 백 년 이상 특정학습장애와 밀접하게 관련되어 왔다. 뇌손상을 입은 군인들의 기분과 지각 장애에 관련된 초기 사례 연구(Goldstein), 그리고 특정읽기장애를 가진 청소년과 성인에 대한 연구(Hinshelwood)로부터 이루어진 풍부한 신경심리학 연구는 신경심리학적 평가(사정) 및 특정학습장애 진단과 중재의 밀접한 연관을 중요하게 하였다. 그러나 역사적 관점에서 보면 뇌손상 또는 기능장애와 특정학습장애의 관련성의 많은 부분이 가정 또는 함의인 것도 사실이다. 후에 뇌손상으로 알려진 읽기장애를 가진 성인들의 임상적 사례들은 뇌손상과 특정학습장애 간의 관계에 밀접한 관계를 제공하였다. 그러나 소위 선천적인 장애를 가진 아동 또는 청소년의 임상적 연구들의 많은 부분은 주요 신경 시스템 기능장애의 가정에 근거하고 있다(즉, 엄격한 과학이 아닌 증상 기반 학문[soft data, not hard science],

Benton, 1982). 지금으로부터 10년 전에 미 전국학습장애연합(National Joint Commitee on Learning Disabilities, 1998)은 특정학습장애가 개인에게 내재적이라는 것을 강조하였고, 중추신경계(central nervous system: CNS) 기능장애로 인하여 발생한다고 추정하였다. 21세기 들어 최근 10년 동안 RTI가 행동 지향적으로 움직이면서 과학적인 데이터들이 신경심리학과 특정학습장애 간의 깊은 연관성을 입증하는가, 아니면 그 관계가 그저 가정으로 남겨질 것인가에 대한 질문이 매우 중요해졌다.

신경학적 연관의 초기 증거는 일반 인구보다 특정학습장애에서 더 높은 발병률이 나타나는 연성 증후(soft signs)들(낮은 운동 협응, 좌우 혼동과 같은)에 초점을 맞추었다(예: Hertzig, 1983). 이러한 연성 증후들은 사실상 발달적이고 시간이 지나면서 사라지기 때문에 종종 비평도 받았지만 데이터들은 다른 관점을 제안한다. 즉, 특정학습장애로 진단받은 203명의 아동에 대한 Victoria 연구에서 Spreen(1988)은 연성 증후들이 8~12세까지 지속되거나 25세까지 증가하기도 함을 관찰하였다. 연성 증후의 안정성에 대한 Spreen의 발견에도 불구하고, 이러한 연구들은 연성 증후들이 피질의 특정한 부분을 가리키는 경우가 드물다는 이유로 사실상 곤란을 겪었다(Spreen, 2001, p. 286). 더욱 위압적인 데이터는 난독증을 가진 6명을 부검함으로써 얻어졌는데, 난독증의 뇌는 일반적인 뇌와는 다르다는 것을 일관적으로 보여 주었다(Drake, 1968; Galaburda & Kemper, 1978; Humphreys, Kaufmann, & Galaburda, 1990). "부검 연구는 선천성 위치이상 및 이형성증과 함께 미세이형성증이 Sylvan 열구 전두부와 측두면을 따라 우반구보다 좌반구에 있다는 것을 보여 줬다."(Spreen, 2001, p. 287) 그러나 컴퓨터 단층촬영(computed tomography: CT) 연구는 부검 연구에서 보고된 불균형을 가끔 지지하였고, 때로는 연구 결과와 반대되기도 하였다. 예를 들어, 연령과 뇌의 크기가 통제되었을 때(Schultz et al., 1994), CT 연구의 리뷰에 따르면 난독증을 가진 사람들에게서 평면

의 불균형이 일관적으로 보이지 않았다(예: Morgan & Hynd, 1998). 다른 방향의 연구들은 난독증을 가진 성인들에게서 뇌량이상을 제안하였지만(예: Duara et al., 1991), 관계있는 연구들의 리뷰에서는 결과가 난독증을 가진 개인들 간에 반복되지 않는다고 하였다(Beaton, 1997).

다른 방향의 연구들에서는 PET(양전자단층촬영), SPECT(단일 광자방출 전산촬영), fMRI(기능성 자기공명영상), EEG(뇌파검사) 기술을 사용하여 특정학습장애를 가진 아동들에게서 나타나는 기능이상(functional abnor-malities)에 대하여 연구했고, CT 스캔 연구를 통해 정밀한 **구조적인 이상**에 대한 성과를 나타냈다(Bigler, Lajiness-O'Neill, & Howes, 1998; Spreen, 2001). 신진대사 영상 연구들은 난독증을 가진 사람들과 난독증을 가지지 않은 사람들이 음운 처리, 어휘-의미 처리, 철자-시각 처리, 청각 처리와 같은 특정한 읽기 과제를 수행하는 동안 혈류와 혈중 산소화의 변화에 근거한 흥미로운 결과들을 제시하였다(예: Shaywitz et al., 1998; Rumsey et al., 1997). 이러한 연구들은 읽기의 각 측면을 포함하는 뇌 영역의 위치를 알려 주었고, 음운 처리 과정에서 성별 차이뿐만 아니라 난독증으로 진단받은 사람과 정상인들 간 처리 과정의 차이를 확인하였다. 또다시 다른 연구자 팀들은 그들의 결론에 대한 의견이 달랐는데, 다른 방법, 다른 과제, 공존장애, 작은 표본 크기, 난독증을 가진 사람들의 집단에 대한 부적절한 설명 때문이었다(Spreen, 2001). 아마 신경심리학과 특정학습장애 사이의 명확한 연관을 설명하기 위해 시도해 온 발전적 연구의 최선의 결과는 ① "비록 항상 확인되지는 않았고 우리가 바라는 만큼 정확하지는 않지만 신경학적 기반은 더 이상 '가정'이 아니다."(Spreen, 2001, p. 301), 그리고 ② "전기생리학적 검사와 기능의 신진대사 상관에 관련하여 뇌영상의 기술적 발전은 인상적이다. 이러한 기술들이 특정한 비정상적 신경적 상황에서는 매우 민감하게 작용하지만, 학습장애를 가진 사람들을 진단할 때 임상적이거나 진단적인 도구로서 큰 역할을 하지는 못하고 있다."(Bigler et al., 1998, p. 79)는 것이다.

그러나 이러한 주의점에도 불구하고 Shaywitz와 동료들에 의해 실시된 EEG와 신진대사의 영상 기술을 사용한 혁신적인 연구들로부터 축적된 증거들에 기반한 낙관적인 근거들이 많이 있다. 정상적인 독자들과 관련된 연구에서 그들은 남성과 여성이 읽는 방식의 명확한 차이를 밝혀냈다. "여성들은 왼쪽과 오른쪽이 모두 활성화되는 반면, 남성들은 좌측 전전두 피질이 활성화되었다."(Shaywitz, 2003, p. 77) 그들의 연구와 다른 연구자들의 영상 연구에서 읽기의 세 가지 신경 경로 가운데 초기 독자들은 두 개의 상대적으로 느리고 분석적인 경로(좌측 두정측두엽과 전두엽)에 첫 번째로 의존하는 반면, 능숙하고 숙련된 독자들은 빠른 경로(후두측두)에 의존한다는 것이 밝혀졌다. 그리고 난독증을 가진 독자들과 능숙한 독자들을 비교하며 Shaywitz(2003)는 다음과 같이 언급하였다. "능숙한 독자들은 뇌의 뒷부분이 활성화되고 앞부분도 다소 활성화된다. 반대로 난독증 독자들은 시스템에서 결점—뇌의 뒷부분에서 신경 경로의 비활성화—을 보인다."(p. 81) 게다가 많은 fMRI와 PET 스캔 연구가 난독증을 가진 사람들은 음운 처리 과정과 같은 읽기 과제를 하는 동안 좌측 측두두정골이 대조군에 비하여 감소되어 있다는 것을 발견했다. 이는 성인에게서 처음 관찰된 결과(예: Rumsey, 1992; Shaywitz et al., 1998)와 나중에 아동에게 검증된 결과(예: Shaywitz et al., 2002)다. MRI의 한 형식인 DTI(diffusion tensor imaging, 확산텐서영상)를 이용한 최근의 연구들은 백질 구조(white matter structure)가 읽기 능력과 유의미한 상관이 있다는 데에 근거하여 숙련된 독자와 어려움을 겪는 독자 간에 좌측 측두두정엽 영역 신경 경로의 백질 구조에 보전성의 차이가 있다는 것을 보여 주고 있다(Beaulieu et al., 2005; Deutsch et al., 2005).

또한 가장 흥미로운 점은 Sally Shaywitz, Jack Fletcher 등에 의해 지금 진행되고 있는 연구들의 극적인 시리즈들이다. 그것들은 뇌영상 연구의 적용으로서 특정한 중재에 대한 읽기 반응에 신경계가 어떻게 사용되는지를 직접적으로 평가하였다(Shaywitz et al., 2004). 예를 들어, Shaywitz와 동료들은 1년의 실험적 중재 프로그램의 수행에 대한 어려움을 겪는 독자에 대한 연구에서 fMRI를 사용하였다. "중재가 끝난 지 1년 후에 얻은 최종 영상들은 놀라웠다. 오른쪽 보조 경로의 두드러짐이 줄어들었을 뿐만 아니라 더 중요하게는 뇌 왼쪽 부분의 주요 신경계의 발달이 관찰되었다. 이러한 활성화 패턴은 읽기에 능숙한 아동들로부터 얻은 결과와 공통점이 있다."(Shaywitz, 2003, pp. 85-86) 이러한 흥미롭고 긍정적이며 교육적으로 관계가 있는 결과들은 1960년대와 1970년대에 지각과 심리언어적 과정의 훈련을 형성한 수백 개의 실패한 중재 연구와 매우 비교된다(Hammill & Bartel, 1978; Newcomer & Hammill, 1976).

Shaywitz와 다른 연구자들의 신경영상 연구에 대한 세부적인 사항들은 특정학습장애의 진단과 치료 모두에 적용되었기 때문에 이 교재 전체를 통하여 다루어질 것이다(특히 Erin Bigler, Gayle Deutsch, Jack Fletcher, Elaine Fletcher-Janzen, Jane Joseph, Byron Rourke 그리고 Sally Shaywitz의 장을 보라). 이러한 연구들의 흥미로운 결과와 함의들은 CT, EEG 그리고 영상 연구들에서의 불일치와 가끔 나타나는 반박 이상의 가치가 있다. 특정학습장애의 역사는 뇌손상을 입은 환자들과 정상적인 대조군의 특정학습장애를 구별하고, 특정학습장애를 가진 개인들의 신경심리학적 결함들을 일관적으로 확인한 Rourke 등의 Halstead-Reitan Neupsychological Battery를 통한 다양한 연구를 포함하여 얻은 신경심리학과 신경과학에 중점을 두고 있다. 현재는 특정학습장애의 진단과 중재가 신경영상 기술의 참신하고 통찰적인 적용에 의해 풍부해지고 있으며, 미래의 특정학습장애 평가(사정)는 학습장애뿐만 아니라 학습 능력의 판별과 뇌 기능 간의 중요한 관련을 포함하여야 할 것이다.

제2장

중재반응(RTI) 모형, 신경과학, 감각
─학습장애 진단과 중재에서의 혼란

Cecil R. Reynolds

2006년 8월 14일 월요일 미 교육부의 특수교육 및 재활서비스국(Office of Special Education and Rehabilitative Services, 이하 OSERS)은 2004년도 장애인교육향상법(Individuals with Disabilities Education Improvement Act: IDEIA, P.L. 108-446)에 의해 요구된 장애인교육법의 변화를 실행하기 위해 307페이지 되는 규정과 법규를 발행했다. 주목할 점은 이 규정과 법규들이 연방관보(Federal Register)의 형태로 되어 있으며 거의 500페이지에 달하는 양이라는 것이다. 이 조항들은 2006년 8월 14일(월)에 발간된 연방관보 71권 제156호(Federal Register/46549/Vol.71, No.156/ Monday, August 14, 2006/Rules and Regulations)에서 찾아볼 수 있다(연방법 제정에 관련된 연방관보 웹사이트는 http://www.gpoaccess.gov/fr/index.html로 접속할 수 있다). OSERS에 따르면, 이러한 엄청난 양의 규정과 법규는 IDEIA의 제정으로 공립학교에서 장애학생들이 어떻게 판별되고 특수교육 서비스를 받을 것인지에 대한 변화를 명확히 하기 위해 요구되었다. IDEA 법률의 변경은 IDEA의 2004년 개정으로 이루어졌는데, 이는 주로 학습장애와 그 범주에 들어가는 장애를 가진 아동에 대한 판별과 중재에 관련된 부분의 변화였다.

학습장애의 법적 정의는 거의 바뀌지 않은 반면, 두 가지 중요한 변화가 일어났다. 첫째는 학습장애의 진단에서 적성과 성취의 심각한 불일치 사용의 금지다(학습장애 유무의 결정에서 심각한 격차가 고려되는 것은 여전히 허용하고 있다 하더라도). 둘째는 학습장애 진단에서 **중재반응**(response to intervention: RTI) 모형 절차를 의무적으로 실행해야 한다는 것이다. 처음에 이 분야의 많은 전문가는 이러한 조항들이 학습장애의 결정에서 중요한 종합적 평가(comprehensive evaluation)의 요구 사항들을 배제하는 것이라 생각했다. 다행히도 당시 OSERS의 국장이던 Posny(2007)는 전국학교심리사연합회(National Association of School Psychologists)의 초청 연설에서 이 문제를 명확히 하며, "학습장애 존재 유무를 판별하는 데 있어서 RTI가 종합적 평가를 대체하지는 않는다."라고 말했다. RTI가 사용된다 하더라도 다양한 종류의 데이터 수집 도구와 전략들은 반드시 사용되어야 한다. Posny에 따르면, RTI의 결과는 검토가 필요한 정보 요소이기는 하나 그것만으로 장애를 결정하기에는 충분하지 않다.

안타깝게도 연방관보에 나타난 규정의 길이와 세부 설명에도 불구하고 반드시 실행해야 하는 행정적인 절차 이상의 학습장애 판별에 대한 지침은 거의 없다. IDEA와 관련된 연방 규정은 오로지 학교에만 적용된다고 하지만 사실 대부분의 학습장애 진단은 공립학교에서 진행되며, 이러한 연방 규정은 진단의 실제를 좌우하게 될 것이다. 학습장애를 결정하는 데 정확히 어떤 기준이 적용되어야 하는가에 대해서는 여론이 일치하기 힘들 것으로 보인다. 각각의 진단자들은 실제로 개별 학습장애 아동을 보고 그 아동이 학습장애를 갖고 있다는 것을 아는 것으로 보이지만, 아주 적은 수의 진단자만이 일관된 진단을 내린 기준이 무엇인지 분명히 설명할 수 있다. 임상가들이 이해할 수 있고 적용할 수 있는 객관적이고 반복 가능한 기준이 없는 것은 현장에서 혼란(chaos)을 만들어 낸다.

이 책의 저자들에게 제시되어 있는 질문들에 대해 언급하기 전에 학습장애 판별과 진단의 현재 상황과 관련된 일반적인 이슈들을 먼저 언급하고자 한다. 그 첫 번째는 진단 방법으로서 RTI의 개념이다.

학습장애 진단 방법으로서 RTI

제일 먼저 RTI란 무엇인가? Posny(2007)에 따르면, "RTI는 학령기 초기에 아동을 선별하는 방식으로, 교수에 반응하지 않아 학업 실패의 위험이 있는 아동들을 판별하는 데 있어서 일선 학교와 교육자들을 돕는 방법이다. 이 기술은 학교와 학교 단위 토대 위에 일반학급에서 전형적으로 가능한 지원보다 더 집중적인 지원을 제공하고 향상을 점검한다." 이러한 의도에 반대하는 사람은 찾기 어려울 것이다. 그러나 Posny의 정의는 세부 지침을 제공하지 않는다는 면에서 연방 규정과 매우 비슷하다. 현장에서 몇 년 동안이나 이 개념을 발전시킨 사람들은 좀 더 세부적인 지침을 제공한다. 비기술적인(nontechnical) 설명으로서 Fuchs 등(2003)의 설명은 상당히 명확하다.

광의의 용어로서 RTI는 다음과 같이 설명할 수 있다.

① 학생들은 교실에서 교사에게 '일반적으로 효과적인' 교수를 제공받는다.
② 학생의 진전도를 점검한다.

③ 반응이 없을 경우 교사나 다른 전문가들로부터 다른 종류의 교수나 더 많은 교육을 받는다.

④ 다시 학생의 진전도를 점검한다.

⑤ 여전히 반응하지 않는 학생들은 특수교육에 의뢰한다(p. 159).

RTI의 많은 제안자(예: Reschly, 2005; Shinn, 2005)는 다수의 아동에게 효과가 있고 타당하다고 입증된 교수 방법에 반응하지 않는 학생들을 학습장애를 가진 것으로 고려해야 하고, 특수교육을 제공해야 한다고 주장한다. 이 제안자들은 그 이상의 진단평가나 측정은 장애 유무 결정이나 교수 설계에서 유용하다고 생각하지 않는다. 게다가 그들은 지능이 읽기 학습과 무관하며 학습장애 진단에서 지능이 고려되어서는 안 된다고 본다. 왜냐하면 IQ가 높건 낮건 간에 적절한 교수만 주어진다면 아이들은 읽는 법을 배울 수 있다고 생각하기 때문이다(예: Siegel, 1989, p. 472).

RTI 모형하에서 학습장애의 결정은 적절한 교수 방법이 적용되었을 때 같은 교실에 있는 아이들과 같은 속도로 향상되지 못하는 실패에 기반을 둔다. 지적 수준은 정신지체 이상의 지능을 가지고 있다면 간과되며, 심리적인 처리 방법에서 어떤 형태의 역기능이나 장애도 고려되지 않는다. 이러한 접근은 전체 집단과 상반되는 개별 학급의 맥락에서 장애의 상대성(relativity of a disability)이라는 개념을 촉진한다. 예를 들어, Reschly(2005)는 한 학생이 어떤 교사의 학급에서는 학습장애로 고려되지만 일반적인 성취 수준과 향상의 속도가 다른 또 다른 학급에서는 학습장애로 판별되지 않는 것이 합리적이고 바람직한 RTI의 결과라고 주장했다. 이것은 근본적으로 장애에 대한 개념과 그 근원을 바꾸어 놓았다. 장애는 원래 개인과 관련된 정신병리적 상태로 인식된다. 반면 RTI 모형은 아동과 개별 학급에서의 전반적인 성취 수준에 좌우되는 학교-학생의 상호작용 실패에 중점을 둔다. 아동과 학교의 상호작용의 잠재적인 실패에 중점을 두는 것과 특수교육 외의 다른 처치를 강구한다는 점에서는 매우 적절하다고 여겨지며, 후자는 전통적으로 인식되던 장애가 아니라 학습에서 정상적인 다양성을 수용하지 못하는 일반교육의 실패에서 비롯된다고 볼 수 있다.

　RTI는 동일 연령의 아동이 보이는 성취 수준과 적성의 심각한 불일치 개념을 사용하는 이전의 진단적 접근들이 받는 비판을 피하려는 것으로 보인다. 사실 RTI는 이런 많은 문제를 피하는 것이 아니라 그 자체의 독특한 문제들을 많이 보이고 있다.

　의뢰 전 중재 접근으로서 RTI는 문제 해결과 교수 실제의 향상이라는 점에서 매우 적절하며 큰 가능성을 보여 주고 있다. 그러나 RTI는 개별 아동에 대한 진단 방법으로서 많은 점에서 실패하였다(Reynolds, 2005).

　1 학년 수준에서의 불일치를 기본 가정으로 하고 있는 RTI는 모든 사람이 동등한 능력이나 학문적 적성을 갖고 있으며 완전히 동일하지는 않더라도 매우 비슷한 속도로 발달한다고 가정한다. RTI 옹호론자들은 양질의 교수 방법이 학업 성취에서 개별 학생들을 평균적인 수준에 다다르게 할 것이라고 주장한다. 그러나 이것은 100여 년에 걸친 교육, 개인차, 교육적 결과에 대한 지식에 반하는 설명이다. Alexander(2007)는 양질의 개별화 교육이 동등한 교육적 결과를 가져온다는 가정이 교육에서 가장 큰 신화(myth)임을 강조했다. Alexander가 말한 대로 과학적 문헌들은 양질의 개별화 교수가 교육 결과에서 이질성(heterogeneity)을 촉진하며 다양한 결과를 생산한다는 것을 일관적으로 보여 주고 있다(Reynolds, 2007 참조). Siegel(1989)과 다른 학자들(Reschly, 2005)에 의해 묘사된 RTI는 결과의 동등함과 기회의 동등함을 혼동하고 있는 것으로 보인다(예: 훨씬 적절하고 상세한 설명을 위해 Nichols, 1978 참조). 물론 모든 개인은 양질의 교육을 받을 자격이 있지만, 이것이 모든 아동이 학문적으로 동등

한 성과를 내도록 만들지는 않는다. 지능이 읽기의 습득과 관련이 없다는 Siegel(1989)의 주장은 상식과 다양한 학습환경에 있는 아동들과의 수년간의 경험에 의해서뿐만 아니라 더 중요하게는 지능과 성취의 관계에 대한 많은 연구(예: Sattler, 2001 참조)와 이러한 주장을 직접 검토하기 위한 특정적인 작업(Fuchs & Fuchs, 2006; Fuchs & Young, 2006), 언어성 IQ와 읽기검사 점수 간의 강력한 상관관계를 보여 주는 지능검사 매뉴얼(예: Reynolds & Kamphaus, 2003)에 의해서도 반박을 당한다.

RTI는 심각한 불일치 분석을 어렵게 했던 측정 모형의 비일관성 때문에 불가피하게 어려움을 겪고 있다(예: 이러한 문제에 대한 토론을 위해 Reynolds, 1984 참조). RTI 모형 내에서 향상 점수(gain score)를 결정하는 것은 심각한 불일치 모형에서보다 훨씬 더 복잡하다. 또한 점수를 비교하는 다양한 방법은 수학적 정교화의 다양한 수준에 따라 제공될 것이다. 확실한 것은 다양한 적용 방법이 각각 다른 결과를 산출할 것이며 동의되지 않은 서로 다른 모형들 속에서 각기 다른 아이들을 판별할 것이라는 점이다. 이것은 심각한 불일치 모형이 받는 대표적인 비판이었는데, 이는 RTI 모형에 의해 풀리지 않았을뿐더러 더 나빠진 것으로도 볼수 있다.

다른 학자들도 염려를 표하고 있다. 단순하게 말해서 RTI는 반응도를 결정하는 일관된 도구가 없으며 서로 다른 방법의 적용이 각기 다른 아동을 판별한다. 그리고 이것은 심각한 격차 기준에 대한 일반적인 비판(즉, 방법이 신뢰할 수 없으며 비일관적으로 적용된다)이기도 했다.

Fuchs, Fuchs와 Compton(2004)이 내린 결론은 다음과 같다.

……반응도를 측정하는 대안적인 방법은 읽기장애에서 다양한 출현율과 반응하지 않는 아동(unresponsive children)의 다양한 하위 집단을 생성해 낸다. 이것은 매우 중요한 문제인데, 지능−성취 불일치와 관련한 주

된 비판이 학습장애 판별에서 진단의 비신뢰성이기 때문이다.

우리의 분석에서 볼 수 있듯이, 다른 기준들을 사용한 서로 다른 측정 시스템(모두 RTI를 언급)은 각기 다른 학생 집단을 판별한다. 중요한 질문은 상급 학년에서의 '의미를 위한 읽기'와 성인으로서 성공적으로 기능하는 능력을 손상시키는 지속적이고 만성적인 읽기 문제를 겪게 될 아동을 어떤 측정이 가장 정확하게 판별할 수 있느냐. RTI를 기본 진단 체제로 보았을 때 이 질문에 대한 답은 거의 알려지지 않았다(pp. 225-226).

이 보고서는 2004년에 출판되었지만 그 이후로도 상황은 변하지 않았다.

❷ 본질적으로 RTI는 능력별로 학생들을 편성하게 되며, 이에 의해 IQ 90 이하의 학생들은 불균형적으로 특정학습장애로 판별된다. 그렇지 않다면 우리는 교육과정의 수준을 낮추어야 할 것이다. 만약 지적 기능이 학습 속도나 복잡성과 관련이 있다면 이러한 결과는 수학적으로 불가피하다. RTI는 '양질의 교수'를 받은 후에도 학급 또래의 수준보다 학업적으로 낮은 수행을 보일 경우 학습장애로서 특수교육 적격성 판정을 한다. 이는 '학습 지진아(slow learner)' 개념 시대로의 후퇴를 의미하는 것으로 보인다. 그리고 RTI에 의하면 이 아이들은 장애를 가진 것으로 고려될 수밖에 없다. 이러한 결과를 막을 수 있는 유일한 방법은 IQ가 100이 넘는 아동들의 학문적 향상을 제한하는 것이다.

❸ RTI는 상위 10%의 학업 적성을 가진 학생들의 요구를 간과한다. 특히 다른 학업 영역에서는 뛰어나지만 특정 영역에서 거의 당해 학년 수준에 머물러 있는 학생들, 그리고 읽기와 쓰기 등 특정 학문 영역 내에

서 어려움을 겪는 학생들도 그들의 수행 수준이 학년, 학급의 평균 수준과 거의 비슷하거나 동등하기만 하다면 그들의 요구가 간과된다. 몇몇은 이것이 본질적으로 사회적 정의라고 주장하지만, 아동의 성취 수준을 저지하는 것은 사회적으로 이롭지 않을뿐더러 모든 사람은 각기 학문 영역에서 가장 높은 학문적 성취를 하도록 고무되어야 한다. 이러한 RTI의 결함은 학습장애의 특정성(specificity) 개념도 부인한다. 모든 학문 영역에서 99%의 성취를 보이는 학생이 있다고 가정하자. 그 학생이 수학에서 학년 수준보다 약간 낮은 수행을 보인다면 괜찮은 것(doing just fine)으로 평가되어 수학에서 학습장애를 의심할 만한 어떠한 이유도 없다는 것이 특정학습장애 개념에 대한 극단적 수정이다. 이것은 장애 관련 저술에서 제대로 설명된 적이 없는 이슈다.

   4 RTI는 현재의 IDEA 개정안에 따라 분명 허용되고 지지되지만 학습장애를 정의함에 있어서 처리과정장애 요소를 완전히 무시한다. Reschly(2005), Shinn(2005)과 그 외 학자들은 연방 규정에서 이러한 학습장애 정의의 부적절함에 대해 주장했다. 신경심리학적 처리 과정 문제는 학습장애의 중심 개념이었으며 심지어 학습장애라는 용어가 생기기 전부터 존재했다. 신경과학 연구는 뇌세포 차이뿐 아니라 10년이 넘는 연구 기간 동안 개인과 두뇌 처리 절차에서의 차이점을 기록해 왔다. 과학에서의 이러한 진보와 학습장애 아동이 뇌에서 어떻게 정보를 처리하는가에 대한 분명한 차이에 의해 나타나는 학습에서의 차이점을 무시하는 것은 학습장애 아동의 진단과 처치에서의 진보라고 보기 어렵다.

   5 RTI는 처치 실패(treatment failure)에 의한 진단 모형이다. 이것은 의학적으로도 오랫동안 더 구체화해야 할 모형으로 증명되어 왔다. RTI는 '실패하기를 기다리는(wait to fail)' 모형으로서 학습장애 진단에 대한

이전의 모형을 비판하며 어느 정도 공표되어 왔다. 실패하기를 기다리는 모형에서는 성취와 지적 기능 간 불일치가 생길 때까지 아동에게 진단을 내리거나 도움을 제공하지 않는다. 그러나 RTI는 이러한 문제를 고치기 위해 한 것이 거의 없다. 사실 아동들은 그들의 학급에서 심각한 수준의 학업 성취 문제를 보이지 않는다면 중재에 의뢰되지 않는다. 이런 의미에서 실패는 중재 자체로 나타낼 수 있다. 적절히 성취한 학생들은 중재를 위해 의뢰되지 않기 때문이다. 학습장애를 가진 아동들에게 RTI는 사실 실패할 때까지 관찰하는(watch to fail) 방법이 진단 모형이 되었다. 왜냐하면 특수교육 진단과 의뢰는 발달의 지연을 보여 주는 반복적인 측정에 의해서 예측되기 때문이다. 그러나 학생들이 교수에 반응하지 않는 데는 여러 가지 이유가 있다. 학습장애는 그중 한 가지 설명일 뿐이다. 진단 모형으로서 RTI는 부족한 교수 외에 관련 장애나 어떠한 설명도 제외하지 못할 뿐만 아니라 개별 아동의 인지적 구조나 기술을 이해하는 데 그 어떤 것도 보태지 못한다.

　　6 앞서 언급되었듯이 RTI는 정서장애, 주의력결핍 과잉행동장애(ADHD), 그리고 의뢰된 학생의 교육적 요구에 책임이 있을 만한 다른 요인의 가능성을 고려치 않는다. RTI가 종합적 평가를 회피하는 것은 잘못된 진단과 처치를 촉진할 수 있다. 현재는 아동 정신병리의 여러 형태에 대한 증거 기반 처치(evidence-based treatment)와 관련된 상당한 양의 연구물이 축적되었다. 이에 따르면, 장애와 증거 기반 처치를 적절하게 연결하기 위해서는 정확한 진단이 필요하다. 현재까지 개념화된 RTI는 중재 개별화의 핵심 요소인 학생 특성에 따른 교수를 제공하는 데 실패했다. RTI는 단순히 모든 사람에게 같은 것을 제공하며 다른 대안적 설명, 다른 형태의 장애 존재 가능성, 신경심리학 측정에서 쉽게 나타나는 학생의 인지적 특성을 간과한다.

7 RTI는 중재와 처치에서 100여 년에 걸친 개인차 연구를 무시하고 모두에게 천편일률적인 접근(one-size-fits-all)을 시도한다. RTI는 같은 교수 형태 안에서 모든 사람이 동등하게 배운다고 가정한다. 만약 이것이 사실이라면 RTI는 애초에 필요하지도 않다. 사실 RTI와 특수교육 배치를 위해 의뢰된 장애학생들은 교수에 반응하는 다른 학생들과 함께 같은 학급 상황에 노출되었던 학생들이다. 일반적인 교실환경에서 적절한 교육 수준의 성취를 하지 못하는 학생들을 위해서는 다른 종류의 교수 모형과 방법이 필요하다.

8 RTI는 현재까지의 일반학급 교수가 증거 기반, 과학 기반이지 않다고 가정한다(즉, 일반교육 교사들은 교수 방법을 이해하지 못하고 효율적으로 가르치는 방법을 모른다). 이것은 RTI 모형에서 실패를 설명하는 첫 번째 가정이다. 이는 기본적으로 교사가 교육과정을 적절히 전달하는 데 실패했다는 것을 의미한다. 이것이 사실이라면 일반학급에 있는 대다수의 학생이 목표를 성취하고 있다는 사실은 모순이거나 납득되지 않는다.

이상의 이슈들은 장애아동 진단 모형으로서 RTI의 실행뿐만 아니라 개념화에서의 심각한 문제들을 설명하고 있다. 이런 문제들이 해결되기 전까지는 RTI 적용 제안은 성급해 보인다. 그러나 RTI는 이미 법으로 제정되었으며 미국 교육부(USDOE)의 과학적 증거 기준을 충족하지 못했음에도 실행될 것이다. 교육과학연구소(Institute for Education Science)의 RTI에 대한 연구는 아직 플라시보(Placebo), 호손(Hawthorne) 또는 그 외의 효과가 통제되는 통제집단을 포함하지 않았다. 효과와 실행 가능성에 초점을 맞춘 RTI에 대한 실험적 저술들을 검토한 후 Fuchs, Mock, Morgan과 Young(2003)은 다음과 같은 결론을 내렸다.

- 지능−성취 불일치가 장애를 결정하는 지표(marker)가 되어서는 안 된다는 데에는 동의하지만 이것을 대체할 만한 타당한 기준이 없다 (p. 168).
- RTI를 장애학생을 판별하는 데 타당한 방법으로 받아들이기 전에 많은 문제를 해결해야 한다(p. 157).

이러한 이슈들은 측정의 딜레마, 반응도를 측정하는 다양한 모형의 수학적으로 얻어진 결과들에 대한 심도 있는 관심과 함께 포괄적으로 설명되어야 한다. 이러한 문제들이 설명되기 전까지 RTI는 어떠한 형태의 합리적인 일관성도 가질 수 없다. 현재 상황에서 RTI가 더 나은 문제해결 모형의 실행을 보장하기 위해 일반교육과정에 속한 모든 학생의 학업 성취를 위한 일반교육과정 내에서의 책무성을 평가하고 장애를 제외하거나 포함하는 데 언제 추가적이고 종합적인 정보가 필요한지 결정하기 위한 의뢰 전 중재로 사용된다면, 그리고 그것이 진단 방법이나 특수교육에의 접근을 막는 것이 아니라면, RTI는 일반교육 모형에서의 진보를 나타낸다고 할 수 있다.

신경과학은 학습장애 평가(사정)와 판별에 어떻게 기여할 것인가

학습장애 진단 모형으로서 RTI의 정밀한 모형에서는 신경과학에 대한 흥미도 적용도 없다. 이것은 이 분야에서의 엄청난 후퇴라고 할 수 있다.

오히려 아동이 종합적 평가를 받는 모형에서는 지식의 획득과 정보 처리와 관련된 두뇌−행동 상관관계가 평가의 목표에 포함되어 있다. 특히 Luria 관점(예: Reynolds & French, 2005 참조)에서는 신경과학자들이 많은 것을 제공할 수 있다.

Shaywitz(2005)는 신경과학이 학습장애의 평가와 판별뿐 아니라 학생의 특성에 따른 중재의 발전에 대한 기여를 훌륭하게 요약했다.

> 현대의 뇌영상 기술은 과학자들로 하여금 성인과 아동의 활동 중인 뇌를 손상하지 않으면서 비침습적으로 볼 수 있도록 했다. 이 기술을 사용해서 전 세계에 있는 연구소들은 읽기에 사용되는 특정 신경계를 판별해 냈다. 능숙한 읽기를 하는 사람과 읽기에 어려움이 있는 사람이 어떻게 다른지 보여 주는 이것은 뇌에서 보완 작용을 하는 부분과 능숙한 읽기에 사용되는 부분의 위치를 정확히 나타냈다. 게다가 여러 종류의 읽기장애를 판별해 냈으며 증거 기반 읽기 중재에 대한 신경 회로의 유연성(malleability)과 가소성(plasticity)을 보여 주었다. 여러 연구에서는 신경심리학적 장애가 아동과 어른에게 어떤 영향을 미치는지, 그리고 그 메커니즘, 판별, 효과적 처치에 대한 전례 없는 통찰력과 이해를 보여 주었다(p. vii).

Shaywitz는 계속해서 뇌의 놀라운 복잡성과 뇌와 학습의 관계에 대해 주목했다. 뇌는 오랫동안 정보 처리와 학습에서의 역동적인 기관이며 환경에 대한 반응으로 끊임없이 변화하고 동시에 환경을 수정하는 것으로 알려져 왔다(Reynolds & French, 2005). 뇌와 행동 간의 관계를 나타내고 모델링하면서, 신경심리학적 프로파일이 다른 아동은 다양한 교육적 접근에 다른 반응을 보일 것임을 신경심리학이 수십 년 전에 예측한 것처럼, Shaywitz는 이에 관련하여 서로 다른 뇌에 각기 다른 방법을 사용하는 것이 효과적임을 나타내는 믿을 만한 증거들을 제시하고 있다. 이러한 방법들이 점점 더 정교해짐에 따라 진정으로 개별화된, 목표가 명확하며 정교한 중재를 할 수 있는 정확한 진단이 가능해질 것이다.

학습장애의 생물학적 근거는 다양한 신경심리 연구와 강한 신경학적 증거로 나타나고 있다. 학습장애의 다양한 하위 유형은 신경심리 검사로 판별된다(예: Semrud-Clikeman, Fine, & Harder, 2005). 그리고 하위 유형에 대한 우리의 지식은 더 많은 사례와 종단 연구가 가능해짐에 따라 점점 더 증가한다. 신경학과 신경심리학을 포함하는 신경과학이 학습장애의 생물학적 근거에 대한 지식을 정교하게 함에 따라 진단적 기준들은 점점 더 객관적이고 정확해진다. RTI가 진짜 학습장애를 가진 학생과 단지 읽기 기술을 배우는 데 더딘 아동을 구별해 낼 수도 있겠지만 궁극적으로는 신경과학이 그 둘을 분간해 낼 것이다. 그뿐 아니라 증거 기반 교수에 반응하는 학습장애도 식별할 수 있을 것이다. 이 분야의 작업은 여전히 새로이 발견해야 할 것들과 정교화되어야 할 부분이 많지만 그럼에도 이미 상당히 진보했다고 볼 수 있다.

RTI 맥락에서의 중재 설계에서 신경심리학은 어떤 역할을 해야 하는가

이 질문에 대한 답은 앞선 질문에 대한 답의 개념적 기초와 직접적으로 연관이 된다. RTI가 제대로 사용되었을 경우 교정적인 읽기 교수에 반응하는 개인을 제외하고 반응하지 않는 학생들에 대한 종합 신경심리학적 평가를 하는 평가 모형을 평가에 근거한 중재 모형이라고 한다. 이러한 모형은 주로 Semrud-Clikeman, Fine과 Harder(2005)에 의해 설명되었다. 그중에서도 Joseph(2005)는 읽기, Lerew(2005)는 수학, Chittooran과 Tait(2005)는 쓰기에 중점을 둔 모형을 제공했다. 일반적으로 이러한 모형들은 수학, 읽기, 쓰기 등 주요 학습 영역의 계속적인 발전을 위해 필요한 기술을 가르치기 위해서 아동의 정보 처리 절차의 강점을 사용한다. 이 모형들은 1970년대 이후 이들을 지지했던 다른 증거들에 의해서 권장되었다(예: Reynolds, 1988 참조).

그것들은 다양한 적성-처치 상호작용 모형을 나타내는데, 이들은 적성의 수준이 아닌 능력의 패턴과 관계가 있다. IDEA의 개정 실행을 위한 OSERS의 규정과 법규들에 대한 논의는 적성-처치 상호작용 연구가 학습 문제의 교정을 위한 증거 기반의 차별화된 교수 방법을 제공하는 데 실패했다고 하였다. 그러나 이러한 논의는 단순히 종합적 평가와 철저한 신경심리학 평가에서 나타나는 요인인 적성의 패턴에 반대하는 수준의 문헌에만 초점을 맞추고 있다(Hartlage & Reynolds, 1981; Reynolds, 1994). 신경심리학적 평가를 통해서 가능한 차별화는 이 절차에서 더욱 환영받았다. 왜냐하면 신경심리학 검사들은 일반적인 지능과의 상관관계보다는 인지 처리 평가(사정)에서 더 큰 특정성을 갖기 때문이다. 그러므로 신경심리학적 모형들은 수행의 절대적 수준보다는 능력의 패턴과 더 관계가 있다.

학습장애 진단에서 신경심리학은 어떤 역할을 해야 하는가

무엇이 학습장애이고 무엇이 아닌지 정의하기 위해서는 궁극적으로 학습환경에서 표현되는 기능적 수준에서 뇌-행동 관계에 대한 연구를 해야 한다. Shaywitz와 다른 학자들의 연구에서 언급된 많은 신경학적 증거들은 학습의 생물학적 기초를 분명하게 보여 주고 있다. 그리고 이것은 학습에 관련된 대뇌 신피질(neocortex)의 다양한 영역 간의 역동적인 상호작용에 대한 통찰을 제공한다. 또한 이 상호작용은 심리치료뿐 아니라 교육적 방법에 의해서도 변화될 수 있다(예: Cozolino, 2002). 실질적으로 기능에 대한 상세한 정보는 종합적 평가와 관련된 신경심리학자와 심리학자들이 사용하는 수행 중심 평가(performance-based assessment)를 통해 얻을 수 있다. 궁극적으로 개별 학생의 학습에 대한 역기능과 신경생물학적 기질의 영향을 판별하는 것은 이러한 기능적 평가가 될 것이다. 그리고 이것이 특정 아동을 위한 경험과 관련된 교육적 방법을 이끌어 낼 수 있는 인지 처리 절차에서 강점과 약점의 패턴을 판명할 수 있을 것이다. 기능적 뇌영상 방법과 종합 신경심리학적 검사의 패턴을 연결함으로써 궁극적으로 특정한 신경심리학적 프로파일을 획득할 수 있다. 이러한 프로파일은 학습장애 유무뿐 아니라 특정 학습 문제를 위한 특정 중재와 관련된 핵심 변인을 담고 있다. 이러한 연결고리들은 특수교육뿐 아니라 모든 교육에 적용될 수 있으며 학교 현장에서 교육적 신경과학 분야 및 그 실제를 확립하는 데 도움이 될 것이다. 뇌와 그 기능이 학습과 전혀 연관이 없다고 하는 것은 수십 년간의 뇌-행동 관계에 대한 연구의 진보를 부인하는 것이며, 세포 구조(cytoarchitecture), 다른 방식과 속도, 다른 방식의 상호작용과 환경을 조절하는 개개인의 두뇌 영역 간 역동적 상호작용 역시 부정하는 것이다.

학습장애 진단 방법으로서 RTI와 임상신경과학 지식을 어떻게 조화시킬 것인가

RTI는 일반 교육환경에서 보다 집중적인 교육에 반응을 보이는 느린 학습자들(slow learners)을 구별하기 위해 사용될 수 있다. 이 아동들은 엄밀하게 장애아동으로 분류되지는 않는다. 그보다는 중재에 빨리 반응하지 않으며 전통적인 교수 방법이 맞지 않아서 종합적인 신경심리 검사로 옮겨 갈 수도 있는 것으로 여겨진다. 그러므로 RTI는 거짓 긍정(false-positive) 의뢰의 빈도를 줄일 수 있고 이것은 더 많은 전문 임상가가 정확한 진단과 적절한 중재 계획을 세울 수 있게 한다. RTI는 또한 단순히 일반 학습환경에서 가르치기 힘든 아이들이 일반학급에서 지속적으로 적응할 수 있도록 하는 학교 문화를 창조하고, 일반교육 문제에 대해서는 일반교육이 현재보다 더 책무성을 갖게 함으로써 학습장애 진단에 도움을 준다. 게다가 이것은 교사가 이런 학생들에게 적절히 접근할 수 있도록 하고 유능하다는 기대를 강화하며 단순히 일반교육 프로그램에서 많은 불편을 초래한다는 이유만으로 특수교육 대상자로 의뢰하는 학생의 수를 줄일 수 있다. RTI는 장애를 가진 아이들에게는 특수교육을 준비시키고, 간단한 편의 조정(minor accommodation)이 필요하거나, 동기 문제가 있거나, 일반교육 상황에서 제대로 가르치기 어려운 아이들을 위해서는 책무성을 부과함으로써 특수교육에 커다란 이점을 준다. 이것은 또한 모든 아이를 위한 교육적 방법의 개별화 증진이라는 목표를 촉진할 수 있는데, 이는 RTI 운동의 긍정적인 결과가 될 수 있을 것이다.

제3장
신경과학과 RTI
-상보적 역할

H. Lee Swanson

이 장의 목적은 학습장애(LD) 영역에 대한 신경인지과학(neurocognitive science)의 적용을 강조하는 것이다. 이러한 적용은 교수(instruction)에 대한 아동의 반응(중재반응이나 RTI라고 불림)을 강조하는 현 시대정신(zeitgeist)의 맥락과 일치한다. 학습장애 영역에 대한 신경인지과학의 핵심적 기여는 학생의 외현적 수행에 중요한 영향을 미치는 생물학적이고 인지적인 구조를 결정하는 것이다. 대조적으로 RTI의 목적은 교수의 강도를 관찰하고 교수적 맥락의 체계적 변화를 통해 학생의 외현적 수행을 관찰하는 것이다. 이것은 다양한 영역의 교수적 강도를 고려함으로써 이루어진다. 이 두 연구의 접근은 상보적이다. RTI는 학습을 최대화하는 절차를 결정하기 위해 환경적 맥락(즉, 교수, 교실, 학교)의 체계적 조정에 초점을 맞추고 있는 반면, 신경인지과학은 학습의 내적 역동성에 초점을 맞추고 있다. 학습장애 영역에 대한 신경인지과학의 독특한 적용을 통해

① 입증된 교수적 절차에 대한 강렬한 노출 후에 학습장애 위험이 아동들의 개인적 차이에 따라 나타나는 방식과 이유를 설명하고 예견할 수 있으며, ② 기능적 뇌 해부학(functional brain anatomy)의 변화가 중재 기능으로 나타나는지를 결정할 수 있다.

그렇지만 학습장애 영역에 대한 신경인지과학의 몇몇 적용을 논의하기 전에 RTI와 뇌 기반의 적용에 관련된 세 가지 논평이 필요하다. 첫째, RTI는 오래된 패러다임이다. 학습장애의 정의를 자세히 설명하려는 노력의 일환으로 중재에 대한 반응 개념이 이 영역의 초기부터 논의되어 왔다(개관은 Haring & Bateman, 1977; Weiderholt, 1974 참조). 예를 들어, **학습장애**라는 용어 자체는 미세뇌기능장애(예: Clements, 1966)와 같은 신경 메커니즘에 맞춰진 초점을 대체하고 교수를 강조하기 위해 생겨났다. 게다가 초기에 나온 여러 저작들은 부적절한 교수로 인해 일탈한 아동들과 진정으로 '학습장애'인 아동들을 구별하였다. 예를 들어, 『학습장애아에 대한 교수(*Teaching the Learning Disabled Child*)』(1977)에서 Haring과 Bateman은 '교수장애'와 '학습장애'를 구별하였다. 그들은 "학습장애로 불리는 많은 아동은 실제로 교수장애다. 다시 말해, 신경장애를 전혀 가지고 있지 않지만 취학 전후 학습에서 일련의 불운하고 비정상적인 학습 경험을 가진 아동들이 있다. 반면 임상적으로 관찰 가능한 신경장애를 가지지는 않았지만 부적절한 교수로 설명할 수 없는 학습장애를 가진 아동들이 있다. 교과과정이 개별화되고 체계적인 교수가 이루어지고 있지만 이러한 학습 문제는 소수의 아동에게 지속되고 있는 것으로 보인다."(p. 4) 더 나아가 저자들은 기본적 학습 과제에 대한 학생의 성과를 지속적으로 관찰하고 기록함으로써 정확한 교수의 사용을 요구하고 있다. 사실상 교과과정 기반의 평가와 진진도 모니터링처럼 오늘날 우리가 보는 다양한 형태의 RTI는 정확한 교수 절차의 재설정이나 세련화에 기원을 두고 있으며, 다양한 영역과 강도의 교수는 Deno(1980)의 다단계 모형(cascade model)의 재배치를 반영하고 있다.

둘째, 학습장애를 정의하기 위한 평가적 접근인 RTI는 실험적 기반이 부족하다. 이 논문을 쓸 당시에는 핵심 변수(예: 과다 판별, 분류 안정성, 치료에 반응하는 학습과 인지적 성장)에 대한 성과를 측정하는 전달 모형(예: 다양한 영역의 교수 대 특수교육[학습 도움실 배치])이나 학습장애의 심각한 위험을 무작위로 평가할 수 있는 통제된 연구가 없었다. RTI와 다른 평가 모형들을 비교하는 연구들은 동일한 표본에 대한 검사에서 중복된 집단과 중복되지 않은 집단으로 나누는 사후 평가(post hoc assessment)를 거의 포함하지 않았다. 게다가 서로 다른 주(state)와 교육청으로 인해 RTI가 수행되는 방식에 대한 다양한 해석이 존재함으로써 학습장애 위험 아동들의 평가에 교수과학을 연결시키는 균일성(uniformity)을 얻기 힘들었다.

어떤 실천가들(예: 학교심리사들)은 다른 모형들(예: 행위 데이터의 내부 처리를 통한 추론 기반의 모형들)과 비교하여 학습장애 위험 아동들의 맥락적(또는 생태학적으로 유효한) 평가를 제공하는 RTI에 열광하지만, 학습장애 위험 아동들을 판별하기 위한 과학적 방법으로서 RTI를 사용하는 것은 극복해야 할 여러 장애물을 가지고 있다. 첫 번째 장애물은 표준화된 형태의 검사/평가(사정)와는 다르게, 증거 기반 교수의 표준화된 적용이 없다는 점이다. 나중에 논의될 것처럼, 증거 기반 연구나 진진도 모니터링에 대한 단순한 요구는 실제로 균일성을 제공하지 않는다. 두 번째 장애물은 교사 효과가 항상 통제될 수 없다는 점이다. 교사라는 변수는 아동들의 치료 성과를 중개할 경우에만 핵심적 역할을 한다. 더 나아가 이 변수는 단지 치료 적합도를 증가시킨다고 해서 설명되는 것이 아니다. 증거 기반 치료의 적용 시 치료 적합도를 통제하는 절차는 성과에서 작은 편차(variance)를 차지한다(논의는 Simmerman & Swanson, 2001 참조). 교사 효과의 역할은 어느 정도 통제될 수 있지만, 증거 기반의 실행에서 교수적 전달을 위해 수행되고 작용하는 '전문 교수 모형'은 없다. 세 번째 장애물은 최고의 교수적 환경에서도 상황에 따라 개인적인 성과 차이가 증가할 수 있다는 점이다. 학습장애 위험 아동들과 평균적 수행자들의 성과를 향상하는 교수적 환경이 있지만, 이러한 교수 절차는 아동들 간의 성과 차이를 증가시킬 수 있다. 따라서 학습장애 위험 아동들은 가장 집중적인 치료환경에서 그들의 상대와 비교될 때조차도 상당한 성과 차이가 존재할 것이다. 아마도 이 세 가지 주요 장애물보다 근본적인 것은 '무반응(nonresponsiveness)'이 무엇을 의미하고 어떻게 일정하게 측정되는지에 대한 일치가 부족하다는 것이다.

셋째, 신경인지과학이 학습장애 영역에 적용될 때 하나의 관점으로 맞춰질 필요가 있다. 뇌와 행위 간의 상관 연구는 학습장애 영역에서 오랜 역사를 가지지만(예: Orton, Benton, Reitan, Gaddes의 연구; 초기 연구에 대한 개관은 Hallahan & Cruickshank, 1973 참조), 교수에 대한 이 연구의 적용에는 틈이 있다. fMRI 절차의 도입으로 인한 최근 작업과 치료 성과는 이 틈을 메우기 시작했다. 그렇지만 뇌 연구와 교육의 연결이 잘 개발된 것은 아니다(예: Bruer, 1997). 뇌의 어떤 중심 부위가 오랫동안 활동하고 그것들이 어떻게 교수와 연결되어 있는지를 정확히 아는 것이 중요하다. 학습장애 이해의 이론적 맥락을 제공하기 위해 신경 구조를 행위 기능에 연결시키는 뇌 연구가 필요하지만(이 이슈는 나중에 논의될 것이다), 교수를 이러한 지식의 기반으로 변경시키는 것은 아직 명확하게 이루어지지 않았다.

나는 이 내용의 편집자들에 의해 제기된 문제를 지금부터 해명할 것이다. RTI와 신경인지과학을 결합시키려는 노력을 함으로써 우리는 학습장애의 과학적 접근에서 더 좋은 상황을 이끌어 낼 것이다.

신경과학은 학습장애 판정에 관한 법률 및 정책에 어떻게 기여해야 하는가

과학이 학습장애의 판별과 평가, 치료에 최고의 절차를 제공하도록 이에 대한 연구를 장려하는 법이 제정될 필요가 있다. 나는 특정한 학습장애를 결정하기 위해 대안적 연구에 기반을 둔 절차를 승인하는 현 법률(다음에서 논의될 장애아교육향상법[IDEIA])이 그러한 실행을 허락할 만한 충분한 유연성을 가지고 있다고 본다. 더 나아가 이 법률은 몇 년 후에 신경인지과학자들로 하여금 학습장애의 기반을 탐구하도록 하는 뜻밖의 행운을 제공할 수 있다. 이러한 사건은 ① 치료 강도에도 불구하고 학습장애 아동들이 기본적 기술에서 또래들보다 뒤처지는 이유에 대한 과학적 설명을 제공할 필요성, ② 부적절한 교수의 피해자들과 진정으로 신경장애로 고생하는 아동들을 분리하려는 성과가 미미했음을 입증할 필요성 때문에 일어날 것이다.

학습장애 정의에 대한 신경과학의 적용과 정책에 관련하여 내가 살피고자 하는 이슈는 법률이 아닌 연구 기반을 과장하는 RTI 옹호자들에 관한 것이다. 이 이슈를 다루기 전에 나는 신경인지과학이 정책에 적용되는 단순한 사례를 간단히 설명할 것이다. 신경과학은 학습장애에 관한 정책 결정에서 개인적 차이가 발생하는 이유와 방식에 대한 설명을 제공한다. 개인적 차이가 최고의 교수에서도 설명되지 않을 경우, 신경인지과학은 학습장애를 설명할 수 있는 가능성을 가지게 된다. 최고의 교육적 환경이 제공된다고 하더라도 모든 아동이 교육적 기준을 충족하는 것은 아니다. 정책 결정에서 신경과학의 기여를 무시한다면 학습장애 과학에 심각한 제약을 가할 수 있다. 실험 문헌에서 제시된 것처럼(학습장애 영역에서처럼), 과학적 학습 모형은 자연적 학습 측면과 행위적 학습 측면 모두를 가지고 있다는 것을 모든 지표를 통해 알 수 있다. 인지와 학습에 관한 최근의 실험 연구 저널(예:『실험심리학 저널(*Journal of Experimental Psychology*)』)은 행위적 방법과 뇌영상 방법이 연구자들에 의해 개선되었음을 보여 준다. 따라서 아동(학습장애가 있든 없든)의 뇌에 관한 연구는 정책 결정과 관련하여 중재에 관한 연구에 뒤지지 않는다. 두 접근은 경쟁적인 것이 아니라 상보적인 것이다. 문헌에 관한 조사를 통해 학습장애에 관한 이전 정의에서 신경심리적 데이터가 요구되었고, 역사적으로 이 영역은 학습장애가 '내재적(intrinsic)'이며 중추신경계의 장애에 기인한다는 가정에 기반을 두고 있음을 알 수 있다. 이러한 가정들이 기각된다 할지라도(예를 들어, 결정적인 발견들이 아니기 때문에), 신경과학은 유사한 성격을 가지는 행위들(읽기와 수학의 영역처럼)이 아동들에게 서로 다른 원인과 결과를 미치는 서로 다른 신경 메커니즘을 포함하고 있다는 것을 명확하게 보여 주었다. 행위적 유사성보다 신경 기능에 따른 행위의 유효한 범주화는 학습장애인 아동을 판별하는 정책의 유효성을 향상할 것이다. 더 나아가 강도 높은 교수 후에 신경 기능에 따른 기준의 적용은 아동들에게서 학습장애를 과잉 판별하는 것을 잘 통제할 수 있게 해 줄 것이다.

이러한 가정에서 신경심리학자들 중 일부가 정책 결정에 배제되어 있다고 느끼는 이유는 무엇인가? 그것은 현 신경인지과학이 분류 기준에서 지능(IQ)의 역할과 지능-성취 불일치의 원인에 대한 합의에 도달하지 않았으며, 심리측정(psychometric, 신경인지과학자들에 의해 일반적으로 사용됨)이 치료 성과의 중요성을 상당히 감소시키기 때문인 것으로 보인다. 장애아교육향상법(IDEIA, 2004)과 2006년 8월 14일 발행된 최종 규칙에서 연방정부는 지능-성취 불일치 방식이 학습장애 진단에 필요한 것은 아니라고 공식적으로 발표함으로써 지능-성취 불일치 방식에 잠재적 문제가 있음을 인정했다. 학습장애를 가진 아동들의 올바른 판별을

장려하기 위해 다음의 세 가지 법률적인 기준이 추가되었다.

① 주정부는 지적 능력과 성취 간의 심각한 불일치를 이용해서는 안
   된다.
② 과학적 기반의 연구 중재에 대한 아동들의 반응이 평가(사정) 과정
   에서 충분히 고려되어야 한다.
③ 특정한 학습장애를 결정하기 위해 주정부는 대안적 연구에 기반한
   절차를 사용해야 한다.

법률 변경은 낮은 읽기 점수를 가진 아동들의 IQ 수준이 학습장애의
유효한 분류에 부적절하다는 가정에 기반을 두고 있다. 다시 말해, '낮
은 읽기 점수-낮은 IQ 점수'를 가진 아동들이 '높은 IQ 점수-낮은 읽기
점수'를 가진 아동들과 행위적으로 유사하여, 학습장애 판별에서 점수
불일치가 가지는 유효성에 대한 의문이 제기되었다(예: Fletcher et al.,
1992; Fletcher et al., 1994). 지능-성취 불일치 모형에 대안적 방식인 RTI가
학습장애 판별 모형으로서 가져야 할 강한 경험적 지지가 부족하다는 점
을 고려할 때 IDEIA(2004)의 지지는 상당히 흥미롭다(Fuchs et al., 2003).
여하튼 RTI의 적용을 방해하는 문제들은 ① 증거 기반 교수로부터 알고
있는 한계들, ② IQ가 치료 성과에서 무시될 수 없다는 사고, ③ 치료 성
과가 표본이 정의되는 방식의 결과라는 사실과 관련이 있다.

증거 기반 교육 실행에 대한 문제

35년 동안 학습장애 아동들에게 수행된 모든 실험적 중재 연구를 통합
하기 위해 미국 교육부는 몇 년 전 주요 메타분석(meta-analysis)에 자금
을 지원하였다(의회 최종 보고서와 Swanson, Hoskyn, & Lee, 1999 참조).

Swanson과 동료들(예: Swanson, 1999a, 2000b; Swanson & Deshler, 2003; Swanson & Hoskyn, 1998; Swanson & Sachse-Lee, 2000)은 1963년과 2000년 사이에 발행된 단일 대상 연구들에서 보고한 권위 있는 학술 논문들과 기술 보고서, 기사 등을 종합하였다. 3000 효과 크기를 응축하여, 그들은 집단 설계 연구를 위한 학습장애 통제 대 학습장애 치료에 0.79의 평균 효과 크기(ES)를 발견하였고(Swanson & Hoskyn, 1998), 단일 주체 설계 연구에서는 1.03의 평균 효과 크기를 발견하였다(Swanson & Sachse-Lee, 2000). Cohen의 분류 시스템에 의할 경우, ES 절대치가 0.20 이하일 때 ES 규모는 작고, 0.60일 때 적당하며, 0.80 이상일 때는 크다. 따라서 표면상으로 결과는 학습장애 아동들이 집중교육에 상당한 반응을 보인다는 개념과 일치한다. 그렇지만 학습장애 아동들이 증거 중재 절차를 동일하게 받고 있는 같은 학년이나 나이의 정상 아동들과 비교될 때 효과 크기(ES 평균[M]=0.97, 표준편차[SD]=0.52)는 정상 아동들에게 상당히 호의적으로 나타났다(Swanson et al., 1999, pp. 162-169 참조). 더욱 중요하게는 IQ와 독서와 관련된 심리측정 점수가 표본 보고서에 포함되지 않았을 때 정상 아동들의 ES가 증가하였다(ES=1.44; Swanson et al., 1999, p. 168). 따라서 심리측정에 대한 평가 없이 RTI의 중요성은 적절하게 해석될 수 없다. 더욱 중요한 것은 학습장애 아동들과 정상 아동들의 표본에서 상당히 효과적으로 나타난 교수 치료를 가지고 그들의 성과 차이를 좁힐 수 없었다는 것이다.

  증거 기반 교수에 적용되는 것처럼, 이 종합으로부터 RTI를 관점으로 삼을 수 있는 두 가지 중요한 점들이 발견되었다. 첫째, 분석을 통해 직접적이고 명확한 전략이 결합된 교수(명확한 실행, 정교화, 전략적 단서)와 소규모 상호작용적 환경이 다양한 학습 영역에서 최상의 치료 효과를 거둔다는 것을 알 수 있었다. 이러한 발견은 직접적 교수와 인지적 교수의 결합이 학습장애 아동들의 성과를 개선(ES 0.80 초과)시키기 위한 최고의

(증거 기반) 교수법을 제공한다는 것을 암시한다. 그렇지만 이러한 요소들은 성과 예상에서 편차의 15% 이하만을 설명할 뿐이다(Swanson et al., 1999a). 이러한 발견은 방법론과 나이, 연구 계획, 학습 영역의 형태(예: 독서, 수학, 작문) 등에 대한 통제가 이루어질 때 유효해진다. 읽기(음운의 교수)의 실행에서 결정적 분석을 제공하는 국립읽기패널(National Reading Panel)의 보고서(2000)마저도 읽기 치료 성과(Hammill & Swanson, 2006)에서 대략 10%의 편차만을 설명한다. 따라서 증거 기반 실행이 '최고'라 여겨지는 연구들에서 거대한 양의 편차가 설명되지 않은 채 남아 있는 것이다.

둘째, '최고의 증거 기반 연구들'의 결과는 액면대로 받아들여질 수 없다. 문헌에 대한 종합적 평가에서 모든 연구는 종합 속에 포함되기 전에 명확한 통제집단과 기준적 조건을 가지고 있었다. 우리는 이 종합에서 부적절한 방법론을 사용한 연구들은 제외하였다(그 이유는 Valentine & Cooper, 2005 참조). Simmerman과 Swanson(2001)은 이러한 증거 기반 연구들을 분석하여, 내외적 유효성의 사소한 차이가 치료 성과의 규모를 상당히 감소시킨다는 것을 발견하였다. 치료 성과를 상당히 감소시키는 방해물은 다음과 같다.

- 교사 효과: 치료를 위해 동일한 실험자와 통제된 치료를 사용한 연구들은 치료 관리에 다양한 실험자를 사용한 연구들(이러한 조건은 세 단계의 교수와 유사함)보다 더 작은 효과 크기를 산출했다.
- 비표준화 측정 도구의 사용: 표준화된 측정 도구를 사용하지 않은 연구들이 표준화된 측정 도구를 사용한 연구들보다 훨씬 큰 효과 크기를 가지고 있다.
- 이질적 표집: 1학년과 2학년 학생들을 모두 포함한 연구들이 다른 연령층을 포함한 연구들보다 더 큰 효과 크기를 산출하였다.

더욱 중요한 발견은 연구들이 개인적 차이(또는 집단적 차이)에 대한 신경심리적 검사들에서 흔히 사용되는 주요 정보(예: IQ와 성과 점수)를 무시함으로써 치료 성과가 상당히 부풀려졌다는 점이다. 예를 들어, 민족성과 관련된 정보(민족성을 보고한 연구들이 그렇지 않은 연구들보다 상당히 작은 효과 크기를 산출하였음)와 심리측정 데이터(다른 조건들과 비교하여 심리측정 정보가 보고되지 않았을 때 상당히 커다란 효과 크기가 발생하였음)의 불충분한 보고는 치료 성과의 규모를 상당히 부풀렸다. 효과 크기의 규모 역시 연구들이 표본을 선택할 때 연방 정의에 의지하는지(연방 정의 [PL-94-142]를 사용하지 않은 연구들이 사용한 연구들보다 더 커다란 효과 크기를 산출하였음), 아니면 다양한 정의 기준을 사용하는지(표본의 정의에서 다양한 기준을 사용한 연구들이 그렇지 않은 연구들보다 더 작은 효과 크기를 산출하였음)에 영향을 받았다.

요약하면, '최고의 증거' 기반 연구들이 환경적이고 개인적인 차이 변수들에 영향을 받기 때문에 오직 RTI 모형에 기반하여 학습장애 위험을 평가하는 것은 상당히 어렵다는 것을 알 수 있었다. 게다가 RTI는 다양한 교수 영역, 특히 읽기 영역에서 증거 기반 연구들에 의존하고 있지만, 교수를 위한 최적의 조건(교과 지도)에서도 읽기와 교수의 관련 비율은 성과의 15% 미만이라는 것에 주의할 필요가 있다(Swanson, 1999b, 〈표 5〉 참조).

지 능

두 번째 이슈는 지능(IQ)과 관련되어 있다. IQ는 학습장애에 관한 현 신경심리학적 모형에서 유지되어야 하는가? 확실히 현 법률(IDEIA, 2004)은 학습장애 결정을 위해 IQ를 적성 측정 수단으로 사용하는 것과 직접적으로 관련되어 있다. 학습장애 영역에서 지능은 오랫동안 적성의 측정으로 여겨졌으며 신경심리학적 평가의 중요한 구성물이었다(예: Riccio & Hynd, 2003). 그렇지만 여러 연구자는 집단의 읽기 수준이 낮을 때는 IQ 변수를 통해 학습의 차이를 알 수 없다고 주장하였다(예: Francis et al., 2005). 따라서 불일치 공식을 폐기함으로써 IQ에 의해 측정되는 잠재성 (potential) 개념은 정의에서 삭제되었다. 그렇다면 IQ와 읽기(학습장애에 관한 이전 지표)는 관계가 없는 것인가? 나는 결과 중 일부가 과장되게 해석되었다고 믿기 때문에 이 이슈에 대한 문헌들을 간단히 살펴볼 것이다.

IDEIA(2004)가 통과되기 전에 세 가지 메타분석이 수행되었다(Fuchs et al., 2000; Stuebing et al., 2002; Hoskyn & Swanson, 2000). 세 가지 메타분석의 상충점은 Stuebing 등(2002)에 의해 평가되었다. Stuebing 등은 연구들에 대한 Hoskyn과 Swanson의 선택 과정을 세 분석 중에서 가장 보수적이라고 여겼다. 그래서 나는 IQ의 적절성과 관련된 발견만을 강조하고 싶다. Hoskyn과 Swanson(2000)은 읽기 능력이 형편없으며 읽기 점수보다 더 높은 IQ 점수를 가진 아동들이나 읽기 점수가 IQ 점수보다 높은 아동들을 비교하는 출판물만을 분석하였다. 종합을 통해 발견된 것은 불일치 점수의 변별 검증력이 약하다고 보고했던 앞선 연구(읽기 영역 밖의 보고서)의 결과와 일치하였다. Hoskyn과 Swanson의 종합적 결과가 일반적으로 일치 집단과 불일치 집단 간의 다양한 측정에서 나온 현재의 비교 성과를 지지하지만, 언어성 IQ는 두 집단 간의 효과 크기를 상당히 감소시켰다. 다시 말해, IQ와 읽기의 불일치 정도는 효과 크기를 예견하는 데 부적절하였지만, 두 집단 간의 성과(효과 크기) 차이는 언어성 IQ와 관련되어 있었다. 그들은 언어성 IQ 측정에서 불일치 집단(읽기 장애 집단)과 일치 집단(성과가 낮은 집단) 간의 효과 크기 차이가 1.00(읽기장애[RD] 집단의 평균 언어성 IQ는 대략 1.00이었고, 성과가 낮은[LA] 집단은 대략 0.85였다)보다 컸을 때, 다양한 인지 측정에 대한 평균 효과 크기는 대략 0.29였다는 것을 발견했다. 대조적으로 언어성 IQ의 효과 크기가

1.00보다 적었을 때(RD 집단의 평균 언어성 IQ는 대략 0.95이고, LA 집단의 평균 언어성 IQ는 대략 0.90이었다), 다양한 인지 측정에 대한 효과 크기는 거의 0에 가까웠다(M=-0.06). 따라서 RD 집단이 IQ 80점(RD 표본을 선택하기 위해 사용된 절단점 점수)에서 올라갈수록 인지 측정에 대한 그들의 전체적 수행은 성과가 낮은 집단과 더 크게 차이가 났다. 간단히 말해, Hoskyn과 Swanson의 종합을 통해 'IQ와 성과의 차이'가 다양한 인지 변수에 대한 효과 크기의 차이를 예견하는 데 중요하지 않지만 이들 두 집단 간의 언어성 IQ 차이는 전체적인 인지 성과를 상당히 감소시킨다는 것을 알 수 있었다.

홍미롭게도 Stuebing 등(2002)은 그들의 메타분석에서 IQ가 독서와 관련이 없다고 결론 내렸다. 그렇지만 IQ는 〈표 6〉이 보여 주는 것처럼, 읽기의 설명 편차(explainable variance)에서 상당 부분을 차지하고 있다(설명 편차는 대략 0.47~0.58에 이른다). IQ가 읽기와 완전히 관련이 없다는 결론은 확실히 좋은 주장이 아니다. 더구나 두 집단 간의 측정에서 확실한 차이가 Fuchs, Fuchs, Mathes와 Lipsey(2000)에 의해 발견되었다. 예를 들어, Fuchs 등(2000)은 학습장애이면서 성과가 낮은 학생들과 정상이면서 성과가 낮은 학생들을 비교하면서, 정상이면서 성과가 낮은 학생들에게 맞도록 감소된 효과 크기(ES=0.61, p. 94 참조)를 발견하였다. 문헌에 대한 이러한 종합을 평가할 때, 평가 절차에서 학습장애 아동들을 분류할 경우 적성 측정 도구인 IQ(특히 언어성 IQ)를 제거하는 것은 문헌에 의해 항상 지지되는 것은 아님을 알 수 있다. 불행히도 신경과학은 IQ를 분류 지표로 확립하는 데 능동적 역할을 하지 못했다. 더욱 중요한 것은 불일치 모형보다 RTI가 평가 목적을 위해 사용된다면, IQ가 치료 성과와 관계가 있다는 것에 주목해야 한다는 것이다. 이 이슈는 다음에서 논의될 것이다.

학습장애 정의를 구체화하는 기능으로 바라본 치료 성과

최종적으로 IQ를 판별 기준으로 사용하는 확실한 검증은 IQ가 치료 성과와 관련되어 있는지 아닌지에 관한 것이다. 어떤 연구들은 IQ와 치료 성과가 거의 관련이 없음을 발견하였지만(예: Vellutino, Scanlon, & Lyon, 2000), 일련의 개입 연구와 IQ 관련에 대한 조사 문헌은 아직 포괄적으로 연구되지 않았다. 교수에 대한 반응은 불일치 집단과 일치 집단을 비교하는 대다수의 연구에서 생략되는 것으로 보인다. 그렇지만 학습장애 표본이 높거나 낮은 IQ 점수를 가지는 것, IQ와 읽기 간에 최대/최소 차이가 존재하는 것, 그러한 아동들이 절단점 점수로 정의되는 것 등이 치료 성과에서 중요한 것이 될 수 있는가? 단순히 말해, 지능과 읽기의 관점에서 정의된 학습장애 표본이 치료 성과와 관련을 가지는 정도에서 편차가 중요한가? 이것은 학습장애 정의에서 IQ와 읽기 간의 불일치 개념을 폐기하려는 현재의 노력으로 볼 때 사소한 문제가 아니다. IQ가 높고 낮은 아동들이 치료 과정에서 양적으로나 질적으로 다르게 반응한다면, 개입에 대한 아동의 반응을 평가할 때 IQ 측정을 완전히 제거하려는 노력은 성급한 것으로 보일 것이다. 우리는 학습장애 표본에서 적성의 편차가 치료와 관련되는지에 대한 평가는 다양한 변수의 데이터(학습장애 표본이 정의되는 방식에 대한 다양한 배치를 포함함)를 가지고 치료 성과 간의 관계를 비교하는 것이라고 주장한다. 이것은 연구들을 동일한 기준(예: 효과 크기)에 놓거나, 표본 정의(예: 지능과 읽기의 측정)에서 편차 기능을 하는 성과 규모를 비교함으로써 수행될 수 있다. 우리는 지금까지 이 이슈에 관한 가장 포괄적인 데이터를 가지고 있으며(Swanson et al., 1999), 기존 문헌을 통해 증거 기반 연구에서 학습장애 정의와 치료 간에 상당한 관련이 있음을 보여 줄 것이다(개관은 Swanson & Hoskyn, 1999 참조). 우리는 IQ와 읽기 수준의 개인적 편차가 집단 설계와 단일 대상 설계 연구에서 교수적 성과의 중요한 조절자라는 것을 발견했다. 또한 중재 연구에 대한 메타분석에서 IQ와 읽기의 편차가 치료 성과를 감소시킨다는 것을 발견했다. 우리 데이터의 일반적 패턴은 학습장애 아동들에 대한 심리측정 정보를 보고하지 않은 연구들은 심리측정 정보를 보고한 연구들보다 상당히 큰 효과 크기를 산출하였다는 것이다. 따라서 심리측정 기준에 기반하여 표본을 선택한 연구들과 비교하여 빈약하게 정의된 표본을 선택한 연구들은 표본에 커다란 이질성을 도입함으로써 치료 성과를 부풀렸고, 치료 성과와 관련된 상당한 효과는 읽기-지능의 비중 있는 상호작용에서 무시되었다. 치료 성과에 대한 IQ 점수의 영향은 읽기 점수가 25백분위(percentile) 아래로 내려갈 때 특별히 관련되어 있었다. IQ가 90 이상일 때 효과 크기는 중간 정도였고(0.52), 90 이하로 내려갈 때는 상당히 높았다(0.95). 따라서 이러한 발견을 통해 치료 성과를 예견할 때 IQ와 읽기의 편차는 무시될 수 없으며 판별 과정에서 중요한 요소라는 것을 알 수 있었다.

우리가 Hoskyn과 Swanson의 1998년 데이터를 고려할 때 두 가지 중요한 점이 발견된다. 첫째, 우리는 지능과 읽기가 불일치하는 청소년 표본이 동일한 범위에서 IQ와 읽기의 총 점수를 보고한 연구들보다 낮은 효과 크기를 산출할 가능성이 크다는 것을 발견했다(예: Swanson, 2001). 이를 통해 치료 성과를 예견하는 데 불일치가 중요하다는 것을 제안함으로써, 학습장애아를 분류할 때 '불일치' 기준의 제거를 요구하는 문헌들을 비판적으로 볼 수 있게 된다. 둘째, 읽기의 인식과 이해와 관련된 치료 측정은 IQ 기능에 따라 변한다는 것을 발견하였다. 단어 인식 연구들의 효과 크기는 절단점 점수(IQ > 85, 읽기 < 25백분위)로 정의된 표본과 상당히 관련되어 있는 반면, 읽기 이해 연구들의 효과 크기는 경쟁적인 정의 기준들과 비교하여 IQ와 읽기 간의 불일치에 상당히 민감하였다.

요약과 함의

IQ가 학습장애의 정책적 정의와 관련이 있다는 것은 명백하다. 일반
적으로 성과가 낮은 아동들과 학습 부진과 유사한 성향을 가지는 학습장
애 아동들은 IQ와 읽기 간에 불일치를 가진 표본보다 치료 성과에서 더
큰 효과 크기를 산출하였다. 이러한 불일치가 발생하는 이유에 대한 연
구가 거의 없기 때문에 IQ와 같은 지표가 여전히 중요한 역할을 한다는
것을 인식할 필요가 있다. RTI 옹호자들은 아동들이 있는 교실에서 효과
적인 교수 프로그램의 수행을 위해 주목할 만한 시사점을 제공해 준다.
그렇지만 교수적 맥락에 대한 전적인 강조는 우리가 가진 과학을 과소평
가하는 것이다. 때때로 나는 다음을 인용한다.

> 나는 최고의 맥락적이고 교수적인 환경에서도 인지 학습에서 정상 아
> 동들보다 떨어지는 정상 IQ를 가진 아동들의 집단이 있다는 것을 인정한
> 다. 이것은 그러한 아동들의 성과가 보상되거나 개선될 수 없는 것이라거
> 나, 그들의 성과 부족이 오직 부적절한 교사나 교과과정 때문이라는 것을
> 의미하는 것이 아니다. 사회적 합의에 의해 학습이 변화될 수 있기 때문에
> (예를 들어, 사회는 개인적 차이가 소멸되는 학습이나 활동을 선택할 수
> 있다), 학습장애 아동들과 정상 아동들 간의 성과 차이는 변화될 수 있다.
> 그렇지만 나는 동시대의 문화가 교차되는 '고리'와 지속성, 이에 대한 역
> 사적이고 사회적인 기반을 가진 기대가 존재하기 때문에 읽기 이해와 이
> 야기 문제 풀이, 문어 학습 같은 인지적 활동들이 계속 존재할 것이라고
> 생각한다(Swanson, 1988a, p. 297).

신경과학은 학습장애 평가(사정)와 판별에 어떻게 기여할 것인가

신경과학은 행위적 성과에 대한 개념화를 제공한다. 예를 들어, 사고라는 개념을 생각해 보자. 사고는 외현적 과정이다. 즉, 관심, 부호화, 고안, 암송, 이해, 계획, 추론, 이미징(imaging) 등은 모두 눈에 보이지 않는 과정이다. 만약 그렇지 않다면 아주 잘 알려진 질문인 "당신은 어떻게 생각하나요?"는 영어에서 사라질 것이다. 신경인지과학이 학습장애에게 제공하는 것은 세 가지다. 첫째, 학습장애의 생물학이 있다는 것과 이와 관련된 문제가 지속적으로 일어날 것이라는 것을 보여 준다. 둘째, 행위적 성과가 동일할 경우 개인적 차이에 측정 기준을 제공한다(이 점은 앞서 언급되었지만 다음에서는 다르게 제시될 것이다). 셋째, 신경인지과학은 학습장애 과학에 기여한다. 이에 대해 나는 순서대로 살펴볼 것이다.

생물학

학습장애에는 생물학적 기반이 있다(개관은 Shaywitz, Mody, & Shaywitz, 2006; Shaywitz & Shaywitz, 2003, 2005 참조). 예를 들어, 여러 연구(개관은 Shaywitz & Shaywitz, 2003 참조)는 읽기장애 아동과 정상 아동 간의 측두-두정엽-후두엽(temporo-parieto-occipital) 뇌 부위에 차이가 있다고 제안하였다. 성인 난독증 환자들에게 fMRI를 사용하여 얻은 증거는 읽기 중에 적절하게 기능하는 좌측 반구형 후 뇌부(posterior brain) 시스템의 장애를 보여 준다. 어떤 뇌영상 연구 역시 정상 독자와 난독증 독자의 뇌 앞 부위 활동에 차이가 있음을 보여 주었다. 이러한 대부분의 연구는 뇌 부위에 초점을 맞추고 있으며, 이것은 이전 연구가 읽기와 언어를 연결시켰던 지점이다. 연구는 음운론적 분석과 관련된 명확한 활동 패턴을 보여 준다. 예를 들어, 비단어적 운율 학습에서 난독증 독자들은 후상 측두엽부(posterior superior temporal gyrus, 베르니케 영역[Wernike's area], 각회[angular gyrus], 선조 피질[striate cortex])을 포함하는 후 뇌부 시스템의 중단을 경험한다. 조사연구는 좌반구 신경계의 기능 중단이 지속되며, 이러한 장애가 평생 지속됨을 보여 주었다.

대다수의 신경인지 연구가 읽기장애에 초점을 맞추지만, 몇몇 연구는 단일 단어의 해독에서 재빠르고 자동적인 인식과 분절적 읽기를 수행할 수 없는 학습장애와 명칭 실어증(anomia)에 초점을 맞추었다(개관은 Shaywitz & Shaywitz, 2003 참조). 읽기장애의 핵심 문제가 음운 처리의 어려움에 있다는 것은 이 문헌에서 합의된 상태다. 읽기장애에 대한 신경생물학적 증거는 부검(postmortem)과 전기생리학(electrophysiology), 가족, 영상 진단법(fMRI) 연구 등에서 나왔다. 이러한 신경학적 데이터에서 나온 증거는 난독증 환자들의 언어 신경계가 중단되었음을 보여 주고 있다. 난독증에서 뇌 기반 연구는 측두 평면(planum temporale)과 주변 부위의 선회 형태(gyral morphology), 뇌량(corpus colossum), 측두정엽(temporal parietal)의 피질장애(cortical abnormality) 등에 초점을 맞추었다. 지금 이 시점에서 이러한 연구를 요약하는 것은 어렵지만, 읽기장애에서 인지적 결함을 강조하는 신경생물학적 코드가 왼쪽 측두정엽 부위에 중심을 둔다는 것은 널리 알려져 있다. 측두 평면의 비대칭적 차이가 읽기장애와 관련하여 지속적으로 발견되었다. 특히 측두 평면의 대칭은 더 커다란 오른쪽 측두 평면에 기인한다. 오른쪽 비대칭보다 더 큰 왼쪽 비대칭으로 인한 정상적 형태의 역전은 발생적 난독증 환자들에게서 발견된다(예: Riccio & Hynd, 2003). 읽기 과정에서는 아직도 탐구되지 않은 미지의 영역이 많이 남아 있는데, 유전적 요소 역시 강하게 작용한다(예: Grigorenko, 2001).

다양한 과정을 포함하는 행동의 유사성

심리측정 점수가 동일한 경우에도 개인적 차이가 존재한다. 신경과학은 명백하게 단순한 사건의 복잡성을 밝혀낸다. 예를 들어, 간단한 학습으로 학습장애 아동들과 정상 아동들의 수행을 구별할 수는 없지만, 그 학습에서 사용된 정신 과정은 집단들 간에 복잡하고 미묘할 수 있다. 이러한 측면을 보여 주기 위해 특별한 학습에서 성공적인 성과를 달성하기 위해 많은 선택을 할 수 있는 개인들의 적응 시스템으로 인간 시스템을 바라보는 정보 처리 이론을 고려해 보자(Newell & Simon, 1972). 또한 학습장애 아동들과 정상 아동들의 학습 과제가 표기적으로 그리고 음운적으로 독특한 명사들의 간단한 목록을 기억하는 것이라고 가정해 보자. 이들 일부는 음운론이나 의미론적 정보를 주로 활성화하는 것과 관련된 뇌 부위를 사용할 것이며, 다른 일부는 단어들의 전체적 형상과 그들의 지시체를 기억하는 것과 관련된 뇌 부위를 사용할 것이다. 또 다른 일부는 이 전략의 결합을 사용할 수 있지만 그것에 의해 수행된 최종 결과는 다르지 않을 것이다. 따라서 학습장애 아동들과 서로 다른 처리 전략(다시 말해, 상당히 독특한 성격을 가지는 정신 리소스의 집합들)을 사용하는 읽기 수준이 낮은 아동들의 읽기와 수학, 인지 측정으로부터 유사한 수준의 성과를 얻는 것은 가능하다. 학습장애 아동들의 수행을 정상 아동들이나 부진한 아동들과 비교할 때, 그들의 정보 처리와 관련하여 심각한 불일치가 존재한다는 것은 실제적인 중요성을 가진다(예를 들어, 학습장애 아동들은 비능률적 처리 경로를 사용하지만, 그 경로는 결국 정확한 문제 해결로 이끈다).

예를 들어, 학습장애 아동들과 정상 아동들 간에 비교되는 IQ가 정보 처리 과정에 동일하게 적용되는 것은 아니다. Swanson(1988b)은 웩슬러(Wechsler) 지능검사에서 학습장애 아동들의 수행이 정상 아동들의 수행과 비교하여 동일한 정신 과정에 근거하지 않는다는 것을 발견했다. 또한 그는 과제 수행과 보고된 실제적 정신 과정의 총수가 비교되는 경우에도 두 집단이 문제를 해결하기 위해 사용하는 알고리즘과 발견적 학습에서 차이가 있다는 것을 발견했다. 더 나아가 나는 문제 해결에 관한 작업을 통해 해결의 정확성이 CA 동료들과 비교될 경우, 학습장애 아동들은 문제 해결을 위해 서로 다른 경로나 과정을 사용한다는 것을 알 수 있었다(Swanson, 1993). Swanson(1988b, 1993)은 학습장애 아동들이 과제 해결을 위해 일련의 목표를 성공적으로 세운다는 것을 발견했다. 게다가 그들의 문제 해결 수행은 지능에 관한 여러 유동적 측정에서 통계학적인 중요성을 가지고 있다(WISC-R에서 차례 맞추기[Picture Arrangement] 소검사; Swanson, 1988b; Tower of Hanoi, Combinatorial, Pendulum Task, Swanson, 1993). 또한 연구들은 학습장애 아동들이 문제 해결에서 숙련된 독자들과는 다른 인지 경로에 의존한다는 것을 발견했다. 예를 들어, 지능 측정에서 문제 해결은 "알고리즘을 확인하기 위해 사용되는 절차적 지식이나 과정보다 문제 제시(문제의 정의, 문제와 관련된 정보나 사실의 확인)를 강조"함으로써 증대되었다(Swanson, 1993, p. 864). 따라서 행위적 측정이 비교 아동들과 동일한 점수를 산출하였다 할지라도 아동들의 지능적 기능에서 중요한 불일치는 존재하였다.

요약하면, 신경인지과학은 학습장애 아동들의 수행 불규칙성을 평가하는 전통적 방법이 정보 처리 강도와 비능률을 처리하는 유형(진정으로 중요함)을 파악하는 데 실패했다는 것을 보여 준다. 동일한 검사 점수를 기록한 두 학습자는 서로 다른 정보 처리 강도를 가질 수 있다. 게다가 심리측정 검사는 외현적 수행의 관점에서 읽기장애 아동들과 유사한 읽기 점수를 가진 아동들을 구분할 수 없었으며, 그러한 학습 과제에서 사용된 실제 과정은 집단들 간의 미묘한 차이를 발견하기에는 너무 복잡했다.

이 론

나는 몇 년 전 이론 기반적 학습장애 모형을 유효화하는 절차를 제안했고, 이것은 교수적 성과와 신경학적 관련을 모두 포함하고 있다(Swanson, 1988c; 이 모형에 대한 반응은 Swanson, 1988a 참조). 그 당시 학습장애 영역에서 교수 실제와 이론의 연결에 대한 이해는 기본적 연구로부터의 데이터가 빈약하였기 때문에 어려움을 겪었다. 그렇지만 〈표 3-1〉에 제시된 연구 전략은 교수와 신경과학을 통합하는 학습장애 학습 모형의 틀을 보여 주고 있다. 나는 이 단계들 중 일부를 갱신하였지만, 모형은 여전히 신경인지적 데이터와 교수적 데이터의 명확한 통합을 제공하고 있다.

이 단계들이 〈표 3-1〉에서 제시되고 있다. 이 모형은 신경학적 비능률로 인해 학습장애가 인지 처리의 한계를 반영한다는 가정에 의지하고 있다(이 모형의 세부적 논의는 Swanson, 1988c 참조). 이러한 일련의 단계는 두 가지 기능—교수에 의해 영향을 받는 처리 결함과 영향을 받지 않는 처리 결함을 확인함, 교수적 실행에 방향을 제공함—을 가졌다. 따라서 단계들은 학습장애를 위한 인지 결함적 설명을 제공함으로써 초점은 인간 정보 처리의 관점에서 학습장애 아동들의 수행에 놓인다. 특히 빈약한 학습과 후속 결과를 발생시키는 정신 과정과 지식 구조에 대한 이해에 중점을 둔다. 정상 지능에도 불구하고 학습 영역에서 적절하게 발전하지 못한 기간(6~8개월) 동안 집중 교수를 제공받은 아동들을 연구하는 예비 단계(1-1단계)에서 수정된 전략이 시작된다. 다음으로, 연구자는 여러 인지 과정과 학습 영역을 연결시키는 구조(1-2단계)를 신중하게 선택한다. 그 당시는 물론 심지어 최근에도 작업기억은 이 모형을 위한 훌륭한 자원이 되고 있으며(Swanson, 1999c; Swanson & Jerman, 2007; Swanson & Siegel, 2001), 영어권 학습 표본에서는 학습장애를 정의하기 위해 응용 체계가 추가되었다(예: Swanson, Sáez, & Gerber, 2006). 작업기

→ 〈표 3-1〉 과학적(근거) 학습장애 모형

1-1단계	읽기와 수학에서 25백분위 아래의 점수와 평균 지능을 가진 아동들을 선택하여 집중 교수를 제공하지만, 그들은 성과에서 제한된 성장을 보여 준다.
1-2단계	학습 모형에 포함된 영역(예: 읽기, 수학)을 신중하게 선택한다.
2단계	영역(예: 작업기억)을 표현하고 학습(구인타당도)의 개인적 차이에 민감한 과제들을 선택한다.
3단계	그러한 과제들에서 능력 집단 차이가 발생하는 지점을 결정한다.
4단계	능력 집단의 수행에 기초가 되는 인지 과정을 확정한다. 1. 학습 기능에서 과정 측정을 능력 차이와 연결시킨다. 2. 과정 측정이 능력 집단의 학습 수행 편차를 설명하는지를 결정한다. 3. 학습 수행을 최고로 예견하는 과정 측정이 무엇인지를 결정한다. 4. 학습 수행과 관련이 적은 과정 측정을 제거한다. 5. 능력 집단과 과정 조정 간의 상호작용을 보여 준다. 6. 학습 능력 효과를 분리한다. 7. 학습장애 아동들과 정상 아동들 간의 신경학적 관련을 결정한다.
5단계	처리 능력의 장애를 범주화한다. 1. 매개변수의 차이 2. 후속 차이 3. 경로 차이 4. 전략 차이
6단계	학습장애 아동들에게 정상 아동들의 과정을 가르치고, 그들의 수준을 비교집단과 유사한 수준으로 올리도록 시도한다. 1. 교수가 변화를 이끌어 내지 못하면 7단계로 이동한다. 2. 교수가 변화를 이끌어 내면 두 능력 집단이 동일한 메커니즘을 사용했는지를 결정한다. 3. 교실 수행에서 동시적 측정 데이터를 수집한다.
7단계	교수에 민감한 매개변수와 민감하지 않은 매개변수를 지정함으로써 학습장애의 메타이론을 공식화한다. 1. 비정상적 데이터가 발생하면 1단계로 되돌아간다. 2. 추가 데이터가 이론을 입증하면 맥락을 확장시킨다(예를 들어, 학습에서 비인지적 교실 변수의 영향을 결정한다).

출처: Swanson (1988c).

억(working memory: WM) 구성 요소의 차이는 서로 다른 뇌 부위의 개발과 관련되어 있다. 예를 들어, 단기기억(short term memory: STM)(음운론적 루프[phonological loop])은 왼쪽 정수리 측두엽과 관련되어 있지만, WM의 실행 시스템은 전두엽과 관련이 있다(개관은 Wagner & Smith, 2003; Kane, 2005 참조). 따라서 이러한 연구들로부터 장애의 다양한 과정이 지능과 성과에 관한 다양한 측정에 대해 WM의 영향을 중개한다고 보는 것이 합리적이다. fMRI 연구로부터 나온 증거를 통해 유동적 지능의 개발은 전두엽 개발과 관련되어 있으며(개관은 Kane, 2005 참조), 읽기 영역처럼 결정화된 지능의 개발은 정수리 측두엽의 성장과 관련되어 있음을 알 수 있다(예: Paulesu et al., 1993).

작업기억과 같은 영역을 선택한 후, 연구자는 연구에서 사용될 과제를 선택한다(2단계). 그 과제는 조사 중에 구조물을 측정할 수 있는 능력(즉, 구인타당도)과 이론적 가치를 위해 선택된다. 과제의 선택은 학습에 관한 기본적 연구의 축적과 그러한 과제를 사용하는 개인적 차이에 기반을 두고 있다. 일단 과제가 선택되면, 미리 정의된 집단들이 개념적으로 견실한 연구 계획에 따라 비교된다.

4단계에서는 인지 과정의 타당성을 학습장애에 대한 설명으로 강조하기 위해 기본적 연구 노력이 이루어졌다. 이 단계는 여러 부분으로 이루어져 있다. 첫 번째 부분에서는 성과를 기반으로 제한적으로 정의된 학습장애 집단(예: 읽기와 수학 장애가 있는 아동들)이 다양한 학습 측정에 대한 각 과정의 관계를 확립하기 위해 사용된다(예: Swanson, Howard, & Sáez, 2006). 두 번째 부분에서는 학습상 정의된 능력 집단들 간의 커다란 편차를 설명하기 위해 과정들이 조사된다. 세 번째 부분에서는 연구자가 학습 성과를 최고로 예견하는 정신 과정을 분리시키려고 노력한다. 네 번째 부분에서는 연구자가 과제 수행(다양한 유효성)과 관련되지 않은 처리 결함이 무엇인지를 결정하기 위해 노력한다. 예견력이 거의 없는 과제

(과정)는 후속 연구에서 배제된다는 점에서 신중함이 요구된다. 다섯 번째 부분에서는 연구자가 하위 집단들(예: 읽기장애와 수학장애로 정의된 집단)이 실험상 체계적 개입과 통제집단 조건에 어떻게 반응하는지를 결정한다(예: Swanson, 2000a; Swanson & Sachse-Lee, 2001). 실험적 교수의 요소들은 ① 성과 측정, ② 처리 구성물(예: WM)과 연결되어 있다. 상호작용이 나타나면 성과와 일반적 지적 능력은 분석에서 분리된다(여섯 번째 부분). 성과와 일반적 소질의 분리를 통해 처리 능력의 측정에서 편차를 더 잘 설명할 수 있다. 만약 능력 집단의 중재 상호작용이 남아 있다면, 성과 문제가 처리장애(processing disability)를 무력화하는 장애물들에 영향을 받지 않을 수 있다. 마지막으로, 중재 전후 인지적이고 학습적인 처리장애가 신경인지적 데이터와 연결될 필요가 있다. 내가 여러 해 전에 말한 것처럼, "처리 곤란에 대한 완전한 설명은 독립적 지표의 입증 없이 확립될 수 없다."(Swanson, 1988c, p. 199)

5단계에서는 능력 집단들을 구분하는 기본적 처리 변수를 범주화하기 위해 매우 체계적인 노력이 이루어진다. 네 가지 범주가 제안된다. 매개변수의 차이는 음운론적 저장이나 실행적 처리(억제, 갱신)처럼 처리 단계에서 존재하는 변수들의 차이를 의미한다. 후속적 차이는 다양한 단계가 발생하는 순서를 반영한다. 예를 들어, 학습장애 아동은 새로운 정보를 배우는 전략에 대해 가설을 발생시키는 반면, 정상 아동은 모든 정보가 제공될 때까지 기다릴 것이다. 그들 모두 모든 단계를 사용하는데, 그것들이 발생하는 순서는 다양하다. 경로 차이는 실제로 사용되는 단계의 질적인 차이를 반영한다. 학습장애 아동은 그 단계의 단절된 요소를 사용하거나 완전히 그 단계를 생략하는 반면, 정상 아동은 그 단계의 모든 요소를 사용한다. 아동이 정보를 부호화하고 생각해 내는 방식에서 일반 통제 과정(예: 시연, 정교화)의 차이를 의미한다.

6단계(1-1단계처럼)는 다시 교수와 연결된다. 그렇지만 여기서 연구자는 학습 수행을 위한 교수를 지도함으로써 능력 집단 간의 과정 차이를 제거하거나 체계적으로 보상하려고 통합된 노력을 한다. 특정 정신 과정이 그러한 조정에 영향을 받는지를 결정하기 위해 신경학적 지표들(fMRI)이 수집된다. 교수 후에 신뢰할 만한 집단 차이가 남아 있다면, 교수에 영향을 받지 않은 과정들은 학습장애를 설명하는 것으로 여겨진다. 물론 이러한 결론은 교수가 목표로 된 학습 과정에 영향을 주고 필연적으로 과정을 지지하는 것을 조건으로 한다. 학습장애 아동들의 수행을 변화시키려는 것의 실패가 목표 과정을 변화시키려는 것의 실패 때문인지를 알아보기 위해, 그리고 연구 중에 있는 과정이 수행에 책임이 있는지를 알아보기 위해, 개입이 있는 동안 동시적 측정이 이루어진다. 7단계는 메타이론을 세련화하거나 거절하기 위한 절차에 초점을 맞춘다.

확실히 이러한 단계들은 학습장애에 관한 중재 연구와 인지적이고 신경심리적인 연구의 종합으로 채워져야 한다. 이 단계는 신경인지과학과 교수적 연구가 학습장애의 포괄적 모형을 개발하는 것과 상당히 연결되어 있다는 것을 보여 준다. 학습장애에 관한 대부분의 연구는 교수에서 시작하여 교수에서 끝난다. 그렇지만 교수적 연구가 학습장애 아동들의 특성을 잘 파악할 수 있는지, 그리고 조사가들이 기본적 연구 프로그램(1~5단계)에서 주목된 과정의 이해 없이 수행을 지도하는 중개 과정을 정확히 지정할지는 의심스럽다.

요 약

요약하면, 저자는 행동 데이터가 치료 성과에서 설명되지 않은 상당한 편차를 남겨 두기 때문에 생물학이 학습장애의 진단에 중요하다고 주장한다. 행동 데이터 역시 우리가 동일한 방식으로 학습장애 아동들에게 접근하는 것을 도울 수 있다. 신경과학은 대중에게 낮은 읽기 점수를 보이는 아동들이 동일한 읽기 점수를 가진 아동들보다 더 높은 지능을 가지는 이유를 알려 줄 수 있다. 또한 나는 이 영역에서 진보를 이루기 위해서는 신경인지과학과 교수를 연결시키는 명백한 모형을 제시할 필요가 있다고 주장할 것이다. 앞서 언급된 것은 가능한 모형들 중의 하나다.

학습장애 진단 방법으로서 RTI와
임상신경과학 지식을 어떻게 조화시킬 것인가

학습장애에 대한 과학은 RTI와 임상신경과학에서 얻은 데이터를 결합시킨다. 따라서 "학습장애가 신경장애와 관련된 기본적 인지 결함보다 교수적 결함에 의해 더 많이 발생하는가?"와 같은 질문에 고착될 때 학습장애 영역은 거의 발전하지 않을 것이다. 다시 말해, 환경이 주요 영향을 끼치더라도 정상 지능을 가진 아동들 중 일부는 계산하거나 읽는 것을 결코 배울 수 없을 것이다. RTI의 활용성에 대해 문제를 제기하거나 학습 문제의 결정에서 인지신경과학의 평가를 유일하게 근본적 수단으로 여기는 것은 생산적이지 않다. 학습장애 아동들을 연구한 과학자들은 소프트웨어/하드웨어의 이중 구별을 피할 것이다. 진정한 과학자라면, 소프트웨어가 하드웨어와 독립하여 작동한다거나, 신경과학과 관련된 성과가 개입에 대한 반응에서 분리될 수 있다고 주장하지 않을 것이다. 교육은 뇌의 존재와 분리될 수 없으며, 그 역도 마찬가지다. 우리가 RTI에서 얻는 지식은 학습장애의 환경적 변수를 정의할 때 신경인지심리학자들에게 중요한 의미를 가지며, 교수 후에 아동들에게 남아 있는 신경장애에 대한 명확한 설명은 RTI 관점에서 학습장애를 평가할 때 중요성을 가진다. 사실 학습생물학과 학습의 실제적 교수 간의 연결은 최근에 이루어진 것이다. 그렇지만 두 관점이 일반적 이론 모형으로 결합될 때까지 이 영역은 정체되어 있을 것이다. 학습장애 진단을 발전시키기 위해 나는 다음 단계는 신경과학에서 발생할 필요가 있다고 가정한다(나는 이미 증거 기반 교수 실행의 한계를 지시하였다). 나는 두 가지 한계, 그리고 신경과학이 진단을 위해 할 수 있는 두 가지 주요 공헌을 열거할 것이다.

한 계

먼저 신경과학에 대한 초점이 넓어질 필요가 있다. 신경인지적 접근은 자주 병리학에 대한 추구(search for pathology)라고 불리는 것에 의해 촉진되었다. 다시 말해, 평가(사정)는 빈약하게 개발된 학습(읽기) 기술 용어보다 학습장애의 인지적이고 생물학적인 표현들을 결정한다. 전형적으로 학습장애 위험이 의심되는 아동은 지능과 읽기 성과, 다양한 신경심리적 측정을 포함하는 개별적으로 관리된 검사들을 받게 된다. 그러나 불행히도 이러한 많은 검사는 교수와의 연결이 약하다. 신경발달장애가 교수적 성과와의 상호작용 맥락에 놓이지 않는 한, 여기서 나온 정보는 이 영역에 대해 많은 것을 알려 주지 못할 것이다.

나는 학습장애를 진단할 때 심리측정 평가(사정)와 지능 측정이 어느 정도 도움을 준다고 보지만(특히 읽기 이해나 문제 해결 같은 높은 수준의 인지 활동의 관점에서), 신경인지 평가(사정)는 교수와 관련된 반복적 행위 관찰과 연결될 필요가 있다. 예를 들어, 다양한 신경인지 측정은 진전도 모니터링 측정과 결합될 필요가 있다. RTI는 처음 치료적 개입 기간 동안 작용하기 때문에 신경과학이 RTI로부터 상당한 도움을 받는 것으로 보인다. 다시 말해, 첫 번째 단계의 진단은 치료와 관련된 성과를 평가하는 것이다. 따라서 신경인지 데이터가 항상 분류를 위해 사용되지 않지만 더 나은 치료적 교수를 실행하는 데 길잡이 역할을 할 수 있다. 개입에 대한 아동의 추가적 반응이 평가(사정)되고, 신경인지 측면과 관련된 강점과 약점의 측정과 사후 검사 점수를 가지고 교차 타당성이 평가될 것이다.

둘째, 데이터베이스의 한계가 분류될 필요가 있다. 예를 들어, 읽기 학습의 생물학적 원인을 이해하는 관점이 상당히 발전했음에도 불구하고 특정학습장애의 신경적 원인에 대한 일치된 합의가 없다는 것은 주목할 만하다. 어떤 모형들은 서로 다른 조사들로부터 상당한 환영을 받았지만, 읽기 문제의 신경생물학적 기원을 최종적으로 지적하는 명확하고 확실한 진단적 기준을 제공하는 모형은 없었다. 결과적으로 학습장애나 읽기장애의 기초적 원인을 진단하는 접근은 조건의 개념적 기반에 따라 다양하기 때문에(예를 들어, 일반적으로 이것은 fMRI 연구들을 위해 선택된 과제에서 명확하게 나타난다), 학습장애 진단을 결정할 신경인지 검사의 수행에 우려가 있었다. 학생의 성과를 교수적 조건으로 예견할 때 신경인지적 접근은 생산성이 없다. 게다가 교수에 대한 신경적 형태와 반응에 관한 문헌은 데이터에 대한 합의가 부족하다. 예를 들어, 문헌의 종합에서 어떠한 형태도 신경인지적 데이터(치료적 접근과 상호작용을 하는 데이터)에 기반한 선택을 충족하지 못했다(예: Swanson et al., 1999). 따라서 나는 적어도 진단과 관련하여, 학습장애 본질에 대한 이해는 증거 기반 교수의 한계와 신경인지과학의 한계를 모두 넘어서는 가정을 이해할 필요가 있다고 생각한다.

신경과학의 공헌

나는 신경인지과학이 학습장애 진단의 두 가지 측면에서 공헌했다고 생각한다. 나는 인지심리학자이기 때문에 가정될 수 있는 신경적 관련성을 이해하면서 인지의 행위적 표현에 초점을 맞출 것이다.

인지신경과학이 잠재적으로 공헌한 한 가지는 학습장애 아동들에 대한 정보에 접근하는 방식을 명확히 했다는 점이다. **접근성**(accessibility)은 과제를 위해 필요한 정보가 아동들에게 있다는 개념을 의미한다. 여러 연구자들(특히 1990년대 초)은 학습장애 아동들이 지식에 접근하는 데 어려움을 겪으며, 교수 동안 자기 모니터링 전략과 핵심적 실행 처리가 그들에게 제공되지 않는 한 상대적으로 둔감한 상태에 머물러 있을 것이라는 개념에 집중했다(연구 발견의 개관과 인용 목록은 Swanson, 1990, pp. 26-27 참조; 신경인지과학에 대한 적용은 Rueda, Posner, & Rothbart, 2005 참조). 학습장애에 관한 연방 기금 지원이 주로 기본적 읽기 과정에 초점을 맞추었던 까닭에 이러한 연구는 1990년대부터 지금까지 중단되었다. 그렇지만 학습과 기억, 인지에 대한 실험적 연구를 위해 이러한 구성은 근본적인 것으로 남아 있다. RTI를 통해 아동들은 과제에 따른 전략을 사용할 수 있지만, 우리는 우리가 알아낼 때까지 아동들이 정보에 접근하는 방식에 대한 통찰력을 얻을 수 없다.

학습장애 이해에 대한 두 번째 중요한 공헌은 아동들의 지식 표현이 정신적으로나 기능적으로 조직되는 방식과 관련이 있다. 따라서 신경인지과학의 기여는 학습장애 아동들의 정신에 지식을 배치하고, 그것을 일반적으로 부진한 독자나 평균적 독자인 아동들의 표현과 비교한 것이다. 다시 말해, 아동들과 정보를 조직하는 방식과 그들이 정보를 이해하는 방식, 그들이 단순한 사실의 표현에서 더 복잡하고 다층적인 관계로 넘어가는 방식 등은 학습장애 아동들과 정상 아동들의 표본에서 다루어질 필요가 있다. 여러 연구에서 학습장애 아동들이 과제를 수행하는 방식에 대한 명확한 지식을 가지고 있음을 자주 보여 주지만, 그들이 순서대로 실행할 수 없는 이유에 대해서는 불명확하다(예: Keeler & Swanson, 2001 참조). 불행히도 좋은 교수를 제공받은 아동들의 경우 읽기 수준이 실망스러운 상황에서 평균적 지능 점수에 도달하게 되는 이유를 설명하는 실험적 작업은 제한되어 있다.

RTI 맥락에서의 중재 설계에서 인지신경과학은 어떤 역할을 하는가

인지과학 문헌의 여러 연구는 학습장애에 적용되는 교수심리학에 초점을 맞추었다(포괄적 개관은 Pellegrino & Goldman, 1990 참조). Robert Glaser(1976)는 교수과학이 ① 수행 요소에 대한 분석, ② 학습자의 처음 상태에 대한 기술, ③ 기술이나 능력의 획득을 강화하는 조건에 대한 기술, ④ 교수적 수행 효과의 평가(사정) 등을 포함한다고 주장하였다. RTI는 교수적 수행 효과를 평가(사정)하기 위해 적용되었지만, 교수적 계획의 처음 세 측면에 대한 강조는 거의 없었다. 역사적으로 신경심리학적 평가는 학습자의 처음 상태에 대해 적용되었지만 위의 ①, ③, ④는 무시되었다.

뇌 연구와 문헌에 대한 Berninger와 Richards(2002)의 포괄적인 개관은 신경인지과학에서 도출된 특정한 교수적 원칙들을 제공하고 있다(예: pp. 320-321 참조). 이러한 많은 원칙은 실행 기능, 자동성, 개발적 결과와 같은 개념들의 연구로부터 나왔다. 이 원칙들 중 일부는 다음과 같다.

① 발달 단계와 관련된 교수적 시스템의 요소들을 가르친다.
② 작업기억의 일시적 능력 한계를 극복한다.
③ 더 복잡한 활동을 위한 리소스를 자동적으로 적용하기 위해 낮은 수준의 기술 실행을 충분히 제공한다.
④ 아동이 연결시킬 수 있도록 정보의 여러 코드를 통합한다.
⑤ 자기조절을 위한 명확한 전략과 자기규제를 요구하는 실행적 활동을 제공한다.

학습장애 위험이 있는 아동들의 교수에 과학적 기반을 가지는 원칙을 확장하는 것 외에도, 신경인지과학은 다음과 같은 경우에 몇 가지 직접적 공헌을 할 수 있다고 생각한다. 첫째, 교실 기능과 뇌과학 간의 명확한 유사점을 확립시키는 경우다. 예를 들어, 전두엽 활동을 평가하는 경우(작업기억과 실행 처리를 통해)의 유사점은 교실에서 발견될 필요가 있다. 예를 들어, 연구자는 일련의 지시를 따르고, 시를 암송하며, 주 청사를 암기하는 아동의 능력을 평가하여 이러한 발견들을 신경인지 데이터와 연결시킨다. 특히 신경인지 측정에 대한 실행 처리(작업기억)에 어려움이 발견된다면, 이러한 어려움은 온라인 읽기 이해(여기서 연구자는 다양한 정보를 관찰하고 이전 정보를 재활용하며, 이를 통해 읽기 활동의 지표로 삼아야 한다)와 같은 중요한 교실 활동과 연결될 필요가 있다. 그리고 학습 맥락에서 실제로 요구되는 것과 신경인지 문헌 사이에 명확한 유사점이 발생할 필요가 있다.

둘째, 교육적 성과의 신경인지적 기록을 확립하는 경우다. Posner와 Rothbart(2005, 2007a, 2007b)는 신경인지과학을 교육(특히 교육에 대한 뇌의 개발)과 연결시키는 중심적 이슈는 교실에서의 개입이 신경 네트워크를 변경할 수 있는지에 대한 것이라고 제안하였다. 그들은 fMRI 방식이 해부학적이고 기능적인 뇌 차이에 대한 이해의 기반을 제공할 것이라고 보고했다. 영상을 통해 난독증 독자의 두 가지 뇌 영역—음운론적 영역과 시각적 시스템 영역—의 활동이 저조함을 알 수 있다. 일반적 읽기에서 시각적 단어는 적절한 소리와 자동적으로 연결되어 있기 때문에 이 두 가지 영역은 자동적으로 작용하게 된다. 흥미롭게도 난독증은 훈련이 있을 때까지 거의 활성화되지 않았다. 그렇지만 음운론적 훈련이 음운론적 영역의 활성을 이끌어 내었다(Simos et al., 2007; Shaywitz et al., 2004; 개관은 Shaywitz & Shaywitz, 2003 참조). 따라서 교육적 치료는 훈련 후에 아동들이 보여 주는 기능적 해부학에 영향을 줄 수 있다. 이러한 발견을 통해 행위적이고 신경인지적인 방식의 결합은 훈련 성과에 대한 신중한 관점을 제공할 수 있다는 것을 알 수 있다.

셋째, 인지 부하(처리 요구)와 관련된 신경인지적 지표의 확립은 아동들에게 교수적 기능을 제공해 준다. 신경인지과학은 교수에 대한 아동의 지속성, 보상, 적응 등을 설명해 주어야 한다(예: 학습장애 성인들에 대한 적용은 Shaywitz et al., 2003 참조). 예를 들어, 어떤 아동들은 학습 목적을 달성하기 위해 뇌의 모든 부위를 활동시킴으로써 정보 처리에 상당한 요구가 발생된다. 대조적으로 다른 아동들은 어려움이 자동적으로 인식되기 때문에 활동을 거의 필요로 하지 않는다. 아동들의 뇌 처리 능력에 대한 이러한 요구는 인지적 경로와 관련된 교수에서 변경할 필요가 있다. 따라서 신경인지적 지표는 교수 요구와 인지적 부하 사이에 교차 타당성을 제공할 수 있다.

요 약

요약하면, 신경인지 측정은 RTI에 대한 상보적 과정으로 기능할 수 있다. RTI 주도적 경향으로 인하여 학습장애 개념화를 중재에 대한 반응으로 볼 수 있지만, 정상적 수준의 지능을 가진 아동들이 기질적으로 '읽기, 계산, 문제 해결을 할 수 없는' 이유를 설명하기 위해서는 상보적 접근이 필요하다.

신경인지과학은 진정한 학습장애를 가진 아동들과 교수적 장애를 가진 아동들을 구별하는 데 많은 도움을 줄 수 있다. 신경인지과학과 교육적 개입 사이의 관련성이 희박하다고 여겼던 과거 학습장애 연구와 대조적으로, 현 연구는 교수적 치료 활동과 신경인지과학을 통합할 필요가 있다. 학습장애의 보다 나은 진단은 신경인지적 처리 과정과 치료 효과를 통합하는 방향으로 이루어져야 한다.

제4장
학습장애 분야에서
교육(전문가) 중심 접근
-RTI가 학습장애 분야에서 신경심리학 및
신경과학을 대체할 것인가

Merrill Hiscock & Marcel Kinsbourne

학습장애 연구 및 실제의 길고도 불안정한 역사에서 뇌 연구 분야는 흥망성쇠를 겪어 왔다. 뇌에 관한 지식은 누군가에게는 격찬받고 누군가에게는 지탄받았으며, 어떤 전문가에게는 추앙받고 어떤 이에게는 거부당했으며, 합리적이라고 여겨졌다가도 비합리적이라는 취급도 당했다. 그럼에도 불구하고 전반적으로 뇌 분야는 최근 몇 십 년간 잘 버텨 왔다고 할 수 있다. 학습장애 원인으로 여겨지는 선택적 지각이나 정보 처리 결함을 강조하면서(예: Cruickshank et al., 1961; Frostig, Lefever, & Whittlesey, 1964), 학습장애 분야는 신경계 개념과 신경심리학의 초기 전문 분야와 빠르게 통합했다. 1970년대 말 William Cruickshank는 의학, 신경과학 및 관련 임상가를 포함한 과학자들의 학제 간 통합으로 특징지을 수 있는 학습장애의 '발전기(發展期)'를 전망했다(Cruickshank, 1980).

Cruickshank가 말한 발전기가 예상처럼 도래했으나 전성기를 맞이하지는 못했다. 그 이유는 예상치 못한 급변화가 일어났거나 혹은 그러한 것처럼 보였기 때문인 것으로 여겨진다. 이 관점에서의 급변이 학습장애-신경과학 연합 뇌 분야에서는 일어나지 않았다. 인지신경과학계는 읽기, 계산 및 이러한 기능들의 결함과 관련된 연구를 진행해 왔다. 또 인지신경과학은 미국 '뇌의 10년(1990년대)' 동안 빠르게 성장하였고, 그 잠재적 유용성은 기능적 영상기법이 정교화되고 보다 가능해지면서 더욱 촉망받았다. 이와 같은 배경이 유리하게 작용하여 인지신경과학이 번성하였던 것이다.

학습장애-신경과학 연합에 발생한 균열은 1970년대 말과 1980년대 초(Cruickshank가 '발전기'라 말하고, Hallahan과 Mock[2003]이 '통합 시대'라고 말한 시기)에 일어난 두 개념적 변화에 기인한다. 하나는 읽기장애의 핵심으로 주목받은 음운 인식 과정이고, 다른 하나는 학습장애의 원인이 아닌 증상을 중요시하는 추세다.

학습장애가 신경심리학적 주목을 받기 전에는 교육적 및 정서적 문제가 본질로 여겨졌다. 읽기장애가 두 개의 신경심리학적 병리로 하위 분류된 후(Kinsbourne & Warrington, 1963), 학습장애가 그 안에서 이미 이질적인 것으로 여겨지고 그 하위 기제들이 제안되었다. 아동은 읽기, 철자, 계산 또는 이러한 기초 기능 영역에서 어려움이 중복될 수 있다. 또 예컨대, 한 아동의 읽기 어려움은 여러 방식으로 나타날 수 있다. 어떤 아동은 문자를 해독하는 데 어려움을 겪는 반면, 어떤 아동은 해독은 잘하나 읽은 내용의 의미를 추출하지 못할 수 있다. 또 어떤 아동은 기호들을 구별하는 데 어려움을 가지는 반면, 어떤 아동은 주어진 일련의 자극의 순서화에 어려움을 가질 수 있다. 이러한 이질적인 징후들은 이질적인 기저의 신경심리학적 이유를 암시하였고, 그 징후들은 이미 잘 알려져 있던 성인의 신경심리학 징후 특징들로 유추되었다. 결과적으로 뇌손상을 가진 이들에게 사용하려고 만들어진 검사를 통해 어려움을 겪는 아동

들의 핵심 읽기 문제(숨은 언어 지체나 순서화의 어려움, 시각화 경향, 인지
유형의 우반구 경향 등과 같은)의 공존 가능성이 선별되었다. 그 결과에 따
라 해당 아동은 전통적 신경심리학적 병리명을 기반으로 하여(혹은 영향
받아) 분류되었다.

이 신경학적 영향을 받은 학습장애의 이질성 개념은 학습장애, 특히 읽
기장애의 주된 경우인 음운 처리 과정의 결함에 관한 경험적·이론적 연
구의 축적(예: Bradley & Bryant, 1985; Wagner & Torgesen, 1987; Vellutino,
1979)에 변화를 가져왔다. 만약 대부분의 학습장애가 언어적 혹은 초언
어적 원인을 가졌다면, 신경심리학적 평가를 대표하는 다양한 인지, 지
각, 운동 기능 측정은 필요 없거나 바람직하지 않을 것이다. 연구의 흐름
은 때로 신경심리학적 결함의 독특한 유형을 탐구하기도 했던 개인 대상
연구에서 학습장애 아동에 대한 표준적이고 일치된 접근의 적용으로 옮
겨 갔다. 이러한 흐름에 따라 직접적으로 학습 기능 결함을 진단하는 심
리교육적 평가나 그러한 기술을 치료하는 시도를 멈추는 것은 당연한 것
이었다(Fletcher, Morris, & Lyon, 2003; Gresham, 2002; Torgesen et al., 1999).
이러한 관점 변화가 아무 연유 없이 일어난 것은 아니다. 교사들뿐만 아
니라 부모들(그들의 자식이 정신지체, 우둔함 또는 정서장애보다 학습장애라
불리길 원하는)에 의해 학습장애라는 용어가 인기를 얻음에 따라 학습장
애라 이름 붙여진 아동이 증가하는 결과가 초래하게 되었고, 혹은 그와
관련한 현상으로 이러한 관점 변화가 일어나게 되었다. 그리하여 아동들
이 특정한 교육적 지체를 보이는 특정 인지적 어려움을 가질 때에만 학
습장애로 불린 것이 아니라, 학습장애는 더 넓은 범주에 걸친 어려움을
수용 가능하도록 하는 완곡적 표현으로도 사용되었다. 그럼에도 불구하
고 그들이 가진 공통적인 특성은 읽기 학습 및 더 정확한 읽기를 위한 교
수의 어려움에 있다.

우리는 더 일반적인 하나의 질문 — '학습장애와 신경과학 연합의 사실

상의 실패는 무엇을 암시하는가?'—에서 파생된 것으로서 편집자로부터 제기된 여섯 가지 질문을 설명해 보고자 한다. 그러므로 여섯 가지 질문에 대한 우리의 대답은 각기 독립적이지 않고 같은 주제들을 다루게될 것이다. 이 주제들은 뇌 기능, 학습 그리고 뇌 기능과 학습의 관계에 관한 가정들을 반영한다. 여섯 가지 질문을 다루기에 앞서 우리의 가정들을 먼저 열거해 보겠다.

처음 네 개의 가정은 지금까지 상당한 증거들에 의해 지지되거나 뇌와 행동에 관한 신경과학자들 및 '신경철학자들'이 널리 주장하는 사실이다.

① 유물주의(materialism): 행동과 뇌를 관련짓는 데 어떤 신비주의도 있을 수 없다. 인지는 뇌 활동의 결과다. 정서는 뇌와 자율신경계에 종속한다. 모든 설명은 종국에는 뇌에 귀인한다.

② 분석 수준: 모든 행동이 뇌 활동에 종속된다는 인식은 행동의 가변성을 무효화하거나 행동 연구의 가치를 손상시키지 않는다. 학습장애 영역에서 주목되는 변화는 행동적 변화다(예: 해독 속도, 철자 오류 유형).

③ 읽기는 학습 기능이다: 뇌 성숙 과정에서 인간은 읽기 학습에 필요한 생득적 능력을 가지고 있다. 구어와 달리 사회적 환경에서 '선택되는' 읽기는 특별히 가르치고 배워야 하는 것이다. 쓰기, 철자 및 계산도 마찬가지다.

④ 개인 차이: Francis Galton(1870/1961) 경에 따르면, 모든 인간의 능력은 일반 집단에서 정상분포를 보인다. 우리는 이 원칙에 어떤 예외도 인정하지 않는다(인위적 측정이 왜곡된 분포를 만들 때는 제외하고). 그러므로 어떤 능력이든 관계없이 일반 집단은 높은 수행을 보이는 이들과 눈에 띄는 결함을 보이는 이들 모두를 포함할 것이다. 낮은 성취를 보이는 이들에게 적용하기 위해 우리가 선택한 이름

(학습장애, 정신지체, 지진, 과잉행동 등)은 Galton의 원리에 반하지 않는다.

또한 여섯 가지 질문에 대한 우리의 답은 신경과학계에서 보편적으로 받아들여지고 있지 않은 네 가지의 추가적 가정에도 바탕을 둔다.

① 신경학적·신경심리학적 검사는 필요한 정보를 제공하지 않는다. 학습장애를 가진 사람을 평가할 때, 임상가들은 이상적으로 뇌의 읽기, 철자 및 계산 영역 기능을 검사할 것이다. 그러나 신경학적 검사는 신경축(예: 단순 감각, 운동 기능)의 낮은 수행 기능을 검사하고, 신경심리학적 검사는 대뇌 피질의 다양한 기능(예: 언어 유창성과 형태 기억)을 검사한다. 이들의 개인 학습 능력과의 관계는 알려지지 않았다. 한마디로 임상가들은 그들이 검사할 줄 아는 것을 검사하는 것이지 검사할 필요가 있는 것을 검사하는 것이 아니다(Hiscock & Hiscock, 1991; Kinsbourne, 1973).

② 신경학적 진단과 교육적 중재에는 차이가 있다. 예를 들어, 진보된 기능적 영상 기술들을 이용하여, 임상가들이 정확하게 학습장애의 뇌 원리를 상세히 밝힐 수 있다고 가정해 보자. 그다음은 무엇인가? 이 해부학적 혹은 생리학적 지식은 그러한 지식이 없이 만들어진 처방들보다 더 유용한 교육적 처방을 내릴 수 있는가? 우리는 그렇게 생각하지 않는다. 진단과 치료 사이에는 여전히 연결되지 않은 차이가 남아 있다(Mattis, 1981).

③ 다양한 학습 상태는 다양한 문제를 의미한다. 읽기, 철자, 계산은 다면적인 기술이다. 다양한 구성 기술들은 다양한 비율로 발전한다. 특정 구성 기술은 학습의 한 국면에서 어려움의 주원인이 되었다가도 완전한 성숙과 향상된 수행 후에는 문제를 덜 야기할 수 있다. 그러

므로 '천편일률' 식의 중재는 적절하지 못하다. 예컨대, 기호 해독
에 효과적인 중재 전략이 글의 이해에 적용되면 터무니없이 실패하
게 될 것이다.

④ 실제와 연구는 분리된다. 흥미롭고 이론적으로 중요한 연구 문제들
은 교육적 실제와 거의 또는 전혀 관계가 없다. 반대로 교육적 정책
및 실제는 신경과학의 바탕 없이도 아동들에게 향상을 가져다준다.
학습장애에 관한 신경과학 연구는 학습장애 치료에 주는 실제적 또
는 잠재적 기여와는 관련 없이 존재한다.

여섯 가지 질문

질문 1: 신경과학은 학습장애 판정에 관한 법률 및 정책에 어떻게 기여해야 하는가

이 질문에 대한 답은 학습장애의 선천성에 대한 이해에 달려 있다. 만약
이 용어가 난독증과 같은 특정 의학적 장애나 거스트만 증후군(Gerstmann
syndrome)과 같은 장애 집합을 표현하도록 구체화되었다면, 신경과학자
들은 학습장애 관련 법과 정책을 만드는 이들을 돕는 입법적 역할을 할
수 있을 것이다. 신경과학은 교육자들이나 신경과학계 외의 연구자들에
게 잘 알려지지 않는 출현율, 병리학, 징후학 또는 장애 치료에 관한 정
보를 제공할 수 있다. 예로, 만약 한 장애가 생물학적 치료(약물, 전극 등)
를 요구하는 특정한 신경적 이상에 기인하고, 또 신경과학자들이 누구의
뇌가 그 이상을 가지고 있는지 진단하는 정교한 검사를 개발했다면, 정
책가들은 이 발견에 대해 알아야 하며 그것이 주는 교육적 시사점을 이
해해야 한다.

불행히도 이 시나리오는 실제 현실이라기보다는 과학적으로 꾸며진 이야기다. 학습장애는 인위물이고 가설적 구조물이며, 특정 교육적·언어적·문화적 맥락 내에서 사람들이 만든 분류다. 학습장애의 정의는 지난 100년에 걸쳐 계속 바뀌어 왔고, 여전히 이 장애를 정의하고 분류하는 데는 의견의 불일치, 비일관성 및 혼란이 존재한다. 몇몇 아동은 그들의 부모 중 한 명으로부터 학습장애의 구체적 유형을 물려받았으나, 문제는 대부분의 학습장애아가 신경학적 징후를 보이지 않는다는 것이다. 학습 능력 분포에서 하위 꼬리 부분에 위치하는 이러한 대부분의 아동은 적절한 가르침을 받지 못하고 있다.

학습장애로 진단된 아동의 비율이 변하면서 학습장애아의 인지적·학습적 특징도 변하였다(Satz et al., 1978). 만약 하위 5%가 학습장애로 명명되면, 그렇게 명명된 아동들은 하나의 능력과 성취 정보를 가지게 된다. 만약 하위 25%가 학습장애로 명명되면, 학습장애 아동의 인지적·학습적 특징은 각각 매우 다를 것이다. 학습장애에 관한 올바른 법과 합리적 정책은 능력의 분포, 사회적 자원 및 전략적 결정 이론뿐만 아니라 치료 효과에 대한 지식까지 반영해야만 한다. 이러한 종류의 지식은 신경과학계와 상관없이 존재한다.

질문 2: 신경과학은 학습장애 평가(사정)와 판별에 어떻게 기여할 것인가

학습장애 평가(사정) 및 진단에 대한 모든 신경과학적 공헌은 일반적이면서 간접적이다. 정서장애, 문자를 거부하는 태도 및 학습 방해 환경이라는 쟁점을 떠나, 신경과학은 학습장애에 하나의 맥락을 제공할 수 있다. 뇌의 정상 발달에 대한 연구는 시냅스 발생(synaptogenesis), 성장 기울기, 결정적 시기, 언어의 측두화, 연령에 따른 뇌 가연성 등의 이해를 넓혀 주었다. 임상적 신경과학(예: Towbin, 1978)의 연구는 태아기 및 분만 전후 뇌손상, 태아기 뇌의 조기 및 늦은 손상에 따른 차이, 아동과 성인 뇌손상의 차이 등에 관한 정보를 제공해 왔다. 이와 관련하여 비슷한 의향을 가지는 학습장애 전문가들은 정상적 및 비정상적 뇌 발달에 관한 광범위한 지식을 얻고 싶어 할지 모르나, 이러한 지식이 더 타당한 평가(사정)나 더 정확한 진단으로 이끌지는 않는다.

스포츠의 경우를 생각해 보자. 생리학 연구에서는 백색근과 지근의 구별에 대해 운동과학자들이 더 많이 학습하고 있다. 연구에서는 백색근과 지근의 비율이 사람마다 다르고, 이 비율은 집중적인 훈련을 통해 달라질 수 있다고 하였다(Andersen, Klitgaard, & Saltin, 1994). 이러한 정보가 코치들에게 흥미로웠을까? 아마도 그랬을 거다. 그럼 이 정보들이 코치들에게 유용했을까? 그것은 아닐 것이다. 코치들은 더 밀접하게 관련이 있는 정보(즉, 운동선수들의 실제 수행에 관한 정보)에 접근할 수 있다. 초시계는 만 미터 전문 선수들로부터 단거리 선수를 구별하는 정보를 제공할 수 있고, 코치에게 특정 훈련안이 다른 것보다 더 효과적인지 아닌지를 알려 줄 수 있다. 트랙 경기 승부는 경과 시간에 달려 있는 것이지 백색근과 지근의 비율에 달려 있는 것이 아니다.

위 경우는 우리에게 선수 수행의 최종 기준은 행동적이고 우리의 주 목표인 학습 수행 또한 행동적이란 것을 알게 해 준다. 그러나 이 경우를 한발 더 나아가 생각해 보면, 생리학적 정보가 미래 학습장애 진단 및 치료에 잠재적 유용성을 가지고 있음을 주장할 수 있다. 우리는 사이클 선수 Lance Armstrong과 같은 뛰어난 인내력을 가진 인물이 아주 특별한 호흡 능력 및 심폐력을 가지고 있음을 대중매체를 통해 알 수 있다. 따라서 생리학적 측정을 통해 특별한 신체 능력을 예상하는 것은 합리적이다. 생리학적 자료는 훈련의 효과를 향상하는 데 사용될 수 있다. 훈련과 수행 간 관계에 대한 발전된 이해로, 생리학적 측정은 훈련안들을 완벽히 활용하고 경쟁에서의 선수 수행을 예측하는 데 사용될 수 있다(Taha & Thomas, 2003). 신경심리학적 측정은 궁극적으로 ① 학습에서의 개인차를 예상하고, ② 중재를 완벽하게 하는 데 있어 비슷한 역할을 하게 된다. 이러한 가능성에 관해서는 세 번째 질문에서 함께 다뤄 보겠다.

질문 3: 향후 신경과학의 발달은 학습장애의 분류와 중재에 어떤 영향을 줄 것인가

신생아 및 영아의 사건 관련 전이(event-related brain potential: ERP)는 수년 후의 언어 능력 및 읽기 수행을 예측하는 데 사용 가능하다(Espy et al., 2004; Guttorm et al., 2005). 최근의 자기원영상(magnetic source imaging: MSI) 연구는 집중적인 음운 및 단어 인지 훈련이 읽기장애아의 뇌 활동 패턴을 정상화하되, 아동이 그 중재에 즐겁게 반응할 때만 그러하다고 밝혔다(Simos et al., 2007). 현재는 추측의 단계이지만, 이 연구들의 실제적 의의는 생리학적 특성들이 미래에는 고위험 학습장애 아동을 진단하고 그 치료 프로그램을 설계하는 데 임상가들을 도울 것임을 분명히 시사한다는 것이다. 한편, 예비 학령기에서의 가장 좋은 1학년 읽기 예측인자는 글자 친밀도와 음운 인식의 단순 측정이다(Adams, 1990; Byrne, Fielding-Barnsley, Ashley, & Larson, 1997; Riley, 1996).

생리학적 측정은 스포츠 분야만큼이나 교육 분야에서도 유용할 수 있다. 그럼에도 두 분야 모두 생리학적 측정이 행동 측정을 대체하지 못한다. 초시계 결과가 달리기 수행의 궁극적 기준이듯이, 학습장애의 궁극적 기준은 행동 측정이다.

질문 4: 학습장애 진단 방법으로서 RTI와 임상신경과학 지식을 어떻게 조화시킬 것인가

이 질문은 학습장애 진단과 치료에서의 인지과학(또는 인지심리학)의 유용성에 관한 논의에서 다뤄진 바 있다. 인지심리학 방법은 읽기나 쓰기 같은 복잡한 과정을 다차원적 하위 구성 요소로 분류하게 한다. 관련 체계의 전체 구조 그림이 그려지면, 기능이 개별적으로 구분되는 기준점의 구체화가 원칙적으론 가능하게 된다. 이 일반적인 접근은 정상인의 숙련된 수행을 분해하기 좋은 연구 전략으로 받아들여졌고(LaBerge & Samuels, 1974), 그 수행 기술을 배우고 싶은 아동 중에 특히 뒤처진 아동들과 관련하여 더 열띤 논의가 이루어진다. 문제는 인지과학 접근이 의학적 모형에 종속됨에 있다. 결함이 있는 기술은 장애(예: 난독증)가 되고, 손상된 하위 구성 과정이 그 이유가 된다. 임상가의 역할은 장애를 '진단'하고 그 생리학적 검사를 사용하여 구체적 '병리'를 확정하며, 그런 후에 적절한 하위 결함 '치료'를 위한 소견을 적는 것이다. 불행히도 특수교육계에서 적성−처치 상호작용(aptitude-by-treatment interaction: ATI)은 구체적 강약점을 가진 아동을 돕는 중재를 설계하는 데 거의 도움을 주지 못한다(Gresham, 2002).

이와 관련한 가장 큰 비판은 두 가지로 하위 결함 개념을 비판한 Brown과 Campione(1986)에 의해 이루어졌다. 첫째, 내재적 기초 결함(예: 청각적 단기기억) 측정은 시간과 상황에 따라 변화한다. 그 결함은 오로지 또는 주로 문제가 되는 학업 기술의 맥락에서 존재한다. 둘째, 하위 결함을 개선하기 위한 중재들은 그것이 성공적일지라도 특정한 문제에는 효과를 보이지 않는다. 예로, 체계적 훈련을 통해 청각적 단기기억이 향상되었다 해도(그러한 경우는 잘 일어나지 않지만), 그 향상은 아동의 읽기 학습이 진전되는 데에는 영향을 주지 못한다.

RTI는 학습장애의 근원으로 여겨지는 지각 및 인지 결함을 다루지 않음으로써 Brown과 Campione(1986)의 비판을 피해 갈 수 없다. 병리와는 무관한 장애는 단순한 증상 그 이상이다(예: 읽기 학습의 어려움). '진단'은 교사나 특수교육 전문가에 의해 성취 검사 도구를 이용하여 쉽게 내려진다. 미리 정해진 '치료'는 그 문제의 바탕이 되는 지각 또는 인지 결함보다 학습적인 문제를 다룬다. 여기서 학습 문제는 학습에 특별히 실패하는 구체적 분야로 정의된다. 어떤 학습 실패도 교수 실패와 필연적으로 연관되어 있으므로 적절한 중재는 그 방식(상세함의 정도)과 속도(얼마나 빠르게와 함께 얼마나 연습될지)에서 개별적으로 이뤄져야 한다.

임상신경과학과 RTI의 이러한 조화가 하위 심리학적 과정과 행동적 중재의 조화보다 더 요구되는 것은 아니다. 다른 스포츠 이야기가 여기서 또 도움이 될 것 같다. 축구 코치들이 한 특이한 훈련법(예: 한 주 동안 하루에 두 번의 운동과 그 후 한 주의 휴식)이 일반 운동 일정에서 충분한 근력 향상에 실패하는 선수들에게 눈에 띄게 효과적인 것을 발견했다고 해 보자. 그리고 이 훈련은 연구에 기반을 두고 있지만 그 효과에 대한 생리학적 설명은 없다고 가정해 보자. 코치들은 해당 생리학적 설명이 가능할 때까지 그 훈련의 도입을 미뤄야 할까? 우리는 그렇지 않다고 생각한다. 생리학적 설명이 코치들 및 선수들에게 흥미로울 순 있지만 그 훈련의 효과성은 생리학적 설명과 독립적이다. 마찬가지로 RTI의 효과성 역시 신경학적 설명 가능성과는 별개다.

질문 5: 학습장애 진단에서 신경심리학은 어떤 역할을 해야 하는가

RTI는 대부분의 학습장애 아동에게 신경심리학적 평가를 생략한다. 학교에서 적절한 진전을 보이지 못한다(읽기 학습에서)고 진단된 아동은 집중적인 치료 중재를 받는다. 그 중재가 효과적이면 아동의 문제는 신경심리학적 평가 없이 해결된다. 만약 치료 중재가 있음에도 불구하고 그 문제가 지속된다면 학교는 그 아동을 신경심리학적 평가에 의뢰하여 진단과 더불어 대체치료 계획을 기대할 것이며, 그것은 교육적이거나(결함이 음운 과정에 있지 않으면) 생물학적이거나 혹은 둘 다일 것이다. RTI는 이러한 순차적 과정에 대해 경고하고 있다. 신경심리학은 과거와 같은 역할을 수행하지만 중재가 실패할 때뿐이다. 신경심리학적 관점에서는 학습 문제가 있는 아동은 진행되는 중재에서 먼저 선별되어야 한다.

중재의 유의미한 성공률을 확실히 하기 위해서, 그리고 신경심리학적 평가 후에 그 아동이 여전히 교육을 받으므로 RTI는 비용 대비 효과적이다. 학교가 신경심리학자에게 학습장애 아동을 의뢰하는 빈도는 매우 줄어들 것이다. 이것은 신경심리학자들이 더 이상 학습장애 평가에 참여하지 못한다는 것을 의미하지는 않는다. RTI에도 불구하고 몇몇 부모는 분명히 그들의 아동을 바로 신경심리학자들에게 직접 의뢰할 것이고, 교육청도 환경이 비정상적이거나 복합적인(예: 공존장애아, 정신장애 가능성, 신경학적 비정상에 대한 의심) 아동을 계속해서 의뢰할 것이다. 신경심리학자들은 부모와 학교 간의 학습장애 아동의 분류 및 치료에 관한 논쟁을 해결하는 데 도움을 줄 수 있다. 또한 연령이 많은 아동에게는 신경심리학적 서비스가 더 적합할 수 있을 것이다.

만약 RTI가 어린 학습장애아의 요구를 잘 충족한다면, 신경심리학적 평가에 의뢰되는 고학년 아동도 늘어날 것이다. RTI 모형은 3~4학년에 체화되는 단어 해독, 수학에서의 자동화 등의 문제 영역에서 가장 전망이 밝다. 물론 이러한 기초 기술 습득이 고학년에서의 이해 및 개념화의 결함을 예방하는 것은 아니다. 부적절한 중재보다 아동의 인지적 한계를 반영하는 이러한 고등 수준 차원의 어려움은 RTI에서 다뤄지기 힘들 것이다. RTI가 이러한 문제들을 해결하는 데 실패한다면, 많은 4학년 및 그

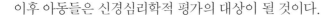

이후 아동들은 신경심리학적 평가의 대상이 될 것이다.

질문 6: RTI 맥락에서의 중재 설계에서 신경심리학은 어떤 역할을 해야 하는가

앞에서 논의되었듯, 성공적인 RTI는 신경심리학적 검사를 요구하지 않는다. 특정 아동에게 주어진 중재가 비효과적이거나 ADHD, 간질 같은 치료 가능한 의학적 장애를 동반한 학습장애라면 임상신경심리학자의 참여는 긍정적일 것이다. 또한 어떤 경우에는 신경심리학자들이 RTI 맥락에서 중재를 설계하고 수정하는 데 중요한 역할을 하기도 한다.

또 이 질문은 개별 아동의 치료뿐만 아니라 일반적 시사점을 주는 중재 설계에 관한 질문으로 여겨질 수 있다. 이 질문은 적용된 과학에 관한 것이고, 따라서 우리는 과학의 통합을 강조하겠다. 그것이 어디서 온 것이든 간에 좋은 것이 좋은 것이다. 치료 프로그램은 교육 영역 외에서 도출될 수 있다. 신경심리학자들이 RTI 맥락에서 효과적인 중재를 설계하지 못할 이유가 없다. 다만 아동의 읽기, 쓰기 또는 계산을 도울 때 어떤 생물학적 중재는 개별화 교수에 비해 우월하지 못하며, 혁신적인 방법들은 여전히 교육적 방법들이다. 그러나 성공적 중재가 신경심리학자들에 의해 만들어질 것이라거나 그 발전이 신경심리학적 투입을 요구한다고 확신할 이유는 없다.

결 론

우리의 논의들을 반추해 보지 않아도 어려움이 총론이 아닌 각론에 있음을 알 수 있다. 그 어려움은 학습장애의 세부 정의에 있었다. 학습장애 분야에서 모든 변화 중 통합적인 학습장애 진단의 명명보다 더 놀라운 것은 없다. 학습장애 진단명을 충족하기 위해 아동은 정상적인 학습 측면에서 특정하고 설명 불가능한 손상을 반드시 가질 필요는 없다. 이제 읽기 학습의 어려움은 유일한 읽기장애 명명 아동의 공통 특성이다. RTI의 성공은 이 통합을 촉진하였고 정당화하였다. 그럼에도 특정 손상(특정학습장애)은 여전히 존재하고 RTI 프로그램이 그것을 돕는 데 실패한다면 신경심리학자들에 의해 그것은 다시 검토될 것이다. 이 아동들이 뇌-행동 관계에서 특별한 관점을 제공하기 때문에, 학습장애 집단의 이 비주류 집단은 인지심리과학자들에 의해서도 심도 있게 평가될 것이다.

이제 학제적 과학의 새로운 입장에서 다시 William Cruickshank의 학습장애 발전기로 돌아가자. RTI의 등장이 전성기로의 발전을 가로막았는가? 오히려 RTI의 바탕을 이루는 음운 교수에 대한 지지가 학제적 과학의 거대한 집성을 이루었다(Rayner et al., 2001). 결론적으로 이 통합적 과학은 중재가 직접 결함 기술에 적용될 때 가장 효과적임을 보여 준다. 이러한 중재 원리는 신경과학 연구의 초점을 읽기 문제와 그 치료로 옮길 것이고, 신경과학과 교육의 연계는 위협이 되지 않을 것이다.

제5장
학습장애의 진단과 중재에서 유전-환경 논쟁
-균형 잡힌 시각을 위하여

Virginia W. Berninger & James A. Holdnack

큰 그림: 전체적 조망

우리는 이 책의 편집자들이 제기한 여섯 가지 문제에 대해 다음과 같은 대답을 통해 전체적인 조망을 설명하고자 한다. 우리 사회는 일반 학생들과 달리 읽기, 쓰기, 수학 그리고/혹은 말하기에 어려움을 겪고 있는 학생들의 학습 차이를 다루기 위해 진화해 가고 있다. 초기 접근은 지적 능력 혹은 학년에 비해 낮은 성취를 보이는 학생에게 학습장애가 있다고 꼬리표를 붙임(labeling)으로써 그들에게 서비스를 받을 자격을 주는 것이었다. 이 접근은 특수교육이 필요한 학생에게 포함준거보다 제외준거 (학습장애가 무엇인가보다는 어떤 것이 학습장애가 아닌가)를 적용함으로써 학습장애 자체를 정의하지 않고 넘어갔다. 'Learning disabilities'가 아닌 'Learning disability'라는 단수형 명사는 학습장애는 동질 집단이라는 잘못된 시사점을 제시하였다. 전문가들이 학습장애가 무엇인지 정의하지 못했기 때문에, 미국의 각 주들은 다른 조작적 정의를 택하거나 연방법을 시행했다. 따라서 학생이 학습장애가 있는지 판단하는 데 학생이 거주하는 지역(주)에 따라 다르게 결정되었다. 이와 반대로, 의학적인 진단은 미국 전역이 일치했다. 학교 내에 어려움을 겪고 있는 학생 인원수(출현율) 또한 얼마나 많은 학생이 상당한 공적 자금이 지원되는 특수교육을 받을 수 있는지에 영향을 주었다.

학습장애 결정 과정은 개인이 사회보장을 받을 수 있는 상황들을 명시하는 성인의 장애법을 기반으로 했다. 사회보장운동을 통해 이루어진 법적 전례가 입법자들이 장애인교육법(IDEA)을 제정해 내도록 영향을 주었을 것이다. 성인 장애법에 따르면, 질병이 반드시 있어야 하며, 그 질병으로 인해 개인이 취업하여 경제활동을 하지 못할 정도로 기능상의 문제가 있어야 한다고 확실하게 명시하고 있다. 즉, (의학적)진단과 낮은 (수행)기능이라는 두 가지 기준을 충족시켜야 한다. 법은 질병만 갖고 있거나 낮은 기능을 보이는 것 하나만으로는 장애인 자격을 갖기에 부족하다고 확실하게 밝히고 있다. 추가적으로, 여기서 장애는 알코올 중독과 같은 특정한 문제로 나타나는 것은 제외하여야 한다(제외준거 적용).

이 모형을 교육 현장에 적용시켜 보면, 학생은 학습능력을 심하게 저해하는 진단이나 질병을 갖고 있어야 한다. 성인의 장애를 처리하는 과정에서 적격성은 사회보장국(Social Security Administration) 같은 공적 조직이 판단하지만, 의료적 장애 진단은 공인된 의료인이 하는 것이다. 이 접근은 진단(diagnosis)과 장애(disability)를 확실하게 구분한다. 하지만 학교에서는 질병을 진단하는 과정과 장애를 판정하는 과정이 잘 구분되지 않는다. 학교에서는 공적 조직(특수교육위원회)이 진단과 장애 판정을 모두 진행한다. 이는 종종 특정학습장애 분야에 있어 진단 조건의 명확성 및 적격성의 문제를 야기한다. 그러므로 많은 경우에 장애 서비스를 제공하는 것은 장애를 진단하는 것과 같은 것으로 볼 수 있다. 이것은 특히 아이들이 '저성취'를 보이지만 장애 진단에는 충족되지 않을 때에 문제가 된다. 법적인 기준에 의하면 이 아이들은 장애 서비스를 받을 자격이 없다. 그러나 그들은 낮은 성취를 보이기 때문에 서비스를 받기 위해 무리해서 진단명을 받게 된다. 진단과 적격성의 구분이 명확하지 않기 때문에(예를 들어, 두 과정은 모두 위원회에서 이루어짐), 아이들의 진단은 의학적 진단보다 주요 기능 문제에 기반을 둔다. 이런 악순환을 깨기 위해 개별 임상가들은 진단 결정을 적격성의 과정과 분리시킬 의무가 있다.

최근 개정된 장애인교육법(IDEA)에서는 유연성을 포함하였다. 즉, 전반적 평가(사정)가 요구되지만, 전반적 평가(사정)의 속성을 별도로 설명하지는 않았다. RTI는 전반적 평가(사정)의 한 부분이 될 수 있을 것이다. 그러나 이것만 독립적으로 적용되어서는 안 될 것이다. 기존의 공식화된 접근(불일치 준거), 즉 진단 검사를 제공하고, 표에 점수를 입력하며, 불일치가 있는지 없는지 판별하는 것은 정부와 감사관에게 더 유용할 것이다. RTI와 같은 새로운 접근은 임상 실제에 종사하는 전문가들의 전문적 능력을 북돋을 것이다. 이는 필요하다면 학교에서 성공할 수 없을 것 같은 학생을 다른 관점에서 생각할 수 있을 것이다.

불행히도, 모든 전문가가 증거에 기반하여 융통성 있고 책임을 지는 방식으로 자신의 전문성을 발휘하는 것을 감당할 수 있으리라 기대하기 어렵다. 진단을 목적으로 하는 검사를 하는 것과 중재에 대한 반응을 지켜보는 것 중의 하나를 고르는 것으로 모든 문제가 끝나는 것이 아니다. 의학적·심리적 진단의 최선의 기준은 항상 검사 결과와 이전 중재에 대한 반응을 현재의 진단에 사용하고, 새로운 진단과 관련된 새로운 중재에 대한 반응을 모니터링하여 반영하는 것이다. 이 혼란은 아마도 ① 최고 전문가들이 적용하는 중다 평가(사정)의 모형에 대한 올바른 이해의 부족, ② 유전-환경의 영향에 대한 이해의 부족에 근거하고 있다고 볼 수 있다.

평가(사정) 모형

세 가지 평가(사정) 모형에 대한 접근은 [그림 5-1]에 설명되어 있다. 맨위 그림은 강점을 강조해서 프로파일과 개개인의 약점을 다방면의 분야를 통해서 나타낸 이해하기 쉬운 평가(사정)다. 중간 그림은 배열(constellation)에 기초한 증거 혹은 신경유전학과 신경심리학적인 연구 그리고 계획과 수행과 교육을 평가(사정)하는 것과 관련된 행동의 표현들을 묘사하고 있다. 맨 아래 그림은 한 학생의 서비스를 위한 특정학습장애 지원의 증거가 분명하게 진단되어 자격이 부여되는지 묘사하고 있다. [그림 5-2]는 중재반응 모형을 위한 진전도 모니터링의 가장 중요한 두 가지 유형을 대비하고 있다. ① 학생이 학기 동안 장·단기 목표를 달성하고 있는가? ② 특정 기간 동안 학생이 읽기, 쓰기, 수학 영역에서 어떠한 진전 과정(발달 모형)을 보여 주고 있는가? [그림 5-3]은 학생 개인, 학급(학교), 가족 시스템 안에서 검사 결과가 해석되고 적용될 때 생겨날 수

- **개인(독특성) 평가**
  평가의 목적은 학생 개인별로 독특한 프로파일을 제시하는 것이다.

- **유형 평가**
  평가의 목적은 특정 장애의 학생들의 장애 유형화와 패턴을 제시하는 것이다.

- **장애(진단명) 평가**
  평가의 목적은 학생이 특정 서비스를 받을 만한 적격성이 있는가를 제시하는 것이다.

[그림 5-1] 여러 가지 평가(사정) 모형

• 학기 동안 학생이 정해진 장기, 단기 목표를 성취하는가?

• 읽기, 쓰기, 수학에 숙달하기 위해 학생이 어떤 발달 과정을 거치는가?

[그림 5-2] 여러 가지 진전도 모니터링 모형

개인
뇌/마음

단순성에서 복잡계 시스템까지의 연속

학급(학교)
시스템

가족 시스템

[그림 5-3] 여러 가지 평가(사정) 모형: 복잡계의 출현

있는 복잡성을 보여 준다. 여섯 가지의 질문에 대하여 큰 그림(big picture)을 구체적으로 설명하기 위해 각 모형을 참조할 것이다.

유전-환경 관점

일반적인 통념에 따르면, 생물학에 기초한 변수들은 변하지 않는다. 사실 뇌는 학습을 조정해 줄 뿐만 아니라 행동을 만들어 내며 행동을 변화시킨다. 유전적 변형은 학습과 행동에 충분히 영향을 줄 수 있으나 유전에 기초한 질병을 제외한다면 환경의 영향에 따른 행동의 독립성을 결정하지는 않는다. 선천성과 정도에 따라 뇌손상은 보통의 유전-환경 상호작용을 바꿀 수 있을 것이다. 그러나 난독증과 같은 생물학적 근거에 기초한 장애는 뇌의 차이점과 유전적인 변형을 가지며, 연구 문헌에서 폭넓게 보고되어 왔다(개관은 Berninger & Richards, 2002 참조). [그림 5-4]에 제시되어 있듯이, 그리고 Posner와 Rothbart(2007)에서 볼 수 있듯이, 많은 연구가 교육에 대한 반응으로 뇌의 가소성에 대해 지적하고 있다.

부가적으로 환경적·사회경제적 요인의 영향력에 대한 잘못된 평가는 특수교육 서비스를 아이들에게 언급하는 데 부적절한 결론으로 이끌 수도 있다. 예를 들어, 어린 조사 대상자가 영어를 주로 사용하지 않는 가정에서 자랐다면 그/그녀의 검사에 대한 수행은 영어를 주로 사용하는 가정의 학생이 기준이 될 것이다. 이것은 '전문적인 기능(executive function)'과 같은 언어학적이고 비언어학적인 기술 모두의 검사 결과를 해석하는 데 직접적인 영향을 줄 것이다. 충동적이고 공격적이며 심지어 범법 행위를 하는 가정에서 최소한의 훈련 혹은 관대한 태도로 길러진 아이의 경우 개인은 자신의 행동을 통제할 필요가 있다는 것을 절대로 배울 수 없을 것이다. 손상된 기능 혹은 낮은 검사 점수의 목적을 해석하는 것은 오직 환경적이고 동기 유발적이며 언어학적인 배경 요소가 해석에 있어

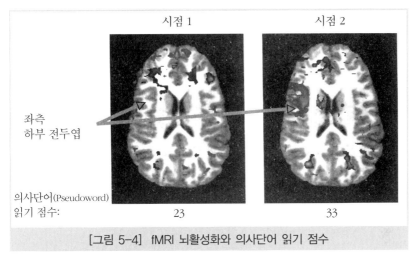

[그림 5-4] fMRI 뇌활성화와 의사단어 읽기 점수

난독증의 뇌 상태에도 불구하고 특수교육을 실시한 결과 정상된 뇌활성화를 가져올 수 있다.
예를 들면, 특수교육을 실시한 후에 정상화된 뇌활성화(화살표 부분)와 단어 읽기 점수 증가가
관찰되었으며(Richards et al., 2006a 참조), 중앙과 우측 전두회(frontal gyrus)에서 좌측 전두회
까지 정상화되는(작업기억) 측두 협응 연계가 나타났다.

원인을 제공하고 일정 부분 책임이 있으며 진단과 뇌-행동 사이의 관계
를 정확하게 반영할 때에 가능할 것이다(예: 정확한 진단은 외국어를 모국
어로 하는 문화적 소수자(ESL)인데도, 일반 학습자를 규준으로 한 검사 결과만
을 근거로 하여 이들을 지적장애로 판별하는 것).

신경과학은 학습장애 판정에 관한 법률 및 정책에 어떻게 기여해야 하는가

다른 학문 분야와 공동연구를 진행하는 신경과학자들은 다양한 교육
적 장애 조건의 생물학적 원인을 밝혀내고 있다. 이런 교육적 장애 조건
은 학습장애뿐만 아니라 높은 출현율의 경도 장애와 낮은 출현율을 보
이는 중증 장애를 포함한다. 학습장애를 과학적으로 조사하는 것은 매

우 어려운 작업이다. 이들은 ① 이질적이고, ② 제대로 정의되지 않으며, ③ 공존장애(comobidities, 예: 읽기장애와 쓰기장애의 공존) 발생률이 높고, ④ 표현형이 유사하지만 원인이 다른 여러 가지 발달장애와는 잘 구별되지 않기 때문이다. 예를 들어, 다른 신경유전학적인 경로(예: 취약X증후군과 난독증)로 나타난 발달장애가 유사한 표현형 문제(예: 낮은 읽기 성취능력)를 보일 수 있다. 반대로, 표현형이 유사하더라도 원인이 동일하지 않을 수도 있다. 예를 들어, 모국어가 달라서 읽기에 어려움을 겪는 아이들과 가정에서 언어적 자극이 제대로 제공되지 못한 아이들은 같은 문제를 보일 수 있다.

다른 과학 분야처럼 신경과학도 연구하는 주제의 조작적 정의가 필요하다. 이는 다른 사람들이 연구를 반복 검증할 수 있게 해 주고 연구 결과를 일반화할 수 있게 해 준다. 초기 연방정부의 특수교육법이 갖고 있던 많은 문제점은 학습장애가 구체적으로 무엇인지보다는 무엇이 학습장애가 아닌지에 대한 기준(제외준거)으로 학습장애를 정의했던 것과 관련 있다. 연구 결과, 읽기장애의 유전적 원인이 다양하고 이질적이라는 것이 밝혀져서(예: Raskind et al., 2005), 증거 기반 진단과 치료의 타당성 없이([그림 5-1] 가운데) 학습장애를 진단하고 판별하는 법적 기준을 정하는 법률과 정책을 제정하는 것은 성급하였다(a label model, [그림 5-1] 아래). 시간적 여유가 있다면, 장점과 약점을 잘 제시하는 종합적인 평가([그림 5-1] 위)를 통해 특수교육이 필요한 학생과 필요하지 않은 학생 모두에게([그림 5-1] 아래) 수준별 수업을 계획하고 시행하며 평가하는 것이 도움이 될 수 있다. 사려 깊은 전문가들이 고려하여 제안된 최근의 유연한 접근방식은 다양한 전문가가 현재 과학적 지식과 그 지식을 적용할 수 있는 기예(art)를 통해 특정학습장애 교육에 직·간접적으로 참여하게 할 것이다. 학습장애의 신경과학 연구는 인지 과정이 어떻게 특정 장애에 영향을 받는지(예: 읽기장애의 음운론, 철자법, 형태론, 작업기억) 교사에게 알려 준다. 이는 교사가 진단에 필요한 여러 능력을 측정할 수 있게 해 준다. 진단을 뒷받침하는 과학적 논문이 없으면, 교사는 정확한 진단을 위해 필요한 능력들만 측정하는 것이 아니라 온갖 능력들을 다 측정해 보는 '무차별(shot-gun) 접근방식'에 기대게 된다.

　전문적이고 과학적인 지식을 비전문가도 동일한 성과를 낼 수 있도록 단순한 공식으로 만들 수는 없다. 신경과학 지식을 전문적 현장에 적용시키기 위해 곧바로 법과 정부에 안건을 제출하는 것이 아니라 교육 현장에 있는 다양한 전문가를 매개하여 검증을 받아야 한다. 제안된 경로는 다음과 같다.

> 과학적 지식 → 전문가와 특정 영역 현장전문가 → 법적인 책무성

　또한 책무성은 중요하므로 학생들이 적정한 수준의 진전을 이루지 않으면 법과 제도적으로 개입하여 책임을 따질 필요가 있을 수 있다([그림 5-2]). 그러나 적절한 수준의 진전도는 특정한 유형의 학습장애의 전형적인 발달궤도에 대한 지식과 증거에 따라 다르게 결정할 수 있다. 그리고 장애를 가진 사람들도 인권이 있으므로 정부는 그들의 권리가 침해되지 않도록 정책적으로 보장해야 한다.

　법과 정책을 통하여 다양한 전문 분야들이 학습장애의 진단과 치료에 기여할 수 있도록 보장해야 한다. 학생들의 특정학습장애를 진단하는 전문 분야로는 심리학, 언어치료, 물리치료, 직업치료와 의학이 있다. 특정학습장애를 가르치는 직업으로는 일반교육과 특수교육 교사가 있다. 교육 분야를 제외하고, 다른 전문 분야에서는 ① 뇌와 신경과학과 관련한 직전 교육을 실시하고, ② 전문적인 훈련, 평생교육, 그들의 구성원에 관한 자격과 면허를 규제하는 공인된 전문가 단체가 있다. 학습장애 학생

들을 위한 일반교육과 특수교육 현장에서의 증거 기반 교육은 ① 교직과정에서의 신경과학 강좌를 포함하고, ② 전문가로서 교육 역량을 개선하는 것으로 이루어질 수 있다.

결론적으로 새롭고 적절한 신경과학 연구 결과가 보고되면, 교육에 관련된 모든 전문가의 예비교사 교육과 연수에 적용되어 그들이 전문가로서 최상의 실천을 할 수 있도록 해야 한다. 이러한 지식들은 직접적으로 법으로 제정할 수 있는 것이 아니며, 처음에는 특정한 진단이나 중재를 목적으로 특정한 전문가들에 의해 적용해야 한다. 읽기, 쓰기, 수학에서 나타나는 문제점들이 다 똑같은 것은 아니며, 증거 기반 진단과 치료는 개별 요구에 맞추기 위해 학교나 가족 시스템 수준에서 일반화할 수 있는 전문적 판단과 전문지식이 필요하다([그림 5-3]). Berninger(2006a)는 연방규정 제정 이전의 전문적인 진단과 교육 모형은 어마어마한 서류 작업과 법적인 규정 없이 개인의 요구에 따라 차별적 교육을 가능하게 하는 융통성이 있었다고 서술했다. 어떤 연방법이나 규정에서도 선제적인 평가를 통하여 읽기, 쓰기, 수학 부진에 개입함으로써 심각한 학습장애를 예방하는 전문적 활동을 법적으로 문제 삼지 않는다.

따라서 이 책에서(편집자들에 의하여) 제기된 첫 번째 질문에 대답함에 있어 우리는 세 가지 질문을 추가로 제기한다. 첫째, 만약 연구자들이 전체 학생 중에서 나타나는 특정학습장애를 정의하는 데 동의하지 않으면 신경과학 연구 결과가 어떻게 법제화될 수 있는가? 둘째, 교육자들이 증거 기반 교육을 수행하도록 기대하고 있다면 학습장애의 진단과 치료를 계획하기 위해 증거 기반 정의를 사용하도록 기대하는 것이 타당하지 않을까? 셋째, 학교 현장에 특수교육 서비스를 제공받을 학생의 적격성을 사정하는 평가 방식을 넘어서([그림 5-1] 아래), 전반적 평가모형([그림 5-1] 위)의 차별적 진단과 치료계획([그림 5-1] 가운데)을 위한 증거 기반의 평가 방식을 어떻게 도입할 수 있을까?

신경과학은 학습장애 평가(사정)와 판별에 어떻게 기여할 것인가

1995년에 시작된 뇌영상, 유전학(표현형과 유전형), 교육적 중재 연구를 결합한 워싱턴 대학의 다학제적 학습장애센터의 연구 프로그램은 신경과학이 어떻게 특정학습장애의 진단에 기여할 수 있는가를 보여 주는 모범적인 사례다. 이처럼 신경과학과 분자생물학뿐만 아니라 쓰기 습득에 영향을 주는 특정학습장애의 (행동)수행에 근거한 다학제적 접근방식은 난필증(철자장애를 수반하거나 수반하지 않은 필기장애), 난독증(손상된 단어 해독과 철자)과 구어와 쓰기 학습장애(손상된 구어와 문어, impaired OWL LD, oral and written language learning disability)의 증거 기반 정의를 제시하였다. 앞서 언급된 쓰기 습득에 영향을 주는 특정학습장애 중 어떤 것도 단 한 번의 측정이나 하나의 불일치로 진단되지 않는다. 오히려 각각의 진단은 인지적, 언어적, 신경심리적, 그리고 읽기와 쓰기 평가를 포함한 일련의 표현형 분석들을 바탕으로 한다. 이러한 특정학습장애들이 갖고 있는 공통점은 하나 이상의 작업 기억 요인(단어 형태 저장소, 음운/철자 고리[phonological and orthographic loop]), 주의집중의 제어와 모니터링을 담당하는 실행 기능의 손상이다. 각각의 장애들을 구체적으로 살펴보면, 난필증은 글을 쓸 때 근육-운동 계획(planning) 문제가 수반된 혹은 수반하지 않은(+/-) 철자법의 부호화(coding) 손상이고, 난독증은 구강-운동 계획(planning) 문제가 수반된 혹은 수반되지 않은 철자법과 음운체계의 부호화 기능 문제이며, 구어-쓰기 학습장애(OWL LD)는 구강-운동 계획 문제가 수반된 혹은 수반되지 않은 손상된 철자법, 음운체계, 형태학적/통사적 부호화 기능 문제다(Berninger et al., 2008). 중재반응 모형에 근거한 연구에 따르면 난필증과 난독증에 대한 효과적인 교육 처치를 확인하였다(Berninger & Abbott, 2003). 진단을 정확히 하는 평가(사정)를 통하여 전문가들은 쓰기와 읽기의 어떤 문제점을 치료해야 하는지 알게 된다. 또한 철자법적·음운론적·형태학적·통사론적 문제와 글을 쓸 때 구강-운동 계획 문제를 고려하여 특수교육 프로그램을 고안할 수 있게 된다.

작업기억 손상에 대하여 자주 접하는 첫 번째 단서는 난독증 아동의 음운론적 고리(loop)와 실행 기능(Eckert et al., 2003), 그리고 단어 형태(word form) 저장소(Eckert et al., 2005)에서의 기형적인 뇌구조를 보여 준 구조적 자기공명영상(structural MRI)에서 나타났다.

그 이후 Eckert와 그의 동료들(2003)에 의하여 확인된 구조적 기형에 기초한 후속 연구에서도 똑같은 뇌 영역에서의 손상된 기능적 연결성(측두엽 협응 문제)이 발견되었다(Stanberry et al., 2006). 또한 fMRI(기능적 자기공명영상) 연구도 음운론적·철자법적·형태학적 단어형태 저장고 및 처리와 관련된 과제에서 기형적인 뇌 활성화를 발견했다(Richards, Aylward, Berninger et al., 2006; Richards et al., 2005).

가족유전학 표현형 연구에서도 난독증은 손상된 음운론적·철자법적·형태학적 단어 형태, 음운처리 고리(loop)와 실행 기능 손상으로 확인되었다(Berninger et al., 2001; Berninger et al., 2006). 이러한 증거들이 우리 연구 참여 집단의 유전형과도 관련성이 있다고 확인되었다(Berninger et al., 2008).

신경과학, 유전학 및 교육 연구에 의하여 타당화된 개념적 모형을 바탕으로 쓰기장애의 진단과 치료 종합 프로그램은 Berninger를 통해 개발되었다(2007a, 2007c). 수학장애(난산증)를 진단·치료하고, 수학적 개념을 습득하는 데 어려움을 다루는 프로그램이 워싱턴 대학과 다른 기관의 연구를 통해 개발되었다(Berninger, 2007b, 2007c). 증거 기반 차별적 진단과 치료에 관한 추가적인 정보들은 Berninger(2001, 2004, 2006a, in press), Berninger와 O'Donnell(2004), 그리고 Berninger, Dunn과 Alper(2004)를 참고하도록 한다.

향후 신경과학의 발달은 학습장애의 분류와 중재에 어떤 영향을 줄 것인가

신경과학과 유전학의 연구 결과가 급속하게 증가하고 있다. 가까운 미래에 부모들은 개별화교육계획(IEP) 협의회에 뇌영상 사진과 유전자 검사 결과가 포함된 평가서를 가지고 올 수 있을 것이다. 신경과학적 검사 결과의 치료적 타당성이 확인되면, 교육 실제에 적용될 가능성이 높다. 즉, 신경과학 연구 기반 평가가 중재반응 모형하에서 진행된 진전도 모니터링 절차와 같이 적용되어 더 많은 학생이 읽기, 쓰기, 수학 학습에서 향상을 보이게 되는 것이다. 치료적 타당성이 있는 평가와 치료의 접근은 장기적으로 경제적이다. 그렇지만 교육자들은 학교에서 중재에 무반응하는 소수의 특이한 학습장애가 있을 수 있고, 이런 학습장애를 성공적으로 다루지 않으면 법적 절차로 이어질 가능성이 높다는 것을 알고 있어야 한다. 따라서 치료적 타당성의 평가는 단일 대상 연구뿐만 아니라 대규모 중재연구의 메타분석이 필요하다. 더 나아가 학교나 가족 시스템 수준 변수(그림 5-3), 예를 들어, 학생과 선생님 간 관계, 학생과 또래 간 관계 문제나 가족의 병력)는 증거 기반 중재 효과에 영향을 미칠 수 있다.

영상기술과 유전학을 포함하는 신경심리, 학업 및 심리 종합검사는 개별적으로 분리된 검사보다 정확한 진단을 위한 더 나은 모형을 제공한다. 읽기장애로 판정된 아동이 그 진단과 일치하는 유전적 프로파일이 없다면, 진단 전문가가 장애를 더 자세히 들여다볼 수밖에 없다. 환경적인 문제 때문일 수도 있고, 아동이 다른 기능을 관장하는 영역뿐만 아니라 읽기와 관련된 영역까지 뇌손상을 입었기 때문일 수도 있다. 이처럼 장애 증후의 개인차를 보인다면 적어도 이론적으로는 장애유발 요인에 적합한 다른 방식의 중재 및 인지적 강점과 약점을 확인할 수 있는 분석이 이루어져야 한다. 사실 읽기, 쓰기, 언어 장애 위험에 대한 각각 유전 자형이 잘 확인될 수 있다면, 모든 학생을 대상으로 하는 대규모 선별 검사와 중재 프로그램이 건강 및 신체검사 절차에 포함될 수 있다. 이러한 예방 접근은 학교심리사가 학교나 가족 시스템과 상호작용하는 방식(지금보다 더욱더 어린 아동을 평가하고 중재하는 것)과 유전적 및 비유전적 학습 문제를 갖고 있는 아동의 가족들을 바라보는 시각을 다르게 만들 것이다.

학습장애 진단 방법으로서 RTI와 임상신경과학 지식을 어떻게 조화시킬 것인가

특정 학습장애를 (유전형과 관련 있는) 표현형의 배열로 정의하는 연구는 진단과 관련이 있다. 중재반응 모형(RTI)이 단독으로 학습장애를 진단할 수 없는 세 가지 이유가 있다. 첫째, 전형적인 발달장애 학생조차도 같은 중재에 대해 그 결과는 상당한 변산(정상분포[normal variation])을 보인다(Berninger & Abbott, 1992). 둘째, 읽기와 쓰기 수행 수준의 향상을 보인 읽기장애와 쓰기장애도 그 결과에서도 상당한 변산(정상분포[normal variation])을 보인다(Abbott et al., 1997). 셋째, 특정 중재(수업)에 대한 무반응이란 다른 중재를 고안하고, 실행하고, 평가하며, 필요하다면 수정해 보는 신호이지 그 이상도 이하도 아니다. 이러한 단계는 문제해결 중심 컨설테이션 단계들이기도 하다. 중재에 대한 반응을 평가하는 것은 좋은 교육을 평가하기 위한 최선의 준거이며 앞으로도 항상 그럴 것이다. 숙련된 교사들은 가르치기 이전에 평가(사정)할 것이고(비공식적 준거

지향 검사를 통해 점검하기), 수업 도중에 반응을 평가하거나(종료하기 전에 점검), 학기 동안 지속적으로 평가한다(교재의 단원 평가, 교육과정중심측정/CBM, 교육청 수준의 학업 성취도 평가). 중재반응에 따른 검사 결과는 개별 학생의 진전도와 학교 수준의 교육과정을 평가하는 데 사용되어야 한다. 또한 국가나 교육청 수준의 학력 평가는 지역 전체 학생들을 위한 교육과정을 평가하는 데 사용될 수 있다(그림 5-2).

학습장애 진단에서 신경심리학은 어떤 역할을 해야 하는가

신경심리학은 종합 평가(그림 5-1) 위)와 특정 학습장애의 유형과 패턴(그림 5-1) 가운데)을 그리는 데 중요한 역할을 한다. 종합 평가(사정)에서 특정학습장애에 대한 오진단을 줄이고 보다 정확한 진단을 하고 싶다면, 우리는 5개의 평가(사정) 영역의 자료를 얻을 것을 추천한다(추가적인 정보는 Berninger, 2007c 참조).

- 인지와 기억
- 수용 및 표현 언어
- 큰 운동기능, 미세 운동기능
- 주의집중과 실행 기능
- 사회 및 정서 기능

신경심리학에서 쓰기장애를 포함한 특정학습장애를 진단하기 위한 방법을 여러 가지 제안하였다. 예를 들어, 작업기억의 음운 고리(loop)를 평가하는 '빠른 이름 대기(RAN)'는 신경심리학적 평가(사정)에 의한 난독증의 주요 손상을 제시한다. 즉, '빠른 이름 대기(RAN)'에는 두 가지 반응이 있다. ① 지속적으로 느린 반응, ② 느리게 반응하여 점점 더 느려지는 반응(Amtmann, Abbott, & Berninger, 2006). 지속적으로 측정된 두 반응 결과는 4개월간 시행된 철자법 교육에서 철자 수행 진전도를 예측할 수 있는 치료적 타당성이 있다. 대개 명명 속도는 연습을 할수록 그다음 줄의 자극(글자)을 읽을 때 빨라지지만, 작업기억의 음운 고리(loop) 기능이 손상된 사람들은 익숙한 자극(글자)이라도 작업기억 활성화를 유지하는 데 어려움을 겪는다. Holdnack은 난독증이 있는 학생들이 '빠른 이름 대기(RAN)'를 계속 수행하는 과정에서 명명 속도가 달라지거나 느려지는 손상을 나타내는지를 측정하는 검사를 개발하였다(검사 시행과 채점 방식은 PAL II RW 매뉴얼 참조; Berninger, 2007a). 다른 유망한 신경심리 검사는 집행기능(executive function, Color Word-Form의 억제; Delis, Kaplan, & Kramer, 2001; Berninger et al., 2006)과 주의집중 상태(mental set)를 관장하는 집중과 전환 기능(supervisory attention)을 측정하는 '빠른 전환(Rapid Automatic Switching)'(Berninger, 2007a) 척도다. '빠른 전환(RAS)' 척도는 이론 기반 위계적 선형 분석으로 수행된 일반학생 종단연구와 난독증 연구에서 아동의 문해 능력을 예측하는 가장 중요한 독립변수다(Altemeier, Abbott, & Berninger, 2007).

신경심리 평가는 학습장애에 대한 뇌기반 진단 모형을 제공할 뿐만 아니라 아동의 장애에 한정되지 않고 전체적으로 폭넓게 아동을 이해할 수 있는 시각을 갖게 해 준다. 예를 들어, 학습장애 진단을 받은 아동은 장애와 동시에 나타나는 사회적 상호작용의 어려움을 겪을 수 있다. 사회성 장애의 본질을 완전하게 이해하지 못하면 학습장애와 사회적 상호작용 문제를 단순하게 인과적으로 추론하려고 할 수 있다. 실제로, 사회적 상호작용의 곤란은 다양한 인지 결손, 즉, 정서를 인식하지 못하거나, 미흡한 마음이론, 충동조절을 잘하지 못하는 등 다양한 인지적 변수로 설

명할 수 있다. 충동조절의 문제는 학습과 중재에 적극적으로 참여하는
데 방해가 될 수 있으며, 이러한 문제점들은 중재를 설계할 때 전반적으
로 다뤄져야 할 필요가 있다. 공존장애(comorbid diagnoses)와 행동 문제
의 평가를 통하여 더 정확하게 핵심장애 진단(primary diagnosis)을 할 수
있고, 핵심장애 문제와 더불어 공존장애와 인지 결손이 행동과 학습 문
제로 어떻게 드러나게 되는지 알게 된다.

RTI 맥락에서의 중재 설계에서 신경심리학은
어떤 역할을 해야 하는가

페닐케톤뇨증(PKU)과 청각장애와 같은 신생아의 발달장애는 발견되
면 즉시 치료를 시작할 수 있도록 출생 시 평가(사정)한다. 그 결과 페닐
케톤뇨증에 의한 지적장애와 청각장애에 의한 언어이해 손상이 감소했
다. 이와 같이 증거 기반 평가(사정)와 쓰기, 읽기, 말하기와 수학 장애에
대한 선별과 검진이 이루어진다면 학습장애의 출현율과 심각성이 크게
줄어들 것이다(Berninger, 2006b). 우리는 학교에서 발견될 수 있는 가장
낮은 부진 학생을 위한 초기 중재와 후속 중재의 성격과 틀을 설계하는
데 신경심리 지식을 활용할 수 있다. 초기 중재는 절반 이상의 학생들이
읽기와 철자에서 자신의 학령 수준 혹은 그 이상 수준에 도달하는 효과
를 거두었고(Berninger, Abbott, et al., 2000; Berninger et al., 1998), 다음 학년
도에 시행된 후속 중재는 나머지 절반 학생이 읽기(Berninger et al., 2002)
와 철자(Berninger, Vaughan et al., 2000)에서 자신의 학령 수준에 도달하
는 효과가 있었다. 읽기와 철자에서의 성취 수준은 그다음 해의 초기와
후기에도 유지되었다. 작업기억의 손상을 극복하기 위하여, 이러한 중재
는 다양한 언어 자극(음절, 단어, 문장)을 거의 동시에 가르쳤다. 교사들은

단어들을 비교하는 형태로 제시하고, 그 단어를 읽거나 철자를 써 보면서 학습하게 하여 익히고, 자기주도적인 읽기와 쓰기 학습을 위하여 실행기능 전략을 가르쳤다(Berninger et al., 2008).

4, 5, 6학년 난독증 학생들이 특수교육(중재)에 반응하여 다음 학기에는 정상화된 좌측 하전두회(inferior frontal gyrus: IFG) 활성화([그림 5-4]에서 우측 뇌의 모습과는 달리 좌측 뇌가 활성화)를 보여 준 연구가 있다(Berninger et al, 2007). 특수교육을 받은 결과 우리가 관심 있는 영역의 정상화된 뇌 활성화가 되었을 뿐만 아니라, 신경망에서 측두엽 협응(기능적 연계)이 나타났다(Richards & Berninger, 2007). 뇌영상(Richards et al., in press)과 중재(Berninger et al., 2007, 두 번째 연구 논문)를 결합한 한 연구에서 문어의 음성학적인 해석과 구어의 음성학적 인식을 증가시키는 데 손을 직접 움직이는 것(engaging hands)이 효과가 있다는 것이 밝혀졌다. 손 활동(hand activity)은 아마도 음운 처리에 관련 있는 상변연회(모서리위이랑, supramarginal gyrus)와 가까이 있는 중심후회(postcentral gyrus) 활성화에 도움이 되었을 것이다. 이와 같이 신경과학 지식이 뇌영상 사진에서 바로 수업 계획으로 직접적으로 전환이 되지는 않을지라도, 특정학습장애의 읽기와 쓰기 기능을 향상하는 교수-학습 연구에 도움을 줄 수 있다.

제6장

학습장애의 진단과 평가(사정)에서 신경심리학과 RTI의 호환 가능성

Cynthia A. Riccio

학습장애를 정의하고 특수교육으로의 배치율을 감소시키려는 수단으로 RTI를 사용하려는 현재의 움직임과 관련해서는 상당한 논쟁이 있다(Fuchs & Deshler, 2007; Fuchs et al., 2003; Gresham, 2006). 이러한 상황에서 능력-성취 불일치 모형과 상응하는 지능검사와 표준화된 성취검사의 사용을 포함하여 형식적인 평가 절차는 종종 RTI와 대조적으로 간주된다. 양자택일의 논의 대신 RTI와 형식적인 평가(사정)에 관련된 네 가지 특별한 이슈가 여기서 신경심리학적 관점으로 다루어지게 될 것이다. 처음에는 신경심리학적 방식(학습장애가 중추신경계의 기능장애로 인한 것이라는 전제에 기초한 학습장애 정의 포함; Hammill et al., 1981)과 진단 수단으로서의 RTI 사용의 유사점들과 방식이 제시된다. 이것을 기초로 하여 두 번째 부분에서는 신경심리학과 신경과학이 학습장애의 판별과 평가(사정) 절차에서 RTI를 개선할 방안들에 대해서 다루게 된다. 그런 뒤에 학습장애 진단에서 신경심리학의 역할에 대한 부분으로 확대하여 다룬다. 마지막으로, 네 번째 부분에서는 중재를 고안하는 데 있어서 신경심리학의 역할을 다루게 될 것이다.

학습장애 진단 방법으로서 RTI와 임상신경과학 지식을 어떻게 조화시킬 것인가

　개인이 어려움을 가지고 있음을 나타내 주는 중재반응의 결함(또는 중재에 대한 저항)은 읽기장애를 가진 아동들과 성인들의 매우 유사한 표현형(phenotype) 증거에 의해서 입증되었다(Flowers, Wood, & Naylor, 1991; Galaburda, 2005; Pennington, 1995; Shaywitz et al., 2003). 특히 읽기장애를 가진 아동들과 성인들의 한 가지 특징은 해독에서의 어려움과 그에 따른 느린 읽기 속도다(Cardoso-Martins & Pennington, 2004; Gross-Glenn et al., 1991; Snowling, 2000). 이러한 차이는 중재와 보상적인 접근에도 불구하고 계속되었다. 명확히, 읽기에서의 개별 하위 기술들 가운데 읽기, 음운 인식, 빠른 철자 이름 대기(rapid naming letters), 구어 능력들은 읽기 학습의 성공이나(Snow, Burns, & Griffin, 1998) 또는 반대로 읽기 학습의 어려움과 관련이 있다(Vellutino et al., 2004).

　따라서 이것은 신경심리학적 접근과 어떻게 비교되는가? 평가(사정)와 사례 개념화에서 신경심리학적 접근은 읽기, 수학, 문어, 구어 표현을 담당하는 기능적 신경계와 관련되어 있다고 여겨지는 다양한 행동 영역으로부터의 정보들을 통합한다(Luria, 1980). 여기에서는 대부분의 연구가 이루어진 읽기에 초점을 맞추게 되며, 다른 학업 영역에서도 유사한 논의가 적용될 것이다. 연구들은 계속적으로 난독증을 가진 아동과 성인의 구조적인 이형(anomalies)적 패턴과 기능의 차이를 보여 준다. 예를 들어, 난독증을 가진 아동과 성인 모두 지속적으로 언어 영역(좌측두[left planum], 양측 뇌섬 영역[bilateral insular regions], 그리고 우측 전측 영역[right anterior region])에서 더 작은 부피를 가진다고 밝혀져 왔다(Foster et al., 2002; Hugdahl et al., 2003; Paul et al., 2006; Pugh et al., 2000; Shaywitz et al., 2003). 과정과 구조에서의 변형은 읽기를 어떠한 손상이나 발달적 결함이 읽기 실패의 다른 패턴을 가져오기 때문에 넓게 분포된 기능적 체계를 포함하는 것으로 개념화하는 것을 가장 지지한다(Shaywitz & Shaywitz, 1999, 2005). 이러한 기능적 체계가 읽기뿐만 아니라 다양한 구성 하위 기술을 촉진하는 것은 잘 알려져 있다(예: Shaywitz & Shaywitz, 1999, 2005; Simos et al., 2005).

RTI의 주요한 전제 중 하나는 교실 전체 학생에게 적용되는 1단계 접근으로 어려움을 겪는 일부 아동의 경우 추가적이고 증거 기반의 중재를 사용하여 좀 더 강도 높은 중재(2단계)를 사용하게 된다는 것이다. 학습장애 판별은 좀 더 강도 높은 중재(들)로부터 혜택을 받지 못하는 아동들에게만 일어난다(Fuchs & Deshler, 2007). 상당한 양의 RTI 연구가 초기 읽기와 음운 해독의 발달 또는 초기 읽기 학습자의 운율(rhyme)을 판별하는 능력에 초점을 두고 있다. 이것은 난독증을 가진 성인들이 시각적 조합보다는 단어를 소리 내는 것을 포함하는 활동들(철자를 말소리[어음]로 변환하는 것, 음운적 과제)에서 잘 읽는 사람들과 비교하였을 때 가장 큰 차이를 보였다는 연구 결과들과 일치한다(Shaywitz et al., 1998).

학습장애 판별의 수단으로 RTI를 사용하는 것은 강도 높은 방식으로 높은 질의 증거 기반 교수가 제공되었을 때 특정한 학업 기술 달성에 실패하는 것이 장애가 존재한다는 것을 나타내 주는 충분한 증거가 된다는 것을 의미한다. 이 전제는 뇌의 몇몇 가소성을 가정하고, 획득하는 기술들이 뇌의 기능에 영향을 미치며(Richards et al., 2006) 구조와 기능(예: 활성화되는 뇌의 영역)에 영향을 미치는 읽기 기술 획득에 대한 이 가능성은 기록으로 입증되어 왔다고 가정한다. 예를 들어, 읽기 과제를 하고 있는 아동과 성인의 fMRI는 활성화되는 뇌의 영역에서 발달적 변화를 보여준다(Simos et al., 2007). 이러한 변화들은 증가된 읽기 능력과 자동화와 연관되어 있다고 여겨지거나(Poldrack et al., 1999; Turkeltaub et al., 2003), 특정한 뇌 구조의 발달적 성숙으로 여겨진다(Chugani, 1999). 더욱이 읽기장애 위험 아동의 성공적인 읽기 중재(RTI에서 2단계로 보이는)는 좌반구의 후부에서 반응이 증가되는 결과를 나타내는 것으로 알려져 왔다(Richards et al., 2006; Simos et al., 2002; Temple et al., 2000). 이것은 좀 더 정상화된 활성화 패턴을 반영한다. 또한 추가적인 연구들은 뇌 기능 패턴에 영향을 주는 교정 프로그램의 가능성을 나타낸다(Simos et al., 2007). 불행하게도 다양한 중재가 동시에 이루어지기 때문에 어떠한 중재가 어떠한 아동에게 효과가 있는지는 아직까지 알려지지 않았으며, 이 영역에서는 좀 더 집중된 연구가 필요하다. 2단계에서 종종 목표로 삼는 두 영역은 음운 처리와 운율 탐지(rhyme detection)다.

음운 처리 과정과 신경생물학

발달 단계상 읽기 학습의 첫 번째 단계는 문맥이나 시각적 특성에 근거하여 단어를 인지하는 것이다. 그런 다음 아동은 음성 단서로서 중요한 몇 개의 자음과 모음을 사용하기 시작한다(Turkeltaub et al., 2005). 이것은 소리에 대한 철자들의 완전한 이해와 한 글자 한 글자를 읽어 가는 단어 해독으로 발달하게 된다. 어휘와 자동화가 향상됨에 따라 배열된 문자들을 전체로 인식하게 되고 새로운 단어들은 이전에 학습한 것을 유추하여 읽게 된다. 여기에는 두 가지의 가능한 읽기 경로가 있다. 음운 해독 경로는 주로 자주 발생하지 않고 새로운 음운 규칙에 따라 쓰인 철자의 단어들과 연관되어 있는 반면, 직접 인출 경로는 짧고 빈번하며 불규칙적인 단어 읽기와 관련되어 있다. 이러한 두 경로는 전형적이고 정상적인 읽기 학습자의 경우 동시에 활성화된다.

Turkeltaub 등(2003)은 음운 인식, 음성 인출, 음운 작업기억이 다른 피질(cortical) 영역들에서 지도화(mapped)되고, 이 주요한 세 가지 뇌의 영역(좌측 상측두 피질[left superior temporal cortical cortex], 하좌위 전두회[left inferior frontal gyrus], 좌측 배측 선조외피질[left ventral extrastriate cortex])이 읽기 학습과 연관이 있는 것을 발견하였다. fMRI를 사용하여 단어와 의사단어(pseudoword)를 읽는 것과 뇌의 관련성이 진짜 단어를 읽는 것보다 의사단어가 더 오랜 처리 시간을 요구한다는 것에서 읽기 습득의 이중 경로 모형은 지지를 받았다(Heim et al., 2005). PET와 국소뇌혈류검사(regional cerebral blood flow: rCBF)의 연속적인 단어 읽기에서 단어 인지에 결함을 갖고 있는 난독증을 가진 성인들은 우측 후측 피질에서 정상인과 비교하여 활성화가 덜 일어났다(Hynd et al., 1987). 음운 처리 과정에서 그러한 결함들이 있다면 양쪽이 덜 활성화되어 있으며, 이는 양 반구가 읽기에 관여한다는 것을 암시한다(Hynd et al., 1987). 다른 연구들은 음운 처리 과정의 중요성과 정상적인 읽기 학습자와 비교하여 난독증을 가진 사람들의 뇌의 활성화 차이를 지지하고 있다(Shaywitz & Shaywitz, 2006).

운율 탐지의 신경과학

종종 초기 읽기 문제와 관련되고 잠재적으로 2단계 중재에서 목표화되는 두 번째 영역은 운율을 탐지하는 능력과 연관이 있다(Cao et al., 2006; Rumsey et al., 1992; Savage & Frederickson, 2006). 운율을 탐지하는 과업에서 결과는 정상적인 읽기 학습자의 각회(angular gyrus) 근처의 좌측 두정엽 영역(예: 베르니케 영역[Wernicke's area]), 좌측 후—전 영역(left posterior frontal region), 우측 중 측두(right middle tempoal), 우측 두정 영역(right parietal area)과 같이, 측두-두정(tempo parietal) 영역의 활성화를 포함시켰다. 대조적으로 난독증을 가진 성인들은 운율을 인식하는 과업에서 좌측 측두-두정(left temporoparietal) 영역의 활성화에 실패하였다. 이것은 과업에서의 낮은 수행과도 관련되었다. 추가적인 운율 탐지와 신경학적 관련이 또한 확인되었다(Cao et al., 2006; Khateb et al., 2007). 초기 읽기 또는 운율 탐지를 목표로 하는 어떠한 중재가 뇌의 활성화 패턴에 어느 정도 영향을 줄지는 아직 알 수 없다.

RTI에서의 진전도 모니터링

학습장애의 판별에서 과정으로서의 RTI의 주된 공헌은 목표 행동의 변화 또는 진전도를 결정하기 위한 빈번한 모니터링이다(Fuchs & Deshler, 2007). RTI와 같이 아동에 대한 신경심리학적 평가는 행동의 변화와 발전을 기록하는 것에 관심을 갖는다(Hynd & Willis, 1988). RTI와 함께, 변화는 특정 하위 기술의 기준점 또는 절단점(cut score)을 통해 모니터링된다. RTI에서의 기준점은 종종 문장 읽기, 단어 읽기 또는 계산과 같이 유창성(즉, 학생들이 특정 과업을 수행하는 속도와 정확성)을 강조한다(Ardoin et al., 2004; Hintze & Christ, 2004). 특정한 검사들은 이러한 목적을 위해 개발되어 왔거나(Good, Simmons, & Kame'enui, 2001), 또는 교육과정중심 측정을 이용할 수 있다. 처리 속도는 유창한 독자와 유창하지 않은 독자를 구별하는 것으로 알려져 왔다(Powell et al., 2007; Semrud-Clikeman, Guy, & Griffin, 2000). 평가 과정에서 유창성 기반 검사의 사용은 늦은 처리 과정 또는 정보 인출 속도가 느린 것이 실행 기능의 문제를 포함하여 일부 신경학적 장애에 의한 것일 수 있다는 점에서 신경심리학적 관점으로 볼 때 중요하다(Blair & Razza, 2007; Gaskins, Satlow, & Pressley,

2007). 더 나아가 낮은 속도 또는 낮은 자동화 수준은 RTI에 의해 평가되는 학습 영역뿐만 아니라 다른 교육 영역에서의 누적적인 결손을 가져올수 있다.

신경과학은 학습장애 평가(사정)와 판별에 어떻게 기여할 것인가

다단계 중재로서 RTI는 학생들이 특정한 중재에 어떻게 반응하는지(또는 반응하지 않는지)에 대해 중요한 정보를 제공한다. 따라서 RTI는 학습장애의 평가(사정)와 판별에서 타당한 요소다. 그것은 관찰되는 어려움의 원인이나 관찰되는 과정보다는 구체적인 학업 목표를 강조한다. 이것은 완전히 새로운 개념이 아니며 학습장애에서 구체적인 학업 기술의 강조에 대한 논의는 25년 이상 동안 지지되어 왔다(Hutton, Dubes, & Muir, 1992). 동시에 신경심리학적 기술들은 특수교육에서 아동 평가(사정)를 위해 사용되어 왔고(Gersten, Clarke, & Mazzocco, 2007; Semrud-Clikeman, 2005), 다른 장애뿐만 아니라 학습장애에 대한 이해에서도 향상을 가져왔다(Gersten et al., 2007; Riccio & Hynd, 1996). 더욱이 인지 능력이 학습장애 진단과 관련되어 있으며 환경적이고 심리사회적인 요인들이 낮은 능력을 가진 아동들의 경우 조금 더 두드러지게 드러났다고 제안하는 증거가 있다(Wadsworth et al., 2000). 신경심리학적 방법을 평가 과정에서 사용하는 것에 대한 논의는 인지적이고 행동적인 자료를 통합하여 개인의 다차원성을 다루는 능력을 증가시키고 학생의 기능에 대한 전체적이고 일관된 청사진을 만들어 내는 것에 집중한다.

정상적인 읽기 발달은 이중 경로(dual-route)의 순차적이고 상향식 과정을 포함한다는 인식(Frith, 1985)뿐만 아니라 심각한 읽기장애가 신경학적 처리 과정의 결함 때문이라는 인식(Paul et al., 2006; Shaywitz et al., 1998, 2003; Simos et al., 2005)으로 인해 하나 이상의 기술이나 방법이 필요하다는 것이 명백해졌다. 사실상 정상적인 읽기는 표의문자적(logographic, 동시적) 처리 과정과 음운적(순차적) 처리 과정의 연합을 필요로 한다(Van Orden, 1987; Van Orden & Kloos, 2005). 이러한 과정 중 하나에 대한 과도한 의존(또는 교수적 강조)은 개개인이 오직 하나의 경로에만 특정한 전략을 사용하게 하여 정상적인 읽기 발달을 방해한다(Aaron, 1989). 대안적으로, 좀 더 균형을 갖춘 관점은 음운, 표의문자 그리고 철자 체계의 상호적 역할을 강조하는 것이 제안되었다(Adams, 1990; Spear-Swerling & Sternberg, 1994). 이러한 관점은 낮은 단계의 음운적이고 표의문자적인 처리 과정보다는 시각적 · 의미적 · 구문론적 · 실용적인 면들의 상호작용을 강조한다. 이러한 관점과 같이, 신경심리학적 평가(사정)는 언어, 지각, 감각-운동, 주의, 기억과 학습, 실행 조절/계획, 처리 속도, 정서 기능을 포함한 다양한 기능 영역에서의 개인의 수행을 검사한다(Riccio & Reynolds, 1998; Silver et al., 2006). 학습장애에서 중요한 요소로서 언어 처리 과정뿐만 아니라 작업기억과 실행 기능은 기술 습득에서 어려움의 요인이 되는 것으로 나타나고 있다(Gazzinga, Ivry, & Mangun, 2002; McLean & Hitch, 1999; Semrud-Clikeman et al., 2000; Teeter & Semrud-Clikeman, 1997).

신경과학, 그리고 특히 신경심리학은 특정 학업 기술 획득의 실패를 넘어서, 이러한 실패에 작용하는 기저의 뇌-행동의 관련성에서 다른 학업적, 기능적, 사회적 또는 행동적 기술 획득에서의 실패 경향을 보여 준다(Riccio, Hynd, & Cohen, 1993; Riccio & Reynolds, 1998). 신경심리학적 평가(사정)는 결점뿐만 아니라 개인의 강점 또는 손상되지 않은 인지 기능을 결정하는 가치 있는 접근 방법이 될 수 있다. 좀 더 전체적인 평가(사정)의 제공은 그것들이 교육적 · 적응적 · 정서적 기능과 관련되어 있기에 결점뿐만 아니라 개인의 강점을 강조하는 정보를 제공할 수 있다. 좀 더 일관된 개개인에 대한 청사진은 평가(사정)가 성취와도 관련되어 있기 때문에 실제적 삶의 계획뿐만 아니라 평가(사정)의 예언적 가치를 증가시켜야 한다(Riccio et al., 1993; Silver et al., 2006; Teeter & Semrud-Clikeman, 1997). 비록 조기 중재가 이후의 학업적 어려움을 보일 가능성을 감소시켜 줄 것이라는 점에서 RTI는 가능성을 가지지만, 목표화된 기술들이 즉각적으로 획득된다는 것을 보증하는 것 이외에는 이후의 기술을 획득하는 데서의 어려움을 막거나 예측하는 시도는 없다.

학습장애 진단에서 신경심리학은 어떤 역할을 해야 하는가

Fletcher 등(2007)은 RTI와 신경생물학적 요인 모두를 고려한 종합적 모형을 제안하였다. 그 첫 단계는 초기 읽기 기술 습득에서 보이는 것처럼 특정한 기술 결함에서 명백한 어려움을 유의미한 표현으로 개념화하는 것이다. 이것은 1단계에서 이루어진다. RTI에서는 이후에 학생이 중재에 반응하기를 기대하면서 2단계 중재를 만든다(Fuchs & Deshler, 2007). Fletcher 등의 모형에서는 두 번째 단계에 아동의 특성이 포함된다. 이것은 학업 기술 자체보다는 직접 학업 기술에 영향을 주는 핵심적인 인지 과정(예: 음운 처리, 기억, 자동화)으로 기술된다. 이러한 과정들과 관련하여 세 번째 분석 단계에서는 환경적 요인과 신경생물학적 요인이 집중된다. 교수적 기술(1, 2단계 접근을 포함하여)은 심리적 요인, 학업 생태와 관련된 요인들과 함께 환경적 요인에 포함될 것이다. 신경심리학의 역할은 핵심적인 인지 과정과 신경생물학적 요인의 통합에서 가장 분명히 나타난다. 신경생물학적 요인들은 뇌 구조와 기능, 유전적 요인 모두를 포함하며, 학습장애 기저의 신경학적 근거를 드러낸다. 이 모형은 나아가 학습장애와 관련하여 학업적 결과를 이끄는 다양한 변인을 제시하는 상호적인 틀을 제공한다.

RTI에만 의존한다면 이 모형의 모든 구성 요소를 다룰 수 없다. RTI는 교수 방법 또는 기술 습득에 영향을 주는 다양한 기능의 학업적 환경, 심리적 요인(예: 동기, 불안)에 대한 고려 없이 특정한 중재의 결과로서 특정 기술 또는 하위 기술의 향상 점검에 대한 정보만을 제공한다. 인지능력 측정을 통합하는 것에 더하여 신경심리학적 평가에 의해 가능한 다양한 진단 기술은 표준화된 기술들을 사용하여 표본화될 수 있는 다양한 기술 또는 행동들을 확대시킬 수 있다. 개별 기술과 능력, 핵심적인 인지 과정, 신경생물학적 사항들뿐만 아니라 건강, 가족, 교육 상황 또한 고려한 종합적인 평가는 주어진 학생이 교육을 어디서, 어떻게 받는 것뿐만 아니라 진단과 관련된 결정을 할 때에도 중요하다(Wodrich, Spencer, & Daley, 2006). 아동이 특정한 교수 방법에 어떻게 반응하는지는 신경심리학적 관점에서부터 표본화된 개념화에 사용되는 정보의 하나다. 모든 것을 고려하여(신경심리학적 평가 결과와 학생의 중재반응), 개념화한 결과는 학습장애의 판별이 현재 학업적 결함에만 근거한 것이 아니라 기대보다 낮은 저성취에 대한 개인력을 반영해야 한다는 Fletcher 등(2007)의 요구 사항을 충족시킬 수 있다.

역사적으로 특정 임상 집단의 판별에 대한 방법이나 접근이 충분한가를 결정하는 데 사용되는 기준들 가운데 하나는 그 방법 또는 접근이 임상집단 간 또는 통제집단과 임상집단을 구별할 수 있는 능력의 여부다. 학습에서의 어려움에 대한 다양하고 가능성 있는 해석을 가정할 때, 학습장애와 함께 일어나는 고빈도 장애뿐 아니라 교정 계획을 계획할 때, 아동 기능의 모든 면을 고려하는 것이 중요하다(Semrud-Clikeman, 2005). 분명히 학습장애 진단과 평가(사정)에 사용되는 방법들 중에서 하나의 주요한 요소는 학습장애와 정신지체 간의 신뢰성 있는 구별이 정확한 인지 능력을 고려하는지 하지 않는지일 것이다(Wodrich et al., 2006). 전통적으로 느린 학습자(slow learner)로 분류되는 아동들과 학습장애 간에는 두 집단 모두 비슷한 중재를 요구하며 유사한 어려움을 보이기에 구별해야 할 필요가 없다는 논의들이 있을 수 있지만(Stanovich, 1988), 다양한 잠재적 문제를 가진 두 아동 집단에 대해서 유사한 요구, 경과, 예후를 지지하는 경험적 증거가 없다(Wodrich et al., 2006).

　다른 임상집단뿐만 아니라 정상적인 통제집단과 학습장애의 감별 진단이 실행되어 왔다(Braze et al., 2007; Bruno et al., 2007; Willcutt et al., 2005). 예를 들어, 주의력결핍 과잉행동장애(ADHD)와 읽기장애 간의 임상집단들의 비교 연구에서 읽기 유창성은 집단 간의 차이를 보이지 않았으며 손상된 작업기억과 빠른 이름 대기 결함의 프로파일은 ADHD와 읽기장애가 함께 나타나는 아동들에게서 나타났다(Bental & Tirosh, 2007). 빠른 이름대기와 유창성은 모두 종종 RTI의 벤치마킹(benchmarking) 과정에서 사용된다(Good et al., 2001; Speece & Case, 2001). 예컨대, '중재에 반응' 하지 못하는 것은 특정학습장애라기보다는 장애 또는 다른 요인의 지표일 것이다. 진전도 부족의 원인이 정신지체(MR) 혹은 다른 상황(제한된 언어 능력[LEP] 혹은 영어 학습자[ELL]를 포함한)이 아닌 경우 추가적인 학업적 진전도의 부족 혹은 RTI 이외에 충분한 정보를 획득하는 것이 특히 중요하다. 이러한 감별은 타당하고 신뢰성이 있어야 하며 임상적 판단의 결과여서는 안 될 것이다.

RTI 맥락에서의 중재 설계에서 신경심리학은 어떤 역할을 해야 하는가

　　지난 20년 동안 중재-계획 과정을 알리는 평가(사정)의 필요성에 대한 관심이 증대되었다. 평가(사정) 자료는 중재 프로그램 계획과 연관되어야 한다(Riccio et al., 1993; Riccio & Reynolds, 1998). 중재 프로그램의 고안 또는 결정은 명명으로(또는 그렇지 않은 것으로) 제한되어서는 안 된다. Silver 등(2006)은 신경심리 평가(사정)는 학업적으로나 또는 행동적으로 '무엇을' 할지뿐만 아니라 '왜' 또는 인과적 특성까지도 대답해야 한다고 주장했다. RTI는 어떠한 추가적인 평가(사정) 없이 '무엇'에 기초하여 '왜'라는 것을 아는 것을 전제로 한다. 신경심리학적 관점에서 치료나 중재를 계획하는 것은 신체적 문제, 환경적 편의 수정, 직업 관련 목표, 의학적 관리 접근, 언어 중재, 재활 기술, 특정한 관리와 판별을 포함하기 위해 단순히 진단 명칭 부여나 배치 과정을 넘어서게 된다(Silver et al., 2006). 신경심리학적 관점은 학습과 행동 문제 기저의 원인에 대한 더 나은 이해를 이끌어 내고, 이후에 적절한 중재를 개발하거나 사후 문제를 예방할 수 있는 역량이 향상되도록 한다. 사실상 다양한 영역에서의 신경심리학적 재활과 관련된 활동들이 증가하고 있다(Eslinger & Oliveri, 2002).

　　중재에서의 신경심리학적 모형은 특정학습장애를 가진 아동들을 위한 치료에서 개별 아동의 강점(손상되지 않은 기능들)을 보상 전략과 함께 사용하는 방법이 포함되어야 한다고 제안한다(Riccio & Reynolds, 1998). 아동의 손상되지 않은 기능, 선호되는 과정 또는 학습 스타일을 이용함으로써, 교수 대안적 접근은 최적의 기능으로서 결과를 보이도록 결정될 수 있다. 따라서 신경심리학적 패러다임은 개별 아동의 강점과 약점을 기반으로 한 중재를 밝히는 데 대안적 접근을 제공한다(Riccio & Reynolds,

1998). 더욱이 널리 사용하는 기능적 체계에 의해 보조되는 읽기 과정과 읽기 영역에서 체계의 역기능 또는 편향이 있음을 인식하는 것뿐만 아니라 역기능의 한계들을 밝히는 것도 중요하다(Semrud-Clikeman, 2005).

재활 접근은 일반적으로 결함 모형에서 기저의 장애를 목표로 하거나 손상되지 않은 과정 또는 외적 수단의 영향을 받는 기능 영역을 다루는 데 사용된다(Glisky & Glisky, 2002). 결함 접근으로부터 회복과 최적화 접근들은 교정에서 기저의 손상 또는 결함을 목표로 한다. 어느 정도 이것은 많은 2단계 중재를 포함한다. 예를 들어, 음운 해독 결함이 목표라면 중재는 반복 훈련과 연습을 포함할 것이다. 능력을 발달시키고 회복하려는 반복 훈련과 연습의 전제는 이론적인 것에 근거하는 것이 아니다. 신경심리학적 관점에서 그것은 반복과 연습을 통한 신경 연결의 반복된 모의 실험이 대안적인 신경 경로나 손상된 구조 또는 경로를 다시 생겨나게 할 것이라고 추측하는 것이다. 강점이나 손상되지 않은 과정에 집중하려는 요구는 특수교육에서 결함(즉, 결함 모형)을 다루려는 이전의 시도가 치료 타당성 연구에 근거한 최상의 결과 이하에 머물렀다는 증거에서부터 온다(Kavale, 1990; Kavale & Forness, 1987). 교육적 맥락과 관련하여 인지 접근의 목표는 회복, 또는 특정한 기술과 능력의 발달 또는 최상의 적응과 결과를 궁극적인 목표로 하는 보상 훈련이다(Eslinger & Oliveri, 2002).

기저의 손상만을 강조하는 것은 개인의 손상되지 않은 기능을 무시하는 것이다. 개인은 강한 언어 기술을 가지거나(읽기에서 총체적 언어[whole language] 접근 제안) 강한 시각적 기억(대안적으로서 일견단어 접근 제안)을 가진다. 마지막으로 적성–처치 상호작용(aptitude-treatment interaction) 연구에 의해서 제안되었듯이, 훈련과 연습을 통한 향상은 훈련 상황을 뛰어넘어 일반화할 수 있는 증거가 없다. 두 번째 접근은 결함 영역에서 남아 있는 기능을 최적화하는 것에 집중하는 것이다. 비록 기능적 능력을 어느 정도 실행할 수 있는 개발 또는 회복하려는 지속적인 목표가 있지만, 남아 있는 기능적 역량을 사용하는 방법을 다듬는 것에 좀 더 집중한다(Anderson, 2002). 반복과 연습 대신에 대안적 교수 접근 또는 과업의 복잡성이 증가됨에 따라 전략 교수와 초인지 훈련이 강조된다. 이러한 방법들은 아마도 손상되지 않은 능력을 충분히 가지고 있어 전략을 숙달하거나 대안적 접근으로부터 혜택을 받을 만한 경도에서 중도의 장애를 가진 개인들에게 적합할 것이다.

결함 모형과는 대조적으로, 보상 모형은 기저의 장애에 집중하지 않고 장애로부터 생긴 기능적 결함과 장애가 어떻게 일상적인 삶을 향상하는 데 보상할 수 있을지에 집중한다(Glisky & Glisky, 2002). 보상 접근은 같은 목표에 도달하는 외부적 도움이나 대체 방법 또는 손상되지 않은 기능의 사용을 통하여 결함 기술을 뛰어넘는 방법을 보여 준다(Anderson, 2002). 보상 접근은 손상되지 않은 기능을 사용하거나 보충적인 도움을 사용하는 전략 교수(예: 오디오테이프 교과서)를 포함한다. 외적 도움을 사용하는 접근은 심각한 장애(정상적인 기능 이하)를 가진 개인들에게 더 적당하다. 중재에 대한 너무 잦은 한 가지 접근에 관한 지지들은 중재과정에서의 다양한 방법의 중독적인 영향에 대한 잠재 가능성을 고려하지 않는다(Freund & Baltes, 1998). 중재 활동들은 개개인이 좀 더 독립적이고 내적으로 견고하며 자기조절의 상태가 되도록 도와주는 방식으로 계획되어야 한다. 특정한 중재 전략의 선택은 개개인의 환경적 의존성 수준과 보존되고 손상된 기능들 그리고 인식 수준에 근거하여야 한다(Mateer, 1999). 이런 결합은 개개인이 주어진 중재에 반응하지 않는 정보 이상을 필요로 한다.

적절한 중재를 개발하기 위해서는 평가(사정)가 현재와 미래의 학업적 상황의 증가된 요구뿐만 아니라 아동의 평가 자료, 다양한 상황, 예상되는 미래 상황, 현재 상황까지 고려될 때 특정한 목표들이 명확해진다. 각각의 목표를 위해서 중재에 대한 적절한 접근이 선정되고 치료의 지속적 효과를 점검하기 위해 수행에 대한 자료(예: 결과 중심 측정)가 함께 사용된다. 일반화 전략들은 또한 치료 초기부터 사용되고 개발되어야만 한다. 마지막으로 중재의 효과성에 대한 평가(사정)가 있어야만 하며, 자연스러운 상황에서 기능의 효과에 대한 결정이 있어야 한다(Mateer, 1999; Sohlberg & Mateer, 1989). 이는 RTI 과정이나 개별화교육계획 개발 과정과 다르지 않다. 그러나 2단계 중재 선택은 추가적인 정보로 만들어지며 목표와 중재에 대한 대안은 즉각적인 학업적 또는 교육과정 요구를 뛰어넘어 확장된다.

2단계에서의 증거 기반 중재와 관련된 연구 노력은 목표되는 결함(기능적이고 집중적인)뿐만 아니라 특수한 개인들을 위한 특정한 치료의 성공을 예측하는 것을 돕는 특성에 대한 명시를 통합해야만 한다(즉, 인지 특성, 행동 변인, 정신병리, 인구학적 변인, 병인, 심각도에 기반을 두는 것). 일반화의 범위와 훈련 방법의 전이는 단기적으로뿐만 아니라 장기적으로도 살펴볼 필요가 있다.

논 의

특정 기술을 습득하려는 아동들에게 중재 과정이 이로울 것이라는 것에 대한 이견은 거의 없다. 아동의 중재반응이 학습장애(또는 다른 장애)의 진단 또는 판별에서 필요하거나 충분한지에 대해서는 불일치가 있다. 사실상 개인들이 중재, 아동의 발달 준비, 또는 아동이 하는 부수적인 활동들을 선택하는 것을 포함하여 진보를 보이거나 진보하는 데 실패하는지에 대한 다양한 이유가 있을 수 있다. 학업적으로 노력하는 아동에 대한 종합적 평가(사정)는 중재 선택을 알리고 결함과 손상되지 않은 과정을 판별하는 데 가능성을 가진다. 어느 정도는 신경과학의 기술이 발달되어서 기술 수행에 있어 뇌-행동 관련에 대한 더 나은 이해가 가능할 뿐만 아니라, 중재와 증가된 기술 숙달의 결과로 과업 수행에서 활성화 되는 구조들의 변화에 대한 증거도 있다(Simos et al., 2005). 그러나 RTI 의 신뢰에 대한 문제는 중재에도 불구하고 진전이 부족하거나 반응에 실 패하는 것이 장애의 특성이라고 알려진 것을 더 설명할 수 없다는 것에 있다(Wodrich et al., 2006). 임상집단의 비교 연구는 집단을 감별하지 않 았다(Bental & Tirosh, 2007). 핵심적인 인지 과정과 그것의 효과적인 교수 와 학습과의 관계에 대한 지식의 공헌을 결정하는 추가적인 연구들이 중 요하게 요구된다(Caffrey & Fuchs, 2007). 더욱이 문제는 기술 자체의 습 득에 있는 것이 아니라(따라서 그 기술에 대한 집중적인 중재에 더 잘 받아들 일 수 있는), 좀 더 종합적인 중재 또는 일반교육에서 쉽게 만들어질 수 있는 기초적인 조정(예: 시간 연장)을 보증하는 것이 아동에게 내재되어 있는 특성(예: 느린 속도)에 있다.

마지막으로, 오직 RTI에만 의존하는 것은 경험적으로 지지되고 다양 한 기술이 모든 학년의 교육과정에 걸쳐 숙달될 수 있는 효과적인 학업 적 중재가 있다(Wodrich et al., 2006)는 것을 가정하는 것이고, 이 접근이 아동의 연령에 상관없이 적용될 수 있다는 것을 의미하는 것이다. 연령 의 범위와 교육과정의 요구를 넘어 RTI를 지지하는 연구 증거는 아직 불 충분하다(Fuchs & Deshler, 2007). 특정 영역에서 어려움을 겪는 학생들 을 도울 수 있는 가능성 있는 실제가 있지만, 이러한 프로그램으로는 어 려움을 겪는 학생들과 그들의 급우 간 차이를 좁히지는 못한다는 것이 다. 만일 프로그램이 명확하게 차이를 좁힌다고 확인되었다면 시행되었 을 것이다. 판별된 학생들이 같은 교실 급우들에 비해 계속 뒤떨어진다 는 증거처럼, 특수교육이 효과적이지 않다는 논의는 또한 증거 기반 중 재 또는 최고의 영역에서의 지식의 부족을 보여 준다. 사실상 읽기 영역 에서 장래성 있는 프로그램은 거의 없다. 심지어 이러한 것은 개별 학생 의 요구에 부합되지 않을 수도 있다(Wodrich et al, 2006).

제7장
평가(사정) 대 검사
– 학습장애 진단에서의 중요성을 중심으로

Julie A. Suhr

　교수이자 과학자–실천가로서, 나는 스스로와 대학원생들이 학습장애 (LD)를 포함하여 관련 학문, 정책, 신경심리학적 장애의 사정에 대한 최신의 정보를 알게 하기 위하여 노력한다. 그러므로 내가 이 장을 집필해 줄 것을 요청받았을 때 개인적으로 학습장애 강의록과 임상적 평가(사정) 절차를 다시 개정할 필요가 있었기 때문에 순순히 응할 수 있었다. 즉, 강의록과 임상적 평가 절차를 다시 쓰면서 책을 쓰고자 하였다. 그러나 최근의 학습장애 조사에 몰두하는 동안 나는 학습장애 진단을 둘러싼 현재 논쟁에서 평가(사정) 및 진단의 결과와 그들의 비판적인 역할의 이해와 관련하여 오히려 옛날 문제로 후퇴하고 있음을 발견했다. 그러므로 우리를 난처하게 하는 질문에 대한 내 대답은 실제 나의 조사 활동 내용뿐만 아니라 현재와 전통의 신경과학, 신경심리학, 그리고 다른 심리학적 평가(사정) 연구에 대한 나의 이해에 기초한다.

신경과학은 학습장애 평가(사정)와 판별에
어떻게 기여할 것인가

신경과학은 이미 읽기와 읽기장애(reading disability: RD)의 신경학적 기초에 대한 이해와 평가에 명백히 공헌해 왔다. 나는 후천적 뇌손상에 따른 장애에 기초한 원인으로 읽기, 쓰기(예: Aaron, Baxter, & Lucenti, 1980; Coslett, Gonzalez Rothi, & Heilman, 1985; Funnell, 1983; McCarthy & Warrington, 1986; Saffran & Marin, 1977)에 대해 대학원에서 배운 것과 신경심리학적 발견들이 발달적 읽기장애에 대한 임상과 조사 문헌에 대해 정보를 주지 않았던 이유에 대해 궁금해했던 것을 기억한다. 더욱이 읽기장애에 대한 신경학적 문헌의 조사는 그 이슈와 관련하여 나를 더욱 혼란스럽게만 했다. 1980년대 중반부터 많은 읽기장애의 기저를 이루는 국소 정보처리장애에 대한 강한 신경심리학적 증거—음운 처리 과정에서의 손상(예: Boder, 1973; Byring & Pulliainen, 1984; Denckla, Rudel, & Broman, 1981; Hulme & Snowling, 1988; Mattis, French, & Rapin, 1975; Patterson, 1981; Snowling, 1980; Stanovich, 1988)—가 있었다. 당시의 학교 체계에 관련된 나의 개인적인 경험과 출간된 읽기장애 문헌 모두 이런 발견은 아직 평가(사정) 또는 중재 기반 교육 실제로 옮겨지지 않았다고 주장했다(예: Christensen, 1992; Dorman, 1985; Hynd & Hynd, 1984).

그때부터 신경과학 연구 방법의 확산(특히 기능적 뇌영상)과 함께, 특정 신경 경로가 정상적인 읽기 과정과 잘 정의된 경우의 읽기장애 모두와 관련되어 있다는 증거가 논증되었다(예: Georgiewa et al., 1999; Gross-Glenn et al., 1991; Pugh et al., 2000; Rumsey et al., 1992, 1997; Simos et al., 2000). 학습장애의 다양한 정의를 만들었던 중요한 가정—국소 중추신경계 (CNS) 기능장애의 실제—을 지지하면서 말이다. 더욱이 신경심리학적 평가(사정)와 중재 연구는 읽기장애의 판별에서의 음운론적 해독 평가의 무의미함과 그 처치에서의 음운론적 중재의 효과를 지지해 왔다(개관은 National Institute of Child Health and Human Development, 2000 참조). 더욱 흥미롭게도, 최근 신경과학 연구는 주로 음운론에 초점을 맞춘 읽기 중재를 따르는 읽기장애를 가진 개인의 뇌 활동 패턴의 정상화를 증명해 왔다(Shaywitz, Lyon, & Shaywitz, 2006; Simos et al., 2006).

이 지지적인 문헌을 발전시키는 데 수년이 걸렸고, 나는 평가(사정)와 중재 기반 조사연구에 걸친 일관성을 발견하는 것에 있어 주요한 장애물 중 하나가 '쓰레기 투입/쓰레기 배출'[1] 현상에 있다고 느낀다. 현존 연구에서 가끔 형편없거나 혹은 모순되게 읽기장애로 진단된 참가자들을 포함함으로써 조사 결과가 일관적이지 못했음은 그다지 놀라운 일이 아니다. 이것은 수학 또는 쓰기 기반의 학업 손상에 대한 조사의 진전이 부족한 것의 주요 요인이기 쉽다. 그러나 일반적인 읽기와 읽기장애에 대한 음운론적 해독의 역할에 대한 일관적인 증거에도 불구하고, 이 지식은 아직 표준적인 교육 실제로 완전히 통합되지 못했다.

학습장애 진단 방법으로서 RTI와
임상신경과학 지식을 어떻게 조화시킬 것인가

RTI는 적어도 부분적으로는 학업적으로 고군분투하는 학생들의 조기 중재를 제공하려는 시도뿐만 아니라 현재 학습장애 진단에서 지각된 약점에 대한 대응으로 보인다. 나는 조기 중재 제공의 목표에 전적으로 동의하며 RTI가 특별하고 강력한 학업적 중재를 받는 그들을 선택하는 과

---

1) 역자 주: 무가치한 데이터를 넣으면 무가치한 결론이 나온다.

정으로서의 가능성을 보여 준다고 믿는다. 그러나 진단 과정으로서의 RTI를 위한 증거로서는 기준에 맞지 않는다. 나는 학습장애 진단에서 발견된 많은 약점이 다음 질문에 대한 대답에서 자세하게 설명할 부분인, 적절한 평가 방법의 이해와 적용의 부족에서 온다고 믿는다. 더 나아가 하나의 진단 방법의 인식된 약점이 제안된 대안적인(증명된 것이 아닌) 방법의 지지에 대한 증거로 해석되어서는 안 된다. 나는 RTI에 대한 추가적 우려를 가지고 있는데, 그것은 교육적인 체계에서 학습장애 진단을 위한 잠재적인 사용을 의도하였을 때 중요하게 고려되며 지금 논의할 것이다.

중재는 표준화되지 않는다

RTI는 모든 학생이 경험적으로 지지되는 동일한 교수적 방법을 받는다는 전제를 바탕으로 하므로 특정 아동이 수업에 반응하지 않는다면 그 아동은 빨리 판별되고 더 강화된 개별화 수업을 제공받을 수 있다. 앞서 주어진 신경과학 문헌에서 보았듯이, 음운론적 해독 훈련을 포함하는 표준 읽기 수업은 오늘날의 교실에서 일관성 있게 제공된다고 상상할 수 있다. 그러나 자료는 현대 교실에서 표준화된 수업 방법이 없을뿐더러 뒤처진 아동에 반응하는 표준화된 중재적 수업도 없다고 말하고 있다(Lyon et al., 2001; National Research Center on Learning Disabilities, 2005). 나는 내가 평가하는 개인으로부터 생활기록부를 얻어 이것을 주기적으로 확인한다. 학교에서 통문자 읽기 방법(whole-word reading method)만을 사용하거나, 문법에 대해 공식적인 교육을 전혀 받지 못했거나, 오로지 '창의적인' 철자만을 배운다는 이야기를 학생들로부터 듣는 것은 여전히 흔한 일이다. 더욱이 어린 시절 학습장애로 진단받고 내가 재평가한 많은 대학생들은 학습장애에 대한 편의만 제공받고 실재적인 중재는 받지 못했다고 보고한다(종종 자세한 생활기록부를 보고 학부모가 인터뷰를 받을 때 확인되었다). Shaywitz와 동료들은 이런 개인을 '교육의 희생자'라고 불렀다(Shaywitz et al., 2006, p. 623). 이것은 신경과학과 신경심리학의 유연성(trickle down) 부족과 현재 교육 실제에 대한 교육 연구의 부족에 대한 강한 증거다.

평가(사정) 방법은 중재 방법과 독립적이지 않다

잠시 동안 중재/교수 방법이 표준화되고 경험적으로 지지된다고 가정해 보자. 주어진 아동이 중재에 반응적인지 여부를 어떻게 평가할 것인가? 적절한 평가(사정) 방법은 중재와 독립적이어야 한다. RTI의 많은 모형은 주간 교육과정 중심의 측정 자료가 RTI 성공과 실패에 대한 객관적인 측정과 학습장애로서의 진단을 제공할 것이라고 제안한다. 그러나 자료는 교수 방법으로부터 독립적이지 않으며, 장애의 진단을 위한 중재에서 순환성을 만든다. 이것은 대부분의 RTI 모형에서 언급되지 않는 기본적인 조사 방법학적 이슈다(RTI의 구성 요소로서 성취 기술에 대한 일련의 독립적인 평가[사정]에의 제안을 위해 Fletcher et al., 2005 참조).

처치에 대한 반응 결손으로는 내재된 문제를 밝히지 못한다

이제는 표준화된 중재 방법뿐 아니라 독립적인 중재의 평가(사정)가 아동은 처치에 반응하지 않음을 가정해 보자. RTI는 왜 개인이 어려움을 가지는지와 무엇이 다음 '개별화된' 중재 단계에서 도움을 줄 정보인지에 대한 질문에 여전히 대답하지 못한다. 예를 들어, 읽기 발달의 부족은 더 일반화된 인지장애를 반영하는가? 연구는 이것이 읽기장애에서 고려되는 예상과 중재를 만드는 중요한 특징이라고 주장한다(Shaywitz et al., 2006).

개인이 음운 처리과정장애, 주의/정보처리장애, 시지각(visuoperceptual) 손상, 기억장애, 또는 실행 불능과 같은 국소지각장애를 보이고, 이것이 교육 방법에 반응 부족을 보이는 데 영향을 끼칠 수 있는가? 학습 어려움에 영향을 주는 신체적, 신경 발달적 또는 의학적 조건은 있는가? 표준 교육에 관한 반응 부족의 내재된 이유가 무엇인지에 대한 지식 없이 RTI의 다음 단계로 더 강력하고 개별화된 학업적 중재를 제공할 수 있겠는가?

일부 RTI 모형은 아동이 RTI 모형의 첫 단계에서 반응하는 데 실패했다면 종합적 평가(사정)를 제안한다. 그러나 이런 모형에서 종합적 평가(사정)의 정의는 '종합적(comprehensive)' 평가(사정)가 무엇을 수반해야 하는지에 대한 이해가 부족함을 증명한다. 예를 들어, Fuchs(2007)는 RTI 과정을 일반적인 교육과 더 강화된 교육(2단계) 모두에서 실패한 아동이 종합적 평가(사정)를 받는 것으로 묘사하였다. 이는 간략화된 인지 능력 측정과 적응 행동 비율 양식의 두 가지 간단검사로 예시된다. 이것은 확실히 종합적 평가(사정)도 아니며 종합적 검사도 아니다. 다음의 질문에 대한 내 대답은 심리학자와 신경심리학자가 평가(사정)를 통해 의미하려는 것과 왜 신경심리학적 평가(사정)가 학습장애 진단에서 간단한 능력-성취 검사 개념을 넘어 잠재적으로 더 추가되었는지에 대해 더 약술할 것이다.

조기 판별은 중요하다

가능한 한 빨리 아동의 교육에 적절한 학업적 중재를 제공하기 위해 장애의 조기 판별이 필요하다는 데는 의문이 없다. 나는 학습장애를 가진 아동의 판별을 위해 과거에 사용되었던 절차의 종류(능력-성취 불일치)가 '교육의 희생자'를 막기 위해 피해야만 하는 뒤늦은 처치('실패하기를 기다리는' 모형)를 초래했다는 데 동의한다. 그러나 앞으로 내가 언급할 내용과 같이 단순한 능력−성취 불일치(진단에 상응하지 않는)의 사용과 이 불일치의 오용/오해는 뒤늦은 판별의 주요 공헌자이며 이로 인해 적절한 중재를 처방하는 것 역시 늦춰졌다. 이것을 판별되지 않은 예시(기록의 의뢰인은 우리의 훈련 클리닉에 있는 나와 내 동료들에게 보내지는 많은 개인을 나타내는 모범([prototype] 사례다)를 사용하여 설명해 보자.

A 아동은 학교에 처음 들어 갔을 때부터 읽기에 어려움을 가졌던 9세의 4학년 아동이다. 학교 기록은 매년 그의 선생님들이 읽기장애 가능성을 평가받아 보라고 요구하거나 걱정하고 있음을 보여 주고 있고, 그가 매년 읽기 숙달 검사에 통과하지 못했음을 보여 준다. 3학년 때 그는 학교심리사에게 평가(사정)를 받았고, 학교심리사는 그의 읽기 성취 합산 점수(composite score)가 전반적인 지능과 명백한 차이를 보이지 않는다고 지적했다. 이 때문에 그는 읽기장애로 판정받지 못했고 서비스도 거절당했다. 이 반응에 만족하지 못한 부모들은 그를 두 번째 평가(사정)로 보냈다. 종합적인 신경심리학적 평가(사정)에서 그는 경계선 수준의 평균보다 낮은 청각 작업기억과 처리 속도를 가졌지만, 평균보다 높은 구어 이해력과 지각적 추론 기술을 가지는 등 그의 전반적인 인지적 점수를 포함한 목록(indices)에서 명백한 분산(scatter)을 보였다. 추가로 그의 읽기 성취에 대한 간단검사에서 그의 수행은(물론 그의 읽기 합산 점수[composite]는 평균 범위에서 떨어지나) 읽기 기술에서 명백한 분산이 있었지만(일견단어 읽기와 음운론적 해독 과제는 철자만큼 경계 범위를 보임) 문맥상의 읽기 이해는 그의 나이에 비해 평균보다 높은 범위에 있음을 보여 주었다. 추가적인 신경심리학적 검사에서 아동 A는 청각 작업기억 약점(공간 작업기억 기술은 정상)과 음운론적 해독의 추가적인 측정에서 손상 범위 안에 있는 수행 정도로 빠른 읽기와 이름 대기 과제에서 명백한 문제를 가졌다고 확인되었다. 그러므로 아동 A는 합산 점수를 사용한 능력−성취 불일치는

보이지 않았지만 그의 현실 세계 읽기 기술을 손상시키는 국소지각장애의 증거를 보였다. 우리는 그를 읽기장애로 진단했고, 그의 부모는 그의 학교가 두 번째 평가 의견을 받아들이지 않은 후 그의 음운론적 처리 과정 문제에 초점을 둔 독립적인 읽기 교수를 찾아냈다.

아이들이 표준화 교육에 반응을 보이지 않는다면 그들은 빨리 판별되고 빨리 중재가 이루어져야 한다. RTI는 적어도 부분적으로는 능력−성취 불일치 검사에만 기초한 학습장애 정의의 적용과 빈약한 이해로부터 초래될 수 있는 조기 중재의 부족에 대한 대응책이 될 수 있다. 기록에서 보듯이, 아동 A는 검사자가 오직 읽기 성취 합산 점수만 사용한다면 정의상에서 성취에만 기초한 서비스에서는 거절되기 쉽다. 비록 RTI의 '평가(사정)' 요소가 학습장애를 위한 진단적 기준으로서 빈약한 성취를 넘어서는 어떤 것인지 명확하지 않고, 그래서 늦은 중재를 초래할 수도 있다. RTI 제언이 더 짧은 시간의 기간 안에 빈약한 성취(진전의 부족)의 증거를 평가(사정)하는 것이 현재 성취검사에서 전형적이라고 제안함에도 불구하고 말이다.

학습장애 진단에서 신경심리학은 어떤 역할을 해야 하는가

수년간의 임상과 조사 경험에 기초한 내 의견은 신경심리학의 가장 강한 역할은 종합적이고 통합적인 평가(사정)에서의 신경심리학의 초점이다. 앞에서도 언급하였듯이, RTI를 향한 많은 움직임과 다른 대안적인 학습장애 진단 방법은 진단적 방법으로의 검사에서 능력−성취 불일치의 사용에 대한 비판의 반응으로 있어 왔다. 그러나 평가(사정)는 검사와 같은 것이 아니고(Matarazzo, 1990), 좋은 평가(사정)자는 학습장애 진단에서 능력−성취 검사 불일치만을 단독으로 사용하지 않을 것이다.

　신경심리학적 평가(사정)의 강점은 신경과학적 지식(뇌 구조와 기능에 대한 이해)과 심리측정학적 지식, 심리학적 평가(사정) 이슈의 **통합**이다. 신경과학 훈련에 덧붙여, 뇌 기반의 조건을 사정하고 진단하는 개인은 검사 발달에서의 심리측정학적 이슈, 실시, 해석을 포함한 행동의 측정과 평가(사정)에 대해 광범위한 교훈(didactic)과 실제적인 훈련을 받아야만 한다. 더 나아가 검사 행동과 검사 수행에 영향을 미칠 수 있는 비신경학적 요인(바꿔 말하면, 정신병리학의 존재, 성격적 특성, 사회적/인지적 또는 건강적/의학적 요인들)을 이해하기 위해 광범위한 교훈과 실제적인 훈련도 받아야만 한다. 이 종합적이고 통합적인 심리학적 평가(사정) 훈련은 표준화된 인습적 풍습에서 관리자로 하여금 단순히 검사를 배우는 것과 그들을 채점하기 위해 안내책자를 활용하는 것, 통계적인 차이를 찾는 것을 넘어선다. 행동적 관찰, 부가적 보고서, 생활기록부, 의학적이고 심리학적인 기록과 표준화된 검사들을 통해 수집된 정보들이 통합되어 심리학적이고 신경심리학적인 과학에 근거해 주어진 평가(사정)에서 보이는 검사 패턴에 적용된다. 명확하게, 인지와 성취 검사의 채점과 실시에 초점을 맞춘 1/4분기 또는 학기 기간 이상의 과정(course)이 요구된다.

　학습장애 진단을 고려하여, 나는 학습장애를 가진 누군가를 진단할 때 단순히 지능−성취 사이의 검사 차이를 이용하는 것은 좋은 것보다 나쁜 것이 더 많을 것이라는 많은 임상가, 연구자, 교육자의 의견에 동의한다. 앞에서 기록하였듯이, 나는 RTI가 잠재적으로 영향을 끼칠 수 있는 성취 중심의 학습장애 정의의 해로운 사용 역시 위험이 있으며 다른 사람들이 대안적인 진단 방법을 제안했다고 믿는다. 잘 훈련되고 유능한 평가(사정)자는 학습장애의 다양한 지침으로서 단순히 능력−성취 차이(또는 성취검사 결과)를 해석하기 전에 개인의 종합적 평가(사정)의 맥락에서 모든 검사 자료를 고려하고 해석할 것이다. 여전히 진단 방법 자체가 문제가 되는 것이 아니라, 불일치 접근만을 강조하는 일부 교육 및 심리 전문가의 문제가 있다. 이 전문가들은 검사를 시행하고 채점하는 것은 배웠지만 검사 선택, 검사 해석과 최종 진단적 결과들(impression)에 영향을 미칠 중요한 평가(사정) 이슈에 대해서는 알지 못한다.

아마도 몇몇 임상적 예시는 이 점을 설명하는 데 도움을 줄 수 있을 것이다. 이전의 경우에서 기록하였듯이, 이것은 평가(사정)된 개인의 신원을 보호하기 위해서 만든 가상 사례이며, 학교심리사들, 재활심리학자들, 상담심리학자들, 임상심리학자들, 신경심리학자의 검사 결과에서 나타나는 매우 일반적인 사항을 제시하는 것이다.

낮은 지능을 고려하여 평가하기

여성인 B씨는 직업상담사에 의해 진단된 후, 그녀의 읽기장애에 대한 공식적인 평가(사정)가 의뢰되었다. 상담사는 그녀의 읽기 어려움에 대해 검사 시간 연장을 제공하면 고등학교 졸업 자격(GED)을 성취할 수 있음을 밝히는 보고서를 제출하였다. 진단이 B씨의 읽기 선별검사의 수행 수준에 근거하였기 때문에 고등학교 졸업 자격 위원회에서 받아들여지지 않았다. B씨는 공식적인 학교교육을 6년도 받지 않았으며 읽을 수 없다고 보고되었다. 그녀는 직업 훈련의 모든 측면에서 어려움을 겪는다. 컴퓨터로 시행된 검사와 그녀의 생활기록부의 재검토를 포함한 공식적인 평가(사정)는 초등학교 1학년 때부터의 특수교육 배치 이력과 정신적으로 약간 지체된 범위에 있는 지능, 그녀의 일반적인 지능과 수년간의 공식적인 교육에 상응하는 낮은 학업 성취 수준을 보여 주었다.

모든 '읽기 부진'이 인지적 기술이나 읽기 강점/약점의 견지에서 똑같은 것은 아니다. 발달장애를 가지고 있고 경계선급 지적장애를 가졌거나 다른 인지적 약점(예: 낮은 기억 수행 수준)을 가진 읽기 부진 학생은 비읽기적(nonreading) 인지 강점을 가진 학생과는 다르다. 그들의 중재에서 고려해야 할 다른 인지적 문제가 있기 때문이다. 또한 추가적인 인지적 문제도 그들의 능력에 영향을 미치기 때문에 고등학교 졸업 자격(GED)을 달성하거나 다른 비읽기적 수정이 없는 표준화된 직업 훈련 방법으로부터 혜택을 받는 것은 개인마다 다를 수 있다. 낮은 인지로 인한 읽기장애나 학습장애를 가진 사람들도 평가를 확실히 받아야 하지만, 비읽기적 인지 강점을 지닌 사람들의 현실 세계(학습적인 것과 비학습적인 것) 기능에 대한 읽기 문제 영향의 완전한 이해는 그들의 비읽기 인지 능력에 대한 전반적 평가(사정)를 요구한다.

높은 지능을 고려하여 평가하기

고등학교 2학년생인 16세의 C군은 첫 번째 평가(사정)에서 받은 읽기 장애 진단에 문제를 제기한 그의 학교에 의해 두 번째 평가(사정)에 의뢰 되었다. 부모의 보고서에 따르면, 10대인 C군은 똑똑하고 학교에서도 잘 지냈지만 시간 제한이 있는 표준화 검사는 '형편없었다.' 그의 학업 기록 의 재검토는 C군이 학교 교육에 걸쳐 모든 숙달(proficiency) 검사에서 통 과했으며 검사 수정이나 예외조건 없이 A와 B를 받았다. 이전 검사의 공 식적인 검사 결과는 C군이 구어와 비구어의 인지적 강점(매우 우수한 범 위)을 가졌고 또래 학생들에 비해 높은 수학 성적을 보이며 평가(사정)된 읽기 기술에 의하면 평균부터 평균 상까지의 수준을 보였다. 이전 보고서 는 모든 가능한 지능-성취 불일치 결과를 나타내는 결과표를 제시하였 다. 그 결과, C군은 지능과 읽기 영역의 어떤 부분에서 통계적으로 유의한 차이가 있는 것으로 나타났다. 즉, 읽기장애로 판정되었다.

내가 파악한 문제 중의 하나는 교육적인 이력에서 실질적인 학업적 결손 증거가 없을 때에도 단순히 성취–지능 불일치에 기초하여 우수한 지능과 '평균적인' 학업 성적을 가진 개인을 학습장애로 진단하는 것이다. 이 맥락에서는 실제적인 학업상의 결손이 있어야 학습장애로 진단하여야 한다는 점이 중요하다. 더욱이 가치 없거나 원점수 분포로의 회귀와 이것이 검사에서의 표준화 점수에 어떻게 영향을 미칠 수 있는가와 같은 심리측정적 이슈를 이해하는 것은 우수한 지적 능력 점수와 높은 범주의 학업 성취 점수'만'—높은 범주는 특별한 성취검사에서 받을 수 있는 가장 높은 점수가 될 수도 있을 것이다—을 받은 개인에게서 '불일치'를 고려하였을 때 매우 중요한 것이 될 수 있다. 능력–성취 불일치의 통계적이고 임상적인 명확성을 결정하는 데에 당연한 균등화를 사용하는 규준(conormed) 검사의 사용이 이런 우려를 일부 나타내지만, 그들은 개인의 검사 수행을 해석할 때 여전히 고려되어야만 한다.

지능검사에서의 수행 패턴 고려하기

대학교 1학년인 여대생 D씨는 입문 수준의 불어 과정에서 세 번이나 실패한 후 불어 강사에 의해 읽기장애 가능성의 평가가 의뢰되었다. D씨는 고등학교 1학년 때 읽기장애의 가능성에 대해 평가받았지만 그녀의 지능과 성취의 '차이'는 명백하지 않다고 밝혀졌고, 그로 인해 그녀는 읽기장애의 진단 기준에 맞지 않는다고 판단됐다. 그녀의 성적표에 따르면 관련 과목을 수강하는 과정에서 읽기와 쓰기(특히 철자)가 평균보다 낮은 수준의 수행 패턴(읽기장애 평가로 의뢰된 이유)을 보였다. 이전의 검사는 매우 우수한 비언어적 추론 기술과 높은 수준의 시각운동 근육(visuomotor)

처리 속도 기술을 보여 주었지만, 이 검사는 그녀의 매우 높은 비언어적
능력과 상당히 차이 나는 낮은 수준의 청각 작업기억과 구어적 추론 기술
을 보여 주었다. 이 분산에도 불구하고 그녀의 낮은 수준의 읽기 성취 점
수(특히 음운론적 처리검사에서)는 낮은 수준과 평균 수준에 있는 그녀의
전반적인 IQ와 비교되었다.

나는 D양의 이야기와 같은 두 번째 의뢰를 숱하게 보아 왔다. 종종 전
통적인 IQ 검사에서 보여 주는 지적 강점/약점의 패턴은 학교 교육에서의
수년에 걸친 낮은 구어 성취 수준 때문에 결정화된(crystallized, 고착화된)
구어 능력(단어, 구어적 이해, 정보의 축적)이 더 낮아지는 마태(Matthew) 효
과를 보여 준다(Stanovich, 1988). 그러므로 그들의 읽기장애는 학령기 동
안 '결정화된' 지적 기술과 성취검사 점수에 모두 영향을 주었기 때문에
그들의 읽기 성취와 전반적인 지능의 비교는 의미 없는 불일치 비교라고
볼 수 있다. 읽기장애와 다른 학습장애가 간단검사나 지능/능력 검사 도
구의 목록에서의 임상적으로 의미 있는 분포에서 명백한 신경심리학적
약점과 관련되어 있다는 것을 제안하는 증거도 있다. 예를 들어, 학습장
애를 가진 개인은 종종 Wechsler 검사(Psychological Corporation, 1997)에
서의 구어적 이해와 지각적 구성 목록과 관련된 처리 속도와 작업기억
목록에서 명백히 낮은 수행을 보이며, 전체 IQ 점수로 이런 경우를 해석
하기 어렵다.

좋은 평가(사정)자는 대상에 대해 학생이 아는 것에서부터 출발하고 심
리측정학적 특성에 기초한 해석과 인지적 측정 프로파일, 대상에 대해 알
려진 것과 장애 가능성에 대한 전형적인 인지 검사 수행 패턴을 함께 살
펴본다. 그런 다음 그들의 일반적인 인지적 기술의 평가를 제공하는 관점
에서 다른 검사 결과(성취검사와 다른 신경심리학적 검사 포함)와 비교하여
대상에 대해 가장 합리적인 가설-검증 방식(hypothesis-driven fashion)으

로 의사결정을 하게 된다. 이런 결정들은 '천편일률적인 것'이 아니며 장애에 대한 과학적 데이터와 대상에 대해 얻어진 압도적 다수의 데이터에 의해 지지되어야만 한다.

검사 수행 수준에 관련 있는 다른 요인 고려하기

초등교육과 전공 2학년생인 E군은 언어치료사 국가시험(Praxis exam)의 수학 부분에서 실패한 후 수학장애 평가(사정)에 의뢰되었다. E군의 교육 이력은 그가 초등학교와 중학교 시절 동안 수학 교과과정과 수학 숙달 검사를 충분히 수행했음을 보여 주었으나, 그가 고등학교를 졸업하고 초등교육 전공을 마치기 위해 최소한으로 요구되는 수학교과만 들었음을 보여 주었다. E군은 공식적인 검사에서 수학을 '싫어한다'고 보고하였고, 수학 하나를 제외한 모든 과정에서 열심히 노력했다. 예를 들어, 다음 과제가 수학을 포함하고 있다는 정보를 접하자마자 그는 주저주저하고 더 무거운 숨을 쉬었다. 그는 종종 시간이 끝나기 전에 수학 문항을 계속 풀고 있지 않았고 대부분의 수학 문제에 간단히 '어떻게 하는지 모른다' 또는 '어떻게 하는지 배운 적이 없다'고 답했다. 그의 수학 점수는 또래나 그와 같은 학년의 대학교육에 대한 기대보다 낮았지만 상대적으로 그가 받았던 공식적인 수학교육의 수준과 일치하였다.

F양은 1학년 작문 수업에서 실패한 후 학습장애 평가에 의뢰되었다. 그녀는 문법 규칙을 알지 못했으며 글씨를 끔찍하게 쓰는 사람이라고 보고되었다. 그녀의 교사는 그녀가 '쓰기장애'를 가진 것이 아닌가 궁금했다. 숙달 검사와 교육과정 성적을 포함한 그녀의 학업 기록의 재검토에서는 학업적 약점이 없다고 보여졌지만, F양은 대학에 오기 전에 조사 과제를 써 본 적이 없으며 그녀의 학교는 '창의적인' 글쓰기를 강조하고 문법이

나 철자에 대해 점수를 매기지 않은 것으로 보고되었다. 공식적인 평가(사정) 동안 F양의 읽기 과제에 대한 노력은 점점 줄어드는 것으로 보였다(예를 들어, 문장, 문단 또는 간단한 에세이를 쓰는 데 매우 적은 시간을 들이고 초반에 대강의 초안이나 개요 쓰기를 위해 그녀에게 주어진 초고 용지[scratch paper]의 이점을 취하지 않았다). 검사 점수는 읽기 성취에서 상당히 기대 이하의 수행을 보여 준다. 읽기 성취는 높은 평균 범주에 있는 그녀의 모든 읽기와 수학 기술과 지적 능력과 관련되어 있다. 대학에서의 쓰기에 대한 접근에 대해 물었을 때, 그녀는 보통 제출 전날 저녁에 쓰기 과제를 시작한다고 보고했다.

이들 학생은 학습장애를 가지고 있는가? 검사에서 지적 능력과 성취 사이의 차이와 현재 현실 세계 '장애'의 증거에 근거하여, 일부 검사자는 그들이 학습장애를 가진 것으로 쉽게 진단할 것이다. 하지만 학습장애에 대한 대부분의 정의 중 중요한 제외 기준은 교과(material)를 학습할 이전 기회의 부족이다. E군의 경우 기회가 있었을지 모르나 취하지는 않았다. F양의 경우는 기회가 있었던 것처럼 보이지만 실제로는 있지 않았다. 학교에서 학생이 어떤 과정을 수료했는지 보기 위해 원고(script)를 보는 것만으로는 학업적 교과에 대한 이전의 노출 문제를 충분히 설명하지 못할 수 있다. 종합적이고 상세한 인터뷰는 검사 자료의 의미에 대한 결론에 이르기 전 좋은 평가(사정)를 위한 필수적인 구성 요소다.

이 두 사례는 평가하는 동안 행동을 관찰하고 검사 결과에 대한 다른 심리학적 공헌을 고려하는 것의 중요성을 설명한다. 예를 들어, 두 사례 모두 그들의 약점을 드러내는 작업을 할 때 열심히 노력하지 않을 가능성을 보일 수 있다. 노력을 하지 않는 것은 원인이 무엇이든 간에 그것이 어려운 작업이라고 지각했을 때 당사자의 검사 수행 수준, 검사 때의 분노, 당사자의 약점에 당면했을 때 학습된 무기력을 유도하는 우울증, 또는 자기 손상(명백한 꾀병) 등 부정적인 기대와 관련이 있고, 노력하지 않는다는 것은 개인의 인지 능력을 과소평가하는 의미 없는 검사 점수를 산출할 수 있다. 학습장애 학생이 편의를 인정받고 특별한 조정을 받기 위해 인지적 손상을 과장한다는 자료가 존재한다. 개인적인 상해 소송 당사자들 사이에서 보이는 것과 유사하게, 학습장애 검사에 의뢰된 성인은 검사에서 노력을 하지 않는 것으로 발견되었다(Alfano & Boone, 2007). 불행히도 꾀병 부리기/부족한 노력은 성인에게만 국한되지 않는다. 기존 연구에서는 아이들도 꾀병처럼 보이는 인지적 손상을 보이거나 그렇게 보이게 할 수 있음을 보여 준다(Constantinou & McCaffrey, 2003; Donders, 2005; Lu & Boone, 2002). 꾀병의 판단은 진단적 문제로, 명백한 논쟁의 여지가 없다. 그럼에도 불구하고 분노, 부정적인 기대, 우울증, 낮은 노력 등의 요인을 고려하는 것은 인지검사 결과를 적절하게 해석하는 데 핵심이다.

이런 사례들은 검사가 평가(사정)와 어떻게 같지 않은지 보여 주며 검사 불일치의 맹목적인 적용이 학습장애의 다른 중요한 진단 기준을 고려하지 않을 뿐 아니라 적절한 평가(사정)와 진단도 아니라는 것을 다시 말해 준다. 내가 제기한 이슈는 '도랑(trench) 안에 있는' 학습장애 평가(사정)를 수행하는 전문가뿐만 아니라 학습장애 진단 기준을 재정의하는 이들과도 관련되어 있다. 예를 들어, 나는 학습장애 진단의 부분으로서의 'IQ 검사' 제외에 대한 '무조건적 반대'는 적어도 부분적으로는 인지적 종합검사에서 수행 해석의 복잡성에 대한 이해 부족, 지능-성취 불일치 해석, 완전한 평가에서의 다른 검사 점수와 의뢰자의 이력과 행동적 설명(presentation) 간 불일치의 통합을 반영한다고 생각한다. 그러므로 불일치 모형의 비판은 종종 적절한 평가(사정) 훈련과 경험을 덜 가진 사람에 의한 형편없는 적용에 대한 비판이며, 형편없는 성취에 의해서만 정의된 학습장애의 적용은 같은 문제를 초래할 것이다.

RTI 맥락에서의 중재 설계에서 신경심리학은 어떤 역할을 해야 하는가

신경심리학적 평가(사정)는 RTI 모형에서 중요한 단계다

앞에서 재검토하였듯이, RTI의 첫 단계는 우선적으로 중재를 바탕으로 하고 조기 중재의 목표에 대한 가능성을 보여 준다. 만약 경험적으로 지지되는 일반적인 교육 방법이 교사에 의해 명백히 제공된다면 말이다. 이와 관련한 의견을 질문 받았기 때문에 나는 평가(사정)와 중재에 대한 나 자신만의 '단계'를 제안할 것이다.

- 1단계: 직접교수 방법에서 독립적으로 연속적인 학업적 성취검사에 의해 평가되었듯이, 보통의 학급에서 표준화되고 경험적으로 지지받는 교육에 반응하지 않는 학생들은 더 특수화되고 경험적으로 지지되는 중재(예를 들면, 읽기장애에서는 아마도 더 강화된 음운론적 해독 중재)를 받을 자격을 얻을 수 있을 것이다. 그러나 성취검사에서의 그들의 수행은 진단에 상응하는 것으로 보이지 않을 수 있다. RTI의 옹호자인 Lyon 등(2001)에 따르면, "예방 프로그램들의 수행에 대한 명명(label)은 필수적인 것이 아니고 지연된 중재의 손실을 기다리기에는 너무 크다."(p. 277) 불행히도 현재 IDEA 규제법에 따른 장벽은 진단과 내 동료들이 이런 정책들을 바꿀 수 있는 방법을 제안함으로써 언급되기를 바라는 이슈 없이 아이들로 하여금 중재를 받게 하는 것이 어렵다. 어떤 경우에도 모든 아동을 위해 경험적으로 지지되는 교육 방법의 명백한 대책은 형편없는 학업적 진전을 보이는 아동의 수를 명백히 감소시킬 것이며, 그럼으로써 2단계에서 내가

제안할 종합적인 평가는 요구될 수 있다. 더 나아가 학령기에 걸친 지속적인 성취검사 시행은 낮은 수행 반응을 보이는 아동의 조기 판별을 이끌 뿐 아니라 교육에 대한 학생의 무반응을 설명하고 다음 단계의 중재로 이끄는 정보처리장애의 특징에 대한 초기의 단서를 제공한다.

- 2단계: 학생이 만약 계속 낮은 진전도를 보인다면(지속적인 성취검사를 통하여), 그/그녀는 어떤 특별하거나 일반적인 정보처리장애에 대한 증거가 있는지, 학업적 진전 부족에 공헌할 수 있는 다른 비지각적 장애를 가지고 있는지 결정하기 위해 종합적인 신경심리학적 평가(사정)에 의뢰되어야 한다. 이런 평가(사정)는 적절한 평가(사정) 훈련과 경험을 가진 사람에 의해 수행되어야 하며 단지 전반적인 능력/성취 검사 점수에 기초해서는 안 된다. 평가(사정)의 목적은 가변적인 개인적 차이의 판별 그리고/또는 표준적인 교육 방법에 대한 대안의 필요성을 제안하는 장애, 경험적으로 지지되는 추가적인 교육 방법의 제공, 또는 학습이 증명되거나 발생하게 하는 내재된 장애에 대한 수정이어야 한다. 덧붙여 이는 학습장애를 포함해서 심리학적, 의학적/신경적 진단 또는 신경 발달적 상태와 관련되어 있지 않다.

연 구

앞에서 제시했던 방법은 이전에 학습장애 연구의 장애물이라고 판별했던 '쓰레기 투입/쓰레기 배출' 문제를 최소화하도록 돕는다. 종합적 평가의 관점에서 낮은 진전도를 보이는 개인은 명백히 판별되고 현재 학습장애 정의에서의 일부 제외 규정을 삭제하며 조사에 참여한 그들 사이에서의 설명에 대한 이질성을 최소화할 수 있을 것이다. 종합적 평가(사

정)와 중재 조사는 학업적으로 낮은 진전도와 명백히 관련된 개인차 요
인을 밝히는 것을 도울 것이고 성공적인 중재 기술(최초의 교육 단계에서
음운론적 과정 처리 평가[사정]의 경우에 그렇듯이)의 잠재된 예언가로서 장
래의 중재 설계에 쓰일 수 있을 것이다.

중재로서의 평가

학습장애를 가진 어른과 아이들에게 좋은 평가(사정)의 역할에 대해
마지막으로 한 가지만 짚고 넘어가고자 한다. 학생의 나이에 상관없이
학습장애를 가진 학생을 평가하는 동안의 인터뷰와 반응 회기(feedback
session)에서 나타나는 일관된 주제는 학교에서의 그들의 실패가 그들로
하여금 '바보같이 느끼게' 하고 낮은 자아 개념, 우울증, 학교에 대한 혐
오, 학습에 대한 학습된 무기력적 접근으로 반응하게 했다는 것이다. 그
들의 전반적인 인지 강점과 약점 패턴을 확인하는 것 자체가 치료적이
다. 이러한 작업들이 그들의 느낌, 그들의 교육과 직업 목표에 대한 이들
약점에 대한 함의(implication), 학업적 중재 대 수정에 대한 그들의 태도,
교육적 실패에 관한 그들의 심리적 반응 등에 대한 조사와 결합되었을 때
더욱더 치료적이다. 평가(사정) 피드백의 이런 모형은 그것의 중재 자체
로서의 좋은 평가(사정) 철학으로 구성되어 있으며(Armengol et al., 2001;
Finn & Tonsager, 1992; Lewak & Hogan, 2003), 나의 임상 경험은 내가 평가
(사정)했던 그들의 학업적 · 심리적 건강에 중요한 것이었다.

제8장
RTI에서 종합적 평가의 역할

Steven J. Hughes

학습장애 진단 방법으로서 RTI와 임상신경과학 지식을 어떻게 조화시킬 것인가

2004년 개정된 IDEA에서 중재반응(RTI)은 최적의 교수 실제 적용, 학생 진전도에 대한 세밀한 모니터링, 그리고 연구에 의해 입증된 중재의 제공이라는 일련의 절차를 기술하고 있다. RTI의 목표는 일반학급 장면에서 기대를 충족하지 못하는 학생을 조기에 판별해 내고, 그들이 더 이상 뒤처지기 전에 '따라잡도록' 하기 위한 보조적인 교수를 제공하는 것이다. 지속적으로 교수에 대한 반응을 보이지 않는 학생들에게는 점차적으로 보다 집중적인 교수를 제공한다.

RTI는 단계(tier 또는 층)로 이행된다. 1단계는 일반교육에서의 세밀한 진전도 모니터링을, 그리고 2단계와 3단계에서는 보다 집중적인 평가 절차 및 교육적 지원을 제공하게 된다. 학습장애로 진단하고 특수교육 배치를 결정하는 일은 가장 높은 단계에서 이루어진다(National Center for Learning Disabilities, 2006).

전형적인 3단계의 RTI 배치 모형은 『중재반응 모형에 대한 학부모 가이드(*A Parent's Guide to Response-to-Intervention*)』(National Center for Learning Disabilities, 2006)에서 찾아볼 수 있다. 1단계에서 일반교육 장면의 학생들이 전체적인 선별 과정을 통하여 '위험(at risk)' 수준으로 판별되면 그들은 학급에서 보충적 교수(소집단 기반)를 받으면서 동시에 학업 진전도에 대한 세밀한 모니터링이 진행된다. 여기서 향상을 보이지 못하는 학생은 2단계의 보다 집중적인 중재 서비스로 이동한다. 이 중재 서비스는 일반교육 장면 내에서 소집단 형태로 보충 형식의 교수가 제공된다. 2단계에서도 진전을 보이지 않으면 3단계로 이동하며, 여기서 보다 심층적인 평가(사정) 및 개인의 약점을 구체적으로 확인하기 위한 개별화되고 집중적인 중재를 받게 된다. 3단계에서는 IDEA하에서 특수교육 적격성 여부가 결정되며, 이때 1단계와 2단계를 거치면서 수집된 학생에 대한 정보들이 적격성 판정에 활용된다(National Center for Learning Disabilities, 2006).

3단계는 일반적으로 **종합적 평가**를 포함하는데, 이 평가의 강도는 모형에 따라 다양하며 이는 중요한 이슈다. 어떤 모형은 제한된 학업 및 지능 검사만을 제안하면서 심지어는 명백하게 종합적 평가 도구를 생략한 채 진단적 틀로서 중재 절차에 의존하기도 한다(Cortiella, 2006). 또 다른 모형에서는 다학문적 팀에 의한 종합적 평가 절차를 요구하기도 한다(National Center for Learning Disabilities, 2006; National Joint Committee on Learning Disabilities, 2005).

RTI 체계에서 종합적 평가의 역할 수준에 대한 논의는 아직도 해결되지 않은 논쟁의 대상으로 남아 있다. RTI가 종합적 평가를 제한하지 않는다고는 하나, 지금의 일반적인 절차는 종합적 평가의 역할을 강조하지 않는 RTI 모형이 실행됨에 따라 덜 일반적으로 될 것이 거의 분명하다. 이것이 학교심리사들과 신경심리학자들(저자 포함)의 우려인데, 그들은 1단계와 2단계 중재에 반응을 보이지 않는 아동들의 교육적 요구를 이해하는 데 있어 광범위한 평가 절차의 명백한 역할을 인식하고 있다(Semrud-Clikeman, 2005; National Association of School Psychologists, 2007).

2004년 IDEA가 개정되기 이전 학습장애를 정의하는 방식이었던 능력-성취 불일치 모형의 취약점이 많이 밝혀졌다. 그것은 ① 필수적인 교육적 검사 사용 비용, ② 저성취(또는 부적절한 교수)와 장애를 구별할 때의 문제, ③ 사회경제적 결손 배경에 의한 아동을 학습장애로 보는 과잉판별(거짓 긍정), ④ 교사 의뢰 요건, ⑤ 실제적인 요구를 갖는 아동에 대한 판별 실패(거짓 부정), ⑥ (종종 가족들의 비싸고 매우 힘든 노력으로 인해) 지적 능력-성취의 심각한 불일치를 보이지는 않으나 분명 학업적 어려움을 호소한 이력이 있는 아동들에게 필요한 중재 거부, ⑦ 아동에게 학습장애라는 꼬리표를 붙이는 낙인 효과, ⑧ 학습장애를 학습 부진과 구별하지 못하는 문제 등이다(Fuchs et al., 2003; Vaughn & Fuchs, 2003; Fletcher et al., 2004; Hale et al., 2006).

학습 문제를 논의하는 방법의 하나인 RTI는 "'검사 후 처치' 모형에서 '처치 후 검사' 모형"으로의 이동을 대변한다(Fletcher, Coulter, Reschly, & Vaughn, 2004, p. 309). RTI는 ① 어려움이 있는 학생에 대한 조기 판별, ② 특수교육 배치 아동 수 감소, ③ 학습장애로 판별되는 아동 감소, ④ 교사를 위한 관련 정보의 극대화, ⑤ 학교의 책무성 강화, ⑥ 부적절한 교수로 인해 낮은 성취를 보이는 학생들과 진정 학습장애를 가진 학생들의 구분, ⑦ 특수교육 요구 아동 수 감소, ⑧ 필요 기반의 서비스 제공 등 많은 장점을 보장한다(National Joint Committee on Learning Disabilities, 2005; Fuchs et al., 2003). 아마도 RTI의 가장 매력적인 요소는 '적격성 판정 문제에서 효과적인 교수 제공에 대한 관심으로의 관점 이동'일 것이며 (Fletcher et al., 2004, p. 311), 교육에 관심이 있는 부모, 교사 및 모든 관계자는 분명하고 확실한 지지를 보내고 있다.

단 하나의 RTI 체계가 보편적으로 수용되지는 않고 있으며, 그 체계가 어떻게 적용되어야 하는가에 대해서 지지자들 사이에서도 견해가 나뉘고 있다. 모형에 따라 각 단계의 수, 개별화 평가의 적용 수준, 그리고 각 단계에서 차별적으로 제공되어야 할 중재의 형태 등이 상이하다(Hale et al., 2006). 그럼에도 주요 개념(core concepts)에 대해서는 모든 RTI 모형에서 논쟁의 여지없이 지지하고 있다. Hale과 동료들(2006)에 따르면, "연구 기반 교수의 사용, 규칙적인 학생 진전도 모니터링, 단일 대상 실험 설계 연구, 그리고 경험적 의사결정 등의 요소는 모든 학교에 요구되는 것들이다."(p. 753)

『중재반응 모형에 대한 학부모 가이드』에는 RTI가 어떻게 기능하는가에 대한 두 가지 예시가 나와 있다. 그중 한 예에서 '폴'은 전체 선별검사에서 절단점 이하의 수행을 보여 1단계에서 읽기장애 위험 아동으로 판별되었다. 폴과 같은 반 학생들은 5주 동안 진전도 모니터링을 받았고 폴은 단어 유창성 검사에서 낮은 수행을 보였다. 부모의 동의하에 폴은 2단계로 이동하였고 소집단에서 또래 2명과 함께 예방적 교수를 받았다. 진전도 모니터링은 계속되었고, 2단계 중재의 총 8주가 끝날 무렵 폴은 기대 수준 이상의 진전을 보여 1단계(일반교육)로 돌아갔다.

이러한 예시를 볼 때, RTI는 아동의 의뢰 전 중재를 위한 최적의 방법 중 하나라고 할 수 있다. 폴은 학습장애가 아니다. 많은 1학년 아동처럼 그는 초기 읽기 능력이 천천히 발달했을 뿐이고 그러한 문제를 다루는 방식은 RTI 적용 여부와는 별개로 모든 학교에서 유사해야 한다.

『중재반응 모형에 대한 학부모 가이드』에서는 또 다른 예로 '수잔'의 이야기를 들려준다. 폴과 마찬가지로 수잔은 입학 연도 초기에 읽기장애 위험 아동으로 분류되었다. 5주 후, 수잔은 1단계 중재에 반응을 보이지 않았으며 보다 집중적인 읽기 중재를 위해 2단계로 이동하였다. 그러나 예방적 교수도 효과적이지 못했다. 수잔은 2단계 중재에도 반응을 보이지 않아 3단계로 이행하였다. 지적장애(IQ 검사를 통한)를 배제하고 "언어 기능을 평가하기 위한 추가적인 정보 수집을 위해 축약된 평가가 수행되어야 했고" 이에 대한 부모의 동의를 얻었다(National Center for Learning Disabilities, 2006, p. 8). 이 정보는 수업 관찰 자료, 부모 인터뷰, 진전도 모니터링 1단계와 2단계를 거치며 수집된 자료 등과 함께 수잔의 학습장애 적격성 판별을 위해 사용된다. 추가적인 진단검사는 이루어지지 않는다. 개별화교육계획(IEP)이 세워지고, 3단계에서 특수교사에 의한 일대일 중재 형식의 특수교육을 받게 된다. 또한 읽기 향상을 위한 컴퓨터 프로그램을 통해 30분간의 보충적 중재를 주 4회 받는다. "[이러한] 추가적인 도움은 수잔의 읽기 성장 속도를 이전의 진전도 결핍을 보충할 수 있을 만큼 향상하기 위한 것이다." (p. 8)

　폴의 사례는 어떻게 RTI가 의뢰 전 중재를 통하여 읽기 발달의 지체를 효과적으로 다룰 수 있는지를 보여 준다. 1단계와 2단계의 절차는 구조화되고 표준화되어 있으며, 읽기 습득에 있어 유사한 문제를 지닌 또래들과 폴을 위해 분명 도움이 되었다.

　반면 수잔의 경우는 RTI가 학습장애 진단을 위한 부적절한 방법임을 보여 준다. 1단계와 2단계에서 진전을 보이지 못한 것을 통해 우리는 수잔이 읽기 학습에 분명한 문제를 지니고 있음을 알게 된다. 3단계에서의 제한적인 검사를 통하여(수잔이 다니는 학교의 RTI는 분명히 3단계에서 종합적인 평가(사정)를 상세히 수행하지 않았음) 우리는 또한 수잔이 정신지체가 아님을 알게 된다.

　우리는 수잔이 가지고 있는 읽기장애의 근원적인 본질에 대해서 그 무엇도 알지 못한다. 수잔은 음소 인식에 주요한 문제가 있는가? 그렇다면 유창성은? 듣기 이해는 어떠한가? 청각적 주의, 작업기억, 청각적 정보 처리는 수잔의 학습에 어떻게 영향을 미치는가? 정서 상태는 또 어떠한가? 이러한 문제들에 관해 더 많은 정보가 주어진다면 우리는 수잔의 학습 문제를 좀 더 잘 파악하고 다룰 수 있지 않을까?

그뿐 아니라 우리는 학습에 영향을 미친 다른 요인들에 대해 알지 못한다. 예를 들어, 학습장애로 진단받은 아동들의 20~50%는 주의력결핍 과잉행동장애(ADHD)의 진단 기준 또한 충족한다(Gilger, Pennington, & DeFries, 1992; Semrud-Clikeman et al., 1992; Willcutt & Pennington, 2000). 여자아이인 수잔은 교실 수업 관찰상으로는 ADHD의 현저한 표식을 보이는 것 같지는 않다. 주의집중 능력에 대한 객관적인 평가는 어떠한가 (Greenberg & Waldman, 1993)? 이러한 정보들이 주어지지 않는다면, 수잔의 읽기 중재가 '천편일률적인' 접근보다 나을 가능성은 없으며, 이 학생의 개별화교육계획이 어떠한 방식으로 '개별화'되어야 하는지 예상하기 어렵다. 수잔에 대해 더 많이 알지 못하는 이상, 위 예시에 기술된 RTI 접근은 제대로 제공될 수 없다.

종합적 평가가 달성하고자 하는 목표는 ① 아동 기능의 정확한 파악, ② 아동에 관한 의견 촉진, ③ 아동의 현재 어려움 설명, ④ 효과적인 중재 지침, ⑤ 중재 투입에 따른 성장 또는 변화에 대한 기대를 위한 근거의 제공에 있다. 종합적 평가를 생략한 RTI 모형은 이러한 정보들을 거의 제공하지 못한다. 게다가 그러한 접근은 학업 실패가 하나의 명백한 중재만을 필요로 하는 단일 원인을 가진다는 가정을 고수하는 것처럼 보인다. 이는 지난 수십 년간의 학습장애의 근원적인 신경심리학적 요소들에 관한 연구를 간과하는 것이다.

RTI가 읽기 문제를 지닌 어린 아동들에 대한 조기 판별 및 중재에 대한 틀을 제공한다고 하지만, 학습장애 진단을 위해 수용할 만한 틀을 제공해 주지는 못하고 있다. 이러한 약점은 많은 연구에서 지적된 바 있다

(Vaughn & Fuchs, 2003; Hale et al., 2004; Semrud-Clikeman, 2005; Silver et al., 2006; Reynolds, 2005; National Association of School Psychologists, 2007). 중재 실패를 기반으로 한 진단은 그 실패의 근본적인 원인이 무엇인지(다양한 원인일 수도 있음)에 대해 우리에게 많은 정보를 주지 못하며, 결과적으로 적절하지 않거나 전혀 도움이 되지 않는 중재를 야기할 수 있다.

이러한 비판은 특정 RTI 모형에서 적합한 평가(사정) 체계의 부재에 초점을 둔 것이지만 또 다른 근본적인 우려의 목소리도 있다. Fuchs, Mock, Morgan과 Young(2003)에 의하면, 불일치 모형으로부터의 전환은 적합하게 타당화된 방향에서 이루어지지 못하였다.

한 가지 주요 쟁점은 선별 방법에 관한 기초 연구들의 부재다. Semrud-Clikeman(2005)은 RTI를 특징짓는 요소로 모호성을 언급하면서, "……이 문제는 마치 '유의미한 차이'를 이야기했지만 정작 '유의미한'이라는 말이 함의하는 바를 정의하지 못했던 학습장애의 원래 정의를 떠올리게 한다."(p. 244) 중재의 효과성을 모니터링하는 데 사용되는 일반적인 방법론(사전·사후 변화 점수에 대한 분석)은 치명적인 결함을 가질 수 있으며(Prieler & Raven, 2002), Fuchs, Fuchs와 Compton(2004)은 서로 다른 선별 방법들이 아동들에 대해 서로 다른 판별 결과를 가져온다고 보고한 바 있다. 어떤 아동들이 실제로 문제를 가지는가? 선별을 위한 최적의 방법은 무엇인가? 타당한 기준은 무엇인가? 우리는 어떻게 변화를 정확하게 모니터링할 수 있는가?

Reynolds(2005)는 또 다른 문제를 제기하였다. 그것은 다음의 견해들을 포함한다. RTI는 근본적으로 모든 아동이 능력 또는 적성에 있어 동등하다고 가정하는 심각한 불일치의 예다. RTI는 IQ 90 미만의 지능을 지닌 아동들을 학습장애로 과잉 판별함으로써 능력별 편성을 야기한다. RTI는 높은 능력(지능)을 가진 아동을 간과한다. RTI는 "학습장애 정의 가운데 정보 처리상의 결함이라는 요소를 간과한다." RTI는 중재의 실패를 근거로 진단한다. 그리고 RTI는 "개인 간 차이에 관한 100년이 넘은 연구 결과들을 무시하는" '천편일률적인' 중재 방법을 사용한다(p. 2).

최근의 RTI 모형은 종합적 평가의 필요에 대하여 인식하기 시작했다. 신구의 최적의 조합을 통하여, Hale 등(2006)은 3단계의 RTI 모형에 종합적 평가 체계를 정식으로 통합하는 모형을 제안하였다. 이 모형에서는 표준화된 RTI 접근이 1단계에 적용되고, 개별화된 문제 해결 접근이 2단계에 적용되며, 3단계의 일부로 종합적 평가가 시행된다. Hale 등은 그들의 모형이 Fuchs 등(2003), Semrud-Clikeman(2005), 전국학교심리사연합회(National Association of School Psychologists, 2005)에 의해 제안된 것들과 유사하다고 하였다. 이 모형은 많은 지지를 이끌어 내는 듯하다(그리고 나 역시 이를 지지하는 바다).

이러한 통합 모형이 널리 수용되는가의 여부를 떠나, 여전히 또 다른 쟁점들이 중재의 차원에서 제기되고 있다. RTI는 적절한 중재가 개발되고 그것이 선정되어서 RTI 체계에서 바로 사용 가능하도록 준비되어 있다는 가정을 하고 있다. 그러나 사실은 전혀 그렇지 못하다. 중재 연구들은 초기 학년에서의 기초적인 읽기 문제들을 주로 다루고 있으나, 높은 수준의 읽기 능력 또는 그 밖의 내용 영역에 대해서는 그렇지 못하다(National Joint Committee on Learning Disabilities, 2005). 실제로 『중재반응 모형에 대한 학부모 가이드』에서도 RTI는 "대부분의 학생에게 효과적이라고 증명된 연구 기반 중재와 교육과정"(p. 2)을 요구한다고 말하고 있으나, 앞서 언급한 수잔의 특수교육 프로그램의 향상을 위해 특수교사가 선택한 특정 컴퓨터 소프트웨어(매주 2시간을 할애하였음)는 미 교육부의 교육과학연구소(U.S. Department of Education's Institute of Education Sciences)에 의하면 유창성 혹은 읽기 이해에 있어 "이렇다 할 만한 효과"(p. 1)가 전혀 없음이 밝혀졌다(Institute of Education Sciences, 2007). Vaughn 과 Fuchs(2003)가 언급하였듯이, "교수에 대한 반응을 평가하기 위한 타

당화된 중재 방법은 보다 많은 관심이 필요한 부분이다."(p. 142)

　전반적으로 볼 때, RTI는 그 원리들이 초등교육에서 **최적의 실제**(best practices)를 조장하고 의뢰 전 중재(주로 읽기)를 위한 양질의 조력 체제를 제공한다는 측면에서 주요한 발전을 이루었다. 그러나 종합적 평가 체계를 통합하지 않은 RTI 모형은 학습장애 진단 및 교육에서 적절하지 않다는 사실 또한 명백하다.

　RTI가 효과적이기 위해서는 충분한 양의 연구가 판별과 중재의 방법론에 관련된 근본적인 이슈에 초점을 맞추어 이루어져야 한다. 또한 학습장애 아동에게 진정으로 도움이 되기 위해서는 Fuchs 등(2003), Semrud-Clikeman(2005), 전국학교심리사연합회(2007), 그리고 Hale 등(2006)이 제안했던 모형들과 유사해질 필요가 있다.

학습장애 진단에서 신경심리학은 어떤 역할을 해야 하는가

　신경심리학은 이제껏 알려진 신경해부학적인 행동적 관련성의 차원에서 개개인의 인지 기능을 설명하려는 목적을 가지고 있는 학문이다 (Lezak, 1995). 훈련, 지식 그리고 실제에 있어 신경심리학자와 임상심리학자들 사이에 중첩되는 부분이 있으나(Baron, 2004), 신경심리학자들은 학습과 행동의 신경학적 기초에 집중하여 광범위한 훈련을 하며, 신경심리학적 평가에 일반적으로 사용되는 도구들에 대한 전문성의 깊이가 남다르다는 점에서 차별적이라 할 수 있다. 학교심리학 전문가들과도 어느 정도 중복되는 영역이 있는데, 근래 특히 학교심리학에 소아신경심리학이라는 전문 분야를 결합한 **학교 신경심리학자**(school neuropsychologists)의 양성이 이 분야의 비약적 변화를 가져왔다(D'Amato, Fletcher-Janzen,

& Reynolds, 2005).

소아 분야를 전문으로 하는 신경심리학자들의 일은 대부분 종합병원이나 기타 의료 장면에서 나타난다. 이 일은 의사들이나 아동들을 돌보는 사람들로 하여금 질병이나 부상, 또는 뇌 기능에 영향을 미치는 기타 요인들에 대한 인지 · 발달적 효과를 이해하도록 돕는 데 그 목적이 있다(Baron, Fennell, & Voeller, 1995). 이러한 요인들은 매우 광범위하고, 간질(Gunduz, Demirbilek, & Korkmaz, 1999; Baker, 2001), 유전 질환(Pizzamiglio, Piccardi, & Guariglia, 2003; Moore et al., 2004; de Vries & Hunt, 2006; Plotts & Livermore, 2007), 당뇨병(McCarthy et al., 2002; Jameson, 2006), 이분척추증(Dennis et al., 2006), 이염성 백질 이영양증(Shapiro, Lipton, & Krivit, 1992; Weber Byars et al., 2001; Bjoraker, Delaney et al., 2006), 암과 같은 질병 치료에 의한 만발(晚發) 효과(Mulhern, Fairclough, & Ochs, 1991; Spencer, 2006; West, 2006)뿐만 아니라 그 밖에 다양한 의학적 상태까지 포괄한다. 신경심리학자들은 의료 장면에서 환자의 필요와 교육적 잠재 가능성에 대하여 교육자들과 협의할 수 있는 중요한 역할을 감당한다.

의학적 지원이 필요한 개인에 대한 평가는 도전적이고 가치 있는 일인데, 대부분의 소아신경심리학자들이 학습 및 주의력 문제 평가를 위해 의뢰된 많은 아동을 만나게 된다. Yeates, Ris와 Taylor(1995)는 세 군데 종합병원의 소아신경심리학 클리닉에 의뢰된 총 472명의 아동을 대상으로 한 주요 진단 결과들을 종합하였다. 그들의 조사에서 이 표본으로부터 나온 가장 일반적인 진단 결과는 학습장애였다(그다음은 외상성 뇌손상과 ADHD). 질병, 부상, 선천적 기형 등에 대한 전문 지식을 갖추기 위해 대부분의 소아신경심리학자들은 비임상 집단에서 학교 장면의 문제들을 판별하는 데에 상당히 많은 시간을 할애한다. 이러한 평가를 위한 의뢰 횟수는 부모와 교사를 비롯한 다른 의뢰자들이 학습장애 진단을 위한 이러한 접근의 장점을 인정하고 있음을 보여 준다.

『정신장애의 진단 및 통계 편람-제4판(*Diagnostic and Statistical Manual for Mental Disorders-Fourth Edition: DSM-IV*)』(American Psychiatric Association, 1994)의 정의에 의하면, 학습장애는 학업 성취 수준을 측정하는 표준화 검사에서 "개인의 생물학적 연령, 지능 그리고 적합한 교육에 따라 기대되는 성취 이하 수준으로 떨어질 때"(p. 50)로 정의된다. 이 정의는 공법(PL) 94-142에서 1975년에 제정한 원래 학습장애 정의의 불일치 모형을 반영한다. 2004년에 개정된 수정 조항(IDEIA)은 불일치 모형에 대한 대안을 제공하는데, 이는 학습장애 진단을 위한 RTI 기반 모형의 발전을 가져왔으며 그중 일부 모형은 진단 시 종합적 평가를 적용한다 (Hale et al., 2006).

Bernstein(2006)에 따르면, 진단은 그것이 정의되는 질병분류학적 체계 및 해당 질병에 적용되는 '증거의 규칙들(rules of evidence)'에 부합되어야 한다. '불일치 모형' 체계에서 불일치라는 요소는 상대적으로 제한된 검사 기반(IQ와 성취검사 점수의 비교)에서는 어느 정도 납득이 될 수 있다. 또한 RTI 체계에서 여러 중재 단계에서 보이는 학업 실패에 기반을 둔 학습장애 진단은 검사를 거의 활용하지 않거나 아예 쓰지 않는 것도 가능하다. 두 방법 모두가 신경심리학적 평가를 필요로 하지 않는다.

그러나 Semrud-Clikeman(2005)이 지적한 바와 같이, 진단을 위한 이러한 접근들은 다소 편협하며 문제의 교정을 위해(또는 학습에 영향을 미칠 수 있는 또 다른 요인들의 존재에 대해) 필요한 가용 전략에 대한 정보를 제공해 주지 못하고 있다. 그들은 "읽고 듣고 이해하고 쓰고 수학을 잘할 수 있는 능력의 기반이 되는 신경심리학적 기능들"(p. 243)에 대한 고려를 하지 못하고 있는 것이다.

핵심적인 근본적 인지 기능들에 대한 진단 및 검사 모두를 제공함에 있어서, 신경심리학적 평가(사정)는 문제 교정을 위해 필요한 전략들에 대한 풍부한 정보를 준다. Mather와 Gregg(2006)는 이러한 접근을 묘사하는 진단적 절차를 기술하였다. 그들의 방법은 "읽기, 쓰기 그리고 수학에서 초기 영역 특수적 분류"를 실시하고, 그다음 "장애의 원인이 되는 인지적 · 언어적 정보 처리 과정상의 결핍을 확인"하는 것이다(p. 103). 이 모형은 다음의 단계로 구성된다.

① 읽기(기초 기능, 유창성 또는 읽기 이해), 쓰기(기초 기능, 유창성 또는 표현 능력), 또는 수학(기초 기능, 연산 유창성 또는 적용 능력) 등의 성취 영역들 중 하나 또는 그 이상에서 취약점을 발견한다. 취약점에 대한 대안적 설명(예: 정신지체, 기회의 결핍 등)을 배제한다.

② 다양한 차원의 자료들(예: 다양한 검사 형식을 사용한 표준화 또는 교육과정중심 측정, 중재반응, 교사와 학생 및 부모의 보고, 학급 수행 표본, 교육 이력 등)을 활용하여 학생의 취약점을 기록(문서화)한다.

③ 학생의 문제를 통해 확인된 학업 부진 영역과 관련된 것으로 보이는 특정 인지적 그리고/또는 언어적 요인을 파악한다. 인지적 또는 언어적 문제들에 대한 대안적 설명 요인들을 배제한다(p. 103).

이 접근은 학습장애의 정확한 발견을 보장하고 결함에 대한 추가적인 원인들을 배제(또는 첨가)하며, 문제의 교정을 위한 방향을 제시한다. 아동에 대한 보다 넓은 사회적 맥락 및 개인사에 대한 추가적인 검토, 그리고 교사 및 아동의 삶에 있어 의미 있는 타자들과의 면담을 통하여 신경심리학자들로 하여금, 아동의 최적의 발달 촉진이라는 보다 큰 목표를 가질 수 있게 한다(Bernstein, 2006).

이 넓은 시야의 신경심리학적 평가(사정)가 진단에 필수적인 것은 아니다. 그러나 이러한 관점은 학습장애 아동을 위한 최적의 발달을 촉진하고 돕기 위해 큰 도움이 된다.

신경심리학자들은 아동이 신경심리학적 평가를 받고 난 뒤 그들의 부모가 이제야 비로소 그들의 자녀를 이해하게 되었고 이제 앞으로 나아갈 길을 찾았다고 말하는 그때, 개인적으로나 전문가로서 무언가 보상을 받는 듯한 느낌을 갖게 된다. 다른 어떤 원칙이나 진단적 접근도 그러한 부모의 이해를 촉진하지는 못하며, 이것은 아마도 학습장애 진단에 대한 이 접근에서 찾을 수 있는 많은 이점을 설명해 주는 것이 아닐까 생각된다.

신경과학은 학습장애 평가(사정)와 판별에 어떻게 기여할 것인가

현대의 신경과학 연구 도구들은 학습과 인지의 기저에 깔려 있어 이전에는 숨겨져 있었던 처리 과정들을 관찰하고 측정할 수 있게 해 주었다. 양전자방출 단층촬영(PET), 자기공명영상(MRI), 뇌자도(MEG), 확산분광법(DTI) 등과 같은 기술들의 활용은 정상 학습자의 뇌 활동 및 조직 측정을 가능케 하였으며, 이를 학습장애로 진단받은 개인들과 비교할 수 있게 되었다. 이러한 연구를 통하여 난독증(Shaywitz, Lyon, & Shaywitz, 2006; Fine et al., 2007; Simos, Fletcher et al., 2006) 및 계산장애(dyscalculia; Kucian et al., 2006)를 지닌 개인과 정상 집단의 뇌는 활성화 패턴에서 차이가 있음이 밝혀졌으며, ADHD와 같이 학습에 영향을 미치는 장애를 지닌 사람들의 뇌 조직 및 그 활성화에서도 차이가 있었다(Filipek et al., 1997; Shaywitz, Fletcher, & Shaywitz, 1995).

정상 아동과 학습장애로 진단받은 아동 간의 차이는 EEG 스펙트럼 및 사건발생전위(ERP)에서도 관찰되었다(Lubar et al., 1985; Spironelli et al., 2006; Burgio-Murphy et al., 2007; Arns et al., 2007). 또한 유전자 연관 분석에 의하면 특정 유전자 배열이 읽기장애와 관련되어 있는 것으로 밝혀졌다(Francks, MacPhie, & Monaco, 2002; Francks et al., 2004).

뇌영상 연구들은 복잡한 인지 과제의 숙달(Haier, 1992; Haier, 1999) 및 학습 문제의 교정(Simos, Fletcher, Sarkari, Billingsley, Denton, & Papanicolaou, 2007; Simos, Fletcher, Sarkari, Billingsley-Marshall, Denton, & Papanicolaou, 2007)과 관련된 뇌 활동의 변화들을 보여 준다. 이러한 모든 연구 결과는 학습장애에 대한 신경학적 기초를 이루는 지식의 급격한 성장을 가져왔고, 학습장애의 판별 및 중재 영역의 발전 또한 확실히 선도할 것이다.

신경과학 연구를 통해 얻어진 지식들은 Denckla(1996)가 진단을 위한 '안에서 밖으로(inside-to-outside)' 접근이라고 표현한 것을 장려한다. 이 접근에서 (읽기와 같은) 고차적 기능에서의 결함은 "다른 것들과 연결되어 있지만, 보다 근본적인 결함이라는 맥락에서 비롯된 결과로 여겨진다."(p. 115) 이 근본적인 결함은 그 자체로 평가(사정)의 특정 목표가 된다. 이러한 근본적이고 기초적인 정보 처리 과정에 대한 우리의 인식과 지식은 신경과학 기술이 진화함에 따라 비약적으로 발전하였으며, 미래의 평가 도구의 발전과 사용은 신경과학 연구로부터 밝혀진 해부학적(Shaywitz, Lyon, & Shaywitz, 2006) 혹은 생리적 작용(Llorente et al., 2006)과 그 평가 도구 간 관계에 의해 정해질 것이다. 임상적 평가(사정)에서 점차 많이 사용되고 있는 도구들은 그 측정이 보다 엄밀해지는 인지 영역에 대하여, 그리고 궁극적으로는 학습장애 하위 유형에 대하여 보다 엄격한 특성화에 따르는 일련의 평가 절차를 주도할 것이다.

고차적 인지 기능들의 신경해부학적 및 생리학적 기초에 대한 지식의 발전은 진단 기준이 이 지식을 조절할 수 있는 것보다 빠르게 이루어지고 있다. Denckla(1996)는 다음과 같이 썼다.

······신경심리학자들과 인지신경과학자들은······ 여러 불일치 프로파일을 포함하는 학습장애의 개념을 확장해 주고 있는데, 이것은 비록 특정 구

어적, 시공간적 또는 사회-정서적 측면의 인지 기능이 현저하게 손상되
었다 하더라도 인지적 강점(또는 그 강점들의 합)이 (아마도 단 하나의 측
정 도구, 전통적인 IQ 검사의 언어 또는 동작성 지수에 의한) 정상적인 능
력에 대한 증거를 제공한다는 것이다. 그러나 DSM-IV에 의한 학습장애
진단은 현 교육 체제에 의한 능력-성취 불일치 모형과 보다 밀접하게 연
관을 맺고 있다. 인지신경과학은 현재 임상 장면뿐 아니라 교육적 분류에
있어 중요한 학습장애 정의와는 조화되지 않고 있다(p. 115).

신경과학이 발전을 거듭함에 따라 임상가들은 아직 공식적으로 인정
되지 않은 학습장애 하위 유형들을 참조할 수 있게 될 것이다(특정한 기
능 손상을 전방 또는 후측 주의력 체계에서 갖느냐에 따라 ADHD 하위 유형을
구분하는 것처럼, Dennis, 2006).

Denckla가 언급했던 분열은 쉽사리 해결되지 않을 것이다. 현재의 진
단 기준과 그들이 기술하고자 하는 인지장애에 관한 지식 수준 간의 격
차는 계속적으로 커질 것이다. 광의의 평가 체계를 도입하지 못한 상태
에서의 학습장애 진단에 대한 RTI 기반 모형의 적용은 지식과 실제 간의
간극만을 더 크게 할 것이다.

RTI 맥락에서의 중재 설계에서 신경심리학은 어떤 역할을 해야 하는가

학교 및 교육청에서 시행하고 있는 RTI 모형에 신경심리학이 적용된
다면, 진단 및 중재에 도움을 제공하는 결정적인 역할을 할 수 있다.

중재에 적절히 반응하지 못했다는 사실에만 의존하여 학습장애 진단
을 내리는 것은 앞서 논의하였듯이 그리고 이 책을 관통하는 다른 글쓴

이들의 견해와 같이 바른 결정이 아니다. 종합적인 평가 절차를 통한 모형(Semrud-Clikeman, 2005; Hale et al., 2006)은 보다 효율적인 판별 및 읽기 발달에 교정적인 도움을 필요로 하는 학생들에게 도움을 제공하는 방법을 포함하고 있으며, 효과적인 중재에 반응하지 못하는 학생들에게 그들을 학습장애로 판별할 수 있는 기반이 되는 정보를 제공하기 위하여 개별화된 중재로 이끄는 총체적인 평가의 틀을 제공한다.

수잔의 예로 돌아가 보면, RTI 모형의 세 단계를 통한 과정은『중재반응 모형에 대한 학부모 가이드』(National Center for Learning Disabilities, 2006)에 기술되어 있다. 다시 떠올려 보면, 수잔은 1단계와 2단계에서 읽기 능력을 발달시키지 못하여 3단계로 이동하였으며, 여기서 이전의 학업 실패, 학급 행동 관찰, 부모 인터뷰, 그리고 지능 및 언어 검사 결과에 대한 고려를 종합하여 학습장애로 인한 어려움을 겪는 것으로 판단되었다.

위에서 기술한 진단을 위한 RTI 접근은 수잔의 학습 문제의 원인이 되는 근본적인 결함(Denckla, 1996)에 대하여 거의 혹은 전혀 정보를 주고 있지 못하며, 수잔의 학습 능력에 영향을 줄 가능성이 있는 공존장애에 대해서도 적절히 설명해 주지 못하고 있다. 중재 계획을 위해 필요한 어떠한 정보도 활용할 수 없으며, 수잔은 어쩌면 자신의 필요에 적절하게 부합되지 않는 읽기 중재를 제공받을 수도 있을 것이다.

만약 수잔의 학교가 3단계에서 종합적 평가를 포함하는 RTI 모형을 도입했다면, 수잔의 인지적 상태, 특정 장애 영역, 그리고 구체적 중재를 위한 제안 등에 대하여 명확한 요약을 제공할 수 있었을 것이다. 그러한 평가는 다음과 같이 정리·요약된 자료를 포함하게 될 것이다.

수잔은 평균 수준의 지적 능력을 가진 소녀로, 저조한 음소 인식 능력, 평균 이하의 듣기 이해 능력, 그리고 약한 청각 주의력과 관련된 읽기 영역에서의 명백한 학습장애의 경도의 표지들을 나타낸다. 수잔의 학업적 어려움은 주의력결핍 과잉행동장애(주의력결핍 우세형) 때문에 더 악화되고 있다. 수잔의 음운 인식 향상을 위해 집중적인 중재가 제공되어야 하고, 더불어 청각적 이해력을 강화하기 위한 추가적인 중재도 제공되어야 한다. 수잔은 교실환경을 조정해 줌으로써 보다 쉽게 선생님의 말을 잘 듣고 또 볼 수 있도록 도움을 받을 수 있으며, 수잔의 보호자는 주의력 문제의 의학적 처치에 대한 의뢰를 고려할 수 있을 것이다. 수잔의 정서 문제는 저조한 학업 진전에 영향을 미칠 수 있는 요인인데, 수잔이 자신의 가치에 대해 의문을 제기하기 시작했고 자신의 학습에 대한 스스로의 우려와 관련된 것으로 보이는 신체적 증상들을 보고하는 것으로부터 짐작할 수 있다.

이러한 기술은 수잔의 인지적 상태, 문제 영역, 공존하여 발생하는 장애 등에 대한 관련 정보들을 모두 종합하여 이루어진다. 이 정보들은 일반적으로 신경심리학적 평가를 통하여 수집되는 종류의 것들을 의미한다. 이러한 정보들의 이용 가능성을 고려하지 못한 RTI 모형은 학습과 뇌에 대한 다년간의 연구 결과를 간과한 측면이 있으며, 그 결과 RTI가 목표로 하는 아동의 필요에 적합한 교수를 제공하지 못할 수 있다.

제9장
RTI 모형에 신경과학과
신경심리학의 통합 필요성

Daniel C. Miller

신경과학은 학습장애 판정에 관한 법률 및 정책에
어떻게 기여해야 하는가

학습장애(learning disability)란 용어는 1975년 공법 94-142로 인해 널리
쓰이게 되었다. 미 전국학습장애연합(National Joint Committee for Learning
Disabilities: NJCLD)은 특정학습장애(specific learning disability: SLD)와 관련
된 최선의 실제를 위한 집단 간 의사소통을 촉진하고, 정책 입안자들에게
지침을 제공하기 위해 매년 2회의 만남을 가지고 있다. 1981년 NJCLD는
"이 장애는 개인 내적이며 중추신경계 결함으로 인한 것으로 여겨진다."
라는 학습장애 정의를 제시했다(Hammill et al., 1981, p. 340). 2002년 미
교육부 내 특수교육부는 『특정학습장애: 일반적 기초의 발견(*Specific
Learning Disabilities: Finding Common Ground*)』(Learning Disabilities Round-

table, 2002)이라는 최종 보고서를 발간한 학습장애토론회를 후원했다. 이 합의문 중에는 중요하게 검토할 몇 가지 핵심 사항이 있다.

- **특정학습장애**의 개념은 확고한 연구를 바탕으로 하는 타당한 개념이다.
- 특정학습장애는 신경학적이고 개인 내적이다. 그리고 특정학습장애의 법적 정의는 IDEA 개정에서 유지되어야 한다.
- 특정학습장애를 가진 사람은 기술 및 능력에서 개인 간 차이를 보인다.
- 능력–성취 불일치 공식은 적격성 심사에 쓰여서는 안 된다.
- 특수교육 서비스에 대한 적격성 심사는 다양한 방법과 자원으로 관련 자료를 모아 광범위하게 수집된 정보에 기반해야 한다.

2002 학습장애토론회 합의 보고서에 대한 비판이 없었던 것은 아니다. 2003년 미국 학습장애센터 보고서 및 Reschly, Hosp와 Schmied의 『아직 가야 할 길이 멀다: 특정학습장애의 주(state) 요구 사항과 당국의 제언(*And Miles to Go…: State SLD Requirements and Authoritative Recommendations*)』(2003)은 주 단위의 특정학습장애 진단의 실제 통계 자료를 들어 토론회의 보고서에 대한 우려를 표했다. Reschly 등(2003)은 다음과 같이 보고했다.

학습장애토론회 참가자들은 NJCLD가 1988년 특정학습장애에서 심리과정장애를 언급하지 않았음에도 IDEA의 특정학습장애 정의 변화를 제언하지 않았다(Hammill, 1990). 이것은 단순한 간과가 아니라 능력–성취 불일치와 합리적인 대체적 발달 과정이라는 가장 중요한 쟁점을 다루려는 의식적 노력이 없었던 것을 의미한다(p. 7).

학습장애가 신경심리학적 결함에 기인한다는 수년간의 경험적 증거에도 불구하고, 여전히 확신하지 못하는 교육정책가들도 있다. 1970년대에 공법 94-142가 통과된 후 연구자들은 학습장애와 행동장애의 신경과학적 기초를 탐구하기 시작했다(Obrzut & Hynd, 1986a, 1986b). 지난 30년간 행동의 생물학적 기초에 관한 상당한 연구가 이루어졌다. ADHD(개관은 Pliszka, 2003 참조), 읽기장애(개관은 Feifer & DeFina, 2000; Feifer & Della Toffalo, 2007; Fischer, Immordino-Yang, & Waber, 2007; Hale & Fiorello, 2004 참조), 쓰기장애(개관은 Feifer & DeFina, 2002; Hale & Fiorello, 2004 참조), 수학장애(개관은 Feifer & DeFina, 2005; Hale & Fiorello, 2004 참조)와 전반적 발달장애(개관은 Bauman & Kemper, 2005 참조)에 관한 강한 신경생물학적 증거가 있다.

설립 역할의 연구자들과 적용 역할의 수행자들, 행동의 생물학적 기초는 강한 행동 지향의 정부 입법을 점차 생각해 왔다. 신경과학자들은 이미 뇌의 10년을 일컫는 1990년대에 뇌-행동 관계를 배워 온 입법인들을 교육해야 하고 연구를 교육 실제로 옮기는 일을 해야 한다. 국제 마음, 뇌, 교육학회(International Mind, Brain, and Education Society)라 불리는 새로운 조직의 저널 편집자는 다음과 같이 기술했다.

> 강력한 뇌영상 도구들, 유전자 변화에 관한 놀라운 발견들, 점점 발전하는 인지·정서·학습 검사 도구들은 인간 학습과 발달을 탐색할 수 있는 연합군 구성을 가능하게 한다(Stern, 2005: Fischer et al, 2007, p. 1 재인용).

신경과학자, 인지심리학자, 학교 신경심리학자는 정부 법의 특정학습장애 정의에 생물학적 기초에 대한 인식이 유지되도록 계속해서 주장해야 한다. 전문가들이 특정학습장애를 재정의하면서 특정학습장애의 신경학적 기초를 배제하려 했던 것은 우발적 사고였을 뿐이다.

신경과학은 학습장애 평가(사정)와 판별에 어떻게 기여할 것인가

신경심리학 초기(1940~1950년대)에는 하나의 행동 측정을 사용한 뇌 손상 연구가 진행되었다(Hartlage, Asken, & Hornsby, 1987; Rourke, 1982). 이러한 단일검사 접근(single-test approach) 시대 후 1950년대부터 1980년까지 종합/특정상해(傷害) 검사(test battery/lesion specification) 시대가 이어졌다(Rourke, 1982). 종합/특정상해 검사 시대는 뇌손상 기능을 예측하는 검사 사용에 강조를 두었다. Rourke(1982)는 1970년대부터의 임상신경심리학 시대를 기능 프로파일(functional profile) 시대라 명명하였다. 기능 프로파일 시대는 뇌 상해의 위치가 아닌 뇌 기능 손상의 진단에 강조를 두었다. 1970년대의 신경영상 기술(예: CAT 스캔)의 등장으로 신경심리학자들은 구조적 결함 위치를 가정할 필요가 없었다.

Miller(2007)는 최근(1990년대부터 현재)의 신경심리학 분야를 통합과 예측의 시대(integrative and predictive stage)라 명명했다. 이 통합과 예측의 시대는 뇌 연구의 학제적 협력을 강조한다. 신경영상, 신경화학, 전자생리학, 검사 이론, 통계 모형, 유전학 등과 같은 많은 뇌 관련 분야의 연구들은 모두 뇌-행동 관계를 더 잘 이해하기 위해 협력하고 있다. 한 예로, 기억과 학습 검사(Test of Memory and Learning: TOMAL; Reynolds & Bigler, 1994)는 구인타당도를 위해 신경영상 기술을 사용한 첫 신경심리학 측정 도구였다. 미래에 기능적 자기공명영상(functional resonance magnetic imaging: fMRI) 같은 신경영상 기술은 특정학습장애 평가에서 요구되는 기초 심리 과정을 측정·보고하는 신경심리학적 구조를 타당화하는 데 점점 더 많이 사용될 것이다.

해부적 자기공명영상(anatomical magnetic resonance imaging: aMRI)은 특

정학습장애 아동과 통제집단 간의 신경해부학적 차이를 연구하는 데 자주 사용되기 시작하고 있다. 그 결과는 아직 안정적이지 않지만, 이는 연구 간 연구 방법의 차이 때문일 것이다(Fletcher et al., 2007). aMRI는 안전하고 인체에 비침투적이기 때문에 계속해서 아동들에게 사용될 것이다. 연구 방법적 쟁점이 해결되면 aMRI 결과는 발달장애 아동의 신경해부학적 차이에 대한 강한 증거를 제공할 것이다.

신경영상 기술은 교육적 중재의 효과를 평가할 때 점점 더 많이 사용될 것이다(Fletcher et al., 2007 참조). 그러한 예로 Shaywitz(2003)는 읽기 중재의 효과를 평가하는 데 fMRI를 사용했다. 그녀는 중재 전 '비효과적인' 인지 과정과 중재 후 '효과적인' 인지 과정을 기록했다. 교육적 중재의 효과 타당화에 fMRI 기술을 사용하는 것은 굉장히 흥분되는 일이고 교육 실제에 혁명을 일으킬 잠재력을 가지고 있다.

많은 특정학습장애 아동은 학습 향상이나 행동 조절을 위해 설계된 다양한 종류의 약물치료를 받는다. 신경과학은 제약회사가 선택적 신경 통로를 목표로 하는 더 나은 약을 개발하도록 돕고 있다. 이 '더 나은 약'은 몇 십 년이 된 것은 아니지만, 연구자들이 뇌 신경화학에 대해 점점 더 알아 갈수록 장애나 행동 문제를 가진 아동을 돕는 데 더 일조할 것이다(Miller, 2007).

또한 연구자들은 읽기장애 같은 일반 학습장애의 유전적 기초를 탐구해 왔다. 읽기 문제는 유전적으로 이어지는 경향이 있다. Grigorenko(2007)는 발달적 난독증의 유전적 영향에 대한 광범위한 개관을 수행하였다. 유전 요인이 모든 읽기 어려움을 설명하지는 않았다. 행동에 영향을 주는 유전자를 규명하기 위한 인간 게놈 프로젝트(Human Genome Project)와 계속된 연구들은 특정학습장애 같은 특정 장애를 예상하는 유전자를 이해하는 데 진일보했다. 멀지 않은 미래에 교육자들은 신경영상 자료와 아동의 비효과적 인지 과정이나 특정 장애의 유전적 잠재성의 정보를 제공하는 유전자 보고서를 받을 수 있을 것이다. 교육자들은 이러한 정교한 정보를 가지고 특정학습장애를 예방하거나 최소화하는 중재를 실시할 수 있을 것이다.

학습장애 진단 방법으로서 RTI와 임상신경과학 지식을 어떻게 조화시킬 것인가

불일치 모형을 사용하면서 학교심리사와 교육 전체에 많은 문제가 양산되었다. 연구들은 불일치 모형 사용이 비주류 집단 아동을 더 많이 진단하고, 저성취와 특정학습장애에 타당한 차이가 없으며 학습장애 아동의 내재적 기초 처리과정장애 문제를 다루지 못함을 보여 주었다(Learning Disability Roundtable, 2002; Report of the President's Commission on Excellence in Special Education, 2002). 2002년 학습장애토론회는 불일치 모형을 대신하는 특수교육 진단 접근으로 RTI를 제안하였다.

많은 학교심리사는 여러 해 동안 상담적 접근을 선호하여, 전통적인 불일치 모형과 '의뢰, 검사, 배치' 평가(사정) 모형을 없애려 노력해 왔다. 학교심리사가 계속적으로 부족해지면서(Miller & Palomares, 2000), 교육적으로 우려되는 모든 아동을 개별적으로 광범위한 평가(사정)에 의뢰하지 않는 것은 타당해 보인다. 그러나 '아래로부터의' 변화는 교육 체계가 서비스 전달에서의 수정을 허용하지 않았기에 수십 년 동안 학교심리사들에게서만 찾아볼 수 있었다. 2004년 IDEA가 개정되면서 교육행정가들은 학교심리사가 보다 상담적인 역할을 맡아야 한다고 의무화하는 데 주목하였다. 이러한 '위로부터의' 작용은 학교 심리 서비스가 마침내 많은 학교심리사들이 수십 년간 원해 온 역할과 기능을 허용하게 하였다. 정부 차원의 이러한 변화와 학교심리사의 역할 및 기능 변화를 허용한 교육

행정가들의 의지는 RTI 접근에 가장 중요한 유산이 될 것이다.

RTI는 학습 문제를 예방하는 기본 목표를 위해 증거 기반 중재를 적용하는 하나의 체계에 불과한 것이 아니다. 학교심리학과 교육 전문가는 수십 년간 RTI 구성 요소를 주장해 왔다. 실제로 학교심리 전문가 연합은 조기 중재와 일반적인 문제 해결적 접근이 최선의 실제임을 꾸준히 밝혀 왔다. 오랫동안 주장되어 온 RTI의 또 다른 핵심은 평가와 중재의 규정된 연결에 대한 강조다. RTI를 새롭게 하는 것은 그 안의 개념들이 아니라 이 교육 실제를 어떻게 엮어 설정하는가에 달렸다.

불행히도 RTI의 적용은 전문가 집단에 분열을 초래해 왔다. 학교심리사 내 집단은 RTI를 서로 매우 다르게 간주한다. 어떤 집단은 RTI 접근을 엄격한 평가(사정) 및 중재에의 교육과정중심 접근과 동일시하는 반면, 어떤 집단은 여전히 특정학습장애 진단 전 아동의 기초 심리 과정을 종합적으로 평가할 필요가 있다고 주장한다(Hale et al., 2006). 교육과정중심 측정(curriculum-based measurement: CBM) 옹호론자들은 학교심리사를 포함한 교육자들이 읽기 수준과 같은 독립된 변인에만 의거하여 판단해야 한다고 주장한다. 그들은 또한 무엇이 독립된 검사의 측정 가능한 결과를 구성하는지에 대한 합의가 교육에서 가장 중심이 될 것이라고 주장한다.

인지 과정 옹호론자들은 읽기 성취와 같은 종속변인에 관여하고 영향을 주는 독립변인이 많다고 주장한다. 변인 조정에는 아동의 사회경제적 지위(socioeconomic status: SES), 인지적 강약점, 생리학적 상태(예: 건강), 정서 상태, 교수의 질 등이 포함된다. 이러한 두 집단 간 차이는 특정학습장애 진단 시 나타난다. 교육과정중심 측정 옹호론자들은 체계적 적용과 중재 모니터링 실패가 특정학습장애로의 분류를 이끈다고 주장하지만, 인지 과정 옹호론자들은 기초 심리 과정의 실패가 저성취의 이유이며 광범위하게 평가되어야 한다고 한다(Hale et al., 2006). Hale 등(2006)은 한 아동이 반드시 한두 가지 기초 심리 과정에서 장애를 가진다는 특정학습장애의 기초 정의를 RTI 모형이 무시한다고 말한다. Hale과 Fiorello(2004), Fletcher-Janzen(2005)은 특정학습장애 정의에 충실하면서 처리 과정 결함을 기록하는 유일한 길은 인지적 및 신경심리학적 평가를 수행하는 것이라고 주장한다.

RTI와 CBM을 동일시하는 것은 왜 아동이 학습을 못하는지에 대한 답을 하지 못한다. 전국학교심리사연합회(National Association of School Psychologists: NASP)는 진전도 모니터링은 물론 개별화된 종합적 평가(사정)가 필요하다는 인식을 특정학습장애 진단의 실제에 관한 보고서에 실음으로써 균형된 시각을 적용하였다(NASP, 2007). 많은 주에서는 특수교육 진단 모형으로 RTI를 적용하고 있다. 주 당국은 기초 뇌 기능의 하위 결함에 대한 평가를 특정학습장애 진단 규칙에서 굳이 제외해서는 안 된다.

특정학습장애 진단에서 불일치 모형에 과도하게 의존하는 것은 학교 심리 전문가의 잘못이다. 숫자 차이만 적용하는 불일치 모형은 학습장애 진단에서 너무 편의성만 강조하는 것이다. 많은 평가 전문가는 여전히 특정학습장애 정의의 중심에 있으며 학습 문제를 설명할 수 있는 인지 과정 결함 평가의 중요성을 잊고 있다. 기초 인지 과정에서의 결함이 판별되고 이것이 현 학습 결함과 연결되면, 분명한 목표화된 증거 기반 중재가 도입되고 그 중재의 효과가 높아진다. 학습장애 진단가들은 뇌 기능(인지심리학과 인지신경학)에 대한 이해를 넓히고 이를 교육적 중재 설정에 접목시킬 필요가 있다.

학습장애 진단에서 신경심리학은
어떤 역할을 해야 하는가

많은 새로운 인지 측정 도구들은 교유한 영역 내에서 신경심리학적 과정을 통합하고 있다(예: Mirsky's [1996] WJ-III-COG 주의 모형; WISC-IV 작업기억과 처리속도; Wechsler, 2003; Cognitive Assessment System Luria 인지 모형; Naglieri & Das, 1997; K-ABC-2: Kaufman & Kaufman, 2005 참조). 최소한 평가 전문가들은 요즘 주로 사용되는 검사들을 해석하기 위해서라도 신경심리학적 이론을 더 알아야 한다(Miller, 2007). 인지 능력과 학습 성취 측정 도구들은 원래 전통적인 교육심리적 평가에 속한다. 교육심리적 평가에서 어떤 인지 능력 검사가 선택되는가에 적절한 정보 여부가 달려 있다. 덜 숙련된 어떤 평가자의 경우, WISC-IV 작업기억 항목에서 평균 점수를 나타낼 때 그 아동은 기억 문제가 없다고 말하고 싶은 유혹을 느낄 것이다. 그러나 작업기억은 기억과 학습에서 단지 하나의 하위 요소에 불과하며(Miller, 2007), 기억 결함이 다른 부가적 부분에 있을 경우 더 광범위한 질문들이 포괄적인 기억 및 학습 검사와 함께 사용되어야 한다(예: Wide Range Assessment of Memory and Learning: Sheslow & Adams, 2003).

신경심리학이 통합적이고 예측적인 성격을 띠기 시작한 1990년대부터 지금까지, 학교심리사와 학교 신경심리학자들이 아동을 위해 특별히 제작된 검사 및 신경심리 이론을 바탕으로 정신병리학적으로 안정된 검사 도구를 이용하기 수월해졌다(개관은 Miller, 2007 참조). 다양한 신경심리학적 검사의 종류에는 종합검사(예: Delis-Kaplan Executive Functions System: Delis, Kaplan, & Kramer, 2001; NEPSY-2: Korkman, Kirk, & Kemp, 2007; WISC-IV: Wechsler et al., 2004)와 특수 인지 과정에 대해 특수 영역화된 검사(예: Dean-Woodcock Sensory-Motor Battery: Dean & Woodcock,

2003; WRAML-2: Sheslow & Adams, 2003)가 있다. 이러한 신경심리학적 측정 도구들이 특정학습장애 이해에 기여하는 것은 기초 심리 과정에의 하나 혹은 그 이상의 내재적 기초 과정에 대한 분명한 평가(사정)다.

신경심리학적 평가(사정)가 종합적인 특정학습장애 평가(사정)의 한 부분이 된다면, 현장의 수행가들은 Hale과 Fiorello(2004)가 제시한 인지적 가설 검사(Cognitive Hypothesis Testing: CHT) 모형과 저자(Miller, 2007)의 학교 신경심리학적 개념 모형에 친숙해져야 한다. 평가 모형은 특정학습장애로 의심되는 아동을 평가하는 데 체계적 틀을 제공할 것이다. 또 수행가는 단어 인지, 쓰기, 계산 등의 일반 발달장애와 관련 있는 신경심리학 문헌 자료들에 친숙해져야 한다. 장애 의심과 관련하여 신경심리학적 지식을 가짐으로써 수행가들은 아동의 인지적 강약점에 대한 가설을 세우고 그 가설을 잘 계획된 평가로 타당화할 수 있을 것이다.

RTI 맥락에서의 중재 설계에서 신경심리학은 어떤 역할을 해야 하는가

RTI 모형이 여전히 실패하기를 기다리는 모형이라는 주장이 있을 수 있다(Miller, 2007). 한 예로, 많은 공립학교는 재정에 한계가 있고 대부분 읽기와 같은 과목에는 단 하나의 지역 교육과정을 따른다. 문제는 그 하나가 아동들을 가르치는 모든 경우에 들어맞지 않다는 것이다. 많은 교육청은 음운 발달에 독자적으로 초점을 따로 두는 읽기 교육과정을 따르고 있다. 독립적으로 음운을 가르치는 것은 읽기 유창성을 향상하지 않는다(Posner & Rothbart, 2007). 예를 들어, 한 아동이 난독증의 한 종류인 음성장애라면, 그 아동은 음운적 접근을 사용한 읽기 학습에 어려움을 가질 것이다. 아동이 광범위한 평가를 받기 전 RTI 모형의 한 부분인 2단계에서 얼마나 오래 중재를 받아야 할까? 만약 그 아동의 문제가 음성장애(dysphonetic)인 것이 분명하게 판별되었을 때 평가되었다면, 더 이른 시기에 읽기장애의 특수한 유형에 초점을 맞춘 중재가 가능하지 않을까?

평가(사정)가 중재에 정보를 주어야 하는 것은 분명하다. 신경심리학적 평가(사정)는 한 아동의 강약점에 대한 개별화된 정보를 줄 수 있고, 그 결과를 통해 일반 발달장애와 관련된 신경과학 이론들을 연결 지을 수 있다. 가장 중요한 것은 신경심리학적 평가(사정)가 읽기, 쓰기, 수학 장애 등의 하위 유형 진단을 돕고, 이 특수한 하위 유형에서 효과적인 증거 기반 중재들이 선택된다는 것이다(중재에 관한 개관은 Feifer & DeFina, 2000, 2002, 2005; Feifer & Della Toffalo, 2007).

증거 기반 중재 판정은 최근 교육계의 과제다. 수년간 교육가들이 사용해 온 많은 중재 기술은 좋은 안면타당도를 가지고 있으나 과학적 타당성에서는 한계가 있다. 무엇이 연구 기반 중재를 구성하는지에 대해서는 여전히 의문이 많다. 만약 한 중재가 미네소타 아동 50명의 표본에서 효과적이었다면 이것은 연구 기반이 되는가? 한 중재의 같은 효과가 다양한 표본에서 반복되었다면, 이것은 연구 기반이라는 이름을 보장하는가? 전문가 모임에 부여되는 몇몇 과제는 무엇이 연구 기반 중재를 구성하는지에 대한 지침을 만드는 것이다. 신경심리학적 평가(사정) 자료는 중재들을 안내하는 데 도움을 줄 것이나, 수행가들은 각 아동을 단일 목표로 설계하여 다루고 싶어 한다(Hale & Fiorello, 2004). 증거 기반 실제에 관한 문헌들은 중재에 대한 개념에서 시작점이 될 수는 있으나 중재 효과를 평가하는 데 아동의 개인 차가 고려되어야 할 것이다.

제10장
학습장애 평가(사정)에서 신경심리학적 평가와 RTI는 상호 배타적인가

David Breiger & Lawrence V. Majovski

신경과학은 학습장애 평가(사정)와 판별에 어떻게 기여할 것인가

지난 수십 년간 학습장애(learning disability: LD)에 대한 우리의 지식은 괄목할 만한 성장을 이루어 왔다. 대부분의 자세한 정보는 읽기 유창성과 읽기 이해를 포함한 읽기 기술, 주로 단일단어 해독(single-word decoding)에 심각한 어려움을 지닌 아동과 성인을 대상으로 한 연구에서 축적되었다(Vellutino et al., 2004). 응용신경과학/신경심리학뿐만 아니라 기초신경과학/신경심리학은 읽기장애를 이해하는 데 있어 획기적인 발전을 이루었다. 특히나 지금의 읽기장애는 차원적 장애(dimensional disorder)(즉, 하나의 차원에서 정도의 차이)[1]로 묘사되는 것이 최선이라 여겨진다(Shaywitz, Gruen, & Shaywitz, 2007; Francis et al., 2005; Jensen & Breiger,

2005). 현재는 읽기장애의 많은 부분을 병인(etiology), 신경인지적이며 신경생물학적인 과정에 기초하여 역학(epidemiology)적인 관점에서 밝혀냈다. 학습장애에 관하여 신경과학적인 접근으로 파생된 정보는 연구, 임상, 그리고 학교환경에서의 학습장애 평가와 판별의 적용 실제에 중요한 영향을 미쳤다. 연산과 문어에 관련된 학습장애에 대해서는 상대적으로 덜 알려져 있다. 그러나 읽기는 학습과 다른 학문적 노력의 숙달과 깊은 연관이 있다. 읽기에 대한 우리의 지식 습득은 틀림없이 학습장애와 다른 분야에 대한 우리의 이해를 증진시키고 영향을 끼칠 것이다. 읽기장애에 대한 신경과학 분야의 발전에 따라, 이 글의 나머지는 읽기 분야의 학습장애에 초점을 맞추게 될 것이다.

읽기장애(reading disability: RD)는 학습장애의 가장 일반적인 형태로, 출현율이 높게는 17~20%에 달하고 학습장애로 진단되는 사람들의 50~80%를 차지하며, 남녀 비슷한 비율로 발생한다(Jensen & Breiger, 2005). 학교에 들어가는 모든 아동의 대표 표본을 대상으로 한 종단 연구(longitudinal study)를 통해 읽기장애는 학교에서 지내는 기간을 거쳐 성인기로 접어드는 동안 지체나 지연을 보이지 않음이 밝혀졌다(Shaywitz et al., 2007). 또한 흥미로운 것은 최근 연구에서 난독증은 음소언어(alphabetic languages)를 사용하는 사람에게 나타나며 중국어와 같은 표의언어(logographic languages)를 사용하는 사람에게는 발생하지 않는다는 주장이 제기되기 시작하였다(Jensen & Breiger, 2005).

3학년에서 읽기장애로 분류된 약 75%의 학생들은 9학년에서 중대한 읽기 문제를 계속 보이고 있다. 특히 아동기에 읽기장애를 지닌 것으로

---

1) 역자 주: 차원적(dimensional)은 '이다/아니다'의 단순한 구분이 아니라 '정도'를 가늠할 수 있는 표현(예: ~의 초기 증상)을 말한다. 그리고 범주적(categorical)은 진단 기준에 따라 '이다/아니다' 둘 중 하나로 가려내는 것이다. 선별의 명료성이 있기는 하나, 과정을 설명하는 데 한계가 있다.

판별된 성인들은 종종 익숙하지 않은 단어의 해독, 철자와 유창성에서 계속적으로 어려움을 보인다. 비교적 느린 단어 인출로 인해 글을 이해하는 데 소모적인 시간을 사용해야 하는 청소년과 성인들에게 읽기는 상당한 좌절감을 안겨 준다. 이는 특히나 상당한 양의 읽기를 필요로 하는 지적 목표를 지닌 청소년기의 학생들에게 해당된다.

읽기장애를 지닌 많은 아동은 등교를 거부하고, 우울해하며, 스스로의 능력에 대해 경멸적인 언급을 하고, 지루함, 좌절 그리고/혹은 수치심으로 인해 난폭한 행동을 나타낸다. 학습장애 아동과 청소년의 학교 중퇴율은 거의 40%로 높게 측정되며, 이는 성인기에 심각한 고용 문제를 야기하고 있다. 평생토록 깊게 이어지는 난독증의 심리사회적인 관련 증상은 낮은 지적 능력에 대한 자아 인식, 보다 일반화된 심리학적 괴로움 그리고 낮은 사회 이동성을 포함한다.

다양한 연령대와 성별을 아우르는 학습장애의 정확한 출현율에 관한 정보는 평가 계획의 정확도와 민감도를 평가하는 데 있어 필수 요건이다. 예를 들어, 이러한 정보들은 교육청별로 학습장애를 지닌 학생들을 가려내는 좀 더 정확한 잣대로 이용될 수 있다.

병인/병원론(病原論)

읽기장애는 이란성 쌍둥이와 다른 형제자매가 50% 이하의 일치율을 보이는 것에 비하여 일란성 쌍둥이는 거의 80%의 일치율이 보고되어 가족력이 있으며 유전될 가능성이 있는 것으로 여겨진다(Pennington, 1999). 더욱이 가족 중 한 명이 영향을 받으면 다른 가족이 영향을 받게 되는 비율은 전체 인구에서의 읽기장애 비율에 비하여 더욱 높아진다. 예를 들어, 난독증 부모의 아동이 읽기 문제를 지닌 비율은 30~60%로 밝혀졌다. 또한 읽기장애 아동의 부모는 읽기 문제를 지닐 가능성이 큰데

(25∼60%), 이는 어머니(33%)에 비하여 아버지(46%) 쪽의 위험성이 높다 (Jensen & Breiger, 2005). 마지막으로, 관련 연구는 6번 염색체의 역할이 주요하다고 주장했다(Shaywitz, Gruen, & Shaywitz, 2007). 유전적 연관 연구에 의한 자료는 읽기장애의 요인이 유전과 환경을 모두 포함하고 복잡한 병인의 결과라는 관점을 지지한다. 이 연구는 가족력에 근거하여 학습장애 발달 위험성이 있는 아동의 조기 선별과 판별의 중요성을 강조하며, 또한 조기 인지가 어려운 학습장애를 지니고 있는 부모의 늦은 식별의 가능성도 강조한다. 게다가 학습장애의 위험성이 높은 개인의 발달 양식을 연구함으로써, 중재반응뿐만 아니라 표현 양식의 차이점도 밝혀질 것이다. 위험 인구의 조기 판별을 위해 주의 깊게 연구된 평가(사정) 도구는 모든 장애학생의 평가(사정)와 판별에 발전을 가져왔다(Vellutino et al., 2004).

신경인지적 과정

효율적인 읽기 기술의 발달은 삶의 많은 활동에서는 물론 학업적 환경에서의 성공을 위해 절대적으로 필요하다. 읽기에 관한 신경 기질은 기능적 뇌영상 기술을 사용해 온 지난 15년 동안 연구되었다. 이러한 연구는 난독증 아동뿐만 아니라 그 통제군에도 사용되어 왔다. 행동 연구는 음운론적 기술이 효율적인 단일단어 읽기의 발달에 긍정적인 영향을 준다는 것을 보여 주고 있다(Vellutino et al., 2004).

신경생물학/읽기 중 뇌 변화

기능적 뇌영상은 읽기 능력과 연관된 뇌 체계를 찾기 위하여 지난 15년 동안 사용되어 왔다. 이러한 연구는 난독증 아동뿐만 아니라 그 통제군에게도 사용되어 왔다. 읽기와 음운론에 기초한 평가를 활용한 연구는 전두(하전두회[inferior frontal gyrus])와 후두(중 측두회[middle temporal gyrus]) 양쪽 신경계의 관련성을 보여 주었다(Shaywitz, Lyon, & Shaywitz, 2006). 후두 읽기 체계(후측두부[occipital temporal area])의 일부분은 숙달된 읽기 발달에 결정적이며 빠른 문자 인지에 중요한 것으로 나타났다. 읽기 기술이 증가할수록 이 부분의 뇌의 활성화도 증가한다. 이러한 연구는 전형적인 중재/교육과정에는 반응하지 않는 학생들을 판별하기 위해 다른 평가(사정) 도구에 기능적 이미지를 결합한 진단적 발견법(heuristics)을 개발하기 위해 앞으로 사용될 수 있는 정보를 제공한다. 예를 들어, 뇌간 타이밍(brainstem timing), 자극 차이에 따른 피질 처리 과정, 그리고 문해 기술에 관한 학습장애 학생 집단과 비학습장애 학생 집단의 연구에서 학습장애 학생 집단의 피질 처리 과정과 연관된 뇌간 타이밍을 평가할 수 있는 잠재적인 생물학적 지표가 있을 수 있음을 보여 주었다(Banai et al., 2005). 어린 아동들의 편측화(lateralization)와 청각적 의미 처리 과정 (auditory semantic processing)에 대한 한 연구에서는 피질적으로 활성화 된 한 부분(즉, 좌측방추회)이 작업의 정확성에 관한 의미 처리 과정에 관련되어 있음이 관찰되었다. 즉, 강하게 왼쪽으로 편향된 활성화 패턴을 보여 주었으며, 이는 조기 단어 인지와 언어 발달에 일치하는 패턴이다 (Balsamo, Xu, & Gaillard, 2006).

현재까지 가장 중요한 결과는 음운론에 기초한 읽기 중재를 제공받은 난독증 학생들의 뇌 활성화 양식에 관한 최근 연구조사에서 얻어졌다. 이러한 연구는 집중적인 증거 기반 읽기 중재가 읽기 정확도, 유창성, 그리고 중요하고 지속적인 뇌 조직의 변화에서 향상을 보여 줌을 입증했다 (Temple et al., 2003; Simos et al., 2005). 뇌 활성화의 변화는 시간이 흐르면서 일반 독자들과 유사해진다. 이러한 연구의 결과는 읽기 기술을 습득하는 데 어려움을 겪는 어린 아동들을 위한 증거 기반 중재 사용에 대해 중요한 시사점을 갖는다(Aylward et al., 2003; Simos et al., 2005).

학습장애에서의 신경과학에 대한 계속적인 연구의 결과는 학습장애의 정확한 평가(사정)와 판별에 필요한 결정적인 정보를 제공한다. 앞서 밝혔듯이, 증거의 인상적인 주요부는 역학의 관점에서 학습장애의 병인학과 신경인지적이며 신경생물학적인 과정을 토대로 축적되고 있다. 또한 증거는 중재 작용에 의해 가능한 하위 집단뿐만 아니라 증거 기반 중재에 반응하는 뇌의 변화에 관하여 축적되고 있다. 임상 실제와 학교환경 모두에서 학습장애 아동을 판별하는 것은 학습장애의 신경과학 평가에서 파생된 정보로 인해 지속적으로 향상될 것이다. 신경과학에서 나온 이러한 연구들은 신경계가 탄력적이고 중재에 긍정적으로 반응한다는 관점을 지지한다. 현재와 앞으로의 연구는 중재 작용에 의해 집단을 정의하는 연구를 포함하게 될 것이고, 이는 효율적이고 효과적인 중재 활동을 제공하게 될 것이다.

향후 신경과학의 발달은 학습장애의 분류와 중재에 어떤 영향을 줄 것인가

신경과학에서 과거 10년간의 진보, 특히 신경영상 기술은 인간의 뇌와 행동 기능, 그중에서도 아이들에 관한 이해를 용이하게 하였다. 지난 30년간 신경심리학 분야의 발전에서 임상신경심리학자들은 아동의 수행과 능력의 인지적인 면, 장애의 광범위한 영역에서의 행동 결손, 그리고 건강하고 정상인 아동들과 뇌에 장애가 있는 아동들의 뇌 발달에 대한 이해를 돕는 임상적인 데이터베이스 및 실험적인 데이터베이스를 제공하는 뇌영상 기구에 대한 더욱 엄밀한 평가를 포함해 그들의 역할을 확대해 왔다.

　새로운 연구 결과를 더해 주는 신경심리학적 및 신경학적인 문헌들은 상당한 신경과학적 지식을 공급해 주고 많은 뇌장애에 대해 좀 더 나은 이해를 제공하고 있다. 또한 그들은 어린 아동이 비록 경도의 신경 손상을 지녔을지라도 인지 처리 과정, 언어 이해 기술, 운동 기능 그리고 학습장애에 영향을 줄 수 있음을 보여 줬다(Olsen et al., 1998; Stiles et al., 2005; Taylor et al., 2004; Allin et al., 2006).

　5년에 걸쳐 미국 국립보건원(National Institutes of Health: NIH) 기금으로 착수된 '정상적이고 건강한 뇌 발달(출생에서 18세까지)'이라는 복합 프로젝트에 관한 2006년 7월 결과 발표(www.nih.gov)에서, 연구자들은 그 결과가 건강한 아동들에 대한 신경생물학과 뇌 발달에 있어 최초의 광범위한 조직적인 임상 연구임을 밝혔다. 그 데이터베이스는 출생부터 청소년기까지의 건강하고 정상적인 뇌 발달이 측정되어 행동, 인지 처리 과정 그리고 신경 구조와 연결되는 임상적 기준이 될 것이다.

　또한 이러한 신경과학적 임상 데이터베이스는 초기 발달에 있어서 무엇이 잘못되어 가는지 파악할 수 있는 통찰력을 제공한다. 신경학적 장애의 원인이 무엇이든 간에, 신경세포 간의 잘못된 의사소통은 거의 항상 신경학적 장애의 원인 중의 하나가 된다. 각각 수십 개의 돌기를 가지는 세포들을 분당 25만 개 정도 활성화하는 약 1,000억 개의 뉴런 세포를 고려하면, 그들이 하나의 뉴런에서 만들어 낼 수 있는 연결의 수는 대략 6만에서 100만 개에 달한다. 인지 기능은 수십 억 뇌 세포들이 동시에 의사소통을 할 때 발생하고, 만일 의사소통이 적절하지 못하면 그 결과가 바로 인지장애인 것이며, 이는 아동이 기술이나 학습, 기억을 습득할 때(즉, 고도의 대뇌피질 기능에) 영향을 미친다.

　NIH의 두뇌 프로젝트는 미국에 6개의 센터가 있으며, 35만 가정에서 인종, 민족, 사회경제적 인구 통계를 이용해서 왼손잡이와 오른손잡이가 모두 포함되도록 남성과 여성 각각 385명을 선별했다. 배제 기준에는 질병, 유전적 소인, 최기형성(teratogenicity)[2] 요인, 약물/독성, 두뇌 발달에 영향을 미칠 수 있는 모든 요인이 적용되었다. 뇌영상 도구는 다음의 세 가지 기술과 연관되어 있다. (신경 세포의) 회색질 변화를 감지할 수 있는 자기공명영상(MRI), 백색질을 관찰하기 위한 확산텐서영상(즉, 축색돌기, 신경섬유들의 연결), 그리고 양전자단층촬영(PET)처럼 방사선 노출을 피할 수 있는 자기공명분광검사(MRS)다. MRI와 CT가 두뇌를 스캔하는 것처럼 해부학적 구조와 움직임을 보여 주는 데 비해서, PET는 생리학적 대사 활동의 이미지 매핑에 포함되는 광범위한 두뇌 분자에 이름을 붙일 수 있다. MRS 기술은 기본적으로 분자 지문을 구조에 매핑한다.

일련의 신경심리학 검사는 적절한 수준에서 NIH 계획하에 아동들의 인지 및 지적 작용을 평가하기 위해 실행되었다. 이는 뇌해부학 관점에서의 변화를 심리학적 능력에 맞추기 위한 목적으로 수행되었으며, 이를 통해 아동들이 청소년기로 발달해 가는 과정 전반을 종단적으로 조사할 수 있다. 이것은 신생아들의 뇌가 다른 뇌와 다를 뿐만 아니라 각 아이들에게서 발생하는 변수들 또한 변화에 따라 다르기 때문에 중요성을 가진다(Majovski & Breiger, 2007). NIH 두뇌 프로젝트의 잠재적인 연구 결과와 그것이 앞으로 어떻게 임상신경심리학과 임상교육 분야의 발전에 영향을 미치는가에 대한 연구 결과는 아동 신경심리학자들이 건강한 뇌−행동 기능을 방해하는 문제, 더 나아가 중증(severe), 경증(mild), 혹은 미세하지만 복잡한 장애를 좀 더 잘 이해하고 분류하는 데 기여할 것이다(예: 자폐증, 아스퍼거 증후군, 간질과 결합된 ADHD, 비언어성 학습장애[nonverbal learning disorder: NVLD], 랜도−크레프너 증후군[Landau-Kleffner syndrome],[3] 심각한 조산아 및 저체중 출산아, 분만 전후의 질식으로 인한 저산소성−허혈성

---

2) 역자 주: 태아기에 작용하여 장기의 형성에 영향을 주어 기형이 되게 하는 성질로, 방사선, 바이러스, 약물 따위가 이런 성질을 보인다.

3) 역자 주: 어느 시기부터 갑자기 언어 기능이 급격히 퇴행하는 소아붕괴성장애의 일종이다.

뇌병증[hypoxic-ischemic encephalopathy]). 학습장애, 특정학습장애 혹은 발달 지체 아동을 대하는 교육자는 보다 안정적이고 완전하며 정확한 정보를 가지고 아동 학습을 촉진할 수 있는 전략, 중재 및 프로그램들을 개발함에 있어 가능한 대안들을 개별 아동의 뇌 지도에 적용할 수 있어야만 한다. NIH 프로젝트를 통해 얻은, 심리학적 처리 과정에 포함되는 건강한 뇌 발달 및 메커니즘에 관한 정보를 조직화한 새로운 기술들은 학습장애 아동에 대한 더 나은 처방과 분류, 맞춤형 중재를 가능하게 할 것이다. 발달과 최신 신경과학을 기반으로 한 정보의 통합이 없다면, 어떤 교육적·진단적·교정적·치료적 노력도 학습장애 학생들에게 충분한 도움을 제공하지 못할 것이다.

최근 신경학적 장애와 신경심리학적 기능에 관한 연구에서 기대를 불러오고 있는 신경영상 기술이 바로 기능적 근적외선분광(분석)법(fNIRS)[4]이다. 이 방법은 두뇌의 활동성을 직접적으로 관찰할 수 있을 뿐만 아니라 비침습성이며, 휴대가 용이하고, 가격이 낮고, 간접적이다(Zabel & Chute, 2002). 이 기술은 무선으로 사용하는 휴대용이며 생태학적으로 적합한 것으로 실험실 환경이나 자기경관 튜브(magnetic bore tube)의 한계를 넘어 대뇌피질의 활동을 관찰할 수 있게 해 준다. Zabel과 Chute(2002)는 연구와 임상 연구 두 분야의 인지 기능을 실시간으로 관찰하기 위해서 fNIRS의 교육 및 신경영상 적용을 논의했다. 소아과 환경에서 1.5세 유아를 대상으로 연구가 수행되었다. 이 기술은 아직 초기 단계에 있어서 다른 신경 기술들을 통해 정밀성을 향상하고 적합성을 검증해야 하지만, 뇌장애에 있어 뇌와 행동의 연관성을 좀 더 자세히 설명할 수 있는

---

4) 역자 주: 분자의 진동 에너지를 이용해 구조 해석 및 분석을 수행하는 것으로, 친환경 분석으로서 시약의 사용, 폐수 및 유해물질의 사용이 전혀 없어 작업자의 환경을 개선할 수 있다. 또한 분석 시간이 일반 분석법에 비해 10배 이상 빠르며, 누구나 간단한 교육을 통해서 표준 분석 방법을 개발하여 적용할 수 있는 분석법이다.

잠재력을 가지고 있어서 신경심리학적 실험들에 다양하게 사용될 수 있을 것이다.

여러 신경 기술 방법들이 아동의 두뇌와 신경심리학적 기능을 연구하는 데 사용되어 왔다(즉, MRI, MRS, fMRI, MEG/EEG, MSI, PET; Majovski & Breiger, 2007). 다음에 소개할 연구는 아동의 두뇌 활동 연구나 임상신경과학 및 인지 기능 측정에 기술이 얼마나 중요한 역할을 하는지 잘 보여 준다. MRI 기술을 사용한 최근의 한 연구(Sowell et al., 2004)에서는 5~11세 아동 45명을 대상으로 2년의 차이를 두고 MRI를 2회 실시하여 발달 변화를 관찰하였다. 이 연구는 인지 발달 진행 중의 뇌의 크기, 회백질의 두께 그리고 구조-기능 관계를 동일한 대상자에 대해 장기적으로 관찰한 첫 기록이다.

뉴런의 전기생리적 활동과 자기공명의 고해상도 영상에 해당하는 신경 자기장의 원천을 구역화할 수 있는 능력을 입증한 기능적 영상 도구인 MEG(magnetic encephalgraphy)와 MSI(magnetic source imaging)를 이용한 연구는 어린 아동의 뇌에서 정상 및 뇌 장애를 가지는 두 경우 모두에 대해 기능과 발달상의 복잡한 시공간 관계에 대한 우리의 이해를 한층 높여 주고 있다. 이 두 방법은 간질 병소(epileptic foci)을 지닌 아동을 연구하는 데 사용되었으며, 또한 EEG 기록과 신경심리학적 검사를 보충하는 데 유용하게 사용되었다(Chuang et al., 2006).

어린 아동의 청각적 의미 처리 과정과 편측화를 포함한 언어 발달은 기능적 자기공명영상(fMRI)을 이용하여 만들어진다. 다양한 난이도의 청각적 의미 의사결정에 참여한 5~10세의 건강한 발달 과정을 보이는 평범한 아동들을 대상으로 혈류 산소 의존(blood oxygen-dependent: BOLD)을 사용한 fMRI 연구가 진행되었다. 한 연구 결과(Balsamo et al., 2006)는 어린 아동들의 청각적 의미 처리 과정은 성인이 되어 의미 범주 결정을 시작하기 전에 단어 읽기와 연관된 대뇌피질 영역을 보완할 수 있음을 제시행다. 최근 신경과학 연구의 관심 영역은 작업의 정확성과 연관되어 의미 처리 과정과 관련되어 있는 것으로 관찰된 좌측방추회를 포함한다. 저자들은 아동의 조기 단어 인지와 언어 발달의 양상과 일치하는 강력한 왼쪽 편측화의 활성화 양상을 찾아냈다고 주장한다.

연구 결과, 읽기장애와 발달적 난독증은 음운적 처리 과정과 연관된 뇌 영역의 기능이상으로 발생되었다(Temple et al., 2003). 앞서 인용된 저자들은 그들의 연구에서 난독증 아동들의 신경 결손이 행동 중재로 개선됨을 보였는데, 이는 fMRI 기술로부터 얻어진 증거였다고 보고되었다. 뇌간 타이밍과 언어 기반 학습장애에 관한 최근의 한 연구(Banai et al., 2005)는 학습장애를 지닌 아동과 학습장애를 지니지 않은 아동 집단을 대상으로 문학적 기술에서의 다른 자극에 따른 두뇌 타이밍과 대뇌 처리 과정을 조사했다. 연구자들은 대뇌피질 처리 과정과 연관된 뇌간 타이밍에 관한 잠재적 생물학적 지표가 있을 수 있다고 보고했다.

이전에 언급하였던 특정 언어와 읽기에 대한 뇌-행동 기능에 관한 신경영상 기술과 방법들은 전자기적 연관과 두뇌생리학과 신진대사의 변화를 활용하여 아동의 인지 처리 과정을 조사할 때 유용한 도구임이 입증되었다. 언어와 읽기에 관련된 신경적 연관성을 고려할 때, 신경과학 연구의 발전은 교육자들과 임상신경심리학자들이 학습장애 아동 개개인의 학업 성취를 향상할 수 있는 전략과 학습장애 진단 및 중재에서 그들의 역할과 서비스에 영향을 미칠 것이다.

Brücke와 Charcot의 제자로 1800년대 후반에 일찍이 업적을 쌓은 조직병리학자 Sigmund Freud는 과학적 심리학에 관한 자신의 프로젝트를 무엇이라고 부를지 착상했고, 마음에 대한 이해를 두뇌와 그 기능에 대한 이해로 연결시키려는 시도를 했다. 하지만 그는 증거가 너무 빈약하였고 동적 및 정적 신경 처리 과정을 평가할 때 사용할 수 있는 실험적 기술이 현미경밖에 없었기 때문에 그 작업을 포기하였다. 비록 미래의 신경영상 발견 및 기술에 관하여 알지 못했지만, Freud는 1900년의 그의 저작 『꿈의 해석(Interpretation of Dreams)』에서 마음을 이해하고 그것이 어떻게 작용하는지에 대한 대답이 물리학과 화학 안에 있을 것이라고 가정했다. 지난 30년간, 신경과학과 신경영상 방법론은 정신약리학, 뇌영상 그리고 인지신경과학에서 발견된 지식들을 통합해 오고 있으며, 이는 성인의 마음 및 (NIH 두뇌 프로젝트를 통해) 아동의 뇌를 묘사하는 신경생물학적 모자이크 구조 위에 뇌 기능을 매핑할 수 있음을 증명하는 Freud의 가정으로 연결된다.

심각한 신경학적 손상을 입은 아동에게 사용된 과거 침습성 기술의 한계로 인해 정상적인 인간의 두뇌가 발달하는 데 어떠한 변화를 거치는지에 대해 최근까지 알려진 바가 거의 없었다. 오늘날 MRS를 사용한 정량화는 분자 영상에서 하나의 '성배'다(즉, 해부학적 영상에서 두뇌의 생리적 및 대사 활동을 매핑함). Freud의 예언은 실현되고 있다. 지금도 계속되고 있는 분자 영상의 발전은 신경 기술 분야의 하나의 희망으로 아동과 성인을 위한 탐지, 진단 그리고 치료 기술에 끊임없는 혁명을 가져올 것이다.

신경과학과 역사에 기록된 가장 최근의 발견은 기억의 직접적인 시각화와 연관되어 있다. 캘리포니아 대학 어바인 캠퍼스의 Gary Lynch가 이끄는 신경과학자 팀은 2007년 8월에 학습의 일반적인 형태에서 따라오는 뇌 세포 연결의 변화 영상을 최초로 포착하였다. UC 어바인에서 Lynch와 동료들은 해마(hippocampi: 기억 장소와 관련된 구조) 안에서 학습 중에 보이는 확장된 시냅스 활동과 관련되어 나타나는 자기 상승작용(long-term potentiation: LTP)[5] 표시들로 연결되는, 어렵고도 신중하게 계획된 실험을 수행했다. 시냅스의 크기는 신경 세포들 사이에 화학적 메시지 전달

---

5) 역자 주: 학습 또는 기억의 기초가 되는 현상이다. 뇌의 해마 영역에서 일어나는 이 과정은 뇌 세포들이 정보를 주고받는 연결점인 시냅스의 연결이 더욱 강해지는 것이다.

의 효율성과 관련되어 있기 때문에, UC 어바인의 결과는 학습이 특정한 뇌 세포들 간의 의사소통을 향상한다는 것을 의미한다.

Lynch와 동료들에 의해 보고된 실험 결과의 의미는 다음과 같은 방식으로 기억과 학습에 적용된다. 그들의 연구 결과는 신경과학의 위대한 주제들 중 하나의 방법을 열어 준 것이다. 즉, 기억의 분포를 뇌의 영역에 매핑하고 실제적으로는 그러한 매핑이 일어나고 있음을 시각화하였다. Lynch는 2007년 8월 UC 어바인 인터뷰에서 LTP(생리-화학적 작용)의 원인이 되는 시냅스의 변화에 관련하여 실제적인 기반, 즉 새롭게 기록된 기억의 '얼굴'을 본 것은 이번이 처음이라고 인터뷰를 시작했다.

마음을 이해할 수 있는 답변과 관련된 Freud의 예언(즉, 그것이 물리와 화학을 통한 궁극적인 이해에 존재한다)은 직접적으로 뇌-행동 기능을 연구할 수 있는 신경영상 기술 방법에서 얻은 현재의 통찰을 기반으로 실현되고 있다. 다른 신경학자인 Donald Hebb(1949)는 저서 『행동의 조직화: 신경심리학적 이론(*The Organization of Behavior: A Neuropsychological Theory*)』에서 그가 제안한 기억의 흔적(engram)이 뉴런 세포들이 기억을 조합하는 수단이라고 가정했다. Lynch와 UC 어바인 동료들은 광범위한 일련의 실험을 통해 자기 상승작용의 원인이 되는 시냅스 변화를 입증했다. 즉, 새로 기록되는 기억의 생리적 효과가 하나의 뇌 세포 연결의 변화와 관련해 한번 포착되면 지속되는(first-time-ever) 영상들로 남게 되고, 특정한 학습 패러다임(즉, 하나의 기억의 흔적)을 따르게 된다는 것이다. 이러한 발견들의 관련성은 최근 신경과학적 발달 분야에서의 통찰을 낳았고, 신경 질환의 핵심인 뇌 영역들 사이의 하부 연결(시냅스)과 신경 세포(뉴런)를 분리하는 분열에 대한 이해에 큰 충격을 가져왔다. 지역적으로 다른 시냅스의 기능장애는 뇌의 다른 영역들 사이에 차이점이 있음을 의미한다. 이는 심리학적 신경과학에서 가장 중요한 진화 중의 하나로서 잠재적으로 과학자와 임상가가 기억, 학습 그리고 아동의 학습장애

를 위한 응용 프로그램 연구에서 좀 더 새롭고 정확한 통찰을 가능하게
하는 방향을 제시할 것이다.

학습장애 진단 방법으로서 RTI와
임상신경과학 지식을 어떻게 조화시킬 것인가

　　최근 신경과학 분야의 축적된 증거들은 말하기와 읽기를 포함한 언어
에 대한 신경 기질이 이미 첫 10년 동안에 아동의 뇌의 특정 부분이 한쪽
으로 치우치고 있다는 것을 보여 주고 있다(Balsamo et al., 2002; Ahmad et
al., 2003). 이러한 결과는 5세가 넘은 아이들 중 5~7세의 정상적인 언어
발달이 이루어진 아이들을 대상으로 한 언어 통합과 읽기에 대한 장기적
인 fMRI 연구를 통해 분명해지고 있다. 아동들은 읽기 활동을 하는 동안
좌측 하측두 후두부(left inferor temporo-occipital region), 좌측방추회(left
fusiform gyrus), 중측두(middle temporal), 전두회(frontal gyri), 그리고 보조
운동 영역(supplementary motor area)을 활성화한다(Gaillard et al., 2003;
Yuan et al., 2006). 이러한 신경과학적 발견은 아동기 언어 발달을 뇌 영
역들 사이의 활성화된 상호작용의 점진적인 조직화와 성숙을 포함하는
과정으로 이해해야 함을 말해 준다. 초기 두뇌 발달에서의 이러한 개념
적 신경과학에 기반을 둔 관점은 신경심리학적 다중 영역에도 적용된다
(Majovski & Breiger, 2007).
　　2004년 의회는 장애인교육향상법(IDEIA)을 재승인하였다. 해당 법에
서 학업 결손으로 정의되는 학습장애는 '하나 이상의 기본적인 심리 과
정에서 장애가 있음을 의미한다'(예: 기억, 관심, 정보 처리, 자기규제). 특
정학습장애는 하나 혹은 여러 학문 분야의 수행에서 부정적인 영향을 미
치는 특정한 발달장애를 말한다. 그러나 한 분야의 학습장애를 가지고

있는 아동이 모든 인지 기능의 영역에서 결손을 보이는 것은 아니다. 어떤 분야 혹은 어떤 결손이 있는지를 판단하기 위해 평가를 하거나 아동의 이력에서 배제적인 요소들을 다룰 때에는 피로, 모국어/문화적 차이, 제한적인 언어 능력, 경제적 빈곤, 감정적/정신적 혼돈, 병 혹은 질병으로 인한 발달 지연, 효과적이지 않은 지도 그리고 부족한 동기 중에서 일부가 해당된다면 학습장애 혹은 특정학습장애는 더 이상 보장될 수 없기 때문에 종합적인 심리학적 혹은 신경심리학적 평가(사정)가 필수적이다. 그러한 요소들을 제외하기 위해 정확한 이력과 함께 부모 혹은 보호자와의 인터뷰를 시작으로 종합적인 신경심리학적 평가(사정)가 우선 실시되어야 하며, 이렇게 가능한 한 많은 정보를 수집하는 것은 아동 발달에 임상적으로 중요할지도 모르는 요소를 결정함에 있어 평가자가 가설 검증에 관해 의문을 제기하고 방향을 결정하는 데 도움이 된다(Baron, 2004).

RTI는 학습장애의 진단 방법으로 설명되어 왔다(Fuchs et al., 2003). 특정학습장애 판별을 위한 RTI 접근 또는 특정학습장애 판별과 중재를 위한 종합적 평가를 포함하는 방법론에 대하여 크게 두 줄기의 주장이 제기되어 왔다. 그 외 다른 이들은 학습장애를 가지고 있는 아동을 대하기 위해 다단계적인 접근법(multitiered approach)을 제안하고 있다(Hale et al., 2006).

특정학습장애를 가지고 있는 아동에게 중재를 제공할 수 있는 접근법으로서의 RTI는 아주 중요하고 전반적인 지도 실행의 향상을 가져올 수도 있다. 개별 아동에 대한 진단 수단으로서의 RTI는 결점을 가지고 있다. RTI는 천편일률적인 관점으로 중재와 교정을 촉진하는 접근법이다. RTI는 특정학습장애의 정의에 관련된 처리 요소를 무시하고 치료 실패에 의한 진단을 모델로 하며 다른 요소들, 예를 들어 감정적/소아정신학적, ADHD, 비언어성 학습장애, 발작, 외상성 뇌손상(TBI), 그리고 다른 신경학적 기반을 둔 장애와 같은 요소들에 의해 발생할 수 있는 문제의 가능성을 배제한다. RTI는 개인차, 재활 전략, 그리고 특히 인지와 임상 신경과학 연구에서의 기억 및 학습에 대한 과거와 최근의 연구 결과에 부합하지 않으며, 특히 과거 10년 동안의 연구 결과를 반영하지 않고 있다. RTI는 종합적인 평가(사정) 접근(즉, 신경심리학적 평가)을 회피하여 잘못된 진단과 잠정적으로 무효한 중재 접근을 이끌 수 있다.

아동의 뇌와 연관된 강점과 약점에 대한 정확한 진단과 종합적인 정보는 문제의 잠재적인 원천을 밝히고 권고 사항을 위한 지시 및 제안을 제공하는 데 필수적이다. 종합적인 신경심리학적 평가 수행의 가장 중요한 의의는 임의의 경우에서 왜 어떤 중재는 성공적이고 어떤 중재는 성공적이지 못한지를 설명하고 뇌와 연관된 요소들(예: 아이의 기억, 문제 해결, 효율적인 정보 획득 및 유지 상태)의 평가에 기초한 잘못된 진단을 막기 위해 정확하고 신뢰할 수 있는 정보를 제공함으로써 아동의 해당 나이에 나타나는 강점 및 약점을 결정하는 것이다. 모든 강점 및 약점은 교육자, 다학문적 팀(multidisciplinary team: MDT) 구성원들 그리고 부모들에게 유용할 것이다.

교육 및 기반 지식의 범위와 성격, 법률/조직의 제약, 또는 신경심리학적 및 임상신경과학적 지식의 부족 등으로 인해 학교는 일반적으로 그 다학문적 팀 평가의 일부분으로서 종합적인 신경심리학적 평가를 제공하지 않는다. 뇌-행동 기능의 종합적인 분석의 수행과 교사 혹은 MDT 팀이 일반적으로 알려 주지 않는 신경학적, 의학적 그리고 행동학적 상태의 중요성을 알리기 위해 구성원들은 아동의 지도 프로그램과 특정한 교육 전략을 어떻게 제공해 주어야 하는지 알아야 한다. 종합적인 신경심리학적 평가는 해당 아동의 능력에 맞는 프로그램과 전략을 수립하는 교사들에게 구체적인 정보를 제공할 수 있을 것이다.

광범위한 뇌-행동 기능, 기술 및 감정적/심리적 기능을 다루기 위한 종합적인 신경심리학적 평가를 수행할 때, 이전의 접근 방식은 건강하고 정상적인 두뇌 발달에 관한 현재의 임상신경과학적 연구에 근거한 지식을 이용해 학습 문제의 진단과 판별에 뛰어난 수단을 제공할 수 있다. 학습장애 혹은 특정학습장애를 가지는 아동이 부족하고 효과적이지 않은 지도 전달과 관련이 있는지 혹은 아동이 겪고 있는 다른 중요한 요소들과 관련이 있는지에 대한 문제를 다룰 때, 무엇이 해당 아동의 능력 또는 약점인지를 인지하는 것과 어떻게 해당 아동의 인지 처리 과정 기술이 다른 연령 수준에서 전반적인 뇌-행동 영역에 나타나는지를 파악하는 것은 아동의 학습적 필요를 좀 더 효과적으로 다룰 수 있는 완벽한 정보를 제공한다.

임상신경과학과 소아 및 아동 분야에서 신경영상의 기술적 진보로 얻어진 건강한 뇌-행동 발달 및 기능에 대한 현재의 갱신된 지식이 없다면, 교육자들은 그들이 학습장애로 추정되는 아동의 뇌 기능의 본질에 관하여 그러한 지식이 말해 주는 정확하고 완벽한 정보를 가지고 있다고 말할 수 없을 것이다. 개인별로 뇌가 독특하므로 그러한 지식의 부족은 교육자들이 목표를 설정하고 중재 계획을 작성하거나 특정한 아동에게 가장 효과적인 지도나 수정을 하기 위한 충분한 지식을 갖추지 못하게 한다. Hale과 동료들(2006)은 RTI 및 인지 평가 방법은 각각의 장점과 한계에 따라 조절되어야 하고, "특정학습장애 진단의 정확성을 최대화하고 이 이질적인 집단에 대한 교육적 결과를 최적화할 수 있는"(p. 753) 균형적인 실행 모형으로 병합하여 두 관점 중의 최선을 구체화해야 한다고 주장했다. 교육자들과 심리학자들은 두 접근법 모두 가치가 있으며, 각 접근법은 자신의 역할을 가진다고 주장했다. 학습장애를 가지고 있는 아동들에 대한 중재 설계에서 경험적인 결정을 할 때 N=1 설계라는 연구 기반 학습을 사용한다. 만약 RTI와 신경심리학적 평가 모두가 아동의 학업적 필요에 현명하게 적용된다면, 상식적으로 RTI와 신경심리학적 평가는 서로 정보를 제공하고 지원할 수 있다. 최근의 임상 연구 및 임상신경과학이 학습장애 및 특정학습장애 진단의 가치를 다루는 이러한 문제에 불러온 변화는 다음과 같이 정리할 수 있다. 아동의 능력이 성숙의 다른 단계에서 뇌−행동 부분에 걸쳐 그것을 어떻게 나타내는지에 대한 좀 더 충분한 지식과 정보를 얻는 것은 신경심리학적 정보를 사용한다는 것을 의미하며, 이는 또한 뇌가 어떻게 작용하고 아동의 수행을 어떻게 인지하는지와 관련해서 자료를 분석하여 통합하는 것을 의미한다. 따라서 이는 진단뿐 아니라 중재의 효과를 재평가하고 설계할 때 도움을 주거나 학습장애 또는 특정학습장애를 가지는 개별 아동에 대해 효과적이지 못한 일반적인 교육 접근법을 수정하는 데 유용하고 필수적이다.

학습장애 진단에서 신경심리학은 어떤 역할을 해야 하는가

신경심리학, 특히 아동 신경심리학(발달신경심리학 혹은 소아 신경심리학이라고도 함)의 특징은 두뇌 작용 관계를 더 잘 이해하는 것에 관심이 있는 개인들로 구성된다. 지난 30년 동안 아동 신경심리학 발달에 관한 지식에서 우리의 상당한 발전은 임상 실습과 연구를 통해 이루어졌다. 임상 집단의 연구에서 전형적인 두뇌 발달과 행동을 보라 잘 이해하는 데 중점을 두는 것까지 관심이 확대된 것은 특별한 중요성을 가진다. 진단, 평가(사정) 그리고 학습장애 아동에 대한 중재의 영역은 아동 신경심리학의 주요한 관심사가 되어 왔다. 신경심리학 연구는 학습장애 구성의 지원과 학습자의 다양한 하위 집단의 존재에 대한 정보를 증명하고 제공한다(Vellutino et al., 2004). 연구진은 (학습장애 진단에 대한) 단일 평가나 단일 관찰에 의존하는 것이 문제가 될 수 있다는 주장의 타당성을 보고했다(Francis et al., 2005). 그들은 학문적 기술 발달에 대한 다양한 수업의 영향이 고려된 매우 정교한 모형이 필요하다고 주장한다.

신경심리학적 평가(사정)는 행동에 영향을 끼치는 요인들을 평가함으로써 전체 아동을 이해하는 데 초점을 맞춘다. 이는 생물학적 작용, 신경심리학적 기능, 심리학적 기능, 사회적 작용(예: 가족, 학교, 사회)을 포함하여야 한다. 또한 신경심리학적 평가(사정)는 종종 개인의 교실과 같은 미시적 환경을 포함하여 다양한 환경에서 아동의 역할에 관한 정보를 얻는다. 신경심리학적 평가의 결과는 학습장애의 여부를 판별하고 중재 권고를 전개하는 데 사용될 수 있는 소중한 정보를 잠재적으로 제공한다. 신경심리학적 평가(사정)로부터 얻어진 정보는 학업적 기술에 대한 아동 발달의 매우 정교한 모형 발달을 지원하는 데 사용될 수 있다. 학습장애를 이해하고 평가하는 신경심리학의 역할에 대해 상당한 지원을 제공하고, 또한 그 평가와 기능의 관계에 대해 상술하는 영역의 매우 정교한 모형들을 제공하는 아동 신경심리학의 우수한 논의가 많이 있다(예: Rourke, Van Der Vlugt, & Rourke, 2002; Baron, 2004; Yeates, Ris, & Taylor, 2000).

신경심리학자에게 의뢰한다는 것은 전형적으로 아동 역할에 관해 알려지지 않은 정보를 얻기 위함이다. 학습장애가 의심되는 아동에 대한 의뢰는 신경심리학자에게 의뢰를 하는 가장 흔한 이유 중 하나다. 신경심리학적 평가는 학문, 공동체, 사회환경에서의 수행 능력과 관련됨을 보여 왔던 많은 영역에서의 기능에 대한 평가를 포함할 것이다. 평가된 영역은 전형적으로 인지 능력, 수행 능력, 언어 능력, 시각-공간, 시각-지각, 시각-운동, 학습과 기억(상기), 학업 능력, 사회적 기능을 포함한다. 학교에서 학습할 때의 어려움과 관련될지도 모르는 다른 조건의 가능성에 대한 평가는 학업적 기술을 획득하는 데 어려움을 겪는 아동을 이해하기 위해 매우 중요하다. 다른 조건의 상당수 또한 학습장애와 연관된다는 것이 발견되었다. 예를 들어, 언어장애, 난서증(dysgraphia), ADHD와 같이 동시에 발생하는 장애들 또한 학습을 방해할 수 있다. 많은 수의 장애/질환도 학습장애와 관련이 있음이 발견되었다. 다음은 연구된 질환들에 대한 완전한 목록이 아닌 견본이다. 자폐 스펙트럼 장애, 투렛 증후군, 신경섬유종증, 백혈병, 뇌종양, 간질, 조산, 겸상적혈구질환, 당뇨병, 터너 증후군, 인간면역결핍 바이러스, 정신과 질환 등이다. 아동 신경심리학의 임상 적용은 신경학적 질환, 신경발달 질환, 정신병적 · 심리학적 · 의학적 질환, 발달적 차이를 가진 아동에 대해 평가(사정), 치료, 관리, 훈련/재활의 제공을 포함한다.

일반적으로 신경심리학적 평가가 권장되는 아동은 학업적 기술 습득에서 어려움이 꽤 오래 지속된 이력을 가지고 있고 학교에서나 혹은 개인적으로 특정한 중재를 받은 경험을 가지고 있다. 중재는 넓은 범위의 측면에서, 즉 시간의 양, 중재의 내용, 아동의 필요에 따른 중재의 적합성, 그리고 중재의 체계적인 본질의 측면에서 상당히 다를 수 있다. 또한 초기 교육의 품질도 크게 다를 수 있다. 학업 성과를 기준으로 아동의 수행 능력을 평가할 때 이러한 유형의 정보는 그것이 제공하는 소중한 내용을 고려해 보면 그 중요성을 알 수 있다. RTI와 관련해 많은 논쟁이 놓치는 것이 바로 이러한 다양성의 정도다. 지도에 대한 아동의 반응에 관한 정보, 학습 속도 및 학습량을 평가하기 위한 빈번한 조사, 그리고 경험적으로 입증되는 체계적인 초기 교수의 증거가 없으면 단지 교육과정상의 조사만을 이용한 적절한 중재의 개발은 매우 힘들 수 있다. 아동의 학업 내용이 제한적일 때(예: 읽기를 시작한 지 얼마 되지 않은 아동), RTI 접근법은 아동의 초기 학업 경력에는 가장 유용한 것으로 나타났다. 그러나 현재 학업에 어려움을 겪고 있는 대부분의 아동의 경우 RTI에서 내려진 가정들이 현재 충족되지 않고 있다(Wodrich, Spencer, & Daley, 2006).

신경심리학은 인접한 환경과 개인의 행동에 의해 발생하는 요구들 사이의 관계를 이해하는 데 도움을 줄 수 있는 진단적 발견법을 제공한다. 예를 들어, 학습 내용의 전반에 걸친 빠른 회상의 어려움은 어떤 산술의 특정 부분이 좀 더 어렵다든가 혹은 해당 학생이 교실에서의 회상에 앞서 준비가 필요함을 예측하는 데 이용될 수 있다. 또한 신경심리학적 평가(사정)는 가정과 교육자가 해당 아동을 더 잘 이해하도록 도울 수 있으며, 평가 가능한 예측을 포함할 수 있는데, 이는 교육과정 개발에 이용될 수도 있다. 신경심리학적 평가(사정)로부터 얻은 정보는 자주 학교 밖에서의 해당 아동의 기능과 관련된 정보를 포함할 것이다. 학교와 집에서의 행동 및 수행 능력 사이에 양방향의 빈번한 소통은 분명 필요하다. 학교와 집에서 학습을 촉진하도록 권고되어야 한다. 예를 들어, 집에서 최적의 학습 전략, 행동 관리 그리고 조직화된 기술 개발과 관련된 중재가 제안될 수 있다. 집 혹은 지역사회에서 수행되는 교수법 및 중재는 RTI 프로그램에 대한 반응을 강화시키고 실제로 그것을 성공적으로 이끌 수 있다. 예를 들어, 조직적 능력 훈련은 작문 표현의 향상을 위해 요구되는 기술을 제공할 수 있다.

최근 RTI의 접근 방식에 관한 신중한 논의가 발표되었다. 따라서 여기서는 자세한 개관을 하지 않을 것이다. 관심 있는 독자는 강점과 약점을 포함하는 RTI에 대한 전체 논의를 『학교에서의 심리학(*Psychology in the Schools*)』(volume 43[7, 8], 2006)에 수록된 두 편의 특별 기고에서 찾아볼 수 있다. Willis와 Dumont(2006)는 RTI와 그들이 인지적 평가(사정)라고 명명하는 것, 그리고 좀 더 넓게는 신경심리학적 평가(사정)라 불리는 것 사이의 관계를 이해할 수 있는 유용한 구성을 제안했다. 그들은 두 가지 접근 방법이 상호 보완적이며 각각은 해당 아동에 따라 유용하다고 결론지었다. RTI 접근 방식은 특정한 교육과정에 대한 아동의 숙달을 평가하기 위한 예비적 접근법(preliminary approaches)으로 여겨질 수 있고, 좀 더 종합적인 평가일수록 그 효과는 더욱 커진다. 특히 RTI 방법은 아동이 하나의 잘 정의된 교육과정을 배우기 시작할 때(예: 단일단어 읽기, 더하기/빼기), 그리고 긴 실패의 기간을 경험하지 않았을 때 최적의 접근법이 된다. 비록 다른 평가 데이터가 수집되지는 않았지만, 작업이 더 복잡해지고 다각적으로 될수록 RTI 접근 방식의 이용 가치는 낮아지며 실패의 기간이 연장되는 것으로 나타났다.

하나의 분야로서 신경심리학, 특히 신경심리학적 평가(사정)는 중재를 '초점화하는 데' 도움을 주는 정보를 제공할 수 있다. 다음의 두 가지 예는 이러한 관점을 보여 준다. 탐색하기, 쓰기 그리고 연산 작업에서 숫자의 자릿수를 바르게 쓰는 데 영향을 미치는 시각적-공간적 장애를 가지고 있음을 알게 된 학생은 읽기 중재 또는 수학 중재에서 그러한 약점이 보완되기 전에 일정 기간 동안 나타날 수 있는 실패를 경험하지 않고 처음부터 시각적 지원을 통해 혜택을 받을 수 있다. 수두증(hydroen-cephalus)을 앓는 아동들과 외상성 뇌손상(traumatic brain injury)을 앓는 아동들을 대상으로 한 연구는 읽기 이해력의 측정에서 그들의 낮은 수행 능력의 원천적 원인들의 중요한 차이점을 발견하지 못했다. 두 집단 모두 낮은 읽기 이해력 측정 결과를 보여 주는 동안, 수두증을 앓는 집단은 자주 의미-실용적 기능(semantic-pragmatic function)과 단어 지식에서 문제를 보였고, 반면에 외상성 뇌손상을 앓는 아동들은 읽기 유창성에서 잦은 문제를 보였다. 이것은 두 집단 모두에게 읽기 이해력 수준에 대한 교육과정중심 평가(사정)를 기초로 동일한 중재를 제공한 것이 적어도 한 집단에는 부적합했음을 의미한다. 위의 예에서는 의학적 상태를 알고 있는 개인들을 대상으로 했고, 특정한 하위 집단의 예상된 수행 능력 패턴에 대한 이해의 중요성과 함께 주어진 과제에서 개인의 성공에 영향을 미치는 과정들과 관련해서 수집된 정보의 중요성이 강조되어야 한다. 신경심리학적 평가(사정)는 주의력, 충동성, 실행 능력 그리고 심리학적 기능과 같은 학업의 성공과 관련된 다양한 측면의 중요하고도 부가적인 정보를 제공한다. 교육과정에 대한 평가(사정)는 도움이 된다. 복잡한 장애를 가지고 있는 학생들에 대한 평가는 신경심리학이 해당 아동의 강점과 단점을 이해하는 데 유용하며 적절한 중재 개발에 도움이 되는 부가적인 정보를 얻을 수 있는 기회인 것이다.

신경심리학이 학습장애인들에게 제공하는 또 다른 중요한 영역은 RTI 의 '무반응자'들에 대한 이해 증가와 관련이 있다. 신경심리학적 연구는 평가 영역, 패턴의 유의성 그리고 수행 능력 수준에 관해서 중요한 정보를 제공하고 있고, 학습장애를 가지고 있는 사람들의 하위 유형이 존재함을 입증하고 있으며, 신경심리학적 결과와 중재 사이의 관계를 설명하고 있다(Rourke et al., 2002).

RTI는 아동이 무엇을 배우고 얼마만큼 잘 배우는지에 관한 정보를 제공할 수도 있다. 하지만 어떤 중재가 왜 효과적이지 않은지에 대한 정보는 제공하지 못한다(Mather & Kaufman, 2006). 신경심리학은 보다 성공적인 중재를 위해 다음으로 무엇에 초점을 맞추어야 하고, 어떻게 적용하고 수정하며, 중재를 어떻게 변화시켜야 하는지와 같은 질문에 대한 대답을 제공할 수 있다. 아동이 중재에 반응을 하지 않은 데에는 다양한 이유가 있는데, 아동의 성공 부족에 기인하는 것인지는 분명하지 않다.

접근법으로서의 RTI는 학습자의 다양한 유형을 구별할 수 없으며, 이는 당연히 학습장애를 지닌 학생들의 분류에도 유용하지 않다(Hale et al., 2006). RTI 접근은 그 좁은 시각으로 인해 의뢰 전 모형(prereferral model) 으로 논의하는 의견이 많았던 만큼 지도하는 데 있어 가장 초기 단계와 기초 읽기와 같은 활동에서 유용해 보인다. 그러나 기초 읽기 학습자들에게조차 읽기 학습을 방해할 음성학적 기술 이외에도 많은 어려움의 영역이 있을 수 있다. 몇 가지 분야의 어려움을 가진 아동에 대한 중재를 수정하는 데 단지 교육과정 조사에만 의존하는 것은 속도도 느릴뿐더러 고르지 못한 발달로 이끌 수 있다는 중대한 위험을 가지고 있다. 이러한 상황에서의 RTI는 중재를 발달시키는 데 쓸모없는 과업이 될 것이다 (Willis & Dumont, 2006). 신경심리학적 평가(사정)로부터 얻은 정보는 아주 중요하지만, 아동의 실패에서부터 발달까지 명백하지 않은 정보를 제공할 수도 있는 상황이다. 각각의 배타적인 접근보다 신경심리학적 평가에 초점을 맞춘 조화가 보장될 때 RTI 접근법은 권장될 수 있다.

제11장
신경과학, 신경심리학, 보건학의
관점에서 바라본 학습장애

Ronald T. Brown, Brian P. Daly, & Gerry A. Stefanatos

신경과학은 학습장애 평가(사정)와 판별에
어떻게 기여할 것인가

지난 20여 년간, 발달적 학습장애에 관한 인지 기반, 병인학 그리고 병리생리학에 대한 이해도가 상당히 높아졌다. 이러한 발전은 신경과학, 특히 기능적 뇌영상으로부터 아이디어, 개념, 기술적 약진 등의 통합으로 상당한 이익을 얻었다. 기능적 자기공명영상(functional magnetic resonance imaging: fMRI)이나 양전자단층촬영(positron emission tomography: PET)과 같은 혈류역학에 기반을 둔 기능적 뇌영상 절차는 신경 활동을 이차적으로 변화시키는 뇌혈류와 산소 활용의 국소적 변화를 측정할 수 있게 한다. 이 절차는 읽기와 같은 인지 활동을 할 때 밀리미터 수준의 공간 해상력으로 피질망의 활성화를 국지화할 때 사용된다(Rumsey et al.,

1999; Shaywitz & Shaywitz, 2005). 뇌파검사(electroencephalography: EEG)와 사건관련전위(event-related potential: ERP)와 같은 전자기에 기초한 방법들은 보다 더 직접적인 신경 활동을 측정할 수 있게 하지만, 이 방법들은 전통적으로 낮은 해상도를 가지고 있다. 그러나 저해상전자기 단층분석 (low resolution electromagnetic tomographic analysis: LORETA; Gamma et al., 2004; Moisecu-Yiflach & Pratt, 2005) 또는 뇌자도(magnetoencephalography: MEG; Simos et al., 2007)와 같은 새로운 기술의 적용은 활성화된 피질망의 시간적 역동성을 기본적인 자료의 상당한 공간적 국지화와 함께 밀리세컨드 수준의 시간적 척도로 보여 준다. 결과적으로 보완적인 기능적 신경영상 절차는 학습장애의 특정한 종류들의 신경해부학적 및 신경심리학적인 연관성에 관해 놀랄 만한 새로운 기회를 제공한다.

최근에 이러한 기술은 기능, 국지화(localization) 그리고 읽기의 다른 양상과 관련되어 있는 신경망에 기초한 세 좌반구의 분포를 성공적으로 특징지어 주었다(Dehaene et al., 2005; Price & Michelli, 2005). 이 결과는 장애의 인지적 모형에 관해 정보를 제공해 주어, 특정학습장애에 발생하는 기능의 약화에 대한 이해를 돕는다. 지난 100년 동안, 읽기 과정은 복잡한 과정의 흐름 속에서 글자 인식부터 의미 접근까지 학습장애에서 가장 실패하기 쉬운 분야로서 논쟁거리가 되어 왔다. 신경영상 연구는 청각과 시각 처리 과정의 결함이 초기에 발생한다는 확증을 제공하였으며, 오래 지속되어 온 관점, 즉 음운의 결함이 장애와 관련한 가장 두드러진 결함이라는 것을 실체화하였다.

이들 연구는 학습장애와 관련한 신경기능장애의 발달적인 변인에 대한 관점에 이점을 제공한다. 능숙하게 읽는 사람과 읽기에 손상을 입은 사람 사이의 활성화 차이가 모든 연령에 존재하는 반면, 뇌의 전측(하측 전두회 [inferior frontal gyrus])에 다소간의 비정상적인 해상도(resolution)가 나이에 따라 나타나는데, 고연령 아동들의 차이점이 읽기와 관련하여 두 후측 망

(posterior network) ― 후두측두 체계(occipital-temporal system)와 두정측두 체계(parietal-temporal system) ― 에 제한되어 있다(Shaywitz et al., 2004).

이 절차는 또한 정상 아동과 읽기장애 아동에 대한 행동 중재의 효과를 조명한다(Temple et al., 2000; Shaywitz et al., 2004). 예를 들면, 결과 측정으로 기능적 신경촬영법 인덱스를 이용한 처치 연구들은 읽기 능력을 촉진하는 신경계가 경험-의존 가소성을 보인다는 고무적인 결과를 제공했다. 적절하고 효과적인 중재가 어쩌면 신경생리학적 기능을 정상화할 수 있는 유의미한 변화를 초래할 수도 있다(Simos et al., 2007).

신경적으로 정상적인 집단과 학습장애 아동의 뇌 기능의 차이점을 밝히기 위한 기능적 뇌영상 기술의 역할은 이론적인 견지에서 매우 중요하다. 이 과정에 따라 수집된 정보는 학습장애의 신경생리학적 모형을 증명하고 확장하는 데 (어느 정도는) 도움이 되었다. 이 연구로 도출된 보다 더 정확한 학습장애의 개념화는 신경인지 기능의 세밀한 영역을 평가(사정)하는 것에 대한 가치를 제안했다. 결과적으로 이것은 학습장애를 평가(사정)하고 판별하는 더 능률적이고 정확한 방법을 산출한 것으로 보인다.

그러나 현재까지 수집된 기능적 뇌영상 연구 결과는 신경영상법을 학습장애의 평가(사정)와 판별에 구체화할 수 있는 예비적이고 기본적인 수준이다. 이러한 관찰과 체계화 과정의 타당성을 입증하기 위해서는 이 기술이 진단을 지원하고 처치 계획을 안내하는 측정의 수단으로 도입되기 전에 더 많은 연구가 이루어져야 한다. 개인의 신경영상 자료를 의미 있게 해석하기 위해서는 기술적이고 개념적인 어려움을 우선적으로 다루어야 한다. fMRI와 방사선 단층촬영법(single photon emission computed tomography: SPECT)과 같은 기술은 뇌 활동을 직접적으로 측정하지 않고 신경 활동, 물질대사의 이용 그리고 뇌혈류 사이의 연결에 따라 간접적으로 측정한다. 이 연결에 대한 이해는 불완전하며, 나이, 질병, 약물에 영향을 받을 수 있다. 덧붙이자면, 이 기술들이 혈류역학적 측정을 어떻게 이끌어 낼지 그 효력에 따라, 이것은 다양한 기초선을 참조하여 신경 활동의 상대적 추정을 회기 내와 회기 간 시간의 경과에 따라 제공할 것이다. 이 이슈 때문에 다른 위치(site) 또는 다른 수단(instrument)으로 얻어진 데이터의 비교가 복잡해진다.

심지어 위치와 수단이 일정하더라도, 혈류역학적 신경영상 과정은 개인 간에 상당한 다양성을 종종 보여서 개인적 활동 패턴은 관측된 집단의 평균 결과로부터 상당한 편차가 있을 수 있다. 게다가 집단 내 또는 집단 간에 통계적으로 유의미한 활동을 식별하는 과정은 다양하며, 개인의 자료에서 유의미한 활동을 국지화하고 식별하기 위해 사용된 것들과 다른 절차와 변형을 수반할 수 있다. 더욱이 학습장애 아동의 뇌와 정상신경계를 가진 대조집단의 신경성장(neuromaturation)과 신경해부적(neuroanatomical) 차이점은 기능적 활동의 차이점에 대한 해석을 혼란스럽게 하거나 복잡하게 만들 수 있다.

마지막으로, 과제 변인은 뇌 활동에 유의미한 차이를 초래할 수도 있다. 예를 들면, 발달적 난독증 아동들은 읽기와 음운 과제 수행 시 각회의 활동이 감소된 것으로 나타났고(Pugh et al., 2000), 감소된 관류(perfusion)는 난독증의 심각도와 관련이 있는 것으로 나타났다(Rumsey et al., 1999). 그러나 어떤 맥락에서 활동량의 정도(범위)와 크기는 난이도와 함께 증가하고 연습을 통해 감소할 수 있다. 하지만 각기 다른 연령과 기능 수준을 가진 아동들에 걸쳐 이러한 요인을 통제하거나 균등화하는 것은 매우 어렵다. 게다가 fMRI 촬영 시 움직임 에러(movement artifacts)는 치명적인 영향을 주고 그 때문에 데이터를 버리는 일이 흔하다. 결과적으로 그러한 요인이 표집 편향을 초래할 수 있으므로 조심해야 한다.

결론적으로 신경영상의 최근 발달은 학습장애의 인지 모형을 확장시키고 발전시키는 데 공헌해 왔다. 신경영상은 장애의 발달 경로, 처리 결함이 나타나는 수준, 정상 발달 단계에서 일어날 수 있는 신경가소성 변화(neuroplastic changes), 처치에 대한 반응 등을 발전시키는 데 가치 있는 정보를 제공했다. 그러나 이러한 공헌은 학습장애 아동을 대조집단과 비교하는 집단 연구에 기초한다. 그러므로 몇몇 연구의 실험 설계 본래의 절차의 변이성과 결점과는 상관없이, 개인적 수준에서의 데이터 분석에 기초해서는 결론을 제한할 수밖에 없는 상당한 기술적 및 개념적 문제가 존재한다.

지금까지 신경영상 연구는 병인적 이질성 또는 공존 조건의 존재와 유형 등을 고려하지 않고 자주 발견된 초기 행동 특징과 작은 표본에 대해 제한적으로 이루어졌다. 보다 주의 깊은 실험 설계와 충분하게 동질성이 확보된 집단 없이는 특정 신경학적 신호와 구체적 처리 과정의 비정상성에 대한 연관성을 정확하게 묘사하는 것이 불가능하다. 이들 연관성이 신뢰성 있게 드러난다면, 신경영상 자료는 합리성에 근거한 그리고 본래 목표였던 치료용 중재로서 처치 계획을 안내할 수 있는 가능성을 열 것이다.

향후 신경과학의 발달은 학습장애의 분류와 중재에 어떤 영향을 줄 것인가

지난 몇 년 동안 신경과학에서는 큰 발전이 있었다. 사실상 지난 30년은 뇌의 시대라고 표현할 수 있는데, 신경전달물질, 호르몬, 구조적 뇌의 차이, 그리고 학습장애아와 일반 또래 간의 뇌의 유전적 영향에 대한 이해가 크게 진전되어 왔다. 특히 신경방사선학적 · 전기생리학적 평가 기술의 향상과 함께 중추신경계와 일반적인 인지 과정과 학습장애의 인지 과정에서의 중추신경계의 역할에 대한 완전한 이해가 이루어졌다. 신경전달물질, 신경방사선학적 기술, 유전, 약물유전학, 신경생리학의 이해에 관한 연구의 큰 발전은 의심할 여지없이 학습장애를 가진 아동과 청소년들의 범주화(classification), 임상적 판별, 그리고 학습 손상을 치료하기 위해 고안된 중재 접근에 영향을 미칠 것이라는 것이 우리의 입장이다. 우리는 학습장애의 판별과 중재 노력이 미치는 앞서 언급한 다양한 영향에 대한 역할을 논의할 것이다.

신경영상 연구

중추신경계의 역할은 특히 학습장애 뇌 기능의 비정상성, 발달 지체와 오랫동안 관련되어 왔다(개관은 Provencal & Bigler, 2005 참조). 난독증이 아동과 성인들에게 발견되는 가장 흔한 학습장애라고 여겨졌으므로 대부분의 자기공명영상(MRI) 연구는 난독증에 중점을 두었다(Provencal & Bigler, 2005). 그 근거는 전형적인 읽기가 비언어(예: 시지각, 기억) 중심 과정과 언어 중심 과정 모두의 상호작용을 요구하기 때문에, 어느 뇌 기능의 손상은 읽기 기술의 명확한 장애를 유발할 수 있다는 것이다. 다양한 뇌의 영역은 특정학습장애와 관련되어 있다. 우리는 읽기장애 아동뿐만 아니라 언어장애 아동의 좌반구 측두-두정-후두 부분에 비정상적 불균형이 발견된 특정학습장애 아동과 성인의 뇌 구조를 평가하기 위해 MRI를 사용하였다(Collins & Rourke, 2003; Frank & Pavlakis, 2001; Vellutino, Fletcher, Snowling, & Scanlon, 2004). 많은 연구는 읽기장애를 가진 사람과 정상인 사이에 측두엽, 편평측두(planum temporale), 뇌량 등에서 정상에서 벗어난 불균형 또는 이 다양한 구조들의 크기가 다른, 형태학적 차이가 있는 것으로 보고하고 있다. 또한 편평측두의 특별한 형태학적 결과에 대한 주목할 만한 데이터도 있는데, 이것은 언어 과정과 청각 이해와 관련되어 있다(Hynd & Semrud-Clikeman, 1989; Morgan & Hynd, 1998). 마지막으로, 기능적 영상 연구 또한 난독증을 가진 아동과 청소년의 좌반구가 정보 처리와 관련되어 있다는 것을 함의했다(Breier et al., 2003; Shaywitz et al., 2002). 이러한 결과는 Shaywitz와 Shaywitz(2003)의 연구 결과와 일치하며, 읽기의 세 신경계는 좌하측전두 영역(left inferior frontal region)의 전측 체계 그리고 두 개의 후측 체계인 두정측두 체계(prietal temporal system)와 후두측두 체계(occipital temporal system)를 포함하고 있음을 보여 준다.

　신경영상 연구들 간에 몇몇 불일치가 있긴 하지만, 구조적 자기공명영상과 기능적 자기공명영상 모두에서 읽기장애가 뇌의 구조적 손상을 포함한다고 제안하는 중요한 자료가 얻어졌다. 사실상 몇몇 연구자는 그러한 손상의 근원은 발생학의 발달에서 찾을 수 있다고 주장해 왔다(개관은 Castellanos, 1996 참조). 신경영상학 기술이 앞으로 수십 년간 계속적으로 발전할 것이라는 것은 의심할 여지가 없으며, 학습장애아의 뇌의 구조적인 차이점도 부가적으로 발견될 것이다. 게다가 활동의 국지화에 민감한 기능적 자기공명영상은 학습장애 아동과 성인의 뇌 영역별 손상 가능성에 대한 많은 연구를 산출해 왔다. 신경영상 기술이 아직 학습장애를 판별하기 위한 임상적인 평가 도구로 사용되고 있지는 않지만, 이러한 기술은 학습장애의 구인타당도와 더불어 학습장애 아동과 청소년들에게 지속적으로 나타나는 인지와 행동의 손상에 대한 뇌의 비정상성의 역할의 타당도를 설명해 줄 수 있으므로 중요하다.

유전적 기여

　최근에 학습장애에서 구체적인 유전적 원인을 밝히기 위한 상당히 많은 연구가 행해졌다. 학습장애아의 가족 내에서 학습장애의 비율이 높다는 것은 잘 알려져 있다. 더 최근의 연구는 학습장애의 가족력에 대한 증거를 보여 준다. 분자유전학 연구와 쌍생아와 입양아 조사연구는 유전자가 개인에게 학습장애를 갖도록 하는 성향이 있다고 보고했다. 대부분의 학습장애가 유전 형질을 포함하였고, 친척 중 40%까지 비슷한 문제를 가지고 있는 것으로 나타났다. Faraone, Biederman과 Lehman(1993)은 학습장애의 위험이 가계발단자(proband)의 친척 중에 학습장애와 ADHD의 공존장애 형태로 가장 높게 나타난다는 것을 발견하였다. 게다가 읽기장애를 가진 쌍생아의 경우 학습장애의 유전에서 유전 변인이 25~50%로 나타났다(DeFries & Fulker, 1988). 더 주목할 만한 것은 읽기와 철자 장애의 15번과 6번 염색체에 대한 특별한 유전 표식(genetic marker)에 관한 연구다(DeFries & Decker, 1982; Grigorenko et al., 1997; Smith, Kimberling, Pennington, & Lubs, 1983).

신경학적·유전적 요인이 학습장애의 주된 결정인자인 듯하지만 원인을 설명한 연구가 지금까지 없었기 때문에 우리는 이 자료들을 해석하는 데 주의를 기울여야 한다. 더욱이 많은 일란성 쌍생아 연구는 사실상 평정자 편향(rater bias)에 영향을 많이 받을 수 있다. 특히 양육자가 일란성 쌍생아를 이란성 쌍생아보다 닮았다고 인식하기 때문에 학습장애의 증상을 비슷하게 평가할 수 있으며, 반면에 어떤 부모들은 심지어 이란성 쌍생아의 학습에서의 차이점을 과장할 수 있다(Barkley, 2006). 마지막으로, 임신기간 동안 모체의 독소, 알코올 등의 물질 복용(Shaywitz, Cohen, & Shaywitz, 1980) 그리고 낮은 사회경제적 지위 등의 환경적 요인 또한 아동에게 학습장애 표현형의 경향을 갖게 할 수 있다(Wadsworth et al., 1992). 이런 유전적 요인에 대한 논의의 필요성은 여전히 분명하지 않다. Goldstein과 Kennemer(2006)는 난독증의 유전자를 받은 아이는 손상 프로파일이 가족 구성원에 따라 다양하여, 두드러진 장애를 나타내지 않는 것부터 아주 심각한 장애를 보이는 것까지의 표현형을 나타낸다는 예리한 관찰을 했다.

학습장애의 분명한 유전자형이 없고 장애의 구체적인 유전적 메커니즘이 지금 이 시점까진 알려져 있지 않지만, 학습장애가 가계 내에서 발생한다는 것은 분명하다. 아동과 청소년의 중재를 위해 더 중요한 것은 특정한 유전적 성질을 지닌 특정 하부 유형의 아동들이 특정한 약물에 긍정적으로 반응하나 반대로 다른 것들에는 그렇지 않다고 설명하는 약물유전학과 관련된 연구가 많이 이루어지고 있다는 것이다. 결과적으로 현재는 유전과 학습장애의 미래에 대한 연구를 할 적정 시기다.

신경전달물질과 신경약리학

특별히 신경약리학(neurophamacology)의 발전과 함께 신경전달물질(neurotransmitter)의 기능장애에 대한 개념이 학습장애의 병인학으로 자리해 왔다. Shaywitz와 Shaywitz(1994)가 관찰한 것처럼 학습과 기억은 시냅스 수준에서 일어나며, 이것은 도파민과 같은 신경전달물질에 의해 부분적으로 매개가 된다는 것을 제안한 주목할 만한 연구 결과가 있다. 약물에 대한 반응이 학습장애의 생물학적 또는 화학적 비정상성의 개념을 분명하게 설명할 수는 없다. 비록 다른 연구 결과들이 이 개념을 전적으로 지지하는 것은 아니지만(Harperin et al., 1997), ADHD가 뇌의 도파민 감소와 관계있다는 몇몇 흥미 있는 문헌이 있다(개관은 Pliszka, McCracken, & Mass, 1996 참조). 인간을 대상으로 한 연구들이 이 시점에서 완전히 결론이 난 것은 아니지만, 주의력 문제에 대한 도파민 가설을 지지하는 몇몇 주목할 만한 동물 모델이 있는데, 이것은 학습장애아들과 확실히 관련이 있다. 그러므로 학습장애와 연관된 구체적인 신경전달물질에 대한 연구 결과들이 아직 결론에 도달하지 않았지만, 도파민과 노르에피네프린의 활용에 결함이 있는 것으로 가정되어 왔다.

요약 및 결론

학습장애아의 뇌 형태학과 유전학에 중요한 역할을 제안하는 신경영상 관련 문헌으로부터 주목할 만한 연구 결과가 있다. 정상 또래와 비교하여 학습장애아의 좌우 반구 모두는 유의미한 불균형이 있을 뿐만 아니라 특정 영역의 해부학적 구조의 크기가 작다. 게다가 기능적 영상은 이 다양한 구조에 걸쳐 뇌 활동에 분명히 차이점이 있다고 제안한다. 그리고 가계 연구는 부모가 학습장애이면 특히 그 자식이 학습장애가 될 요인이 크며, 학습장애아의 생물학적 친척 중에서도 학습장애의 위험성이 크다고 분명히 제안했다. 비록 이 연구는 여전히 걸음마 단계에 있지만, 특정 유전자가 학습장애 개인에게 관련되어 있다는 사실을 말해 준다. 학습장애아의 병인학이 되는 한 가지 신경전달물질이 증명되지는 않았지만 시냅스 단계에서의 도파민의 역할은 분명하게 기억과 주의력 결핍에 아주 중요하다.

한 가지 생물학적 표식만이 학습장애와 관련되는 것은 아니지만, 유전학, 신경영상 연구, 신경전달물질 연구 결과는 학습장애가 분명히 생물학에 근원이 있다고 제안한다. 이러한 연구들은 비록 걸음마 단계이긴 하지만 앞으로 수년 동안 상당히 발전할 것이다. 지금까지의 연구 결과는 특히 주목할 만하며 장애의 타당성에 대한 외적 증거를 제공해 준다. 신경방사선학과 유전학 연구가 학습장애를 평가하는 데 표준화되어 있지는 않지만, 뇌의 다양한 형태적·유전적 표식이 학습장애의 특정 생물학적 표식으로서의 역할을 한다는 설득력 있는 연구 결과가 있다. 게다가 이 표식들은 학습장애를 조기 판별할 수 있도록 해 주어 유아기에 중재가 시작되도록 할 수 있다. 이러한 결과는 고무적이며 학습장애의 판별과 처치에 분명히 상당한 함축적 의미를 지닌다.

학습장애 아동과 청소년의 뇌와 관련한 특정 형태학적 결과의 식별은 장애 개인을 위한 처치 프로그램의 개발에 전문성을 제공한다. 먼저, 앞서 언급한 것처럼 학습장애와 관련된 특정 생물학적 표식의 조기 식별은 아동기나 심지어는 유치원 기간 동안에 학습 손상의 조기 식별과 처치를 할 수 있게 한다. 우리는 언어와 운동 발달의 영역에서 아이들의 지체를 개선하기 위해 조기 중재가 매우 중요하다는 사실을 자폐증이나 지적장애를 포함하는 다른 발달장애로부터 알 수 있다. 덧붙여, 눈에 드러나는 가족력을 포함한 학습장애의 특정 위험 요인에 대한 지식은 조기 판별을 가능하게 하여, 지속되는 장애, 뒤이은 실패 그리고 우울증, 사기 저하 등을 포함하는 학교에서의 아동 실패를 초래하는 심리사회적 적응의 어려움 등을 예방하기 위한 조기 중재를 가능하게 한다. 형태학적 연구 결과는 전두엽의 불균형과 관련 있는 주의 문제, 작은 해마와 연관이 있을 수 있는 기억 손상, 소뇌의 기능적 손상과 관련 있는 운동 능력 손상 등의 다양한 중재 접근과 특별히 연관된 중재 기법을 적용할 수 있도록 한다. 더 나아가, 학습장애와 연관된 특정 유전 표식은 가족 구성원 또는 비슷한 유전 프로파일을 지닌 다른 사람을 판별하는 접근뿐만 아니라 조기 중재를 가능하게 한다. 마지막으로, 특정 약물이 특정 유전자형에 효과가 있다고 설명한 약물유전학도 큰 발전을 이루어 왔다. 신경전달물질과 기억과 주의에서의 신경전달물질의 역할에 대한 이해와 함께, 다양한 유형의 학습장애를 위한 특정 신경약물학적 접근의 영역에 중요한 발전이 있을 것 같다. 물론 비록 학습장애의 판별, 범주화 그리고 중재가 전제로 남아 있지만, 이 접근은 경험적 차원에서 전도유망해 보인다.

학습장애 진단에서 신경심리학은
어떤 역할을 해야 하는가

병인의 차이, 개인 수행의 다양성, 그리고 인간-환경 상호작용과 관련된 요인들은 모두 학습장애와 관련되어 있다. 그러므로 학습장애의 정확한 판별과 진단에는 힘든 노력이 필요한 것으로 여겨진다. 비록 어렵긴 하지만, 학습장애의 정확한 진단은 적절한 처치를 위해 필요하다. 뇌-행동 관계에 초점을 두는 신경심리학 모형은 인지 과정의 기능장애에 대한 정확한 발견을 가능하게 하는 종합적인 관점으로 간주된다. 신경심리학은 그 자체가 학습장애의 진단에 중요한 역할을 할 수 있다.

병인론

학습장애의 병인은 다원적이고, 기능을 발휘하지 못하는 뇌 구조와 기능 그리고 유전적 영향에서 기인한다고 간주된다(American Academy of Pediatrics et al., 1998). 출생 전 그리고/또는 출생 후의 신경 발달 과정의 기능장애가 학습장애의 주된 요인이라고 지적하는 연구 결과와 함께(Emerson et al., 2000), 모든 학습장애는 기본적으로 중추신경계의 기능장애가 원인이라는 데 합의가 이루어지고 있다(Learning Disabilities Round-table, 2004). 예를 들면, 뇌의 좌측 페리실반(perisylvan) 부분이 신경언어학적 기능을 담당하고, 이 영역의 장애는 난독증과 연관되어 있다. 게다가 좌우 반구의 해마 부분의 기능부전은 기억장애와 관련이 있고, 계산장애는 후측 우반구의 기능장애로 인한 것으로 알려져 있다. 신경심리학이 특정 뇌 비정상성과 그것의 기능적 결과에 중점을 두며, 신경심리학 관점은 더 포괄적이기 때문에 평가, 진단 그리고 학습장애 학생의 중재에서 전통적인 지능-성취 불일치 모형보다 더 선호될 수 있다고 주장되어 왔다(D'Amato et al., 2005).

비록 전통적인 지능-성취 불일치 모형이 몇몇 학생의 학습 문제를 정확히 판별할 수 있다고 하더라도, 신경심리학적 평가가 미세뇌기능장애의 발달적 성질에 보다 더 민감하므로 학생들의 부족한 학업 기술 개발은 신경심리학적 평가를 필요로 할 수 있다(Silver et al., 2006). 비슷하게, 신경심리학적 평가는 의학적 질병이나 학습 수행을 위태롭게 할 수 있는 장애를 가지고 있는 학생들을 위해서 아동의 뇌 관련 강점과 약점을 파악할 수 있고, 뇌 상해나 뇌 질환이 있는 아동들의 인지 능력의 손상과 보존을 분명히 밝힘에 있어 특별한 가치를 증명할 수 있다.

개인차

연구는 개개의 아동과 청소년의 학습 스타일과 잠재력에 상당한 다양성이 나타난다고 일치되는 주장을 해 왔다. 예를 들어, 지능과 학업 기술 외의 인지 기능을 담당하는 다양한 영역은 기억, 주의, 청각과 시각 과정, 언어, 처리 속도(몇 가지 예를 들자면)를 포함하는 아동의 학습 프로파일을 완성하는 데 공헌한다고 알려져 있다. 2명의 학습장애아가 결코 똑같을 수 없으므로, 개인이 학습장애를 가지고 있다는 것을 아는 것은 그 개인에 관한 불완전한 정보와 관련되어 있다. 신경심리학 모형의 특별한 강점은 그것이 학습장애를 진단하는 데 종합적인 접근을 하도록 하고, 지적 기능과 학업 성취 외의 광범위한 능력에 대한 평가(사정)를 가능하게 한다는 것이다(Black & Stefanatos, 2000). 예를 들어, 신경심리학 모형은 특히 추리, 주의, 언어, 기억, 시각, 감각-지각, 운동 그리고 동기뿐만 아니라 일반적 지적 기능, 학업 성취 그리고 정서·행동적 기능 등의 폭넓은 기능을 평가(사정)한다. 이 종합적인 접근은 지능검사의 수행 양식이 학습장애아 진단의 신뢰도를 입증하지 못했기 때문에 특별히 중요하다(D'Angiulli & Siegel, 2003). 그리하여 신경심리학은 학습 잠재력의 차이에 있어 학습장애아의 신경심리학적 토대를 일반아의 것과 구별 짓는다.

신경심리학 모형은 학생들이 어떻게 정보를 학습하고 진행하는지(D'Amato et al., 2005), 그리고 학습장애 가능성이 있는 학생을 평가하고 진단할 때 강점에 기초한 접근을 활용하는지에 대한 이해를 구한다(D'Amato et al., 2005). 따라서 신경심리학 모형의 목적 중 하나는 아동 내의 강점과 약점을 식별하여 아동의 기술, 목표 중재를 이끌 수 있는 보다 더 완벽하고 정확한 전략을 모색하는 것이다. 그러므로 신경심리학의 분야—신경계의 기능과 언어, 기억, 지각 등과 같은 지적 기능에 대한 뇌와 뇌의 손상에 중점을 둔—는 학습장애의 진단에 대한 통찰력을 잘 제공할 수 있다. 게다가 신경심리학적 평가(사정) 접근법의 민감도와 활용도에 관한 연구는 학습장애 가능성이 있는 아동을 일반 또래로부터 구별함에 있어 높은 수준의 정확도를 보여 주었다(Kilpatrick & Lewandowski, 1996).

인간과 환경의 상호작용

신경심리학 모형은 인간(예: 사회적 · 정서적 요인)과 환경(문화 차이, 불충분한/부적절한 교수) 변인 사이의 상호작용에 대한 평가를 포함시키므로 학습장애를 진단하는 데 병인학적 관점을 제공한다(D'Amato et al., 2005). 특히 신경심리학은 뇌 기반 기능뿐만 아니라 환경이 학습을 어떻게 촉진하고 개입하는지와 관련이 있다. 이와 같이 신경심리학적 관점은 주된 신체−감각 문제(예: 시각, 청각 문제, 신체장애), 심리학적 적응 증상(예: 우울, 불안) 그리고 사회적 요인(예: 환경적, 소수민족 불이익)과 관련된 것에 주의를 기울이며, 학습에 영향을 미치는 이들 요소의 결합을 평가(사정)한다. 개인의 강점과 약점이 환경적 · 심리적 변인의 평가와 결합

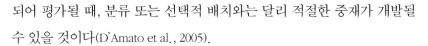

되어 평가될 때, 분류 또는 선택적 배치와는 달리 적절한 중재가 개발될 수 있을 것이다(D'Amato et al., 2005).

학습장애가 ADHD, 불안, 우울과 같은 다른 정신장애와 공존한다는 점에서(Martínez & Semrud-Clikeman, 2004), 신경심리학적 관점은 신경장애와 정신장애를 구별하는 데 특별히 유용함이 입증되었다. 듣기, 말하기, 읽기, 쓰기 그리고 수학 능력과 같은 기술의 습득과 사용에 다른 장애와 증상이 개입할 수 있기 때문에 정확한 차이가 있는 진단은 중요하다(National Joint Committee on Learning Disabilities, 1994). 신경심리학적 관점의 마지막 이점은 그것이 발달적 접근을 지지한다는 것이다. 이 접근은 시간의 경과에 따른 개인의 인지 능력과 학업 기술 발달의 진보와 퇴행을 관찰하며(Black & Stefanatos, 2000), 심각성(severity)과 환경의 차이를 측정하는 데 대단히 중요하다.

요약 및 결론

2004년 IDEA의 권한 재부여 후, 학습장애를 평가(사정)하는 대체 방법이 전통적인 지능−성취 불일치 모형에서 교육과정중심 측정 접근(CBM) 또는 중재반응(RTI) 모형으로 전환해 왔다. 그럼에도 불구하고 학습장애의 병인이 다원적이고 아동의 학습 프로파일이 독특하고 다양하기 때문에 학습장애 판별에는 많은 노력이 요구된다. 예를 들어, 어떤 아동들은 학습 자료를 천천히 습득하므로 학습에 어려움을 겪는 반면, 어떤 아동들은 신경학적 관련 장애로 인하여 학습에 어려움을 경험한다(Merz, Buller, & Launey, 1990). 더욱이 개인의 유전적 요인(듣기 능력의 기능부전) 또는 환경적 요인(가난 또는 혼란스러운 가정환경)이 학생의 학습 문제의 원인이 되기도 한다. 그리하여 학습 기술은 다원적인 요인에 영향을 받기 쉽기 때문에 신경심리학은 잘 드러나지 않는 학습장애나 확실한 형태의 학습장애 모두의 발견을 도와주는 진단 방법으로 적용될 수 있다. 신경심리학 관점의 종합성은 전문가와 부모가 아동의 성격, 지적 능력 그리고 학습에서의 강점과 약점을 더 잘 이해할 수 있도록 해 주어, 개인의 독특한 교육적 요구에 근거한 성공적인 중재와 프로그램/처치 계획에 정보를 제공하고 안내하도록 정확한 진단을 할 수 있게 해 준다.

RTI 맥락에서의 중재 설계에서 신경심리학은 어떤 역할을 해야 하는가

신경심리학과 RTI에서 중재를 개발하기 위한 신경심리학의 역할은 공중 보건 모형의 맥락 안에서 가장 잘 이해될 수 있다. 미국은 학습장애의 발생률과 유병률이 높다. 학습장애의 대부분은 중추신경계와 관련한 광범위한 이슈와 관련이 있는 병인을 가진다. 아동의 학습장애는 미숙, 외상성 뇌손상 등을 포함하는 특정한 의학적인 위험 요소뿐만 아니라, 태아기에 알코올의 기형 유발 영향과 같이 환경적 독소에 조기 노출되었거나 이것이 유아기로 이어지는 것(두 시기 모두 중추신경계의 발달에 결정적 시기이므로)으로 인한 후유증의 결과로 나타날 수 있다. 학습장애는 직업 선택을 제한하고, 소년 비행의 특정 요소를 제기하며, 아동과 청소년뿐만 아니라 성인의 삶의 질을 분명히 제한한다.

Silver 등(2006)은 신경심리학적 평가의 목적이 학습장애 관련 손상의 병인과 손상의 본질을 이해함에 있어 뇌와 관련된 강점과 약점의 패턴을 식별하는 것이라고 주장했다. D'Amato, Rothlisberg와 Work(1998)가 강조해 왔듯이, "평가의 초석"(p. 463)은 효과적인 중재의 준비이어야 한다. Silver 등(2006)은 평가(사정)에서 신경심리학적 접근은 먼저 명확한 진단을 하고 그 뒤에 중재 제안을 제공해야 한다고 관측했다. 정상적 발달 과정과 인지에 대한 이해, 정상적 및 비정상적 뇌 기능에 대한 이해, 난독증, 계산장애뿐만 아니라 비언어성 학습장애를 포함하는 다양한 학습장애와 관련한 지적 수행의 특정한 패턴은 신경 발달 손상에 병인이 있다고 추측되고 있다(Zeffiro & Eden, 2000).

학습장애 아동을 위한 중재는 1차, 2차, 3차 중재 접근의 3단계 중재의 공중 보건 모형을 따라야 한다. 우리는 중재 접근이 반세기 동안의 학습장애 문헌의 기초가 되어 온 처리 결함(processing deficit)의 맥락에서도 이해되어야 한다고 주장한다.

1차 예방

1차 예방 노력은 학습장애 또는 학습장애와 관련 있는 장애들의 발생을 막는 중재를 포함한다. 학습장애를 위한 1차 예방 프로그램은 아동이 학습장애의 성향이 있는 것으로 위험 요소가 식별된 후 학령 전이나 아동기 동안에 적절하게 적용될 수 있다. 아동은 아직 눈에 드러나는 문제는 가지고 있지 않지만 고위험 임신 또는 독소에 노출될 가능성이 있는 환경 때문에 특정학습장애의 위험이 있을 수 있다. 예를 들면, 저체중 미숙아로 태어난 아동은 학습장애의 위험을 가지고 있다고 지적될 수 있다. 1차 예방 프로그램은 진단이 가능한 학습장애를 아직 가지고 있지 않은 아동이나 그러한 장애로 발전될 위험을 보인다고 믿어지는 아동들을 위한 특수화된 중재 서비스를 제공할 수 있다. 중재는 아동이 진단 가능한 장애의 특정 조건과 맞지 않을지라도 초등학교 저학년 동안에 미숙과 관련된 전통적인 처리 결함(예: 언어, 읽기 문제)의 발생을 완화시킬 목적으로 유아기에 가장 적절하게 적용될 수 있다.

2차 예방

2차 예방 노력은 아직 식별 가능한 학업 성취 문제가 나타나지 않은 초등학교 초기에 나타난 신경인지 문제가 악화되는 것을 방지하기 위해 고안된 중재를 의미한다. 저체중 미숙아로 태어난 아동의 사례에서는 아동이 특정학습장애의 규준에 부합하지는 않으나 언어에 특정 결함을 보이기 때문에 1학년 발달지원 특수학급(developmental first-grade classroom)을 활용하는 것이 2차 예방 노력의 사례가 될 수 있다. 그러므로 2차 중재 또는 발달적 학급(developmental classroom)은 현재의 인지 손상과 이후의 치료를 위해 사용될 수 있다. 그러므로 이 중재는 1학년 동안 특정 학습장애의 예방을 위해 사용될 수 있다.

3차 중재

마지막으로, 3차 중재 노력은 식별할 수 있는 학습장애를 가진 아동과 청소년을 위한 특수교육 서비스와 같은 특정 학습 손상을 다스리기 위해 사용된 전통적인 접근을 포함한다. 미국에서는 예방을 위한 대부분의 노력이 최종적으로 읽기장애 아동과 같이 특정학습장애로 진단되어 특수교육 프로그램에 배치받은 아동들을 대상으로 하는 3차 예방 노력의 단계에서 이루어져 왔다. 최근까지 미국에서는 3차 예방 노력의 주된 사용은 심장혈관 질환과 암 등을 포함하는 다양한 질환을 위한 처치 노력에 초점을 맞추기 때문에 건강 관리 시스템으로 특징지어 왔다. 그러나 미국에서는 건강 관리 비용의 증가와 함께 심장 질환과 관련된 위험 요소를 약화시키기 위한 목적으로 1차와 2차 예방을 위해 노력을 기울였다. 이것은 3차 예방 접근의 예인 폐암을 치료하기 위한 마지막 단계의 노력 대신에 1차 예방의 예인 금연 프로그램, 2차 예방의 예인 흡연 정지 등의 프로그램을 실시하는 것을 말한다.

신경심리학적 접근과 공중 보건 모형

특정 신경인지 손상의 식별에 대한 과정 접근은 증거 기반의 RTI 접근의 맥락 안에서 적용된 규정적인 접근을 위해 필요하다. Johnson, Mellard 와 Byrd(2005)는 학습장애 아동이 신경심리학적 과정과 관련된 장애 때문에 학업 성취가 낮은 다른 아동들과는 다르다는 것을 관측했다. 본질적으로 학습장애의 대표적인 특징은 "심리학적 과정의 결함 또는 장애에 대한 강조"(p. 571)다. 이 개념에 기초하면, 어떠한 중재 접근이라도 처리 기술에 특별한 관심을 가지고 학습장애의 복잡한 본질을 강조해야 한다. 신경심리학적 접근은 또한 우리가 학습장애 위험 아동을 어린 나이에 판별하여 학습장애와 공존할 수 있는 사회적 · 정서적 어려움을 줄일 수 있다는 희망을 제공해야 한다.

또한 학습장애 아동의 신경심리학적 손상에 대해 다루고 있는 문헌은 지난 40년 동안 주목할 만하며 분명히 가공할 만한 연구 토대를 이루어 왔다. 일반적으로 현존 문헌은 주의의 인지 기술, 실행 기능, 기억, 언어, 시공간 능력, 감각-지각 기능 그리고 소근육 기술을 포함하는 다양한 영역의 뇌 기능은 진단뿐만 아니라 더 중요한 증거 기반 중재를 개발하도록 학습장애의 본질과 함께 장애의 근원을 이해하는 데 도움을 준다. 이러한 처리 결함에 중점을 두지 않는 중재 프로그램은 비효율적일 것이다. 예를 들면, 주의와 실행 기능의 결함은 ADHA 아동 집단을 설명하는 데 사용되어 왔다(American Psychiatric Association, 2000; Barkley, 2006). 이 핵심적인 결함을 식별하는 것은 이 아동들을 위한 치료적 접근을 개발하고 특히 개별화하는 데 중요하다. 이러한 프로그램은 학습환경

내에서 주의에 중점을 두지 않고는 효과가 없을 것이다. 학습장애가 이질적인 진단적 범주를 보이며 주의 깊고 신중한 신경심리학적 평가(사정)를 사용하는 것은 다양한 하부 유형을 가진 학습장애의 많은 동질성을 확보할 수 있어 보다 더 집중적인 중재를 가능하게 한다.

어떤 성공적인 중재 프로그램의 전형적인 특징(hallmark)은 이전에 학습장애라고 특징지어진 특정한 처리 결함을 향상시킬 수도 있을 것이다. 중재 프로그램이 단순히 아동들이 특정 인지 결함을 다스릴 수 있는 보상 전략을 이용할 수 있도록 한다면 그것은 또한 성공적일 수 있는 동시에, 장애의 기초가 되는 신경심리학적 손상에 대한 이해가 효과적인 중재 프로그램을 고안하고 개발하는 데 필요하다. 결과적으로 학습장애와 관련 있는 특정 결함을 다스리도록 고안된 치료적 접근은 성공적인 중재 프로그램에 중점을 두어야 한다. 그리하여 성공적인 중재 프로그램의 구성 요소는 학습장애의 기초가 되는 특정 처리에 대한 신중한 신경심리학적 평가(사정)에 의지해야 한다.

1차 예방

신경심리학적 접근은 조기 중재를 할 수 있도록 학습장애의 위험성이 있는 유아들을 식별하는 데 특별한 가치를 증명할 수 있다. 예를 들면, 어린 유아들 중 수용언어 지체를 보이는 유아는 일상적인 신경심리학적 선별검사에 의해 식별될 수 있다. 표현언어와 수용언어 발달의 지체가 아동의 학습장애의 위험 요소이기 때문에, 읽기 영역에서 수용언어 기술의 발달에 중점을 둔 헤드스타트 학령 전 프로그램(Head Start Preschool Program)과 같은 프로그램은 이러한 1차 프로그램에 현저한 특수성을 제공할 수 있다. 그리하여 학습장애의 병인이라고 믿어지는 신경심리학적 결함의 조기 식별 덕분에 중재 프로그램이 적절하게 개발될 것이다.

2차 예방

신경심리학적 평가(사정)를 통한 처리 결함의 판별은 그 장애에 기인한 차후의 학습장애 예방을 목적으로 사용된 2차적 예방 프로그램을 결국에는 고안하게 하는 특정 인지 손상의 판별도 가능하게 할 수 있다. 따라서 주의 문제, 작업기억 그리고 실행 기능 처리 문제가 조기에 판별되고 1학년이 되기 전에 치료가 실시되었을 때, 중재는 주의 문제, 작업기억뿐만 아니라 아동이 신중한 계획 수립과 문제 해결 기술을 가지도록 고무시키는 다른 기술들을 포함할 수 있다. 아동의 진단 프로파일의 특징인 필수적인 결함에 대한 실용적 지식을 가짐으로써, 중재는 아동의 처리 결함과 연관된 필수적인 구성 요소를 포함하도록 구성될 수 있다. 이것은 어려움을 겪고 있는 부분에 대한 보다 잘 설명된 치료를 가능하도록 하며, 학습장애를 예방하는 결과를 가져올 수 있다.

3차 예방

방대한 문헌이 학습장애아의 신경심리학적 처리 결함의 기능을 입증하고 있다(개관은 Johnson et al., 2005; Kavale, 2005; Silver et al., 2006 참조). 이러한 처리 결함을 목표로 고안된, 기본적인 구성 요소를 포함하고 학습장애아에게 잘 맞춰진 특별한 프로그램은 효과적이고 증거 기반의 중재 프로그램을 고안하는 데 무엇보다도 중요하다. 마지막 결과는 특정한 학습장애아의 결함과 잘 부합되는 맞춤형 프로그램이다.

요약 및 결론

지난 몇 년 동안 학습장애가 중추신경계, 특히 뇌의 장애와 관련 있다고 제안하는 많은 연구가 있었다. 사실상 특히 유전학 부분, 뇌형태학 그리고 뇌 기능의 문헌들이 더 많아질수록 더 많은 설득력 있는 연구 결과들이 학습장애 아동·청소년과 정상 또래 간에 앞서 언급한 변인들과 관련하여 분명한 차이가 있다고 제안해 왔다. 현재는 유전검사와 신경영상이 윤리적 이슈와 침습적인 절차라는 본질 때문에 학습장애가 의심되는 아동의 일상적 평가(routine assessment)로는 불가능할 수도 있다. 그러나 중추신경계의 중요한 결함에 개별화된 치료적 접근을 가능하게 하는 특정 처리 문제를 식별하기 위한 신경심리학적 접근은 수년 동안 철저히 검토된 양질의 실험 연구로 이어져 왔다. 이 접근은 침습적이지 않고 비용 효율적이며 궁극적으로 확실한 중재 효과를 보일 것이다. 아동의 교육과 삶의 질에 대한 성패를 놓고 볼 때 이 방법은 그렇게 나쁜 거래가 아닌 듯하다.

제12장
교육에 과학과 실제를 통합하기

Richard Boada, Margaret Riddle, & Bruce F. Pennington

신경과학은 학습장애 판정에 관한 법률 및 정책에 어떻게 기여해야 하는가

특수교육과 일반교육 분야의 과학과 실제 사이에 밀접한 협력이 필요하다는 것이 우리의 주요한 관점이다. 교육적 및 건강보험 정책 분야 모두에는 학습장애에서 특이한 이중성(dualism)이 있다. 건강보험 단체는 난독증, 자폐증, 다른 학습장애가 '교육적 장애'라는 이유로 이에 대한 진단 및 처치 기금 조성을 거부한다. 때때로 학교는 난독증과 자폐증이 '의학적 모형(medical model)'에 근거하기 때문에 난독증 및 심지어 자폐

이 장의 내용 중 일부는 다음 책을 참조함. Pennington, B. F. (in press). *Diagnosing Learning Disorders* (2nd ed.). New York: Guilford.

증과 같은 진단적 명명을 피하는 반면, 외상성 뇌손상(Traumatic Brain Injury: TBI) 같은 진단은 받아들인다. 물론 신경심리학자들에게 TBI, 난독증, 자폐증은 모두 뇌장애이고, 그것들의 효과적인 진단 및 처치는 신경과학이 제공할 수 있는 최상을 요구한다.

그래서 우리가 교육에서 과학과 실제 사이에 밀접한 협력이 필요하다는 전제를 수용한다면 신경과학이 학습장애 판별과 연관된 법률과 정책에 관련될 수밖에 없다는 결론은 피할 수 없는 것이다.

의학 및 임상 심리를 포함한 몇몇 건강 관리 분야에서 증거 기반 실제(evidence-based practice: EBP)가 도래함에 따라(Spring, 2007), 관련 분야의 전문가들이 EBP를 적용해 학습장애를 다루는 것이 더 쉬워질 것이다. 다음에서 우리는 이 목표를 성취하기 위한 훈련과 정책에서의 변화들을 권고한다.

훈 련

의학 및 임상 심리 분야에서 미래의 임상가들은 새로운 평가(사정)와 치료를 검토하는 데 필요한 연구 기술에 대해 훈련받고 있다. 그러나 과학자-임상가 모형은 교육, 언어병리학(Koenig & Gunter, 2005), 작업치료(occupational therapy) 분야가 일시적인 진단과 처치에 영향받기 쉽다는 이유로 이 분야에서 많은 영향을 미치지는 못했다.

초기 대학원 교육(initial graduate education)과 보습교육(continuing education) 모두가 과학적 훈련을 확고히 강조한 결과, 이 문제를 다룰 수 있었다. 이 분야의 인가기관은 이러한 분야의 대학원 및 보습교육에서 과학적 훈련에 대한 더 높은 기준을 요구해야 한다. 이러한 권고는 특히 이 분야에서 리더의 위치에 있는 사람에게 중요하다. 학교와 임상에서 교육적 및 치료적 중재 프로그램과 관련한 결정은 때때로 외부 전문가들

과도 협의하겠지만 과학적 훈련과 관련하여 정책 결정가들에 의해 진행
되어야만 한다.

FDA와 행동적 평가(사정) 및 처치

교육 및 건강 관리에 대한 공적 자금은 학습장애 아동과 관련된 임상
작업에 상당량 투자된다. 이러한 많은 장애에게 부족한 공적 자금으로는
그 아동이 가지는 실제 임상적 요구를 모두 충족할 수 없다. 문제가 되는
것은 이 부족한 공적 자금 중 일부가 논의의 여지가 있는 치료법 때문에
낭비된다는 점이다. 만약 존재하는 자원을 어떻게 소비하는가에 대한 더
큰 책무성이 있다면, 이러한 공적 자금은 더 효율적으로 사용될 수 있었
을 것이다.

학습장애 아동에 대한 교육적 및 임상적 중재에 소비되는 공적 자금에
더 큰 책무성을 요구하는 것은 합리적인 것으로 여겨진다. 이를 이행하는
한 가지 방법은 행동적 평가(사정) 및 처치를 평가하는 국가기관을 조직
하는 것이다. 새로운 의학적 처치는 임상 적용과 관련하여 안전하고 효과
적이라고 간주되기 전에 미 식품의약국(Food and Drug Administration:
FDA)에 의해 신중히 검토되어야만 한다. 사설 및 공공 건강보험회사(예:
메디케어, 메디케이드, CHPS) 모두는 대개 FDA에 의해 승인되지 않은 처치
에 대해 배상하지 않는다. 일반적으로 보험회사는 다양한 의학적 발병에
대하여 무엇이 '합리적이고 관습적인 관리'를 구성하는지를 알기 위한 엄
격하고 구체적인 기준을 가진다. 최근 메디케어(Medicare)와 메디케이드
(Medicaid)는 한 단계 더 나아가서 의사와 병원이 실제로 승인된 치료법
의 시행(나이가 많은 입원환자에게 폐렴 백신을 투여하는 것과 같은) 여부를
포함하여 그들이 행하는 수행 단계에 대한 배상을 중점으로 하고 있다.

학습장애 아동의 진단, 처치, 교육에서는 이러한 책무성 단계가 없는

상태다. 이러한 주제에 대한 연구가 많이 없었을 때에는 이 상황에 대해 과거에 아마 정당할 수 있었겠지만 오늘날에는 정당하지 않다. 그러나 국가기관이나 다른 정보센터(clearing-house)가 학습장애 아동의 진단, 처치, 교육에 대하여 과학 기반 기준을 설정하도록 확립되었다면, 어떻게 공적 자금이 사용되어야만 하는지에 대한 보다 명확한 안내가 있어야 하는 것이다.

학습장애 아동에게 제공되는 시스템을 통합하기

학습장애는 전반적이며 만성적인 장애이기 때문에 공중보건과 관련하여 상당히 큰 부담을 가지게 된다. 그러나 학습장애를 다루기 위한 공중보건 정책은 적절하지 않고 때때로 불완전하게 통합되었다. 건강관리 제공자와 교육자들은 학습장애에 대한 조기 판별 및 경험적으로 유효한 처치를 장려하려는 노력을 매끄럽게 통합해야만 한다. 이러한 목표를 성취하기 위해서는 전문가들의 훈련 그리고 행동적 평가 및 처치의 규정에서 이전에 논의된 변화들이 필요할 것이다. 또한 이러한 장애와 관련하여 더 나은 조기 판별의 시행과 더 나은 조기 중재가 필요할 것이다. 미국 내의 최근 교육 및 건강 관리 시스템으로 보아 공중보건 정책에서의 이러한 변화는 불행하게도 비현실적이고 아마도 도달하기에는 너무 많은 비용이 들 것으로 예상된다. 그러나 이러한 실제는 이미 다른 선진국에서는 존재한다.

게다가 마시는 물에 불소(fluoride)를 넣는 페닐케톤뇨증(PKU) 조기 선별이나 아동에게 소아마비 예방접종을 시키는 것과 같이 공중보건 정책에 변화를 줌으로써 얻을 수 있는 이점은 인류의 고통을 크게 감소시킬 수 있을 뿐만 아니라 막대한 비용을 절감할 수 있다는 것이다.

건강 관련 경제학자들은 장애의 부담(burden)을 측정함으로써 다양한 장애가 미치는 영향—장애가 그 영향을 받는 개인의 생산성을 얼마나 감소시키는가—을 평가한다. 손실된 생산성의 측면에서 사회가 가지는 부담은 장애 출현율(prevalence), 심각성(severity), 만성(chronicity)에 대한 함수관계다. 출현율, 심각성, 만성 그리고 관리 비용에 대하여 학습장애가 상당한 부담을 초래한다는 것은 명백하다. 예를 들어, 역학자들은 자폐증을 지닌 사람에 대하여 사회가 지불하는 생애 비용이 1998년 달러 가치로 400만이 될 수 있다고 측정해 왔다(Newschaffer & Curran, 2003). 자폐증의 출현율에 대하여 아주 적게 측정한다고 해도(1,000명당 1명이라 하자), 미국에는 자폐증의 영향을 받아 전체 생애 비용이 1조가 넘는 약 30만 명의 사람들이 있을 것이다. 공중보건 및 교육 정책을 개선하는 것은 이러한 부담을 감소시키고 비용 면에서도 효과적일 수 있다. 이러한 개선으로 어떠한 것이 있겠는가?

최근 일선에서는 학습장애를 판별할 때, 소아과 의사의 1차 진료(primary care)와 학교 시스템을 가장 먼저 거친다. 학교는 난독증이나 주의력결핍 과잉행동장애(ADHD)를 제외한 정신지체, 뇌성마비, 말/언어 문제, 자폐증과 같이 좀 더 심각한 학습장애에 대한 조기 판별 절차(즉, Child Find)를 가지고 있다. 소아과 의사의 1차 진료에는 이러한 장애 및 다른 장애(예: 뇌성마비, 청력 손실, 시각 손상)에 대한 선별 또한 포함되지만, 그들은 대개 발달장애나 학습장애에 대해서 광범위하게 훈련받지는 않는다. 그래서 이 영역과 관련된 소아과 의사의 훈련을 늘리는 것이 하나의 권고 사항이 될 수 있다. 또 다른 권고 사항으로는 학교가 모든 학습장애에 대하여 조기 선별을 시행하는 것이 되겠다.

신경과학은 학습장애 평가(사정)와 판별에 어떻게 기여할 것인가

이 질문에 대한 우리의 답변은 일반적으로 하나의 의문에 대한 우리의 답변으로 충분하다. 즉, 특수교육 및 일반교육 분야에서 과학과 실제 사이의 밀접한 연관이 필요하며 주요 관련 과학 분야는 신경과학, 특히 발달 인지신경과학이라는 것이다. 지난 수십 년 동안 기초과학의 진보로 인해 난독증과 같은 진단적 구성은 다양한 분석 단계(유전적 병인학, 발달 신경생물학, 뇌영상학, 신경심리학, 처치에 대한 반응)에서 유효하게 인정된 과학적 구성에 대한 의문의 제기에서 발생했다. 우리가 당뇨병 아동을 모니터링하고 판별하도록 돕는 데 이용 가능한 최상의 과학을 사용하는 것과 같이 난독증 및 다른 학습장애 아동도 마찬가지다. 난독증과 같은 진단적 구성은 이제 단순히 행동적으로 정의된 장애 그 이상인 것이다. 오히려 왜 아동이 잘 읽지 못하는지를 설명하고, 인지 처리 과정에 대하여 병인학을 두뇌 메커니즘과 연관시키는 이론적 구성을 점점 개선하게 되는 것이다.

학습장애 진단에서 신경심리학은 어떤 역할을 해야 하는가

특정학습장애(specific learning disability: SLD)는 일반적으로 학업 기술 획득에 영향을 미치는 하나 이상의 신경심리학 시스템의 기능장애를 포함하여 학업 기술 획득에서의 어려움을 지칭하는 것으로 이해되어 왔다. 이러한 처리 과정상의 취약점은 다른 영역을 제외하고 특정 영역에서의 성취에 영향을 미치는 것으로 제한된다. 그뿐 아니라 이 용어가 전통적으로 이해되어 온 바와 같이 이러한 어려움은 근본적으로 아동에게 내재적인 것으로 여겨진다. 그러므로 특정학습장애는 최근 연방 정의에서 언급된 것처럼 학습에 영향을 미치는 '하나 이상의 기초심리학적 처리 과정의 장애'로 특징지어진다. 더군다나 그것은 "시각, 청각 또는 운동 장애, 정신지체, 정서장애 또는 환경적·문화적·경제적 불리함으로 인한 학습 문제를 포함해서는 안 된다."(Federal Register/Vol 71.No. 156/August 14, 2006/Rules and Regulations 46757). 그러나 환경이 아무런 역할도 하지 않는다는 의미로 이해되어 온 것이 아님을 언급하는 것은 중요하다. 오히려 최근에는 유전적 및 환경적 요인의 상호작용이 어려움을 야기한다고 받아들여졌지만, 특정학습장애는 주로 환경적 원인의 결과로 발생하는 것이 아니다. 그러므로 특정학습장애 아동은 기대보다 낮은 저성취(unexpected underachievement)로 종종 설명되어 왔음을 보여 준다.

특정학습장애의 연방 정의에서는 심리학적 처리 과정과 뇌의 구조 및 기능이 어떻게 관련되어 있는지 이해하기 위한 연구를 하는 심리학의 한 분과로서 신경심리학이 특정학습장애 아동의 판별을 돕는 데 유일하게 적합한 분야가 될 수 있는 것처럼 보인다. 구체적으로 말하면, 신경심리학적 평가(사정)는 아동의 저성취에 영향을 주고 있는 인지 및 심리학적 처리 과정에서의 혼란들을 개념화할 수 있다.

연방정부가 처음으로 모든 아동에게 적절한 무상 공교육(전장애아교육법, P.L. 94-142)을 받을 권리를 부여했을 때부터 학습장애에 대한 일반적인 개념화는 1975년에 제정된 연방법에 수록되어 온 것으로 설명되었다. 공법 94-142가 통과된 이후, 미국 교육부는 학습장애 아동의 판별에 관련된 규정들을 공표했다. 이러한 규정들은 아동이 "구어 표현, 듣기 이해, 쓰기 표현, 기초 읽기 기술, 듣기 이해, 수학적 계산이나 수학적 추론의 영역 중 하나 이상에서 성취와 지적 능력 사이에 심각한 불일치"를 보인다면 특정학습장애로 간주될 수 있음을 구체화했다(USOE, 1977). 이러한 방법은 정의에 내재된 특정 영역에서 기대보다 낮은 저성취를 경험한 아동을 판별하기 위한 논리적 방식으로 여겨졌다. 대부분의 주(state)에서는 특정한 영역에서 아동이 IQ와 학업 성취 사이에서 의미 있는 불일치를 보이는 것을 기본적으로 요구하는 불일치 준거 형식을 채택했다.

지금까지 이러한 판별 방식에 대한 불만이 상당히 많이 발생했다. 그리고 그에 대항하는 주장들이 통계적 및 그 외의 다양한 관점에서 진행되었다. 주요 관점은 이러한 판별 방법이 진단을 지연시키는 결과를 초래한다는 것이다. 변화의 지지자들은 학교에 입학한 초기 몇 년 동안은 충분한 불일치를 확보하기 어렵기 때문에 기존의 방식대로라면 아동이 '실패하기를 기다리는(wait to fail) 것'과 다를 바 없다고 주장했다. 중요한 연구(Lyon et al., 2001 참조)에서는 읽기 학습에 문제를 지닌 아동에 대한 조기 중재가 나중에 이루어지는 중재보다 훨씬 더 영향력이 크다는 것을 입증했고, 이것은 조기 판별 및 중재에 대한 요구를 부채질했다. 읽기 어려움에 대한 신경심리학자들의 연구는 읽기장애와 관련된 내재적인 처리 과정의 어려움을 이해하는 데 있어서 의미 있는 성공을 거두었다. 연구에서는 지능-성취 불일치를 보이는 읽기 곤란 아동과 일반적인 읽기 곤란 아동 간에 음운학적 처리 과정에는 내재적인 어려움 측면에서 차이가 없는 것으로 밝혀졌다(Hoskyn & Swanson, 2000; Steubing et al., 2002). 게다가 기초 초기 읽기 기술 학습에서 진전과 관련되어 이 두 집단의 아동은 유사하게 수행하였음이 주장되었다. 이 주장은 IQ 검사가 특정학습장애 판별에 불필요하다는 것으로 발전되었다. 오히려 읽기 기술 습득의 측면에서 뒤떨어지는 이러한 아동들을 판별하는 것이 기본이었다.

이 시점에서 2004 IDEA 초안이 작성되었다. 이 법에서 특정학습장애의 기본 정의 측면에서 변화는 없었던 반면, 이러한 아동을 판별하기 위하여 성취와 지적 능력 사이의 **심각한 불일치**(severe discrepancy) 사용을 요구하는 것이 분명히 금지되었다. 또한 법에서는 특정학습장애 아동을 판별하기 위한 수단으로 중재반응(RTI)을 사용하는 것을 금했다. 아동이 특정학습장애인지 아닌지를 밝히기 위해 '다른 대안적인 연구 기반 절차'를 사용하는 것 역시 금했다.

특정학습장애 정의를 조작화하는 데 있어서 이러한 변화는 주 및 지역구가 특수교사에게 특정학습장애 아동을 판별하기 위해 필요한 절차에 대한 구체적인 지침을 제공하는 것을 필요로 했다. 제안들은 '학업 능력에 결핍을 보이고' '과학적인 연구 기반 중재에 대해 불충분한 진보로 반응하는' 아동을 포함하며, 이러한 두 요인은 학습장애 아동의 판별에 충분할 것이다(예: Colorado Rules for the Administration of the Exceptional Children's Educational Act-ECEA Rules 7/12/07).

그러나 특정학습장애 판별과 관련하여 문제 해결 RTI 모형으로 전환하는 것은 낮은 성취를 중재할 수 있는 인지 처리 과정을 이해하고 판별하기 위한 평가 절차를 제거하도록 이끌었다. 비록 인지 처리 과정이 여전히 특정학습장애 정의의 중요한 구성 요소라 할지라도 말이다. 실제로 콜로라도에서 제안된 절차에서는 "교육부는 아동이 특정학습장애인지 아닌지를 밝히는 데 있어서 심리학적 또는 인지 처리 과정이 필요하다는 것을 믿지 않는다."라고 구체적으로 기술했다. "인지 기능에서 개인 내 차이(intra-individual difference)를 평가하는 것은 특정학습장애로 의심되는 아동을 대상으로 판별 및 중재를 하는 데 기여하지 않는다."라고도 덧붙였다(Myers & Bieber가 발표한 Courage to Risk, 1/19/2007).

만약 이러한 제안들이 콜로라도에서 채택되었다면, 특정학습장애 판별에서 신경심리학이 연방법에 명시된 특정학습장애 정의 및 읽기장애를 야기하는 요인들을 이해하는 데서의 발전들과 명백히 관련이 있음에도 그 역할은 미비했을 것이다. 오히려 아동의 학업 능력 결함 및 증거 기반 교수에 대한 아동의 반응에 기초하여 학습장애로 판별되었을 것이다.

이러한 판별 방법은 질 높은 교수에 반응하지 않는 저성취 아동 집단을 단순히 특정학습장애라는 용어로 명시하는 결과를 낳은 것으로 보인다. 이 아동 집단은 그들의 저성취의 근본적인 원인 측면에서 특정학습장애로 판별된 아동들보다 더욱 이질적이다. 이러한 판별은 주요 어려움이 주의 집중이나 정서적, 동기적, 환경적 또는 교수적 측면인 아동들을 포함할 것이며, 이러한 하위 집단은 다수의 아동을 잘 설명할 수 있을 것이다.

실제적인 관점에서 모든 아동에게 증거 기반 교수를 제공하고자 하는 목표가 있기는 하지만, 특정학습장애와 관련된 학업 영역 및 모든 학년에 상관없이 가까운 미래에 이 목표를 달성하는 것은 거의 불가능해 보인다. 다양한 학년 수준의 일곱 가지 범주 중 대부분에서 이러한 프로그램이 존재하지 않는다. 설령 있다고 하더라도 교사가 최상의 실제로서 교수를 제공할 수 있도록 보장하기 위해서는 교사 훈련에 엄청난 노력 및 지속적인 모니터링이 필요하다.

평균 이상의 인지 능력을 지닌 많은 아동은 증가된 이질성의 수준을 학습장애로 분류된 아동에게 도입하는 것에 더하여 특정학습장애를 가진 것으로 간주되며 제안된 새로운 준거하에 판별되지 않을 것이다. 왜냐하면 그들의 '평균' 범위의 성취는 임상적인 주목을 끌지 못하기 때문이다. 특정 학업 영역에서 그들이 보이는 상대적인 결함이 기대보다 낮은 저성취뿐만 아니라 정신적 고통을 야기할 수도 있다는 사실에도 불구하고 그들은 서비스와 조정에서 제외될 것이다. 그렇게 제외된 아동과 아동의 옹호자들은 아동의 읽기 학습 속도를 느리게 하는 유사한 처리 과정의 어려움이 IQ 범위에 관계없이 영향을 받을 수 있음을 명백히 하는 최근의 연구에 시사점을 주었다. 왜냐하면 연방 정의는 특정학습장애를 학습에 영향을 미치는 심리 처리 과정의 장애로 정의하고, 강력한 논리가 조정 및 서비스에서 배제되는 것에 반대하는 그들의 주장을 지지하고 있기 때문이다.

  개념적 및 과학적 관점에서부터 실제적인 관심사에 이르기까지 학습장애의 기저를 이루는 구성 요소의 처리 과정에 대한 지식의 기초가 급격히 증가할 때, 단순한 저성취와 질 좋은 교수에 대한 반응의 실패가 특정학습장애의 구성을 조작화한다고 여기는 것은 한 걸음 크게 물러나는 것처럼 보인다. 오히려 과학적 지식을 신경과학 및 신경심리학의 영역에 가져와야만 하고, 교육 실제에 최상의 임상 실제를 가져와야만 한다.

  모든 아동은 읽기를 배울 필요가 있지만, 어떤 아동은 또래보다 훨씬 효율성이 높아 과정을 뛰어넘기도 한다. 학급에서의 일반적인 읽기 교수가 적절하다고 가정한다면, 아동 각자의 다양성(variability)은 교육적 맥락과 아동이 읽기 과업과 관련되도록 끌어들이는 인지적 자원들의 상호작용 때문에 나타날 것이다. 일반학급 교수에 실패한 아동에게 중재를 도입할 때, 교육자들은 읽기 어려움에 대해 더 근접한 원인(proximal cause)을 다루고 싶어 할 것이다. 어떤 구성 요소가 읽기 능력 발달과 관련되는지를 설명하고 특정 아동이 가지는 이러한 구성 요소의 강점 및 약점 프로파일을 서술하는 것은 교육자가 적절하게 초점을 맞춘 중재 접근을 선택하도록 도울 것이다. 예를 들어, 아동은 다양한 이유로 3학년의 문해(literacy)에서 뒤떨어질 수도 있다. ① 아동은 친숙하지 못한 단어를 해독할 때 소리–문자 대응(sound-letter correspondence) 규칙을 적용 가능케 하는 적절한 음운 인식 능력이 부족할 수도 있다. ② 적절한 해독 정확성에도 불구하고 읽기 유창성에 문제(bottleneck)가 있을 수도 있다. ③ 아동은 관습적인 음운론 규칙에 따르는 단어보다 철자법적으로 불규칙적인 단어로 인해 고충을 겪을 수도 있다. 또는 ④ 아동은 부족한 의미론 및 음운론적 기억 능력으로 특징지어지는 더 광범위한 언어장애를 가질 수도 있는데, 의미론은 관련 텍스트의 언어적 처리 과정에 영향을 미치며 음운론은 일반적으로 읽기 이해에 영향을 미친다.

  읽기에서 이러한 아동의 진보에 영향을 미치는 공존 요인들이 있을 수 있다. 아동들은 관련 텍스트를 읽을 때뿐만 아니라 읽기 실제에 작용하는 동기화에서 나타나는 오류 유형에 영향을 미치는 주의력장애(attentional disorder)를 지닐지도 모른다. 그렇지 않으면 유연한 추론(fluid reasoning) 및 정신운동 처리 과정 속도에서 주의력 결핍(attentional deficits)을 지닐지도 모르는데, 이것은 단기기억이 쇠퇴(decay)(예: 지체[delay]는 작업기억의 적이다)하기 전에 아동이 자발적으로 하나의 맥락에서 다른 맥락으로 찾아낸 규칙과 패턴을 일반화하는 정도와 음운론적 및 언어적 정보가 얼마나 통합될 수 있는지에 영향을 미칠 수 있다. 이 모든 사례에서 아동의 광범위한 인지적 및 심리학적 프로파일을 이해하는 것은 더 정확한 진단 세트와 더욱더 정제된 중재 전략의 선택으로 이끌 것이다.

특히 하나가 다른 학업적 약점의 범주로 옮겨 갈 때, 읽기 이해, 쓰기 표현 또는 수학적 문제 해결과 같은 기초 읽기 기술에서보다 신경심리학적 틀 내에서 종합적인 검사의 중요성이 더 명백하게 된다. 읽기 이해는 학교에서 아동에게 주의를 집중시키는 저성취의 특정한 영역이고, 아동이 또래들과 마찬가지로 각기 다른 근본적인 원인으로 인해 이러한 명시적인 문제를 겪을 수 있기 때문에 고려해 볼 만한 유용한 예다. 반면에 읽기 이해 영역의 결핍은 낮은 기초 단어 해독 기술이나 손상된 유창성과 관련될 수 있고, 이는 유창하게 읽을 수 있는 아동들에게도 발생할 수 있다. 후자의 사례에서 이해 문제에 대한 근본적인 병인학은 일반 언어 손상, 낮은 인지 능력 또는 주의력 장애일 수도 있다. 형식적인 검사 없이는 이러한 영역들을 설명하기가 어려울 것이다.

같은 종류의 예는 듣기 이해, 쓰기 표현 또는 수학적 문제 해결 영역에 문제가 있다고 언급된 아동에게 제공될 수 있다. 위의 영역 및 다른 학업 영역에서의 성공은 기술 및 능력의 복합적인 세트의 상호작용에 달려 있고, 하나 또는 그 이상에서의 혼란은 '학업 결손(academic deficits)'이나 중재반응 실패를 일으킬 수 있다. 학급 관찰, 작업 생성물 검토, 체크리

스트, 간단한 선별 측정과 같은 비공식적 방법은 특히 기본적인 전문 지식이 임상신경심리학이나 학교심리학에 있지 않은 전문가들에 의해 수행될 때 중재 활동 안내에 중요한 명백한 진단적 개념화로 이어질 가능성이 많지 않다.

신경심리학 원리—유효하고 신뢰성 있는 데이터 수집 방법 모두를 가능하게 하며, 다양한 구성 요소 기술과 근본적인 신경심리학적 처리 과정을 검토하고, 이러한 데이터를 이해하기 위한 개념적 틀에서도 마찬가지의 역할을 하는—는 특정학습장애 아동을 판별하는 데에 계속해서 중심 역할을 해야만 한다는 것이 우리의 주장이다. 감별 진단(differential diagnosis)이 적절한 처치를 선택하는 데 결정적인 단계라는 점에서, 다양한 신경 발달적 학습 어려움(예: 난독증, 비언어적 학습장애, 언어 손상, 수학장애, 낮은 IQ)이 있는 아동뿐만 아니라 학습 어려움이 수반되는 의학적 질환(예: 신경섬유종증[neurofibromatosis], 간질, 두부 손상, ADHD)을 지닌 아동 역시 구별될 필요가 있다. 이러한 절차는 최근 과학적인 지식과 함께 관련된 많은 교육 실제에 의해 지지되는 목표를 달성하는 데 가장 성공적이라 할 수 있다. 이러한 연계는 모든 아동에게 최적의 교육 기회를 제공할 수 있다는 최상의 희망을 줄 수 있을 것으로 여겨진다.

RTI 맥락에서의 중재 설계에서 신경심리학은 어떤 역할을 해야 하는가

신경심리학은 RTI 맥락에서 학습장애에 대한 중재를 고안하고 시행하는 데 중요한 역할을 해 왔다. 뇌-행동 관계의 연구에서처럼, 임상신경심리학 및 발달 인지신경과학은 지난 20년 동안 특히 난독증과 학습장애의 이해에 커다란 공헌을 했다. 비록 완전한 목록은 아니지만, 다음은

RTI 맥락에서 신경심리학이 중재를 고안하고 시행하는 데 적용되는 중요한 네 가지 방법이다.

첫째, 대부분의 과학자와 교사는 문제 해결의 첫 단계가 그것을 정의하고 그 특성을 이해하는 것이라는 점에 동의할 것이다. 이 고려에 대한 명확성이 없다면 중재 접근이 가장 비효율적이거나 최악의 경우에 계획이 완전히 잘못될 수 있는 위험을 무릅쓰는 것이다. 인지과학자들은 두 가지 관점에서 정의 문제에 접근해 오고 있다. 어떻게 평범한 상황에서 시간이 지남에 따라 질문의 기술이 발달되는가? 정상적인 발달적 진보를 저해하거나 중단시키는 요인들 및 맥락은 무엇인가? 가장 많은 주목을 받은 학습 영역이며 더 성숙한 인지 모형이 있는 것은 읽기다. 많은 조사 연구는 읽기 성과를 예측하기 위하여 기초 청각 및 시각 인지 기술뿐만 아니라 음운학적 처리 과정, 빠른 이름 대기(rapid automatized naming), 의미론 및 구어 기술, 정자법 부호화의 역할에 초점을 둔다. 더 최근에는 읽기의 다중 결함 모형이 유일한 설명 변량(explanatory variance)의 추가적인 원인 제공자로서 비언어성 IQ의 역할을 주목해 왔다. 또한 아동이 다양한 범위에 걸쳐 이러한 인지 구성 요소에서 결함을 가지게 된다는 점이 명백해질 것이다. 결함이 있다고 해도 소수가 읽기장애를 충분히 설명할 수 있는 원인이며 현재 필요하다고 고려된다. 그러므로 전체 범위에 걸친 인지 요인은 어떤 한 아동의 읽기에 영향을 미치는 특정한 결함 세트를 이해하기 위하여 평가되어야만 한다. 이에 의해 수행된 처리 과정은 유효하고 신뢰성 있는 일련의 인지 및 신경심리학적 검사를 통해 이루어지고, 그 활용은 이전의 의문에 대한 해답에서 다루어져 왔다.

신경심리학의 두 번째 중요한 역할은 중재의 한 부분이 되어야만 하는 활성적인 요소의 선택을 돕는 것이다. 경험적으로 유효한 처치에 대한 연구는 치료 프로그램의 몇 가지 관점만이 이로울 수 있다는 것을 보여준다. 예를 들어, 기분장애(mood disorder)를 다루기 위해 심리치료를 사

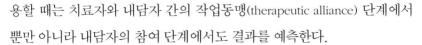

용할 때는 치료자와 내담자 간의 작업동맹(therapeutic alliance) 단계에서
뿐만 아니라 내담자의 참여 단계에서도 결과를 예측한다.

신경심리학은 문제의 기저를 이룰 뿐만 아니라 집중된 실제의 측면이
나 다른 특정 중재에서 이러한 근본적인 인지 처리 과정의 가변성(muta-
bility)을 설명하는 잠재적 요인들을 판별할 때 적절하고 효과적인 처치
프로그램의 개발을 안내할 수 있다. 예를 들어, 직접 조작에는 손쉽게 사
용되지 않는 정신운동 처리 과정 속도, 유연한 추론, 언어적 작업기억 수
용력은 상대적으로 견고한 구성이라 알려져 있다. 물론 이러한 기술들은
발달 궤도를 따라 늘지만 발달이 포함된 향상을 넘어선 영역에서 이 기
술을 향상하는 것은 쉬운 일이 아니다. 어휘 및 구문론 발달 및 음운 인
식과 같은 인지 및 언어의 다른 관점은 더욱 잘 변한다. 만약 이 모든 구
성 요소가 읽기 성과의 예측 요인으로 알려진다면, 변화에 민감한 이러
한 관점에 초점을 둔 처치 접근은 읽기에서 더욱 효과적인 성과를 가져
올 것이다.

신경심리학적 및 인지적 이론에 영향을 받은 처치−성과 연구는 중재
효과성에 대한 추론을 받아들이는 엄격한 방법론을 따른다. 질문 기술에
대한 최상의 작업 인지 모형(working cognitive model)을 중심으로 신중하
게 선택된 활성 요소들뿐만 아니라 중재 효능도 측정을 할 필요가 있다.
제한된 자원의 시대에서는 어떤 중재 및 전달 방법이 어떤 유형의 학생
에게 적합한지를 찾아내는 것이 필수적이다. 앞서 언급된 것 중 한 가지
중요한 구분은 치료적 중재가 보통의 실제 및 발달 자체에서 기대되는
것 이상의 이점을 낳는다는 것을 실제로 보여 주는 능력이다. 두 번째는
치료적 활성 요소를 추출하고 일상생활에서 그것 이상을 제공함으로써
중재를 능률화하는 데 이로울 것이다. 우리는 또한 성과를 최대화하는
중재의 강도 및 빈도 수준을 이해하는 것이 필요하다. 마지막으로, 평균
으로의 통계적 회귀에서 능력의 연속체상에서 볼 때 낮은 능력의 끝 쪽

에서 측정되는 기술을 가지고 있는 아동의 향상을 식별하는 것과 관련된 이슈가 있다. 회귀 중심 변화 공식은 신경심리학에서는 시간이 지남에 따라 건강 상태 및 처치로 인한 기술의 변화를 예측할 수 있는 환자들의 검사-재검사 상황에서 일어나는 의미 있는 변화가 무엇인지 파악하는 것을 돕기 위해 사용되어 왔다.

우리는 아동의 고유한 학습 프로파일이 상호적인 효과를 예측할 수 있는 것으로서 최근에 적용된 중재가 모든 아동에게 최상이라고 가정해서는 안 된다. 다양한 서비스 제공 모형은 '학습장애' 아동의 하위 집단으로부터 나타나는 강점 및 약점의 특정한 조합에 따라 선택될 수도 있다. 예를 들어, 읽기 및 언어 처리 과정에 약점이 있는 아동은 다양한 핵심 구성 요소들(예: 어휘 습득, 구문론 발달, 음운 처리 과정)이 동시에 모두 중재의 목표가 되는 집중적인 언어 교수에서 이익을 얻을 수 있다. 아동이 좀 더 구체적인 약점을 가지는 경우 더 세부적인 목표에 중점을 두는 접근이 충분히 가능할 것이며, 이것은 사실 학생이 학업적 교육과정의 나머지 부분에서는 또래와의 지속적인 참여를 통해 이득을 얻을 수 있는 것과 같은 관점이다.

중재를 고안하고 시행하는 데 있어서 신경심리학의 세 번째 중요한 역할은 누가 이러한 중재를 받을 것인가에 대한 결정을 안내한다는 것이다. 상당한 진보를 통해 어린 연령대의 아동(읽기 시작[reading commences]에 대한 형식적인 교수 이전에)이 학년 말에 보이는 읽기 성과를 예측할 수 있다는 최근 판별 요인에 이르게 되었다. 가족력 위험, 초기 언어 발달, 가정에서의 인쇄물 노출 정도, 초기 문자-소리 지식 기술과 같은 요인들을 결합하는 것은 8세의 읽기 성과 측면에서 이러한 아동의 90% 이상을 정확하게 분류하는 것으로 밝혀졌다. 만약 이러한 요인들이 학령 전기에 선별될 수 있다면, 목표 중재는 좀 더 일찍 시작될 수 있고 난독증과 같은 특정학습장애의 본격적인 징후가 나타나는 위험을 감소시키는 것도 가능할 것이다.

신경심리학적 평가 도구의 신중한 적용은 우리가 읽기 유창성, 텍스트에서 정보 통합하기 또는 설명문 쓰기에 문제를 가지고 있기 때문에 더 높은 학년에서 정말 어찌할 바를 몰라 당황하는 아동을 제외하고, 읽기의 몇몇 관점(예: 단일단어 해독)에서 학년 수준의 수행을 하는 것처럼 보이는 아동을 놓치지 않도록 보장할 수도 있다. 발달적 신경심리학 연구는 어떤 과업이 다른 연령에서 구성을 측정하는 데 가장 민감하고 신뢰성 있는지를 판별했다. 예를 들어, 우리는 4세의 음운 인식을 검사하기 위하여 운율 평가(rhyme judgment)와 음절 분할 과제(syllabic segmentation task)를 사용하지만, 9세는 같은 구성을 측정하기 위해 피그 라틴(pig-latin)1)과 음소 반전(phoneme reversal)과 같은 과제를 사용한다. 이와 유사하게 단락 수준 텍스트를 사용하는 읽기 유창성은 3학년과 그 이상의 아동에게 절대적인 기준(gold standard) 검사이지만, 시간제한 단일단어(timed single-word) 및 의사단어(pseudoword) 해독은 초등학교 저학년에게 더 적절할 수도 있다. 몇몇 구체적인 측정에서 '학년 수준' 수행을 보이는 아동은 사실 그들의 또래 및 다른 영역에서의 기술들과 관련된 다른 좀 더 통합적인 과업에서는 아주 다를 수도 있다. 이러한 아동은 중재로 이익을 얻을 수도 있다.

신경심리학이 처치 처리 과정에 제공할 수 있는 네 번째 영역은 교육자들이 언제 집중된 중재를 끝마쳐야만 하는지에 대한 선택을 돕는 데에 있다. 특정 아동에 대해서는 무엇이 적절한 목표 및 기대 세트인가? 보호자 및 교사들의 기대 세트가 다양하다는 것을 고려하면 이것은 종종 해결하기 아주 어려운 질문이 될 수 있다. 그럼에도 불구하고 그것은 중재

---

1) 역자 주: 어두의 자음(군)을 어미로 돌리고 거기에 [ei]를 덧붙이는 일종의 유아 은어다(예: oybay=boy 등).

계획의 맥락 내에서 다루어져야만 한다. RTI 맥락에서는 주어진 학업 영역에서 학년 수준의 수행을 하지 못하는 아동들이 더 집중적인 중재를 받을 자격이 있는 것이다. 그 기대는 아동의 영역 기능이 향상되어 더 이상 연령이나 학년 수준 기대에서 뒤처지지 않을 것이라 예상하는 것이다. 이것은 다른 영역에서 나타나는 성장률 '따라잡기' 정도로 중재가 취약 영역에서의 성장률을 증가시킬 수 있을 것이라고 추정한다. 물론 후자(따라잡기)는 중재의 효능뿐만 아니라 조정된 기술의 반응 범위, 그리고 아동이 더 포괄적으로 발휘하는 학습의 효율성(learning efficiency)에 대한 일반적인 제약에 좌우된다. 만약 읽기에서 이전에는 2백분위수 아래인 아동이 현재는 25백분위수에서 기능하는 것과 같은 정도로 성장률이 증가되었다면, 이것은 아동의 다른 학업, 언어, 인지 영역 기술에 상응하는 것이고, 한 가지 옵션으로 집중된 중재를 이끌어 내는 것이 될 수 있으며, 아동이 일반교육 환경에서 이 성장률을 유지할 수 있는지 여부를 지켜보는 것이 될 수 있다. 문제는 25백분위수에서 아동의 기능은 여전히 '학년 수준 이하'일 수도 있다는 것이다. 학업 능력이 정상분포이며 '학년 수준'은 50백분위수 지점이나 그 근처에 설정되어 있다는 우리의 가정은 불가피한 경우인 것이다. 그러나 예를 들어 아동이 읽기에서 읽기 외의 나머지 부분에서의 자신의 학업 능력보다 상당히 더 높은 학습 궤도를 발달시킬 것이라 기대하는 것은 타당하다. 교육자들은 아동의 인지, 언어, 학업 기능이 밀접하게 연관된 영역을 다 아울러 신경심리학적 프로파일을 이해함으로써 이러한 유형의 결정에 도움을 얻을 수 있다.

제13장
RTI에 대한 신경심리학의 관점

Scott L. Decker, Jessica A. Carboni, & Kimberly B. Oliver

신경과학은 학습장애 평가(사정)와 판별에 어떻게 기여할 것인가

1970년대 중반 이후로 학습장애(learning disability: LD)는 연방법 내에 존재하는 범주의 장애로 인식되어 왔다. 1999년에는 약 300만 명의 학생이 학습장애 범주하에서 서비스를 제공받았고(U.S. Department of Education, 2001: Reid & Lienemann, 2006 재인용), 그 수는 계속해서 증가하고 있다. 오늘날 학습장애 학생들은 미국 내에서 특수교육을 필요로 하는 학생 중 가장 큰 집단을 구성한다(Reid & Lienemann, 2006).

전통적으로 불일치 공식은 장애의 유무를 판단하기 위해 활용되어 왔다. 그러나 2004년 IDEA 개정은 학생이 특수교육적 서비스가 적합한지를 판단하는 방법에서 패러다임의 이동을 가져왔다. 학교에서는 더 이상 능력과 성취 점수 간의 20점 불일치 조건이 요구되지 않는다. 이것은 중재반응(RTI) 모형에 대한 문을 열어 주고 있는 것이다. 기초적인 관점에서 RTI는 조기 중재 전략의 결과로 나타나는 학생의 수행에서 일어나는 변화로 정의될 수 있다.

RTI는 증거 기반 중재(evidence-based intervention: EBI) 기술의 활용에 의존하는데, 이것은 학교 심리 분야 내에서 표준이 되고 있다. 증거 기반 기술은 RTI와 인지신경심리 모두에서 중요한 주의(tenet)다. Feifer(in press)에 의하면 실제에 대한 기초로서 과학과 증거 기반 교수 둘의 편집(compilation) 효과는 과학과 함께 통합된 교육에서의 영향력과 마찬가지로 뇌 기반 관계에 대한 연구의 새로운 방법을 만들어 낸다는 것이다.

RTI 접근의 사용 결과에서 학생이 잘 시행된 교수에 반응하지 못한다면, 그 학생은 특수교육에 적합한 것으로 여겨진다. 그러므로 학생이 중재에 반응하지 못한다면 우선 장애가 존재하는 것으로 가정할 수 있다. 그러나 이것은 아직 증명되지는 않았다. Schmitt와 Wodrich(in press)는 이 시점에서 신경심리적 도구가 필수적이라고 주장했다. 학습장애는 학업 능력을 필요로 하는 환경, 그리고 학업 환경이 요구하는 처리 기술에서 취약점을 보이는 아동 간의 상호작용이기 때문에, 신경과학은 학습장애에 대한 중요한 근본적인 이해를 증명할 수 있다. 물론 아동이 학교에 갈 필요가 없다면 학습장애는 거의 영향을 미치지 않을 것이다. 게다가 이러한 장애는 더 많은 교육에 노출되는 것 또는 학급에서 자리 바꾸기와 같이 단순한 환경적 변화를 통해 해결될 수 없다. 자녀가 학습장애와 일치하는 행동을 보일 때, 학부모는 엄청난 관심을 기울여 다양한 동기적 귀인(예: 아이가 게으르다)이나 학교에 대한 비난(예: 질 낮은 교수)을 통해 그것을 설명하고자 노력한다. 이 경우 두 가지 모두는 사실이 아니며 정확하지도 않다. 신경과학은 학습 문제에 어떤 과정이 관여되는지에 대하여 교육자에게 명확한 관점을 제공할 수 있다.

어떻게 학습장애가 다루어지든 간에 학부모, 교사 그리고 아동은 왜 학생이 읽을 수 없는지 또는 특정 학업 과제를 다른 아이들과 마찬가지로 하는지를 이해하기 위한 참조의 틀이 필요하다. 학부모에게 자녀가 분당 20개의 단어를 읽기 때문에 읽기에 어려움을 가진다고 설명하는 것은 적합한 설명이 되지 않을뿐더러 동기나 지능과 같은 능력 변인 탓으로 문제를 잘못 추정하게 한다. 유감스럽게도 내재적 변인으로 원인을 돌리는 것은 쉽지 않다. 신경과학은 어떻게 뇌가 작용하고 어떻게 뇌에서 정보가 처리되는지, 그리고 두뇌 메커니즘의 상호작용에서 어떻게 행동적 반응이 처리되는지를 분명히 하는 데 도움을 준다. 신경과학은 단순한 해석적 힘을 넘어서 해석적 기초를 제공한다. 또한 문제를 설명하는 데서도 도움을 준다. 문제에 대해 더 풍부한 설명을 하는 것과 더 나은 예측을 하는 인과 모형은 더 집중된 평가(사정)와 처치 방법론으로 이끈다. 덧붙이자면, 좀처럼 평가되지 않는 이러한 모형은 작용하지 않을 것 같은 중재가 무엇이고 또 작용하지 않는 중재는 무엇인지 주의를 집중시키도록 돕는다.

학습장애 진단 방법으로서 RTI와 임상신경과학 지식을 어떻게 조화시킬 것인가

RTI는 진단이나 범주화를 위해 사용되어야만 하는 방법론이 아니다. 교육과정중심 측정(CBM)과 같은 RTI 데이터가 '심리학적 평가'로서 보고되어야만 하는 것도 아니다. RTI는 일반교육에서 아동을 돕고 장애가 없는데도 특수교육에 의뢰되는 아동의 수를 가능한 한 감소시키는 수단 역할을 한다. RTI는 단계의 하나하나가 종합적 평가를 포함하는 단계 모형(tiered model)에서 논의될 때 오직 진단 과정으로 의뢰될 수 있다.

아동의 교육과정 진전도를 모니터링하는 방법으로서 의뢰될 때, RTI 는 주로 일반교육을 지원한다. 미국 내 학교에는 학업 성취에 어려움을 겪는 상당수의 학생이 있다. 이들 학생은 학교환경 내에서 어느 정도 개별적 지원을 필요로 한다. 그러나 학교 내의 자원들은 제한되어 있고 이용 가능한 대부분의 지원은 너무 늦게 제공되는 경우가 자주 있다 (Wright, n.d.). RTI를 통한 조기 중재 서비스 시행으로 학교 관계자들은 상당수의 학생을 대상으로 긍정적인 성과를 얻기 위하여 그들의 문제 해결 자원을 공유할 수 있을 것이다(Wright, n.d.).

RTI는 단계마다 중재 자원의 집단화를 요구하는데, 이로 인해 일단 학생이 학습에 어려움을 가진 것으로 판별되면 재빠르게 조치를 취할 수 있는 능력을 제공할 것이다. 그러나 학습에 어려움을 지닌 학생이 RTI 모형을 통해 판별되기 위해서는 상당히 많은 어려움을 가져야 한다는 문제가 여전히 남아 있다. Fuchs(2003)는 학교에서 채택될 수 있는 두 부분의 이중 불일치(two-part Dual Discrepancy) 공식을 주장했다(Wright, n.d. 재인용). 첫 번째 불일치는 학습에 어려움을 지닌 학생이 같은 학년이나 나이의 또래와 같은 속도로 성취하지 못할 때 나타난다. 두 번째 불일치는 학급 내의 또래와 비교했을 때 학습 속도에서의 차이다. 학습 속도 차이는 다양한 증거 기반 중재가 시행된 후에도 학생이 성취 차이를 좁히는 데 실패하는지 여부로 판별된다. 그러나 이 공식은 학습장애를 판별하는 데 충분한가? 또는 거짓 긍정(false positive) 비율이 증가하지는 않는가?

앞서 제안된 이중 불일치 모형으로만 학습장애를 판별하려는 시도 대신, 우리는 전통적인 신경심리적 검사와 함께 RTI에서 수집된 증거를 조합할 것을 제안한다. 신경심리적 검사는 RTI가 답을 구하려는 의문에 대해 답하는 데 도움이 된다. 이러한 의문은 어떤 중재가 사용되어야만 하는지, 어떻게 우리가 중재 과정을 모니터링하는지, 그리고 어떻게 중재

가 작용하는지의 여부를 아는지 판단하는 데 도움이 된다. 이러한 의문
을 다루는 시도에도 불구하고, RTI는 이 모두에 대한 해답을 충분히 제
시하지는 못한다.

　RTI는 학생의 근본적인 어려움의 원인이 될지도 모르는 것에 대한 답
을 밝히기 위하여 검사의 사용을 배제하는 과정으로 수용되거나 간주되
어서는 안 된다. RTI 모형이 각 단계를 통하여 협의를 모으는 것과 같이,
근본적인 문제 및 학생 또는 학생 집단을 대상으로 하는 가장 적절한 2차
중재에 대하여 더 명확하고 구체적인 가설을 구할 수 있는 검사는 더 유
익한 결과를 제공할 것이다. 신경심리학 분야는 정교한 결과를 얻음으로
써 학습 어려움에 대한 신경학적인 설명들을 증명할 능력을 가지게 되는
것이다(Berninger & Richards, 2002). '좋은 독자' 및 '나쁜 독자'의 두뇌
가 비교될 때 발견되는 사실과 같은 신경학적 발견은 교육자들에게 학습
과정에 대한 중요한 정보를 제공한다(Berninger & Richards, 2002).

　신경심리학적 검사들은 또한 왜 학생들이 저성취를 하게 되는가에 대
한 해답을 제공할 수 있다. Feifer(in press)에 의하면, 인지신경심리학적
평가(사정)의 주요한 목표는 학생이 겪는 근본적인 처리 과정의 어려움
을 이해하기 위한 것이며, IQ와 성취 사이의 불일치를 입증하기 위한 것
은 아니다. 게다가 종종 학습장애는 주의력결핍 과잉행동장애(ADHD)와
같은 다른 조건과 공존하여 발생한다(Kronenberger & Meyer, 2001). 신경
심리학적 검사는 이러한 조건들을 판별하는 데 도움을 줄 수 있다. 이러
한 지식을 바탕으로 하여 학생이 가지는 문제의 진정한 근원을 밝혀내는
것을 목표로 하는 다양한 중재가 시행될 수 있다.

학습장애 진단에서 신경심리학은 어떤 역할을 해야 하는가

임상가들은 학습장애 진단에서 신경심리학을 활용하여 어떻게 학습장애 학생들이 기능하는지에 대한 심층 분석을 얻을 수 있다. 또한 이것은 학습을 위해 교사가 어떻게 단서들을 효과적으로 사용하는지에 대한 증거를 제공함으로써 교사들에게 그들의 학급 내에서 학생이 얼마나 다양하게 학습하는지와 같은 교수적 힌트를 제공한다(Berninger & Richards, 2002). Berninger와 Richards(2002)에 의하면, 학습과 관련된 기능적인 두뇌 시스템은 Vygotsky의 사회적 구성주의 모형(social constructivist model)과 적합하다. 학습은 학생의 발달, 사회적 상호작용, 근접발달영역(zone of proximal development)을 지켜봄으로써 연구될 수 있다. 유전적 및 환경적 요인 모두는 학생의 발달 측면에서 고려될 수 있다.

유전적 변인들이 신경 발달에서 역할을 하는 반면, 교사의 효과적인 교수는 다양한 학업 영역에서 학생의 기능을 향상할 수 있다. Berninger와 Richards(2002)는 "비록 감각 및 운동 시스템이 학령 전 시기 동안에 최고 한도에 다다를지라도, 피질의 활성화(cortical activity)에 대한 발달창(developmental window)은 형식적인 교육의 절정 시기인 아동 중기 및 청소년기에도 활짝 열려 있다."(p. 8)라고 주장해 왔다. 이러한 발견은 교육자들에게 그들이 학생들을 대하는 것이 오래 지속되는 효과를 만들어 낼 수 있다는 측면에서 희망을 주는 것이다. 더욱이 신경과학은 심리학자들에게 두뇌의 기능 및 성장을 필요로 하는 많은 과업을 해내기 위한 학습과 관련된 처리 과정을 보여 줄 수 있는 능력을 가진 유일한 분야다. 좀 더 총체적인 방법으로 학생을 관찰하려면 학생의 세계를 이해하는 또 다른 유용한 방법이 포함되는 것만이 자연스러운 것으로 보인다.

비록 신경심리학이 학습에 대한 완벽한 평가를 제공하고(Feifer, in press), 학습장애 진단에서 중요한 역할을 할 수 있다고 하더라도 검사에 대한 많은 타당한 비평이 존재한다. 예를 들어, Ysseldyke, Alzozzine, Richey와 Graden(1982)은 학습장애가 교육적 주류에서 성가신 아동들을 제거하기 위해 사용된, 사회적으로 만들어진 개념이라 주장했다. 게다가 Ysseldyke 등(1982)은 학습장애와 저성취 학생들 사이의 차이를 구별할 수 없기 때문에 학습장애가 저성취의 '과잉 정교화(oversophistication)'라고 결론지었다. 데이터에 대한 재평가는 다른 연구들을 종합해 오면서 수행되었고, 모든 이러한 결론들이 논박되었다(Kavale & Forness, 1994). 또한 이후의 종단 연구에서는 이러한 두 집단을 신뢰성 있게 구별하였고 (Short, Feagans, McKinney, & Appelbaum, 1986), 학습장애토론회(Learning Disabilities Roundtable, 2005)는 특정학습장애 개념이 유효하며 신경학에 기초를 두고 있다고 결론 내렸다. Fuchs와 Fuchs(2002)가 수행한 메타분석에서는 이러한 집단들이 구별될 수 있다는 사실에 '의심의 여지가 없는' 것으로 나타났다. 평가 실제에 대한 문제들은 어떻게 학교심리학이 실행되어야만 하는지에 대하여 특정 연구자들의 선호를 지지하기 위해 과장되었다(Kavale, Holdnack, & Mostert, 2005).

평가의 가치, 임상적 장애의 본질, 신경심리학적 연구의 활용은 학교심리학의 많은 분야에 의해 계속해서 가치가 떨어지게 되었다(Gresham & Witt, 1997; Reschly & Ysseldyke, 2002). 이러한 경시는 일반교육 주도(Regular Education Initiative: REI)에 대하여 추가적인 지원을 제공하기 위한 RTI 접근과 같은 대안적 실제를 장려하고 저소득 아동에 대한 특수교육 기금을 재분배하기 위한 정치적 기초라고 설명될 수 있다(Fuchs & Fuchs, 2002; Fuchs & Young, 2006). 아무튼 장애를 판별하는 데 있어서 연방 지침의 최근 변화를 이해하고 학교 임상적 실천이 학교에서 어떻게 이루어지는가를 파악하려면, 이러한 역사적 맥락을 주목하고 고려하는 것은 중요하다.

같은 맥락에서 문제해결 모형에 기인하는 긍정적인 성과들에 대한 의
문이 발생했다(Telzrow, McNamara, & Hollinger, 2000). 다양한 연구에서
경험적으로 유효한 이익들의 결핍이 발견되었다(Fuchs et al., 2003). 게
다가 이러한 연구를 검토해 보면 Fuchs 등(2003)은 RTI 접근에 대한 증
거가 부족하며 불충분하다고 결론을 내렸고, 과학에 기초한 이러한 모
형이 증명되지 않았다고 주장했다. 비록 경험적 데이터에 대한 의문이
지속되더라도, RTI 접근의 계속적인 대폭적 시행은 불안을 유발하는 동
시에 몇 가지 관점을 일으켰다(Hale, Naglieri, Kaufman, & Kavale, 2004;
Naglieri & Crockett, 2005). 유사한 결론들은 다른 직업에도 영향을 미쳤
고(Graner & Faggella-Luby, 2005), 20년이 넘도록 오래된 몇 가지의 RTI
파일럿 프로그램은 RTI 옹호자들의 주장을 지지하는 데 필요한 경험적으
로 방어적인 증거를 여전히 제공하지 못했다(Naglieri & Crockett, 2005).
RTI에 대한 지지 및 열광은 분야 내에서 계속 존재하지만 그것의 철학적
규범의 모순이 드러나는 것을 간과하기는 어렵다. RTI 규범은 과학적으
로 근거한 실제를 중심으로 만들었으며, RTI 접근을 지지하는 과학 중
심 증거의 명백한 결핍을 야기했다. 학습장애로 설명되는 행동 패턴을
설명하기 위하여 경험적 데이터를 제공함으로써, 신경심리학은 교육적
정책을 포함하여 정치에 기반을 둔 논의들을 완화하는 데 도움을 준다.
게다가 이러한 데이터는 왜 심리학자들이 학교에서 학습장애를 보이는
아동에게 지속적으로 관심을 두어야만 하는지에 대한 핵심적인 기초를
제공한다.

RTI 맥락에서의 중재 설계에서 신경심리학은 어떤 역할을 해야 하는가

증거 기반 중재는 RTI 처리 과정의 기초다. 이러한 중재 모형 유형의 목적은 중재의 사용에 대하여 이론적 원리를 제공하는 것이다. 분야 내에서 증거 기반 중재의 활용이 좋은 실제로 고려되는 반면, 최근 입법적 지시(legislative mandate)는 교육에서 과학적 기반 연구의 사용을 필요로 한다(Walcott & Riley-Tillman, 2007). 2001년 아동낙오방지법(No Child Left Behind Act: NCLB)은 책무성이 있는 학교와 학생의 진보에 대한 증거 제공을 필요로 하는 이러한 지시의 하나다.

RTI 모형의 근본적인 중요성은 중재의 효과성을 밝히기 위한 목적의 데이터 수집이다. 교육과정중심 측정(curriculum-based measurement: CBM)과 같이 이 모형의 활용 방법으로 데이터를 수집하는 것은 학생의 진보를 추적하기 위함이다. 수학, 읽기, 철자, 쓰기 표현 영역에서 CBM은 저부담 학급에 그리고 선별 유형 결정에 활용되었다. 그러나 CBM은 고부담 적격성 결정에서 아동이 보이는 진보의 유일한 결정 요소로 사용되어서는 안 된다. 최상의 실제는 다중 방법 처리 과정(multi-method process)에서 그것을 결합하는 것이 유용한 것으로 나타난다(Christ, Davie, & Berman, 2006). Feifer(in press)는 인지신경심리학적 평가의 사용이 데이터 수집에 활용될 수 있다고 주장한다. 그러므로 CBM의 편집(compilation)과 인지신경심리학적 평가는 학생이 기능하는 모든 영역에서 자료를 수집하는 데 최상의 방법이 될 수 있는 것처럼 보인다.

신경심리학은 결정되고 개발되고 평가된 중재인 RTI 처리 과정을 통해 사용될 수 있다. 증거 기반 중재의 새로운 시대에서 신경심리학은 체계적인 행동 관찰을 통해서는 보이지 않을 수도 있는 증거를 제공하기

위해 활용될 수 있었고, 이것은 RTI와 관련하여 필수적인 분석의 기초
다. 신경심리학은 연구자뿐만 아니라 임상가로서 학교심리학자들에게
다양한 학습의 관점(읽기와 쓰기 같은)을 찾아내는 새로운 도구를 제공한
다. 읽기와 쓰기 같은 학습의 관점은 일단 현실에서 실제로 그러한 것보
다 더 유사한 것으로 여겨진다. 게다가 신경심리학적 평가(사정)는 중재
개발 안내를 돕거나 성공적이지 못한 것으로 증명된 중재의 조정을 돕기
위해 사용될 수 있다.

RTI에 의해서 나타나는 교육에 대한 총제적인 관점에서는 학습 능력
을 밝히고 향상 전략을 준비할 때 학생들의 두뇌 기능에 대한 중요성을
제외함으로써 교육에 해를 입힐 수 있다. 예를 들어, 모든 읽기 문제가
음성적인 것은 아니며 어려움을 보이는 영역을 판별하기 위한 검사를 통
해 더 일찍부터, 더 정확한 중재로 이어질 수도 있다. 신경심리학적 방법
론은 최고의 교사와 뛰어난 관찰력을 지닌 학부모들조차 이룰 수 없을지
도 모르는 특정 학습 문제를 구체화하고 설명하는 데 도움을 주는 기본
적인 도구들을 제공한다.

제14장
학습장애 진단에서 신경심리학의 기여
―과학과 문화적 측면

Sangeeta Dey

신경과학은 학습장애 평가(사정)와 판별에 어떻게 기여할 것인가

모든 학습과 행동은 뇌에서 기원하고 행동에서의 개인 차이들은 뇌 기능에서의 개인 차이에 기인하는 것이기 때문에, 학습장애가 의심될 때 뇌의 생물학적 비정상(이상)을 평가하는 것은 중요하다. 평가 절차들은 유전적, 구조적, 생리학적, 그리고 뇌의 기능과 관련된 여타 복잡한 요인들을 고려해야 한다. 이렇게 중요한 뇌 기반 메커니즘을 경시하게 되면 중요한 신경학적 이상성과 학습장애 간 연결에 대해 이해하는 일은 불가능해질 것이다.

아직 특정 뇌 영역과 학습장애 간 일대일 일치를 확립하는 일은 요원할지라도, 비침습성 신경영상 도구의 출현은 어느 정도 획기적인 발견을 선도하고 있다. 특히 이 정교한 영상 기술들은 연구자들이 실시간으로 학습장애 아동의 뇌를 정밀하게 조사하는 것을 가능하게 하였다. 예를 들면, 난독증 아동들의 기능적 뇌 체계에 대한 대규모 연구는 이 복잡한 현상을 이해하는 데 있어 신경과학의 공헌이 매우 큼을 압도적으로 보여 준다. 동시에 이 영역에서의 연구가 지속되어야 함을 타당화하고 있다(Shaywitz et al., 2002). 게다가 음운 처리 결함이 난독증의 일차적 결함으로 판명된 것은 신경과학의 노력의 결과다(Temple et al., 2001). 또한 이 발견은 학습장애 위험 아동의 음운 기술들을 명확하게 평가하는 평가(사정) 도구의 발달을 선도해 왔다.

타당한 평가(사정) 도구들의 개발 이외에도, 신경과학계의 발견들은 학습장애(특히 난독증)의 조기 판별에 대한 희망을 제공하고 있다. 예를 들면, 현재 언어 발달이 지체되어 있는 아동들이 읽기 학습에 유사한 어려움을 경험한다는 것은 오랫동안 인정되어 왔다(예: Catts et al., 2002). 또한 여러 연구에서 초기의 언어적 취약성이 이후의 음운 처리 기술 습득에 어려움을 줄 수 있다고 밝혔다(예: Tallal & Gaab, 2006). 또한 연구들은 언어학습장애(예: Tallal & Piercy, 1973)와 읽기장애 모두 음운 처리 결함에 의해 야기된다고 보고 있다(예: Shaywitz, 1998). 흥미롭게도 학자들은 나중에 언어 학습 손상을 보이는 유아와 그렇지 않은 유아 간 뇌의 전기장 활동에서 유의한 차이가 있음을 발견하였다(Benasich et al., 2006). 종합해 보면, 이 연구 결과들은 초기 연령에 관찰되는 뇌 차이는 언어 학습 손상을 나타내는 것인지, 그리고 이것을 난독증에 대한 경고로 여겨도 되는지 의문을 갖게 한다. 그래서 현재 다양한 성공 수준들로 이 가설을 검증하기 위해 많은 연구가 수행되고 있다(예: Lyytinen et al., 2005).

진단이라는 목적을 위해 최첨단의 도구들을 사용하여 취학 전 아동을 선별하는 절차(routine)는 너무 앞서 가는 것으로 보인다. 하지만 그것은 우리가 기능적인 뇌를 조사하는 것을 허용하는 선진기술 개념이다. 신경과학이 지난 몇십 년 동안 뇌의 메커니즘 판별에 엄청난 진전을 가져왔다는 점에서 신경학적 발견들이 학습장애 진단을 결정하고 타당화하는데 사용될 지점까지 신경과학 분야가 진화할 것임을 낙관할 만하다. 한동안 뇌 기반 연구로부터 획득한 지식의 도움으로 연구자들은 조기 평가와 조기 판별을 위해 심리측정학적으로 훌륭한 평가 도구 개발을 계속해야 할 것이다.

향후 신경과학의 발달은 학습장애의 분류와 중재에 어떤 영향을 줄 것인가

학습장애와 관련된 진단 이슈들은 큰 변화를 겪어 왔고, 다양한 분야에서 많은 연구는 학습장애에 대한 신뢰성 있는 정의와 판별을 제공하기 위해 그들의 노력을 계속하고 있다. 정신장애의 진단 및 통계 편람(Diagnostic and Statistical Manual of Mental Disorders: DSM)과 그 개정판들은 관찰 가능한 병리학적 표현들을 군집화하기 위한 메뉴 접근을 채택하였다. DSM이 중요한 신경학적 기관과 생리학적 처리들을 간과한 것에 대해 비난을 받는다는 사실은 놀랍지 않다. 또한 질병 분류 안에 학습장애(LD)를 범주화하기 위해 사용한 구두적 명칭이 의사소통 목적을 위해 유용하다고 할지라도, 그것은 발달 기대의 맥락 내에서 개인차의 복잡성을 무시한다.

유전학과 같이, 신경과학은 현재 학습장애를 이해하고 분류하기 위한 우리의 요청에 새로운 가능성을 제공하고 있다. 신경영상 기술들은 이전의 생각보다 훨씬 더 복잡한 것으로 뇌를 판별하여 왔다. 예를 들면, 연구자들은 언어가 뇌의 단일 영역에 한정할 수 없다는 것을 암시하여 왔다. 대신에 언어 네트워크는 뇌의 보다 넓은 영역에 걸쳐 있다는 것을 드러냈다. 보다 두드러진 학습장애의 표현형 표상이 뇌의 특정 영역에서 비정상적인 기능을 암시하는 동시에, 이 사실은 학습장애가 있는 개인의 뇌의 이상성이 복잡하고 단일 영역에 집중되어 있지 않다는 것을 설명하고 있다. 그 목적을 위해 Rourke, van der Vlugt와 Rourke(2002)가 제시한 더 확장된 판별 방법은 아동들의 학습, 학업, 사회적 기능에서 강점과 약점의 특정 패턴을 설명할 때의 복잡성을 입증한다. 특히 전기생리학적 연구들은 비언어성 학습장애(NLD)와 기초 음운처리장애(BPPD) 간 뇌의 활동에서의 차이를 판별하여 왔다.

더욱이 그것은 정교한 기술의 출현이 연구자가 작동하는 뇌를 조사할 수 있게 하였던 것처럼 뇌의 기능이 정상적으로 작동하지 않을 때 뇌의 기능에 대한 의미 있는 통찰을 제공하였다. 그 증거로서 가장 확실하고 지속적인 발견 중의 하나는 학습장애 개인들의 뇌는 실제 손상되지 않은 뇌와는 다르다는 것이다. 예를 들면, 신경영상 기술들은 해독에 책임이 있는 뇌 영역에서의 불완전한 배선(defective wiring)과 읽기 결함을 연관시켜 왔다. 이러한 발견은 난독증을 가지고 있는 개인들의 뇌 기능이 실제로 독특하고 지속적으로 특징 있는 차이를 보인다는 것이다. 머지않아 신경학적인 이상 식별 프로파일이 나타날 것이고, 보다 정밀한 난독증의 판별에 도움을 줄 것이다.

그렇지만 실제에서 신경과학에만 기반을 둔 판별은 연구자 간에 불일치하는 결과뿐만 아니라 뇌 이상성의 불특정한 특성으로 인해 비판을 받아 왔다. 이러한 약점은 뇌 자체의 복잡한 기능에 관련된 변화들에 일치하는 것인 동시에, 부분적으로는 교육학과 심리학 분야의 전문가에 의해 제시된 학습장애 판별과 정의에 관련된 신경과학의 의존성에 기인한 것이다. 부연 설명을 하면, 신경과학자들은 가정된 행동적 표상에 근거한 학습장애 판별 조사를 시도하고 있다. 역설적으로 이 기존의 판별들은 그 자체가 학습장애 아동 내에서의 이질성을 고려하지 않는 것에 대한 비판을 받아 왔다. 소수이기는 하지만 몇몇 연구는 ADHD와 언어 기반 학습장애 간의 유의한 공존성을 보고하였다(Dykman & Ackerman, 1991; Semrud-Clikeman et al., 1992). 하지만 이 또한 학습 문제, 주의집중의 어려움, 또는 둘 다에서 장애를 가진 아동이 얼마나 사회적·정서적 장애의 위험에 있는지를 암시한다(예: Kavale & Forness, 1996). 이 공존장애들은 특별히 배제적인 꼬리표로 아동들을 가두는 경향이 있는 현재의 판별 시스템에 이의를 제기하게 한다. 그러므로 앞으로 신경과학의 발달은 또한 우리의 학습장애 개념과 이해에 의존할 것이다.

그럼에도 불구하고 현재 과학기술에서의 진전은 다른 소리들에 반응하는 유아들의 뇌 전기장 활동을 측정함으로써 유아기의 학습장애에 대해 알 수 있는 가능성을 제공하고 새로운 길을 열었다(Benasich et al., 2006). 확실히 이 방법은 표현형에서 뇌로 가는 전통적 접근으로부터의 이동이라 볼 수 있다. 대신 현재 연구자들은 근원적인 신경학적 메커니즘에 우선 목표를 두고 있다. 최종 목표는 학습장애를 예방하거나 최소화하고 목표 지향적인 중재 방법을 개발하는 것이다. 신경과학이 난독증을 가진 사람들의 뇌가 적절한 중재를 받은 후에 정상화되는 것을 보여줌에 따라, 신경영상 기술들은 치료적 교수 교재를 계획하는 데 일조할 것이다.

요약하면, 신경과학에서의 진보는 가능한 한 조기에 우리가 아동들을 판별해 낼 수 있도록 도울 수 있다. 향후 보다 정교한 기술들이 보다 정밀한 학습장애 판별을 가능하게끔 하겠지만, 궁극적인 목표는 학습장애 아동들을 위해 고통스러운 사회적·정서적 경험들을 예방하는 것이다.

학습장애 진단에서 신경심리학은
어떤 역할을 해야 하는가

신경심리학 분야는 계속해서 학습장애의 신경학적 상관들을 판별하기 위해 경험적인 평가(사정) 도구를 설계하고 사용하는 데 힘쓸 것이다. 그것은 학습에 어려움을 경험하고 있는 아동들에 대해 신경심리학적 프로파일과의 일치성을 확립함으로써 신뢰성 있게 학습장애를 판별하고 분류할 수 있도록 할 것이다.

신경심리학적 평가의 목적 중 하나는 아동들의 진단 상태를 명료하게 하는 것이다. 하지만 그런 평가의 영역은 배타적인 진단을 넘어선다. 그와 같이 보는 것은 아동들이 나타내는 학습 문제의 영향과 그 영역을 제대로 이해하지 못한다. 철저한 신경심리학적 평가(사정)는 아동들의 발달 기능을 추정할 수 있도록 정보를 제공한다. 또한 관리와 교육 계획을 위한 권고들을 제공한다. 아울러 신경심리학적 평가(사정)는 그 제안들이 학습 곤란을 단절시키는 것을 넘어 아동들의 학습 강점과 약점을 판별한다. 특히 신경심리학적 평가는 아동들의 학습 프로파일을 만들고, 읽기와 수학과 같이 아동들이 나타내는 특정 학습 문제를 설명하는 체계를 제공한다. 그리고 이들 영역과 관련 있는 뇌 영역이 어떻게 아동들의 기능의 다른 측면에 영향을 주는지 설명 체계를 제공한다. 이들 가설은 누적된 조작적 측정, 데이터 수집 및 분석, 그리고 신경심리학적 형질과 병인들 간의 관계를 유추하는 과학자–실천가의 주의 깊은 귀납적 추론 방식을 통하여 가능하게 된다. 예를 들어, 많은 연구는 비언어성 학습장애와 관련된 신경심리학적 프로파일을 판별하여 왔다(예: Rourke et al., 2002). 그것은 학부모와 교사들이 아동의 학습 프로파일을 식별하고 실행 기능, 운동 기술, 사회적 적응과 같은 영역에서의 어려움을 예상할 수 있게 한다. 신경심리학적 형질 내에서는 상당한 변동성이 보고된다고 할지라도, 이것은 뇌의 복잡한 조직에 따른 것으로 예상된다. 그런 변동성은 공존장애 상황(ADHD와 난독증의 동시 출현 같은)이 가능하다는 것을 설명하는 데 도움을 준다. 더구나 그런 변동성은 이용 가능하며 생산적으로 처리할 가능성이 있는 뇌의 온전한 2차적 인지 시스템의 잠재성을 판별하도록 돕는다.

신경심리학적 평가는 다른 배경을 가진 아동들(예: 가난한 환경의 아동들, 다른 나라에서 입양된 아동들)을 평가하는 데 한계가 있다는 점에서 비판을 받아 왔다. 그러나 다음에 제시되는 다른 배경을 가진 아동들에 대해 종합적 신경심리 평가 사례 연구는 신경심리학적 평가가 기본적인 인지 처리를 식별하고, 학습 결함의 가능성을 가설화하는 데 가치 있는 자원이 됨을 증명할 수 있다. 특히 이 사례는 표준화 평가 대상으로 부적절하다고 기술한 아동이다. 그럼에도 불구하고 이 사례는 기존의 경험적 뇌 기능 지식에 기반을 둔 진단 개념화의 중요성을 강조한다.

제인은 인도에서 입양된 11세 11개월 된 소녀다. 제인의 부모는 그녀가 학업 기술을 습득하는 데 상당한 어려움을 겪고 있다는 것을 알게 되었다. 학업 문제는 다문화 학습자(English Language Learner: ELL)에게서 공통적으로 관찰된다고 하더라도, 제인의 부모는 그녀의 학습과 영어 학습 영역 이외의 발달에 관련된 여러 측면에서 걱정하고 있다고 이야기했다. 예를 들면, 제인은 모델링과 복습을 제공하여도 기초 2단계 목표를 배우고 따르는 것을 할 수 없었다. 가정에서 부모가 일상생활 기술을 가르치기 위해 집중적으로 제인과 함께하는 동시에, 학교에서는 열심히 그녀의 영어 학습 수준에 맞추어 학업 교수를 제공하였다. 그러한 협력적인 노력에도 불구하고 제인은 별로 향상되지 않았다. 이 시점에서 부모는 특수교육 지원을 요청하였다. 그럼에도 교사들은 제인의 프로파일이 다문화 학습자에게서 흔히 볼 수 있는 어려움이고 열악한 양육환경의 결과를 반영하는 것이며, 아동의 현재 환경이 전반적인 영어 기능의 결함을 줄이는 데 도움을 줄 것이라는 생각을 그대로 유지하였다.

제인의 부모는 제인의 신경인지적 및 발달적 기능 평가를 받고 진단 영상으로 도움을 받기 위해, 그리고 교육적 프로그램을 추천받기 위해 신경심리학적 평가를 하기로 결심하였다. 다음에서는 선택된 도구들에서의 제인의 수행에 관한 신경심리학적 분석을 논의할 것이다.

Leiter 동작성 검사(Leiter International Performance Scale-Revised, Roid & Miller, 1997)를 사용한 인지적 검사의 결과들은 거의 두 가지 영역으로 정렬된 점수를 산출하였다. 첫 번째 점수군은 평균적인 기대 내에 정렬되었고, 과제들 가운데 두 가지는 자연계에서 우선적으로 지각하는 것이었다. 두 번째 점수군은 경계선급에 정렬된 것으로 전형적인 추론 기술을 요구하는 것이었다. 흥미로운 것은 이 범주화는 대부분의 추론과 지각 능력의 조합을 요구하는 과제에서 대부분 그런 것처럼 확실한 용어들로 지각된 것이 아니었다. 그렇지만 그런 기술들의 관련 정도는 과제의 본질에 따라 다양하였다. 제인의 어려움은 보다 구조적인 측정이 설계된 시각-운동 통합발달검사 제5판(the test of Visual-Motor Intergration-Fifth Edition; Beery, Buktenica, & Beery, 2004)뿐만 아니라 기하학적 형태를 복제한 다음 그것을 회상하는 Rey-Osterrieth Complex Figure Test(그림 검사)의 수행에서 더 분명하게 나타났다. 두 가지 검사의 경우, 그녀는 그림의 전체 형태를 유지하고 회상하는 것은 아주 쉽게 할 수 있었던 반면, 세부적인 것들을 다루고 통합하는 데는 어려움을 경험하였다고 기술하였다.

신경심리학적으로 제인은 전형적으로 좌반구에 비효율적 기능을 보이는 패턴을 나타냈다. 신경과학 연구에서 좌반구는 전형적으로 언어 처리에 관련된 기능과 관련이 있다. 언어 기반 학습장애 학생들의 신경심리학적 형질은 그들이 종종 특별한 방식으로 정보를 처리하고 있음을 나타낸다. 이것은 비언어성 과제에서 나타나는 것이다. 특히 그들은 종종 큰 그림을 이해하고 처리하는 것에서의 유창성과는 상관없이 세부적인 항목을 다루는 데 어려움을 보인다. 이 연합은 세부 항목 정보 처리와 계열적인 추론에서와 마찬가지로 언어 발달에서 좌반구의 기능을 공유하고 있기 때문이다. 이 정보 처리 유형의 특징은 제인의 비언어성 인지검사와 비언어성 처리를 평가하는 검사에서의 수행 결과에서 확실히 나난다. 게다가 두뇌 시스템의 대측성을 가정하면, 소근육 운동 과제의 빠른 수행에서 보이는 제인의 결함은 그녀의 우세한 오른손에서 확실히 나타났다. 이것은 다시 한 번 그녀의 좌반구가 약함을 암시하는 것이다.

부모님과 함께하는 피드백 회기와 선생님들과 함께하는 추수(follow-up) 상담 회기 동안, 특정학습장애(특히 언어 기반 학습장애)의 신경심리학적인 잠재적 증거(insinuation)에도 불구하고 제인과 같은 면을 가진 아동들을 대상으로 한 종합적 평가에 활용할 수 있는 몇 안되는 표준화 평가(사정) 도구와 제한된 규준으로는 현 시점에서는 제인의 프로파일에서 특별한 강점과 약점의 패턴을 정확하게 포착하는 특별한 진단들을 분별하는 것이 매우 어렵다는 것은 누구나 다 아는 사실이다. 또한 그것은 제인의 프로파일에서 현재의 결함이 단순히 가난하고 열악한 양육환경으로 인한 후유증일 가능성, 그리고 그녀의 현재 환경이 전 심리적인 영역에 걸쳐 현재 보이고 있는 기능의 약점을 일부 줄이는 데 도움을 줄 가능성을 시사하는 것이다. 그렇지만 현재 제인의 신경심리학적 프로파일과 가정과 학교에서의 진전도 부족을 기반으로 하면, 제인의 경우는 교육적 환경에 대한 노출의 부족이나 기회의 부족에 따른 일시적인 어려움이라기보다는 그녀의 인지적 프로파일에서 신경심리학적 기능장애를 더욱 나타내고 있다고 볼 수 있다.

제인이 실제로 현재의 지원 환경으로부터 도움을 받고 있으며, 그녀의 전반적인 기능 향상에 도움이 되도록 계속 노력할 것이라는 것을 학부모와 교사들에게 보고하였다. 그렇지만 그녀가 제공받고 있는 사회환경과 학습환경에도 불구하고, 그녀의 신경심리학적 프로파일의 증거처럼 제인은 언제나 비언어적 수단과 언어적 수단을 통하여 추론을 매우 선호하는 타고난 학습 스타일을 가지고 있는 아이일 것이다. 게다가 그러한 학습 스타일은 제인의 학업 영역 기능, 잠재적인 보상 전략 요구, 특별화된 지원, 그리고 적어도 그녀의 인지 프로파일에 대한 온전한 이해에 유의한 영향을 미칠 것이다.

교육자들이 여전히 특정학습장애(SLD)의 타당성 문제와 다문화 학습자(ELL)의 비교에 대하여 논쟁하고 있는 동안, 신경학자는 제인의 학습곤란의 신경학적 기반을 명료화하기 위해 자기공명영상(MRI) 연구를 추천하였다. 제인의 MRI는 확실한 신경심리학적 발견들에 의해 좌반구 영역에 손상이 있는 것으로 해석되는 좌반구에서의 이상(abnormality)을 밝혀냈다. 제인의 뇌 이상이 시사하는 점과 정확한 특성을 결정하기 위해 추후 신경학적 검사들이 수행되는 동안, 이 발견점들은 제인의 신경심리학적 프로파일에 관해서 배타적인 질적 분석에 근거한 가설들임을 입증하였다.

이상에서 언급한 사례의 증거처럼, 신경심리학의 분야가 아직 개발되고 있는 중이라 하더라도 이 분야는 학습장애의 이해를 위해 인상적인 체계를 제공한다. 진단을 위한 한 방법으로서 중재 실패에 초점을 둔 배타적인 중재반응(RTI) 모형으로 인해, 뇌의 영역을 핵심 인지적 또는 정서적 기능을 담당하는 영역과 공유하기 위해 2차적인 다른 잠재적 도전을 치료·교정할 수 있는 종합적인 중재 제공에 실패하고 있다. 아동들의 개인적인 도전들을 치료·교정하는 것에 초점과 목적을 두는 것이 실제로 도움이 되지만, 고립된 영역에서 목표 지향 중재는 총괄적으로 아동을 적합하게 바라보지 못한다. 그리고 동시에 적절히 양육하지 못하거나 온전한 인지 처리 기술들을 공격하여 약하게 할 수 있다. 이에 반해 신경심리학적 평가(사정)는 중재 과정과 아동들의 미래 성취와 사회-정서적 적응을 제공할 가치 있는 안내를 위해 아동들의 인지적 · 심리학적 프로파일의 모든 측면을 설명하려고 시도하는 정밀하고 종합적인 진단 판별을 제공한다.

RTI 맥락에서의 중재 설계에서 신경심리학은 어떤 역할을 해야 하는가

기초과학에서의 진보가 실제의 응용화된 방법으로 변형될 필요가 있는 다른 분야와 유사하게, 신경심리학을 항상 괴롭히고 있는 가장 성가신 도전은 확실한 기능장애와 관련된 뇌-행동을 효과적인 중재로 전이할 수 있느냐 하는 것이다. 비평들은 신경심리학이 중재보다는 평가(사정)와 진단에 초점을 두어 왔다고 논쟁한다. 반면에 RTI 지지자들은 중재를 강조함으로써 특정학습장애의 과잉 진단 예방을 외친다.

과학적인 교실 수업 기반의 중재를 제공하는 것은 신경심리학과 RTI의 궁극적인 목적이지만, 어떤 중재 계획을 위한 첫 단계는 문제의 근본 원인을 판별하기 위한 아동들의 강점과 약점의 종합적 평가가 되어야 한다. 초점화되지 않고 '모 아니면 도' 식의 접근에 의해 문제의 정확한 설명을 지연시키는 것은 바람직하지 않은 결과로 이끌 수 있다. 일부의 경우, 아동들은 평가가 고려될 때까지 이미 깊게 뿌리내린 어설픈 문제해결 접근과 학습 습관, 잊기 어려운 부정적 결과를 초래한 반복된 실패의 기록들을 축적해 왔다. 게다가 사회적인 낙인과 꼬리표, 뿌리 깊은 패배주의, 수행 실패, 그리고 사기 저하에 의해 야기된 정서적 문제들은 때늦은 노력과 혼합될 것이고, 그런 다음 무한한 사회적 · 정서적 · 동기적 이슈들로부터 실제 인지적 한계들을 파악하는 것을 극도로 어렵게 할 수 있다. 일부 학습 이슈의 발달적 특성이 있다면, 누적된 손상들은 심지어 되돌릴 수 없을지도 모른다.

조기 판별과 중재를 제공하는 RTI 접근은 이해하기 어려운 학습 어려움을 가진 아동들을 대상으로 긍정적인 결과를 산출하고 있다. 하지만 신경심리학적 평가는 중재 과정에서 중재를 위해 정확하게 목표로 할 영역 등에 대한 청사진을 제공하기 위해 가능한 한 빨리 시행되어야 한다. 연구자들이 잘 확립한 것처럼, 학습 영역에서 아동들의 결함은 다른 근원적인 원인을 가지고 있다. 예를 들면, 아동들의 읽기장애는 주의집중 문제, 언어 처리, 상처받기 쉬움, 분노와 같은 기여 요인들의 다양한 조합에 기인할 수 있다. 지적, 인지적, 사회−정서적 그리고 학업 성취를 포함하는 평가를 위한 신경심리학의 이해적 접근은 관찰 가능한 문제의 근본 원인을 판별할 수 있도록 돕는다(읽기 등). 이러한 평가를 위한 보다 종합적인 신경심리학적 접근은 더 정확하고 차별적인 진단을 가능하게 한다. 강점과 약점에 대한 정확한 판별은 학교가 그들의 노력을 총괄하는 것과 올바른 방향에서 소중하고 제한된 자원들을 배분하는 것을 돕기 위한 목표 지향 중재 계획의 설계를 가능하게 한다.

현대 신경심리학 분야에서의 과학과 경험을 기반으로 하는 표적(초점화) 접근과는 대조적으로, RTI는 정의되지 않는 문제들에 대한 효과적이지만 사전에 명세화되지 않은 교수 방법들을 사용하는 모호한 중재의 과정이다. 유능한 실제 임상가에 의한 안정적인 신경심리학에 비해서, RTI는 성공에 대한 전망에 확신을 가지고 긍정적인 결과를 낼 수 있는 중재를 예측하기 위해 눈 감고 신의 자비를 기원하면서, 아동을 주관하는 여신 센티아(Sentia)에 기도하고 헌금하는 고대 로마의 시민들과 가깝다.

끝으로, 아동의 신경심리학적 표상에서 발달적 변화가 있다면 신경심리학자들은 시간에 따른 아동의 진전도를 모니터링하기 위해, 그리고 경험적인 확실성을 가지고 장애라면 어떻게 인지적인 결함, 학업적 이슈 또는 정서적 어려움을 해결할 것인지를 결정하기 위해 학교 팀원들과 협력적으로 일할 수 있다. 이것은 두 가지 이점이 있다. 첫째, 특별한 표상으로 아동에게 제공한 중재가 도움이 되는지 여부를 교육자들이 이해하도록 도울 수 있다. 이것은 교육자들이 지속적으로 그들의 중재 기법을 개선할 수 있게 한다. 둘째, 아동의 발달 기능과 진전에 대한 추후 평가는 시간의 경과에 따른 변화의 필요성과 인지 기능의 자연적 성숙에 따라 아동에 대한 서비스를 미세하게 조정하는 것을 도울 수 있다.

제15장

학습장애 판별
- 결과가 아닌 과정으로서의 측면

Colin D. Elliott

이미 있던 것이 후에 다시 있겠고,

이미 한 일을 후에 다시 할 것이니.

해 아래는 새것이 없나니.

무엇을 가리켜 이르기를,

"보라, 이것이 새것이라 할 것이 있으랴?"

우리 오래전 세대에도 이미 있었느니라(신약전서).

전도서(1장, 9-10절; Holy Bible, New International Version)의 지은이는 인간 활동의 필연적 특성을 관찰하여 기술하였다. 중재반응(RTI)에 관하여 새로운 것은 없다. 이것은 아주 오래전부터 있어 왔다. 각 시대를 통하여 무엇을 배우는 데 어려움을 겪는 학생들을 만나 보지 않은 교사가 있을까? 각 시대를 통틀어 치료를 필요로 하는 환자 혹은 내담자를 만나

보지 않은 의사나 심리학자가 있을까? 물론 자연적으로 향상될 것이라는 희망에서 특별한 조치를 취하지 않기로 결정하는 것은 언제나 할 수 있다. 그러나 대부분의 경우, 전문가들은 중재가 가능한지 여부를 알아보기 위하여 중재를 시도하게 된다. 만약 중재가 성공적이라면, 그 전문가는 내담자가 고마워하는 모습을 보게 될 것이다. 만약 성공적이지 못하다면 무언가 다른 방법이 시도되고, 그것이 효과가 있는 것인지 보게 될 것이다. 이것이 바로 RTI의 과정이다. 중재를 적용하고 그 효과를 관찰하는 아주 기본적인 이 원칙은 학교심리학을 통하여 삽시간에 퍼지고 호응을 받게 되었는데, 이것은 단지 최근의 일이다. 그러나 우리는 이러한 방법을 언제나 사용해 왔다.

의학 분야에서 만약 의사가 성공적인 결과 없이 몇 개의 중재를 시도한다면(아마도 다른 종류의 약물들과 다른 조제에 의한), 환자가 병의 원인에 대하여 계속적인 조사를 받을 필요가 있다는 것은 지극히 당연한 사실이다. 그렇기에 더 구체화된 진단이 이루어져야 한다. 학교심리학에서 우리가 직면하고 있는 문제는 많은 아동(예: 읽기 부진아들)이 RTI에 반응하는 것에 실패한다면 그들은 모두 똑같은 학습장애로 분류되어야 하고, 모두 똑같은 학습 자원들이 제공되어야 한다는 것이다.

신경과학은 학습장애 평가(사정)와 판별에 어떻게 기여할 것인가

이에 대한 응답에서 나는 인지심리학 분야 및 개인차에 대한 과학적 측정에서의 통찰을 포함하기 위하여 신경과학이라는 단어를 사용한다. 각각의 세 분야는 주요한 이론적 구성에서 부분적 중복을 갖고 있다.

학습장애의 정의

학습장애 특성에 대한 정의에는 중요하고 전문적인 합의가 있는 것처럼 보인다. IDEA 2004의 잘 알려진 특정학습장애(SLD) 정의는 다음과 같다. "특정학습장애는 구어 혹은 문어를 사용하거나 이해하는 것과 관련된 하나 혹은 그 이상의 기초 심리 과정의 장애를 뜻한다……." 이 정의는 특정학습장애가 나타날 수 있는 방식들의 목록을 보여 주고, 통합조건(필수적으로 뇌 구조 및 기능과 관계된 인간 내의 형상)에 대한 목록을 보여 주며, 제외 조건(감각장애, 정신지체, 정서장애 그리고 환경적 결핍)의 목록으로 끝을 맺는다. 이러한 것들에 의해서 주어진 정의는 학습장애의 주원인으로 기초 인지 혹은 신경심리 과정의 기능장애를 강조하고 있다. 전국학교심리사연합회(National Association of School Psychologists: NASP, 2007)의 최근 성명을 보면, NASP는 그 정의와 연대하고 있음을 확인할 수 있다.

일반적 동의는 다음과 같다.

- 특정학습장애는 사실상 내생적인 것이고, 인지 과정에서의 신경학적 기반 결핍에 의하여 특성을 갖게 된다.
- 이러한 결핍들은 구체적인데, 다시 말해 그것들은 정식 학습 기술 습득을 방해하는 특별한 인지적 과정에 영향을 준다.
- 특정학습장애는 이질적이다. 다양한 유형의 학습장애가 있고, 모든 학습장애에 대해 하나로 정의되는 일반적 특성이란 것은 없다.
- 특정학습장애는 다른 결여 조건(예: 감각 결핍, 언어장애, 행동 문제)과 함께 공존할 수 있다. 그러나 이러한 조건들 때문에 학습장애가 생기는 것은 아니다……(NASP, 2007).

신경과학은 학습장애 평가(사정) 및 판별의 중심부에 놓여 있다. 성취와 능력 사이의 심각한 불일치에 의한 학습장애의 이전 조작적 정의는 큰 결점이 있다. 불일치가 능력 점수와 취득된 성취 점수 사이에 있든, 개인의 능력 점수의 기초에 관해서 취득된 성취 점수와 예견된 성취 점수 사이에 있든 간에 그 방법으로는 아동 내면의 인과관계 요인을 설명할 수 없다. 심각한 불일치 기준의 사용은 신경인지 처리의 어려움을 갖는 사람들과 환경적인 이유 때문에 부진한 성취를 갖는 사람들 사이를 구분할 수 없는 결과를 낳는다. 인과관계와 상관없이 모든 이가 학습장애로 판별된다.

학습장애 하위 유형의 예시

특정 읽기장애의 가능성이 있는 원인을 생각해 보자. 장애를 가지고 있는 아이들에게서 발견 가능한 강점 및 약점 범위의 예로, 나는 난독증 혹은 학습장애를 가지고 있다고 판별된 바 있으며 차별 능력척도(Differential Ability Scales: DAS; Elliott, 1990)에서 많은 학교심리사가 평가한 단어 읽기 환산 점수가 85점(-1 표준편차) 아래인 161명 표본의 군집점수 형태를 분석하였다. 세 개의 군집 점수 사이의 차이점만이 분석되었다. 군집들은 언어적(결정적 능력[crystallized ability]의 측정: Gc), 비언어적 추론(Nonverbal Reasoning: NVR-유동성 추론[fluid reasoning]: Gf)과 공간(시공간 능력 측정: Gv)이었다. 이 분석의 목적 때문에 하위 검사 점수들 사이의 차이들은 기각되었다. 학생들은 다음과 같은 기준에 근거한 집단들에 할당되었다.

① 일률적 프로파일(flat profile): 어떠한 군집 점수들 사이에서도 유의한 차이가 없음

② 저공간, 고언어: 공간 점수가 언어 점수보다 유의하게 낮음

③ 저언어, 고공간: 언어 점수가 공간 점수보다 유의하게 낮음

④ 고 NVR: 언어 및 공간 점수보다 높고 적어도 둘 중 하나보다는 더 유의하게 높은 비언어적 추론 점수

⑤ 저 NVR: 언어 및 공간 점수보다 낮고 적어도 둘 중 하나보다는 유의하게 낮은 비언어적 추론 점수

무엇보다 우리가 언제나 일률적 인지 프로파일을 갖고 있는 많은 읽기 부진 학생들을 예측한다는 것을 주목해야 한다. 그들은 아마 읽기를 배우는 데 어려움을 갖고 있을 수 있다. 하지만 이러한 어려움은 인지적 처리의 결핍에 따른 결과로 생기는 것이 아니다. 다음으로, 학생들은 2개 혹은 그 이상의 군집 사이에서 유의한 차이(16 표준점수 척도[standard score points]; $p < 0.05$)를 보였을 때만 5번 집단들을 통하여 2번 집단들에 할당되었다는 것을 주목해야 한다. 이러한 차이점들은 신뢰할 만하며 그것들이 좋은 기회를 가져온다는 것에는 이의가 없다. 다양한 프로파일을 갖고 있는 학습장애 학생들의 수는 기대되는 기저율(base rate, 다시 말해서, 이러한 프로파일을 갖는 표준화 표본에서의 백분율)과 함께 〈표 15-1〉에 제시되어 있다.

〈표 15-1〉 난독증 혹은 학습장애로 판별된 다양한 프로파일을 가진 학생들의 수

프로파일 유형	프로파일 소유 학생 수	프로파일 비율	예측된 기저율
일률적	56	34.8	50.1
고공간, 저언어	10	6.2	10.7
고언어, 저공간	20	12.4	10.0
고 NVR	9	5.6	14.8
저 NVR	66	41.0	14.4
표본 크기	161		

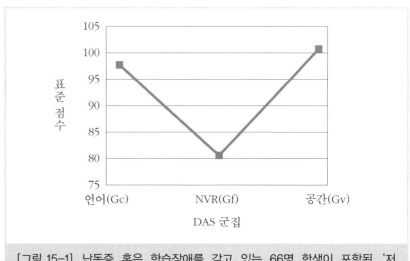

[그림 15-1] 난독증 혹은 학습장애를 갖고 있는 66명 학생이 포함된 '저 NVR' 하위 집단에 대한 DAS 군집 평균 점수

주: 단어 읽기 표준 점수 85점 이하의 모든 학생

점수들 사이의 평균 차이에 대한 예로, 저 NVR 하위 집단의 군집 점수 프로파일을 보여 주는 [그림 15-1]을 보자. 여기서 NVR 점수와 언어와 공간 군집의 평균 차이는 17~20 표준점수 척도에 이른다. 이러한 결과들은 Elliott(2001, 2005)에 의하여 더 자세하게 제시되고 있다.

이 증거의 평가에서 이러한 분석들은 먼저 세 개의 군집 점수 기저 위에 단독적으로 이루어졌음을 기억하는 것이 중요하다. 둘째로, 하위 집단들은 점수 중에서 통계적으로 유의한 차이들에 기초를 두고 판별되었다. 군집들의 더 큰 숫자들의 사용은 DAS-II(Elliott, 2007a)에서 볼 수 있다. 그리고 하위 검사 점수들 사이에서 통계적으로 가능한 유의한 차이들의 범위는 분석을 더욱 복잡하게 만든다. 그렇기에 실제 삶에서 더 많은 학습장애 하위 집단들이 있는 것을 예측할 수 있다.

기존 연구의 시사점

신경과학, 그리고 이와 관련된 인지 능력 평가 영역은 현저하고 매우 다양한 인지적 처리 결함을 보이는 학습장애 아동들의 하위 집단 간 차이를 유의하고 확실하게 구분할 수 있다.

학교에서 아동의 학습 실패에는 크게 두 가지 원인 집단이 있다. 한편으로는 다양하게 일어날 수 있는 환경적 원인(가정 조건, 학교 및 교사들의 질, 문화적 요인, 또는 질병)이 있으며, 다른 한편으로는 다양하게 일어날 수 있는 내생적이고 구조적인 원인이 있다(유전 요인은 아마도 정보들이 처리되는 방법에서 개인들의 다양한 차이를 설명할 수 있고, 생애 사건들을 통한 뇌에 대한 손상 혹은 변화들은 또 다른 것들을 설명할 수 있다). 개인들은 일반적 인지 능력, 언어 발달, 시공간 식별, 언어 및 시각 정보의 통합, 고단계 추론(higher order reasoning), 그리고 계획하기, 기억 요인(단기, 중기, 작업 기억, 시각–언어 기억), 인지 처리 속도, 음운 인식 발달 등과 같은 인지 처리 영역에서 크게 다르다. 임상가가 해야 할 일은 개인의 특성을 판별하고 개인의 인지적 강점 및 약점의 원인을 이해하기 위해 그 증거들을 면밀히 조사하는 것이다.

IDEA 2004와 NASP(2007) 입장 성명서의 정의에 따르면, 개인은 내생적 원인(endogenous cause)에 관한 특정한 인지 처리 문제들의 증거가 있을 때만 학습장애를 갖는다고 판별되어야 한다고 한다. 이것은 불우하게 자라서 정신지체의 유의한 증거를 보이는, 중요한 감각 손상을 가진 아동은 서비스를 받지 말아야 된다는 것을 의미하는 것이 아니다. 그것과는 거리가 멀다. 그러나 이러한 아동들은 특정학습장애를 갖고 있는 아동들에게 제공되는 서비스들과는 상이한 서비스들을 필요로 한다. 다른 원인들은 다른 해결책을 필요로 한다. 그리고 신경과학은 평가와 판별 작업을 할 수 있는 방법과 기술들을 제공하는 학문 분야다.

교사의 중재에 대한 아동의 반응을 관찰하는 것은 아동들이 가지는 어려움의 특성을 어느 정도 판별하도록 도울 수 있다. 그것은 아동이 학습하는 것에 실패한다는 것을 밝힐 수도 있다. 그러나 직접적인 실패에 대한 이유를 이해하고 판별하는 데 필요한 기초 인지 혹은 신경심리 과정들의 특정한 기능장애의 자세한 분석을 결과로 낼 수는 없다.

향후 신경과학의 발달은 학습장애의 분류와 중재에 어떤 영향을 줄 것인가

신경과학의 초창기에는 인간 능력의 요인 분석 구조에 의한 것이든, 뇌 구조에 의한 것이든 간에 대부분의 작업이 일반적 적용을 갖는 넓은 구성을 산출하는 것을 통하여 관찰된 인간 행동의 복잡성을 단일화하는 것에서 이루어졌다. 미래에 있을 발전은 학습장애의 특징을 이해하는 데 있어 구체성과 복잡성을 꼭 이룰 수 있을 것처럼 보인다.

이 작업을 하기 위해서 우리가 필요로 하는 도구들은 이미 복잡하게 개발되고 있다. 정신연령 또는 IQ의 단일 변수를 가진 Stanford-Binet 지능검사부터 시작하여, 각 개정판을 거치면서 Wechsler 검사가 상세화되었으며, 연이어 Woodcook-Johnson과 DAS와 같은 검사 배터리(test battery)들은 각각 개정판을 통해 상세해졌다. 의학 분야에서 볼 수 있듯이, 진단 절차는 치료(처치)가 더 차별화될 때에만 개선될 수 있다. 그러므로 이것은 학습장애 분야에서도 이루어져야 한다. 학습 및 행동 영역에서의 치료와 중재는 악명 높을 정도로 시행하기 어렵고, 이것은 의심할 필요 없이 우리의 진단적/분석적 절차가 효과적으로 중재할 수 있는 능력을 상회한다. 그러나 그것은 장애에 대한 더 깊은 이해를 발달시키고자 하는 계획을 방해할 수 없다.

많은 임상가는 학생들이 어려움을 가지는 이유에 대해서 무언가를 이해했을 때 크게 안도한다. 그것은 당신이 무능하지 않다는 것을 깨닫는 축복일 수 있다. 만약 그것이 미래에 있을 발달에 박차를 가하기 위한 유일한 이유라면, 우리는 여전히 그렇게 해야 한다.

학습장애 진단 방법으로서 RTI와 임상신경과학 지식을 어떻게 조화시킬 것인가

내가 알기로는, 개별평가에 대한 많은 전문적 경험을 갖고 있는 대부분의 심리학자는 심리측정 및 신경심리 평가 방법과 함께 RTI를 통합하는 것에 아무런 문제를 제기하지 않는다. 문제시된 것은 RTI가 학습장애를 진단하고 판별하는 데 사용될 수 있다는 제안이었다(예: National Association of State Directors of Special Education[NASDSE], 2005). 그 당시 Reynolds (2005)는 "사전 의뢰 중재에 대한 접근으로, RTI는 전반적으로 매우 적절하며 문제를 해결하고 교수적 실제를 촉구하는 데 있어 큰 전제를 줄 수 있다고 지적했다. 그러나 RTI는 아이들의 진단 과정 혹은 그 방법으로서는 실패하였다."라고 말했다.

특정학습장애를 가지고 있는 아이들을 판별하는 것에 관한 NASP 보고서는 종합적인 임상 평가를 사용할 때 얻을 수 있으며, 더 자세한 진단 정보를 갖고 있는 RTI로부터 얻어진 정보와 균형을 맞추는 필요성에 의해 더 균형 잡힌 결론에 도달하는 것 같다. 보고서는 "학습장애가 의심될 때와 일반교육에서의 교수 및 중재(예: RTI)가 아동의 교육적 요구를 부합하는 데 실패할 때, 공인 전문가들에 의한 종합적 평가(사정)가 특정학습장애를 판별하는 데 요구되는 단계다."라고 알리고 있다. 그러나 NASP는 3단계 중재 체계의 세 번째 단계에서 이 종합적 평가는 교육과정중심 측정(CBM)과 RTI를 감독하는 절차, 그리고 기초 심리적 과정을 사정하는 규준지향 평가(norm-referenced measures)를 포함해야 한다고 제안하고 있다.

문제는 CBM과 같은 행동주의 평가 방법이 기초 능력의 분류 체계에 대부분 적용될 수 있다는 것이다. 이러한 방법이 학교 교육과정(예: 읽기 유창성 측정)과 연결되고, 적절한 교수 프로그램 개발의 필요성에 대하여 문제를 제기할 수 있다고 하더라도 그것들은 수행 부진과 관계될 수 있는 인지적 결핍을 포착하기에는 충분치 않다. CBM과 같은 행동주의 평가(사정) 방법은 아동이 특정한 학업 기술들을 배우지 못하게끔 하는 인지 결핍을 고려하지 않는다. 행동주의적 접근은 주로 학급에서 그들이 배운 특정한 기술 및 능력의 평가에 초점을 맞추고 있다. 정의상 CBM은 심리학적 과정에서 강점과 약점을 진단하는 적절한 수단이 아니다. CBM의 독립적 사용만으로는 강하게 대조되는 정보 처리 특성에 기초를 두고 학습장애 학생들의 독특한 하위 집단들이 판별되는 것에 있어 앞서 설명한 DAS 프로파일 같은 결과를 절대 만들어 낼 수 없다. 이처럼 대조되는 강점과 약점의 각 양식은 똑같은 결과―전통적 교수 방법에 저항하는 기대치 못한 성취 부진 등―를 이끌어 낸다. 이는 교실에서 이루어지는 교수 방법들이 기본적으로 모든 학생은 비슷한 학습 성향을 갖고 있을 것이라는 가정을 하고 있기 때문이며, 그로 인해 비교적 큰 집단에서 공부하는 것을 보고 왜 기초 인지 과정에서 유의한 강점과 약점을 갖고 있는 학생들이 정상적인 학습환경에서 학습하는 데 어려움을 갖는가에 대한 추측에 기초를 두고 있기 때문이다.

반복하자면, CBM은 학습의 '결과물' 혹은 성과―아동이 학급에서 유능하게 학습한 것―를 평가(사정)하지만 과정은 아니다. 비록 어떤 저자들이 행동주의적 및 인지적 접근들이 상호 배타적이라는 것을 제안하거나, 적어도 누군가가 심리측정학적 접근의 배제에 관한 CBM의 사용이 가능하다고 하더라도, 틀림없이 두 접근의 혼합은 임상에서 가장 가능해 보이는 형태라고 할 수 있다(Elliott, 2007a).

내 입장을 요약하기 위해서, 나는 3단계 평가 및 중재 모형의 앞의 두 단계에서의 RTI의 활용을 지지한다. 이 장의 앞에서 언급한 것처럼 RTI는 언제나 사용되어 왔고, 교사들이 무언가를 배우는 데 문제가 있는 아동을 접할 경우 항상 사용될 것이다. 아동이 교사가 고개를 갸우뚱하게 되고 왜 그들의 최선의 노력에도 불구하고 여전히 학습을 할 수 없는지 고민되는 3단계에 이르렀을 때, 기초 심리학적 및 신경심리학적 구성의 자세한 분석에 기초를 둔 평가(사정)는 아동이 처한 어려움의 특징에 대한 더 나은 이해를 도모하기 위하여 필요하다.

학습장애 진단에서 신경심리학은 어떤 역할을 해야 하는가

뇌영상과 신경심리 연구는 학습장애 아동들에게서 보인 인지 처리의 어려움이 뇌에서 구조적 혹은 기능적 상관을 갖고 있을 것이라는 것을 오랫동안 보여 주고 있다(예: Badzakova-Trajkov, Hamm, & Wladie, 2005; Cao et al., 2006; Collins & Rourke, 2003; Semrud-Clikeman, 2005; Semrud-Clikeman & Pliszka, 2005; Shaywitz, Lyon, & Shaywitz, 2006; Zadina et al., 2006 등의 최근 연구 참조).

이미 언급한 것처럼, 학습장애의 특징은 기초적 인지 혹은 신경심리 과정에서의 기능 결손이다. 인지심리 및 신경심리는 학습을 뒷받침하는 정보 처리 구조와 학습에서의 어려움, 혹은 학업 결손에 대하여 많은 것을 시사하고 있다. Cattell, Horn과 Carroll(예: McGrew, 2005; Alfonso, Flanagan, & Radwan, 2005 참조)의 선구적인 연구에 기초한 CHC 이론으로 설명된 인지 능력의 구인들이 다양한 표집, 모집단, 검사도구에서 그대로 쓰이고 있으며, 인간 지능 요인 구조를 설명하는 현존하는 최선의 지식으로 알려져 있다. Elliott(2007b, 2장)은 뇌의 처리 체계 구조에 대하여 알려진 것에 앞서 데이터 요인 분석에 근거를 둔 이 구조를 그리는 데 발자취를 남기고 있다. 신경심리학적 구조에 대한 우리의 지식은 심리측정학적 연구로부터 오는 능력 구조의 이해를 수렴한다. 이것이 그렇게 놀랄 만한 일은 아닌데, 그 이유는 요인 분석에서 나온 요인들이 현실적으로 뇌 기능에 기초를 둔 것이기 때문이다. 요인 분석 연구와 신경심리의 두 분야는 학습장애 원인에 관한 우리의 이해를 위하여 중추적인 역할을 하고 있다.

제16장
학습장애 평가에서 RTI와
인지신경과학의 통합

Steven G. Feifer

신경과학은 학습장애 평가(사정)와 판별에 어떻게 기여할 것인가

　미국 교육부의 2006년 통계에 따르면, 미국 내의 약 290만 명의 아동은 특정학습장애로 인해 특수교육 서비스를 받고 있다. 이러한 놀라운 수치는 전체 취학 아동의 5.5% 이상과 IDEA 아래에서 특수교육 서비스를 받는 모든 아동 중 거의 절반에 해당한다. 더욱이 미국 교육부의 초등 및 중등 교육에의 연간 지출은 2001년 273억 달러에서 2006년 380억 달러로 40% 가까이 증가하였다. 2007년에 교육부는 2001년보다 59% 더 많은 양을 특수교육 프로그램에 지출할 예정이다. 기록적인 액수의 돈을 교육에 쏟아붓고 있음에도 학생들의 성취도는 침체되어 있거나 심지어는 떨어지고 있다는 사실은 정신을 번쩍 들게 한다. 예를 들어, 미국 및 다른 국

가의 다양한 교육 정보 수집과 분석 책임의 주체가 되는 연방정부 기관
인 국립교육통계국(National Center for Educational Statistics)의 2005년 통계
에 따르면, 가장 최근의 수학·과학 성취도 추이변화 비교연구(Trends in
International Mathematics and Science Study[TIMSS], 2004)에서 미국의 8학년
학생들은 국제적인 수학 성취도 연구에서 15위를 했다. 같은 학생이 고등
학교를 졸업할 때에는 대부분의 공업국과 비교하여 최하위에 가까운 점
수를 기록했다. 정치가들이 교육 목표를 위해 증가된 자금의 가중되는 압
력과 씨름하는 동안, 아마도 학습 과정의 과학적인 이해에 힘입은 다른
방향의 조치가 필요할 것이다. 다른 말로 하자면, 저조한 학생 성취도라는
난제의 해결은 특정한 액수에 관련 있다기보다 오히려 학습에 관련한
뇌-행동 관계의 연구에 영향을 받을 것이다. 아마도 교육자들이 뇌의 중
심 구조에 더 나은 이해를 가지고 있다면 문해력(literacy), 수 인지 능력,
쓰기 표현력과 같은 것의 미스터리가 모두를 위해 밝혀질 것이다.

　대부분의 신중한 교육자, 심리학자, 교육행정가 및 학부모들은 아동이
다양한 학습 능력, 특히 읽기 능력을 습득하기 위한 신경심리학적 구성 요
소에 대해 더 큰 통찰력을 갈망한다. 미국 교육부의 2006년 보고에 따르
면, 특정학습장애로 판명된 학생의 약 80%는 대부분 독해 기술에 어려움
을 가지고 있다. 이러한 사실은 질문을 요하는데, 정확히 어떻게 입학 당
시 3,000~4,000개의 어휘를 가지고 있는 보통의 읽기 전 단계의 유치원생
이 고등학교 졸업 시에는 5만 개 이상의 활용 가능 어휘를 가지게 되는가?
그뿐 아니라 어떠한 신경생물학적 메커니즘이 학생이 주어진 단어를 20분
의 1초에 불과한 시간에 신속하고 자동적으로 인지하게 하는가? 보통의
아이가 향후 12년의 학교생활 동안 하루에 10개의 새로운 단어를 습득하
기 위해 필요한 인지적 메커니즘은 읽기 과정을 중재하는 신경계통 경로
의 탐색에서부터 시작된다. Moats(2004)가 분명하게 연구한 것처럼, 초기
읽기에 어려움을 보이는 아동을 위해 계획된 읽기 프로그램의 선정, 실행,

관리를 위한 과학적인 근거를 제공하기 위해서 읽기 지도, 읽기 발달 그리고 궁극적으로 읽기장애에 대한 이해의 주도는 신경과학에서 이루어져야 한다. 증거 기반 교수와 상응하는 좀 더 뇌 친화적인(brain-friendly) 학업환경의 조성을 위해서 교육자들이 학습의 신경계통 기초에 대해 아는 것은 대단히 중요하다. Goldberg(2005)는 다음과 같이 언급하였다.

나는 뇌에 대하여 무지할 뿐만 아니라 무지한 것을 자랑스럽게 여기는 사람들에 의해 주도되고 있는 학교심리학에 항상 충격을 받아 왔다. 정신적 격리(Platonic isolation) 안에서 인지를 공부하는 것이 그럭저럭 가능하다는 잘못된 생각에 대한 열병이 존재하고 있다.

신경과학 분야의 최근 연구는 문해력에 대한 신경계통의 기초와 관련해 많은 중요한 통찰을 드러내 왔다. 분명히, 언어나 문화에 상관없이 인간의 뇌가 어떻게 읽기와 관련한 언어적 부호를 획득하는가에 대한 보편적 진리가 존재한다. 첫째, 지금까지 연구된 모든 낱말 언어에서 발달적 읽기장애(난독증)를 가진 아동들은 기본적으로 모든 언어학적 단계에서 음운 단위를 인식하고 처리하는 두 가지 모두에 어려움을 가지고 있다(Goswami, 2007). 둘째, 모든 언어의 아동들은 처음에 단어 안의 음절(syllable), 음절초 자음(onset), 운율(rhyme)과 같은 보다 큰 음가를 자각하게 된다. 그러나 하나의 글자가 많게는 5개의 구별된 음운이나 음소를 표시할 수 있는 영어와 같이 복잡한 언어에서, 영어를 사용하는 아동은 스페인어나 이탈리어와 같이 좀 더 음운적으로 일관성 있는 언어를 사용하는 아동에 비해 음소 인식이 느리게 발달하는 경향이 있다(Goswami, 2007). 셋째, 특정한 신경영상 기술은 음운 처리는 좌반구의 측두정엽 접합부(temporal-parietal junctures)의 기능적 통합의 부산물이라는 것을 보여 왔다(Paulesu et al., 1996; Rumsey, 1996). 측두엽과 두정엽 사이의 관계에 대한 추후 설명이 순차적으로 있을 것이다. 좌반구의 측두엽은 오랜 기간 동안 언어 기술과 관련된 다수의 기능과 관련되어 왔으며, 두정엽은 공간적 활동의 조절에 관련되어 왔다. 이런 이유로 좌반구의 측두엽과 전두엽의 경계면이 음성 부호의 공간적 배치와 관련된 두뇌 내의 자연적 공생을 상징한다(Goldberg, 1989). 신경영상 연구는 운율 맞추기나 단어 안의 다양한 소리 분절하기와 같은 음운 처리 과제 중에 좌측 측두정엽 부위와 상측두회(superior temporal gyrus, 편평측두[plana temporale])의 활동 감소를 알아냈다(Pugh et al., 2000; Sandak et al., 2004). 더욱이 뇌백질신경로(white matter tract)의 기능적 조직과 관련 있는 확산텐서영상(Diffuse Tensor Imaging: DTI) 역시 읽기 결함이 있는 아동과 성인 모두의 좌반구 페리실비안(perisylvian) 백색질에서 미세구조 이상을 암시하였다(Noble & McCandliss, 2005). Temple(2002)이 관찰하였듯이, 대부분의 난독증 환자는 측두정엽 부위와 읽기 과정과 관련된 다른 피질 부위를 연결하는 백색질의 혼란으로 실제 야기될 수 있는 음운 처리의 어려움을 가지고 있다([그림 16-1] 참조).

앞서 언급한 신경과학적 발견은 분명하게 학교 읽기 교육과정의 개발

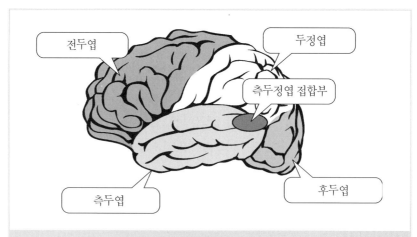

[그림 16-1] 대뇌피질의 측두정엽 접합부(Temporal-Parietal Juncture of the Cerebral Cortex)

에 직접적인 영향을 미친다. 예를 들어, 두뇌 발달에 기초한 두뇌의 음운
처리기(phonological processor)의 실행과 연마에 도움을 주는 음소 인식
교육에는 특정한 계급적 구조가 존재한다(〈표 16-1〉 참조). 나아가 읽기

〈표 16-1〉 음운 처리 과정의 발달적 순서

활동	연령	목적	뇌 발달
1. 운율에 응답하기	3~4	3, 4세 아동은 동요나 운율이 맞는 노래를 암기할 수 있으며 운율을 가진 글의 마지막 단어를 제시할 수 있다.	측두엽의 청각피질의 수초화는 약 3세 정도의 아동이 좀 더 면밀하게 언어음을 구별할 수 있도록 한다 (Berninger & Richards, 2002).
2. 음소 구별하기	4~5	이 나이의 아동은 같은 소리를 골라 낼 수 있으며 여러 단어 간에 같은 소리와 다른 소리를 구별할 수 있다(예: book, look, took, cat).	뇌 발달은 우반구에서 좌반구로 진행되는 경향이 있다. 4세 정도의 아동은 뇌가 이제 두 반구 사이의 혼선을 허용하지 않음에 따라 우반구에서 소리를 식별하고 좌반구에서 그것을 분류하기 시작한다(Berninger & Richards, 2002).
3. 단어 분할하기	5~6	5세 아동은 단어의 첫소리와 끝소리를 구별할 수 있으며 철자를 지어 내는 것이 가능하다 (예: cat 대신 KT).	두 감각 통합의 연계가 이제 좀 더 자동적으로 단어의 시각적 혹은 철자법적 표현(두정엽)이 청각적 방식(측두엽)으로 저장되게 한다.
4. 음소 분할	6~7	1학년 정도의 아동은 하나의 단어 안의 음소 수를 가늠해 낼 수 있으며 종종 철자를 만들어 내어 한 단어 안의 모든 소리를 표현할 수 있다.	특히 언어 구역에서 뇌 발달과 수초화가 또한 뒤쪽에서 앞쪽으로 진행된다. 뒤쪽의 영역은 소리를 부호 처리하며 앞쪽의 영역은 그것을 순차적으로 정리한다(Berninger & Richards, 2002).
5. 음소 삭제	6~8	아동은 단어의 복잡성에 따라 다른 단어를 만들기 위해 한 단어의 소리를 삭제하거나 대치할 수 있다(예: " 'sting'에서 't'를 빼고 말해 봐.").	고차원적 사고와 음소의 처리를 위한 뇌의 제3차 영역의 형성을 위해 교육 환경의 조성은 대단히 중요하다.

출처: Feifer & Della Toffalo (2007).

와 쓰기 과정의 신경과학적 이해는 특정학습장애를 가진 아동의 평가(사정)와 판별에도 깊은 관계를 가지고 있다. 예를 들어, 숙련된 독자는 인쇄된 단어를 해독하는 데 더 즉각적이고 신속하며 자동적인 신경 경로를 사용한다는 설득력 있는 증거가 있는 것으로 보인다(Pugh et al., 2000; McCandliss & Noble, 2003; Shaywitz, 2004; Owen, Borowsky, & Sarty, 2004). 역으로 난독증 환자는 이러한 동일한 경로를 활성화하지 않고 대신 단어 인지 기술을 보조하기 위해 부분적으로 더 느리고 덜 효과적인 보상 방법에 의해 구축된 다른 경로에 의존한다(Shaywitz & Shaywitz, 2005). 그러므로 교육자가 학생이 1분 동안 맞게 읽을 수 있는 단어의 수를 측정하기 위해 교육과정중심 측정 기법을 사용하여 어린 나이부터 읽기 유창성과 속도의 기록을 시작하는 것은 매우 중요하다. 이러한 신속한 유창성 측정은 교사로 하여금 읽기 능력을 면밀히 관찰할 수 있게 하며, 신경심리학적 관점에서는 이러한 더 빠른 신경 경로가 느린 경로로부터 읽기 과정을 대체하기 위해 어느 정도 순응해 가는가를 측정한다. 음소 인식 어려움의 초기 증상을 보이거나 부족한 읽기 유창성 기술을 보이는 학생은 학습장애 위험군으로 보아야 하며, 이러한 중요한 읽기 능력을 강화하기 위해 이른 나이에 강도 높은 수준의 서비스를 제공해야 한다. 유감스럽게도 대부분의 교육청은 교육적 장애를 위한 유일한 기준으로서 학생의 알려진 지적 수준과 전국적인 규준참조 성취도 평가의 점수 간의 모순을 강조하는 결함 있는 불일치 모형에 계속 의존하고 있다. 불일치 모형의 이용은 중재가 학습 습득 과정에서 종종 너무 늦게 시행되는 '실패하기를 기다리는' 정책과 마찬가지다. 요약하자면, 학교심리 분야는 학습장애라는 용어가 Samual Kirk에 의해 처음 만들어진 이후로 많은 진전을 보였다. 이 분야는 마침내 뇌-행동 관계에 대한 과학 기반 이해에 진정한 정점에 도달하였으며, 우리의 평가(사정) 기술은 이러한 진전을 반영하기 위해 빠르게 향상될 필요가 있다.

학습장애 진단 방법으로서 RTI와
임상신경과학 지식을 어떻게 조화시킬 것인가

중재반응(RTI) 모형은 국민적 지지를 이끌어 내고 교육정책을 재정립하며, 가장 중요하게는 오랜 기간 기다려 온 특수교육 서비스를 위한 학생의 적격성을 결정하는 대체적 방법을 표현하기 위해 나타난 용어다. 2004년 IDEA 재확립(reauthorization) 이후에는 주 차원에서 교육청이 학생의 학습장애 여부를 판별하기 위해 필요한 조건으로서 IQ와 성취도 사이의 불일치를 고려하도록 요구하는 것이 더 이상 허용되지 않는다. 이 법안 내의 많은 조항 중 교육청은 특정학습장애 판별을 위해 불일치 모형을 사용하는 것에 참여하지 않을 수 있고, RTI 모형의 사용으로 이것을 대체할 수 있다. 다른 말로 하자면, 교육청은 학생의 학업 성취도 수준을 지능검사 점수와 비교하기보다는 증거 기반 중재 프로그램에 반응하지 않는 학생이 특수교육 서비스 대상으로 고려될 수 있게 하는 정책을 신중하게 만들 수 있는 융통성을 갖게 되었다. RTI는 새로운 것이 아니다. 하지만 학생의 특수교육 적격성을 결정하는 데 덜 효율적인 전통적 모형에 대한 가능성 있는 대안으로서 RTI에 대한 연방정부 특수교육법안에서의 확실한 지원이 새로운 점이다. 간단히 말해, RTI는 과학적으로 타당한 교육 접근법을 강조하는 문제 해결 모형에서 특수교육 서비스에 대한 적격성과 필요를 결정하는 데 쓰일 수 있는 절차의 포괄적인 집합체를 의미한다.

그럼에도 불구하고 아동의 교육적 장애를 결정할 때 RTI 접근법, 불일치 모형 또는 다른 어떤 단일 방법론에 지나치게 의존할 때 내재된 약점이 있을 수 있다. 통계적 관점에서 유형 I 오류(아동이 장애를 가진 것으로 잘못 분류)나 유형 II 오류(아동이 정말로 장애를 가지고 있을 때 장애를 가진 것으로 분류하는 데 실패)를 범하는 경우를 최소화하기 위해 다층적 체계에서 데이터 수집의 다양한 방법을 결합하는 것의 상대적 장점이 반드시고수되어야 한다. RTI나 불일치 모형 모두 학습장애의 최근 정의에 대한핵심 요소를 다루고 있지 않다는 점은 매우 흥미롭다. 미 교육부학습장애토론회(U.S. Department of Education Learning Disabilities Roundtable, 2002)에 따르면, "불완전한 학습 능력을 예견하는 하나 혹은 그 이상의 심리적과정에서의 중요한 인지적 결손 또는 장애의 발견은 특정학습장애의 표지다."(p. 5)

분명히 RTI는 저성취 아동을 식별할 수 있으나, RTI만으로는 교육적학습장애의 정의에서 가장 중요한 부분인 핵심적인 인지적 학습 결손을진단할 수 없다. 기껏해야 RTI는 아동이 내재된 장애나 중재의 전달에서의 실행 오류 때문에 증거 기반 중재에 반응하지 않는다는 추정만을 할수 있다. 유사하게, 능력-성취 불일치 모형은 아동이 그의 인지 능력에상응하지 않는 수준의 성취를 보일 때 그것이 존재한다는 것을 증명할 수없음에도 학습장애 때문일 거라는 가정을 할 수 있다. Semrud-Clikeman (2005)에 따르면, 오직 핵심적 심리 과정을 검사하는 직접적인 학교 기반의 신경심리학적 평가만이 학습장애의 근본적 원인이 될 수 있는 작업기억 결손, 실행기능장애(executive dysfunction), 부족한 인출 유창성, 음운처리 결손과 같은 특정한 인지적 표지가 있음을 밝힐 수 있다. 그러므로인지적 신경심리학 체계 내에서 RTI 원리 융합의 첫째 단계는 학습 과정을 방해할 수 있는 외재적·내재적 요인 모두를 염두에 둔 종합적인 학습장애의 정의다. 읽기의 경우, 〈표 16-2〉에 개략적으로 나와 있는 4요소 준거(4-factor criteria)가 RTI와 인지신경심리학 모두의 본질을 담아내는 데 도움이 될 것이다.

4요소 준거 모형에서 제안된 준거들은 사실상 읽기장애가 있음을 판별하기 위해 RTI 절차와 인지신경심리학적 평가가 사용될 것을 요구한다.

→ 〈표 16-2〉 읽기장애 정의를 위한 4요소 준거 모형

① 읽기 기술 발달의 하나 이상의 측면에서 학생의 학습 속도가 같은 학년의 또래에 비해 특정 기간 동안 현저히 느리다는 것을 입증하는 자료가 있어야 한다.
② 학생이 같은 학년 또래와 특정 기간 동안 비교해 보았을 때 증명된 중재 방법에 반응하지 않았다는 것을 입증하는 자료가 있어야 한다.
③ 읽기 과정과 직접적으로 관련이 있는 특정한 처리 결함의 존재 여부를 표시하고 있는 인지신경심리 평가 자료가 있어야 한다. 이 자료는 음소 인식, 음운 처리, 언어 기술, 작업기억 기술, 실행 기능 기술, 신속하고 자동적인 인출 기술(retrieval skills)에 대한 척도가 포함되어 있어야 한다.
④ 정서적·문화적·의학적·환경적 요인과 같은 학교에서의 성공에 제약이 되는 요소의 주요한 원인을 제외하는 자료가 있어야 한다.

출처: Feifer & Della Toffalo (2007).

더욱이 그 정의는 IDEA 2004, 미 교육부학습장애토론회(2002), 국제 난독증협회(International Dyslexia Association, 2003)와 일치하고 있다. 본질적으로 첫 번째 요소는 표준화된 핵심 교육과정 내에서 증거 기반 교육 자료를 사용하는 학교 교사에 의해 시행되는 좀 더 표준화된 RTI 접근법으로 이루어진다. 대부분의 RTI 모형은 특히 학습과 행동에 문제를 나타내는 학생을 위해 확대하는 지원과 도움의 수준에 상응하는 중재의 세 단계를 밝히고 있다. 1단계에서 데이터 수집은 읽기 과정의 다양한 측면에서 학생의 학습 속도를 평가하는 데 사용되어야 한다. 1단계의 핵심 요소는 일정 기간 동안 학생의 진전 속도를 수시로 관찰하기 위한 정기적인 교육과정중심 측정 조사의 활용이다. 학교심리사와 다른 교육관계자는 데이터 해석을 도와야 하고, 교육 접근법의 충실함을 보장하기 위해 조력해야 하며, 학습과정에 지장을 줄 수 있는 다른 환경적 변수들을 제거하여야 한다.

읽기장애의 4요소 정의의 두 번째 요소는 RTI 모형의 2단계에서 쉽게 다루어질 수 있다. 2단계는 1단계에서 반응에 실패하거나 적절한 교육적 진전을 유지하는 데 실패한 학생을 위해 설계되었다. 2단계의 하나의 이

점은 반드시 그 아동이 교육적 장애를 가지고 있다는 꼬리표를 달 필요 없이 조기 학년 수준의 아동에게 특정한 중재를 제공한다는 것이다. 모든 학생을 검사하는 1단계(Tier 1)에서의 획일적인 표준화 접근법과는 달리, 학습자의 내재적 특징에 기초한 좀 더 개별화된 문제 해결 접근법이 적절한 중재법을 선택하기 위해 자주 사용된다. 다양한 데이터 수집 기술을 사용하여 2단계에서 학습 문제를 좀 더 자세하게 밝히는 것이 강조되어야 한다. 이것은 교육과정중심 측정 읽기 검사(curriculum-based measurement reading probes), 비형식적 읽기 목록(informal reading inventories), DIBELS와 같은 읽기 준비도 검사(reading readiness measures)를 포함할 수 있다.

마지막으로, 모든 RTI 모형 내의 핵심 원리는 데이터 수집이다. 이것은 이미 논의된 과정들을 통하여 이루어질 수 있으며, 또는 특히 〈표 16-2〉에서 강조된 세 번째와 네 번째 요소를 다룰 때 인지신경심리학적 평가(사정)의 사용을 포함할 수 있다. 인지신경심리학적 평가(사정)의 주요 목표는 학습 과정과 관련된 핵심적인 인지 구조의 통합과 관련된 데이터의 획득이지, 학생의 지적 능력과 학업 성취도 사이의 불일치를 설정하는 것이 아니다. 읽기 평가(사정)에서 이것은 음운 인식 측정, 음운 처리 과정, 언어 기술, 작업기억 기술, 실행 기능 기술, 주의집중 능력, 읽기 유창성 기술, 지적 능력을 포함할 수 있다. 학교심리사가 읽기와 관련된 특정 핵심 심리학적 과정과 다른 읽기장애의 여러 가지 하위 유형에 대해 잘 알고 있는 것은 필수적이다. 그뿐 아니라 심리학자와 교육자가 아동에게 성공할 수 있는 최선의 기회를 제공하는 중재의 유형을 더 쉽게 결정할 수 있기 위해 치료 교육적 읽기 프로그램에 대한 실용적 지식이 요구된다. 또한 중재 과정의 부분으로서 다른 공존질환도 확인되고 다루어질 필요가 있을 것이다. 〈표 16-3〉에는 특정읽기장애의 판별에서 RTI와 인지신경심리학의 상대적 강점과 약점이 열거되어 있다.

〈표 16-3〉 RTI와 인지신경심리학의 상대적 강점과 약점

RTI의 강점	RTI의 약점
• 향상된 생태학적 타당도 • 더 신속하고 저렴함 • 학업 영역을 구체적으로 측정 • 교육과정 학습을 측정 • 문제 해결 모형과 연계되어 있음 • 더 효율적인 진전도 모니터링을 가능하게 함 • 교육과정의 결정에 데이터가 더 용이하게 연계됨 • 과학적 중재의 사용을 장려함 • 학생이 저성년에 도움을 받도록 함 • 아동에 대한 진단명 명명(labeling)을 중요시하지 않음 • 더 협력적인 의사결정이 이루어짐 • '교육과정 인과성(curriculum causalities)'을 축소함 • 사후 반작용적(reactive)이 아니라 사전 대비적(proactive) 모형 • 특수교육에서 불균형적인 소수민족의 수를 초래하는 IQ 점수에 대한 지나친 강조를 없앰	• 학업의 제한된 측면만을 평가함 • 진단적 접근이 아님 • '왜'라는 질문에 답하지 않음 • 여러 학년에 걸쳐 시행하기 어려움 • 빈약한 감별 진단 • 학생이 반응을 보이는 명확한 일정에 대해 기술하지 않음 • 읽기 외의 다른 학업적 시도에 적용하기 어려움 • 각각의 단계에 얼마나 오래 머물지에 대한 제한된 지침 • 신경인지적 요인을 무시함 • 수학과 쓰기언어에서 증거 기반 교육적 기법의 부족에 대해 다루지 않음
신경심리학의 강점	신경심리학의 약점
• 학습의 철저하고 완전한 평가 • 진단적 정보를 제공함 • 감별 진단을 가능하게 함 • 학생의 저성취와 관련된 '왜'라는 질문에 답함 • 구조가 과학적으로 기반을 둠 • 읽기와 관련된 국립읽기교육위원회(National Reading Panel)의 다섯 가지 핵심적 구성(유창성 측정뿐 아니라)을 측정함 • 어떠한 기능이 교육적 조정을 필요로 하느냐보다 어떠한 기능이 개선될 수 있는지 설명할 수 있음 • 과정에 합당한 절차인지를 심리하는 공청회(due process hearing)에서 가장 널리 쓰이는 평가 방법 • 진전도 모니터링에 유용하지 않음	• 비용과 시간이 많이 들 수 있음 • 대부분의 심리학자는 인지신경심리가 아닌 IQ 검사를 위해 훈련받음 • 보고서가 너무 길고 기술적임 • 학교 체제가 결과를 해석하기 어려움 • 종종 학교의 문화와 분위기에 대한 이해가 없는 외부 심리학자에 의해 이루어짐 • 때로 권고 사항이 실제적이지 않음 • 학생이 조기 중재에 반응하지 않았을 때에 가장 효과적임, 사전 대비적 방법이 아님

출처: Feifer & Della Toffalo (2007).

학습장애 진단에서 신경심리학은
어떤 역할을 해야 하는가

어느 정도는 학생의 학습장애 선별에서 IQ가 관계없다는 여러 자료가 제시되어 학교심리사들은 현재 인식 체계(paradigm)의 변환을 겪고 있다 (Fletcher et al., 2004). 지능검사와 불가분하게 연결되어 있던 학교심리학계는 전통적으로 대부분의 교육장애를 학생의 IQ와 학업 성취도 사이의 심각한 불일치에 근거한 것으로 정의 내려 왔다. 두 개의 다른 규범적 표본(normative sample, 즉 웩슬러 지능검사[Wechsler Intelligence tests] 대 우드콕-존슨 학업 성취 검사[Woodcock-Johnson Tests of Academic Achievement])에서 구분점수 간의 통계적 부정확성, 추론 기술의 유동적 특성(dynamic properties)을 잡아 내기 위해 전체(Full-Scale) IQ 점수에 지나치게 의존하는 것(Hale & Fiorello, 2004), 다양한 나이와 학년에서 불일치의 규모에 대한 합의의 부족(Feifer & DeFina, 2000)을 포함한 불일치 모형에 내재하는 많은 약점이 오랜 기간 있어 왔다. 아마도 불일치 모형의 가장 주목할 만한 약점은 그것이 종종 학생이 특수교육 서비스에 해당되기 위해서는 특정 정도의 실패를 보여야 한다는 실패하기를 기다리는 시나리오의 결과를 가져온다는 것이다. 이것은 읽기에 어려움을 가진 아동을 위한 조기 중재 서비스의 중요성을 강조한 국립읽기교육위원회(National Reading Panel[NRP], 2000)의 결론과 특히 상충된다.

IDEA 2004에서 규정된 것과 같은 새로운 규정에 의하여 많은 수의 임상가는 학습장애의 근거로서 학생이 어떻게 특정한 중재에 반응하는지에 기초한 좀 더 실용적인 평가적 접근을 선호한다. RTI 모형의 많은 지지자는 전국적인 규준지향 검사의 사용을 무시하고 평가와 중재를 직접적으로 연결하는 교육과정중심 측정 접근법을 선호한다(Shinn, 2002; Rechsly,

2003). 이러한 접근법은 임상가들이 학업 수행을 향상하는 것을 목표로 하는 중재법을 대상으로 삼고 관찰하는 데 집중하도록 만든다. 교육과정 중심 측정(CBM)은 대부분의 RTI 모형에서 선택되는 측정 기술이 되었으며 교육자들에게 어린 아동의 읽기 결함을 밝히는 데 더 빠르고 비용 효율이 높으며 생태학적으로 타당한 방법을 제공한다. CBM은 교육과정과 관련하여 학생이 어디에 있는지 빠르게 평가하기는 하지만 이유를 나타내는 자료는 거의 산출하지 못한다. 다른 말로 하자면, CBM은 부족한 학업 수행의 근본적인 인지적 원인을 밝히기 위해 설계된 진단적 절차가 아니다. 이런 이유로 전국학습장애연합(National Joint Committee on Learning Disabilities[NJCLD], 2005)은 RTI만으로는 특정학습장애를 밝히는 데 충분하지 않으며, 다양한 수단을 활용하는 다차원적 평가 모형이 쓰어야 한다고 결론지었다.

인지신경심리학적 평가는 학생이 특정한 학업 기술을 습득하는 데 어려움을 갖는 이유에 대해 더 나은 설명을 하기 위해 학습 과정을 방해하는 특정한 처리 결함을 정확히 찾아내려고 시도한다. Grigorenko(2007)에 따르면, 신경과학자들은 문해력과 관련한 인지 조직의 이해에 큰 진전을 보여 왔다. 뇌의 특정한 신경 접속으로부터 나오는 특정한 처리 결함을 정확히 찾아내는 신경심리학의 능력은 정확히 무엇이 진짜로 학습장애를 구성하는지에 대한 더 나은 이해를 위한 기반을 놓는다. 나아가 읽기, 쓰기 또는 산술 장애의 다양한 하위 유형에 기초한 분류 체계는 교육자들이 좀 더 체계적인 방식으로 중재를 목표로 할 수 있게 함으로써 그들에게 매우 유용할 수 있다. 아마도 읽기의 경우보다 이렇게 더 자명한 것은 없을 것이다.

지금까지 성공적인 구어적 읽기(음독, oral reading)가 세 가지 구별되는 두뇌 체계와 관련이 있다는 수렴된 증거가 있다. 첫 번째는 음운 체계를 조정하는 뇌의 측두정엽 피질의 등(윗쪽) 부위가 포함된다(Shaywitz, 2004).

측두정엽 체계는 규칙 기반의 분석(rule-based analysis)과 학습에 관련이 있으며 문자소를 음소와 연관시키는 초기에 매우 중요한 경향이 있다 (Pugh et al., 2000). 이 체계는 상대적으로 느린 경로에 의존하며 읽기를 시작하는 사람이 어떻게 단어를 소리 내는지를 배우는 데 사용되는 편이다. 음운 체계에서의 결함에 의한 특정읽기장애는 종종 발음곤란 난독증 (dysphonetic dyslexia)이라고 일컬어진다(Feifer & Della Toffalo, 2007). 발음 곤란 난독증의 대표적 특징은 성공적으로 철자와 소리를 연결하기 위한 음운적 경로를 활용할 수 없는 것이다. 대신에 인쇄된 단어를 식별하기 위해 시각과 철자 단서에 지나치게 의존하는 경향이 있다. 이러한 독자들은 글자와 소리의 전환에 거의 의존하지 않으므로 자주 보았던 첫 번째 글자에 근거하여 단어를 추측한다. 이런 이유로 발음곤란 난독증을 가진 학생들은 소리에 근거한 방법으로 단어를 독파해 나갈 수 있게 하는 전략들을 통합하는 데 커다란 어려움을 가지며, 상대적으로 부정확한 경향이 있고, 자주 단순히 단어 전체를 외우는 방식으로 읽기에 접근한다. Noble과 McCandliss(2005)에 따르면, 조기의 부족한 음운 처리는 글자와 소리 사이의 비효율적인 신경 연결을 초래한다. 읽기 과정에서 이러한 중대한 기술 발달의 실패는 부족한 맞춤법 기술, 더딘 읽기 유창성 기술, 궁극적으로 구문 이해력 기술에서의 어려움 등을 포함한 학업적 결손을 유발할 수 있다.

읽기 과정과 연관된 두 번째 중요한 두뇌 체계는 주로 읽기 속도와 유창성에 관련 있는 후측두 영역(방추상회[fusiform gyrus])이다(Pugh et al., 2000). 후측두 경로는 자동적이고 신속한 단어 인지 기술을 가능하게 하는, 단어의 시각적 특징에 0.2초 만에 반응하는 신경계와 서로 정교하게 연결되어 있다. 이런 이유로 CBM과 유창성 유형 검사를 하는 동안 후측두 흐름(stream)의 통합 또는 시각적 단어 형성 영역(visual-form word area)이라고 불리는 부분이 실제로 측정된다. 시각적 단어 형성 영역의 비효율적 도식화에 기인한 특정 읽기 결함은 종종 **표면성 난독증**(surface dyslexia)이라고 불린다(Feifer & Della Toffalo, 2007). 근본적으로 표면성 난독증은 부분적으로는 활자와 철자의 빠르고 자동적인 인지의 어려움에 따른 읽기 유창성 기술의 결여다. 느린 읽기 속도 역시 시각적 정보를 신속하게 처리하는 것의 어려움이나, 아동의 시각적 처리 기술과 상관없이 단어 자체의 언어가(linguistic value)를 인식하는 것의 어려움에 기인한다. 그러므로 좌반구의 후측두 영역은 주로 신속하고 자동적인 단어의 인식을 책임지고 있으며 어느 정도는 측두정엽 영역의 작업에 상당히 의존한다(Schatschneider & Torgeson, 2004). 즉, 소리의 음운적 매핑이 시각적 단어 처리를 할 수 있도록 한다.

읽기 과정에 관련된 세 번째 두뇌 체계는 전두엽에 위치하며 구두로 단어를 소리 내는 능력을 미세 조정하는 내부 조음체계의 종말점(endpoint)을 대표한다. 뇌의 전두엽 영역은 또한 읽기 이해 면에서 중대한 중요성을 가지고 있다. 모든 학령기 아동의 약 10%는 독해 능력에 지속적인 어려움을 꾸준히 가지고 있음에도 좋은 해독력을 가지고 있는 것으로 추정된다(Nation & Snowling, 1997). 인지 처리 모형은 효율적인 독해력을 위한 중요한 요소의 분석에 매우 유용할 수 있다. 이것은 다음과 같은 구조를 포함한다. 학생이 들어오는 정보를 기존에 읽은 자료와 구조화하는 데 사용하는 전략과 연관 있는 실행 기능, 주어진 인지 과제를 수행하는 데 필요한 기억력의 양을 의미하는 **작업기억**, 학생에게 친근한 어휘의 축적을 의미하는 **기초 언어 능력**이다. 실행 기능은 과제 시도(task initiation), 노력의 지속적인 양태의 유지, 방해물에 대한 거부, 문제 해결 과제에 활발하게 참여할 때 일반적 전략이나 행동 방침을 구성하는 것 등을 포함하여 학습 과정을 총괄하는 수많은 인지적 구조의 모음을 뜻한다. 독해에 어려움을 가지고 있는 아동은 종종 실행 기능의 선택된 측면, 특히 작업기억 능력에 뚜렷한 결함을 보인다(Reiter, Tucha, & Lange, 2004). 작업기억은 회

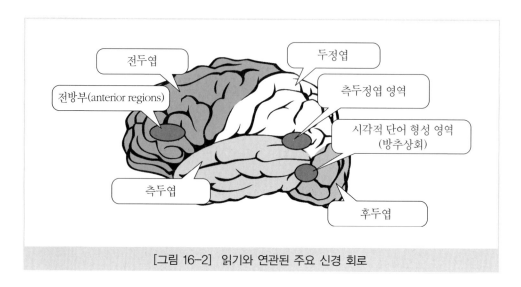

전두엽

두정엽

전방부(anterior regions)

측두정엽 영역

시각적 단어 형성 영역
(방추상회)

측두엽

후두엽

[그림 16-2] 읽기와 연관된 주요 신경 회로

고를 용이하게 하기 위해 우리가 선택한 어떠한 방식으로든 세상에 대한 지식을 조작하는 정신적 유연성과 연결되어, 이러한 주변 세상에 관한 표상(representational) 지식을 마음에 담아내는 능력과 관련이 있다(Levine & Reed, 1999). 그러므로 부족한 독해 기술과 연관된 근본적인 언어적 · 인지적 요소를 구체적으로 명시하는 것은 아동의 학습 여정 내내 그들을 도울 수 있는 좀 더 효과적인 중재 전략의 발달에 도움이 될 수 있다. [그림 16-2]는 읽기와 관련된 세 가지 주요 뇌 회로를 묘사하고 있다.

결론적으로 문해 과정에 관한 모든 신경 경로에 대한 완전한 이해가 있다 하더라도 그것은 아마 읽기 기술 습득에 관련된 변량의 단지 반 정도만을 나타낼 것이다(Grigorenko, 2007). Grigorenko(2007)에 따르면, 읽기 발달 변량의 50% 정도에 해당하는 환경적 요인에 의한 세 가지 추가적 요소가 있다. 첫째는 흔히 양질의 읽기 환경에의 접근과 기회를 수반하는 아동의 사회경제적 지위를 포함한다. 둘째는 교사의 실제 교수 방식을 포함한다. 셋째는 학생의 가정환경이 문해력을 가치 있게 여기는 정도다(Grigorenko, 2007). 여전히 인지신경심리학은 교육자들이 학습장애와 같은 비특정적 용어를 넘어서는 것을 돕기 위한 매우 귀중한 진단 도구가 될 수 있으며, 성공적인 학습을 벗어나는 특정한 읽기 하위 유형을 판별함으로써 읽기 과정에 대한 더 나은 이해를 가능하게 한다. 이러한 하위 유형은 뇌 기반 학습의 다차원적 렌즈를 통한 읽기검사로 드러나기 시작한다.

RTI 맥락에서의 중재 설계에서 신경심리학은 어떤 역할을 해야 하는가

2004년 IDEA에 더하여 2001년의 아동낙오방지법(NCLB)에서는 대부분의 연방 차원으로 조성된 보조금을 모두 교육 임상가들이 학교에서 교육과정 개발을 이끌기 위해서뿐만 아니라 미성취 아동을 위한 중재 시행의 기반으로서 과학 기반 연구에 사용할 것을 요구한다. 왜일까? 1977년과 1994년 사이에 전체 공립학교의 등록이 비교적 변함없이 계속된 사실에도 불구하고 같은 기간 동안 장애학생의 수는 370만 명에서 530만 명으로 증가하였다(Fuchs et al., 2003). 명백하게 일반교육과 특수교육 학생을 위해 설계된 특정한 중재는 이 기간 동안 서비스를 필요로 하는 학생의 증대로 입증된 것처럼 성공적이라고 증명되지 않았다. 수많은 교육적 미봉책, 최신 경향, 색다른 도구, 틀렸다고 입증된 기술을 가려내는 벅찬 과제가 흔히 대부분의 학교행정가의 어깨에 지워져 있다. 증명된 성공 실적을 가진 중재를 사용하는 것의 필요성에도 불구하고, 대부분의 교육적 중재는 과학적으로 기반을 두지 않고 있다. 교육적 중재는 기껏해야 특정 학년의 몇몇 학생에게 성공적일 수 있는 치료교육 프로그램을 제안할 수 있는 증거 정도에서 증거 기반인 경향이 있다. 간단하게 말해서, 특정 학년의 개별 학생의 인지적 프로파일과 학업적 필요를 특정 치료교육 프로그램과 실질적으로 연결하는 문헌은 부족하다. Feifer와 Della Toffalo (2007)에 따르면, 대부분의 교육적 연구는 실제, 전략, 교육과정, 프로그램과 학생의 성취도 간 연관성을 보여 주기 위해 필요한 과학적 정확성과 엄격한 방법론이 분명 부족하다.

현재 2004년 IDEA는 교육청이 유치원에서 12학년까지의 학생들에게 그들의 연방 IDEA 파트 B 자금의 최대 15%를 조기 중재 서비스(Early Intervention Service: EIS)를 위해 계획할 수 있도록 허용하고 있다. 이러한 EIS 자금의 의도는 교육청이 특수교육이나 관련 서비스가 필요하다고 판별되지는 않았지만 일반교육에서의 성공을 위해 추가적인 학업적·행동적 지원이 필요한 학생을 사전에 대처할 수 있도록 하기 위함이다. EIS 활동은 종종 교육자들이 과학 기반 교수와 직접 서비스 중재를 할 수 있게 하기 위한 전문적 발달 활동을 포함한다. 대부분의 RTI 서비스 전달 모형은 더 많은 데이터 기반 의사결정과 증거 기반 중재 활용의 필요성을 강조해 왔다. 요약하자면, RTI는 만병통치약이나 무결한 진단적 기제가 아니라, 교육자들이 교수의 다중 단계를 이용하여 가능한 한 가장 현명하고 신중한 방식으로 교육적 자원이 사용되도록 보장할 수 있는 체계적 방식 내에서 사용할 수 있는 하나의 과정으로 보여야 할 것이다.

그러나 학업 기술의 효율적인 치료교육 프로그램은 중재가 아동의 개별적인 학습 필요에 꼭 맞기를 요구한다. RTI가 단순히 아동의 학습의 강점과 약점과 관계없는 표준계획에 따른 중재(standard protocol intervention)에 의존한다면, 교육자들은 다양한 학생군의 필요를 채울 수 없는 천편일률적 사고방식으로 되돌아가는 자신을 발견하게 될 것이다. RTI 서비스 제공 모형에 학교 기반 신경심리학적 평가를 포함하는 것의 지배적 신념(overarching philosophy)은 아동의 학업적 성과를 방해하는 근본적 원인을 밝히는 것이다. 다시 말해, 읽기, 쓰기, 수학과 같은 기술의 조절에 책임이 있는 중요한 인지적 구조는 무엇이란 말인가? 더욱이 왜 학생이 이전의 중재에 반응을 하지 않았는지, 그리고 더 중요하게는 학생이 어떤 중재에 더욱 성공적일지 결정하는 데 도움을 주기 위해 이러한 구조는 분리되고 특정되며 분석될 수 있는가?

국립읽기교육위원회(NRP, 2000)는 읽기에서 주된 치료교육 전략으로 분명한 음운교육 프로그램을 저학년 아동에게 사용하지만 고학년 아동에게는 그것이 반드시 필요하지는 않다는 것을 뒷받침하는 압도적인 증거를 찾았다. Torgeson 등(1999)은 들어오는 정보를 충분히 정리할 수 있는 실행 기능이나 추상적 사고 능력이 아직 발달하지 않은 저학년 학습자들은 고도로 구조화되고 명시적인 유형의 음운 체계 훈련에 가장 잘 반응한다는 결론을 내렸다. 그러므로 저학년에게 읽기를 가르치는 데 쓰이는 좀 더 암시적인 음운론적 접근은 훈련의 강도에도 불구하고 어딘가 비효율적이다(Torgeson et al., 1999). 저학년 학생을 위한 명시적인 음운론적 교수법의 사용에 대한 추가적인 증거는 Shaywitz와 Shaywitz(2005)에 의해서 확인되었다. 새로운 연구에서 이 연구자들(Shaywitz & Shaywitz, 2005)은 두 가지 종류의 읽기 중재를 받을 2학년과 3학년의 읽기장애 아동 집단을 모집하였다. 이 학교 단위 중재집단(community intervention group)은 8개월 동안 하루에 50분씩 다양한 학교 기반 중재를 받았다. 실험 중재집단은 근본적으로 체계적이고 주로 알파벳 원리에 기반을 둔 명시적인 음운 프로그램만을 처치받았다. 결과는 실험집단(명시적 음운 교수법)의 아동이 읽기 정확성, 읽기 유창성, 읽기 이해력에서 학교 단위 중재집단에 비해 상당히 큰 개선이 있었다. 이러한 연구는 또한 어떻게 뇌의 화학적 성질과 뇌 활성화 패턴이 교육적 치료교육을 통해 변화할 수 있는지를 보여 주는 최초의 연구 중 하나다. 이런 이유로 명시적 음운 체계 교수를 포함한 증거 기반 중재의 사용은 읽기의 밑바탕이 되는 특정 신경계의 발달을 가능하게 할 수 있다(Shaywitz & Shaywitz, 2005).

그러나 왜 고학년 아동이 저학년 아동보다 명시적인 음운론적 기반의 교수법에 훨씬 덜 반응하는가에 대한 질문이 아직 남아 있다. Ratey(2001)는 고학년 아동이 특정 종류의 교수법에 덜 반응하는 이유는 아마도 뇌 발달의 신경진화론(Neural Darwinism) 특질의 한 종류 때문일 것이라고 제안한다. 다른 말로 하자면, '사용하지 않으면 잃게 된다(Use it or lose it).'는 오래된 귀결은 적절한 읽기가 시작되기 위해, 이 경우엔 직접적인 음운론적 교수 방법으로 특정한 중요 경로가 확실하게 활성화될 필요를 언급할 때 매우 적절하다. Ratey(2001)는 신경 연결망이 매우 일찍 시작되어, 그대로 유지되면서 특정한 감각적 자극에 계속적이고 반복적으로 노출됨으로써 강해지는 경향이 있다는 것을 설명하기 위해 "함께 활성화되는 신경은 함께 묶인다(Neurons that fire together wire together)."는 또 다른 문구를 사용했다. 그러므로 신경 연결망이 영구적인 시냅스 연결망을 형성할 수 있는 기회를 가질 수 있게 하기 위해 조기의 환경적 경험은 아동의 읽기 능력의 발달에 매우 중요하다. 결과적으로 읽기 기술의 신경계 형성의 초기 단계에 명시적인 음운론적 교수를 제공받지 않은 학생은 훗날 비효율적인 예정된(preestablished) 신경 연결망으로 인해 이러한 동일 기술을 습득하는 데 더 큰 어려움을 가질 수 있다. 그러므로 고학년의 음운론적 교수는 새로운 신경 연결망의 구축뿐 아니라 기존 연결망의 해체까지 벅찬 과제를 가지고 있다.

요약하자면, 교육자들은 특히 중재와 뇌 발달의 동시 발생을 고려하여 뇌와 행동의 관계에 대한 기본적인 이해를 헤아려야 할 중대한 필요성이 있다. 확실히 어린 독자들은 명시적인 음운론적 읽기 프로그램의 성공에 의해 강조된 것처럼 읽기의 기본적 원리를 배우는 데 상향식(bottom-up) 전략에서 더 성공적인 경향이 있다. 다른 한편으로 기초적 음소 분할을 배울 때에는 형태론(morphology), 라틴 어원(latin roots), 접두사, 접미사, 어의 단서(word meaning cue)의 활용과 같은 하향식(top-dowm) 방법의 활용이 고학년 초등학교 아동에게 더 효율적일 수 있다. 예를 들어, Richards

등(2006)의 연구에서 형태론적 처치 집단의 고학년 학생들은 음운론적 처치 집단의 학생에 비해 음운 해독의 직접적 측정에서 훨씬 더 향상되었다. 무엇이 이와 같은 병치(juxtaposition)를 설명할 수 있을 것인가? 그 대답은 아동이 실제로 시간에 걸쳐 음운론(소리 단위), 철자법(글자 모양), 형태론(의미)의 복잡한 망의 형성에 기반을 둔 정신적 지도를 만들 때 음소를 형태소에 매핑하는 교차 효과(crossover effect)에 관여하는 뇌의 능력에 아마도 있을 것이다. 〈표 16-4〉에는 심각한 읽기 결손이 있는 학생과 일할 때 명심해야 할 네 가지 경험적 규칙이 상세히 열거되어 있다.

⇒ 〈표 16-4〉 네 가지 읽기 중재 규칙

① 균형 있는 문해력(balanced literacy): 모든 학생의 읽기 성취 발달을 위한 핵심은 균형 있는 문해력 접근을 조직하는 것이다. 이것은 특히 부족한 음운 처리 능력, 유창성 능력, 독해력, 구어 단기기억 능력, 언어 처리 능력을 포함한 결손을 가지고 있는 학생에게 매우 중요하다.

② 하향식 전략(top-down strategies): 심각한 형태의 난독증을 가지고 있는 대부분의 학생은 읽기의 음운 측면의 조절과 이러한 소리를 시각적 문자−형태 연합 분야로 연결하는 데 관여하는 다양한 뇌 영역의 비정상적인 발달로 인해 일반적인 교정 프로그램에 반응하지 않는다.

③ 사회경제적 지위(socioeconomic status: SES): 빈곤한 환경적 배경을 가진 학생은 확실히 더 심각한 읽기 문제의 발생 위험에 처해 있다. Noble과 McCandliss(2005)에 따르면, 사회경제적 지위는 주로 가정의 읽기 환경의 영향으로 인해 가장 강력한 예측변수가 된다. 그러므로 이러한 아이들에게 더 많은 읽기 기회를 만들어 주기 위해 모든 방법이 강구되어야 한다.

④ 동기 부여와 자신감(motivation and confidence): 읽기 과정을 가능한 한 즐겁고 재미있게 유지하기 위해 모든 노력이 경주되어야 한다. 읽기 연습과 읽기에의 노출은 기술 숙달을 위한 유일한 방법이다.

출처: Feifer & Della Toffalo (2007).

제17장
신경심리학과 RTI
－학습장애에 관한 정책, 진단, 중재에 대한 시사점

Lisa A. Pass & Raymond S. Dean

신경과학은 학습장애 판정에 관한 법률 및 정책에 어떻게 기여해야 하는가

학습장애(learning disability: LD)는 긴 시간 동안 신경학과 신경심리학 연구의 핵심이 되어 왔다. 사실 학습의 다양한 장애 요소는 많은 신경학적 장애들(예: Gilger & Kaplan, 2001)에 그 원인을 두고 있는 것으로 보인다. 수학, 읽기, 쓰기 표현, 언어 등에서의 결함을 의미하는 **특정학습장애**(specific learning disability: SLD) 개념은 지속적으로 사용되고 있다. 분명 미국 장애인교육법(IDEA)에 명시된 **학습장애**라는 구인은 학습장애의 진단 및 치료에서 병원과 학교 장면 모두에 중요한 영향을 끼쳐 왔다. 그러나 현재 학습장애가 이해되고 진단되는 방식은 사실상 현행 법률 조항에 의해 제한될 수 있다. 학습장애의 정의가 역사적으로 신경생물학과 밀접한 관련을 가져왔기 때문에, 신경과학과 신경심리학 분야는 학습장애에 대해 보다 정확한 정의를 내릴 수 있는 정보와 실제들을 제공함으로써 학습장애 판정과 관련된 현행 법률과 정책에 영향을 줄 수 있다.

　1960년대 초반 이래로 학습장애와 관련된 증상들은 신경학적 용어들로 기술되었다. 초기에는 학습장애가 지닌 특징적 패턴이 평균 지능 이상임에도 불구하고 명백한 학습 및 행동 문제를 갖는 학습자로 이해되었고, 미세뇌기능장애(minimal brain dysfunction)라는 용어로 지칭하기에 이르렀다. 이 용어는 특정한 학업적 어려움과 근본적인 신경학적 장애의 연결을 보다 공고화하는 것이었다(Fletcher et al., 2007). 더 최근의 연방정부의 학습장애 정의(1969년의 학습장애아법[Learning Disabilities Act], 1975년의 전장애아동법[All Handicapped Children Act, PL 9-142], 그리고 최근의 IDEA[2004]의 것을 포함한 법률)는 심리적인 처리 과정 결손이라는 내용을 포함할 것을 제안하고 있다. 덧붙여 최근 연방정부는 **특정학습장애 정의**를 한정 지으면서 감각장애, 정신적 결함, 정서적 문제, 경제적 결손, 언어적 다양성 등으로 수반되는 학습 문제들은 명백하게 배제하고 있다. 이러한 특성들을 배제함에 따라 학습장애가 개인 내적인 요소들에 의한 장애임을 강조하는 것이다. 이러한 관점은 감각장애, 정신적 결함 그리고 정서적 문제로부터 비롯된 문제들을 가지는 사람은 신경학적 그리고/또는 의학적 질환에 따른 학업적 기능장애(dysfunction)라는 진단 준거에 부합됨을 의미한다. 따라서 학습에 어려움을 지니는 아동들은 좀 더 정확하게 말하면 원인 불명의 학습장애(idiopathic learning disabilities)를 가지고 있다고 말할 수 있다. 다른 원인 불명의 장애들과 마찬가지로, 이러한 서술은 해당 증상에 대한 직접적인 원인을 규명할 수 없음을 나타낼 뿐이며, 그 원인이 본질상 반드시 신경생물학적인 것임을 드러내는 것은 아니다.

　이러한 제외 요인들이 학습 결손에 영향을 미칠 수 있는 유전적이고 선천적인 이상을 제외한다는 점이 중재반응(Response to Intervention: RTI) 모형의 사용을 강조하는 현재의 정책에서는 그리 분명하지 않다. 그러한 결론은 학습장애와 다른 치료 가능한 의학적·심리적 장애들 간의 공존이 60% 이상임을 보여 주는 데이터와 다르지 않은 것이다. 게다가 이러한 장애들은 RTI에서 제안하고 있는 것 이상의 평가 절차 없이는 쉽게 발견될 수 없다. 다시 말해, 잠정적으로 치료 가능한 다른 장애들이 RTI의 적용으로 인해 치료가 시작되기도 전에 어떻게 배제될 수 있는가?

한동안 심리학자들은 학습장애 진단 시 의학적 모델 또는 진단-처방적 접근에 의존해 왔다. 이 접근들의 효과성은 가지각색이었다. RTI가 좀 더 규모가 크다는 것을 제외하고는 동일한 유형의 문제에 직면할 것이라는 점은 우려할 만하다. 교실 기반 평가에서 얻은 불일치 데이터의 사용과 중재 처치의 성공 여부를 학습장애 판별의 주요 기준과 중재의 효과성으로 판단하는 것은 상당한 혼란은 물론 나아가 잘못된 분류를 야기할 수 있다. 이 혼란은 학생의 진전도를 측정하기 위해 실시하는 개별 검사의 심리측정학적 특성에 대한 우려뿐만 아니라 아마도 가장 결정적인 요소로 수업에 사용되는 교수적 접근에서도 발생된다. 우리는 아직도 특정 학업 영역에 대하여 합의를 이룬 표준화된 교수적 접근에 관한 어떤 연구도 접하지 못하고 있다. 사실 근래의 교육 개혁이 학교 기반의 성취 향상을 목표로 함에도 불구하고, 아동들이 어떻게 학습하는지 그 방법을 다룬 연구들은 거의 없는 실정이다.

요약하면, 학습장애에 대한 법적 정의는 신체장애, 정신지체, 정서적 문제, 경제적 불이익 등에 의해 야기되는 많은 학업적 장애를 제외하고 있다(U.S. Office of Education, 1968). 계속되는 정책적 재승인에도 불구하고 정의가 거의 바뀌지 않는 동안, 이론 및 실제에서는 학습장애라는 용어에 대한 논의에 현저한 문제가 발생하였다. 이 정의는 학습장애와 연관된 인지 처리 과정의 기능장애에 대한 복잡하고 이질적인 특징을 암시하는데, 제외 조건에 따라 제외되는 장애 요소들을 명백히 거론함으로써 지능-성취 불일치 사용을 넘어선 특정학습장애에 대한 내포적 기준의 윤곽에 대해서는 간과하고 있다. Fletcher 등(2007)이 지적한 바와 같이, 현행 정책은 학습장애를 '무엇이냐'가 아닌 '무엇이 아니냐'로 정의하고 있다.

향후 신경과학의 발달은 학습장애의 분류와 중재에 어떤 영향을 줄 것인가

최근 아동의 학습 문제에 대한 판별 및 처치에 관한 접근들이 다양한 분야의 전문가들로부터 주목받고 있다. 교육 실제는 오랜 시간 동안 다양한 이름으로 불려 왔지만, 최근 가장 많이 언급되는 것은 RTI 모형이다. 이 접근은 "특수교육 및 관련 서비스를 필요로 할 가능성이 있는 학습장애를 지닌 학생에 대한 데이터를 수집하고, 교수 방법을 개발하며, 정확하게 판별하는 과정을 돕는 치료적 중재의 과정"이라고 할 수 있다(NJCLD, 2005, p. 13). NJCLD의 조정에 따라 그 주요 개념에 "체계적인 ① 일반교육에서 과학적 연구 기반 중재의 적용, ② 중재에 대한 학생의 반응 측정, ③ 중재의 강도 또는 종류의 변화를 위한 중재반응 데이터의 활용"을 포함하게 되었다(NJCLD, 2005, p. 13).

역사적으로 볼 때, 공교육은 그 본래 사명—기초 지식의 전달—을 넘어선 무언가를 끊임없이 요구받아 왔다. 공교육의 책무성은 성교육과 인종차별 금지교육에서부터 친사회적 가치의 교육에 이르기까지 다양하다. 진보교육(progressive education)에서는 모든 아동에 대한 교육, 특히 유전적, 사회적, 인지적, 신경학적 그리고 정서적 문제로 인한 학업 결손을 지닌 아동들을 위한 교육을 강조한다. 우리는 모든 아동이 기본적인 수준의 학업적 지식을 갖기를 기대한다. 다소 평등주의적인 이 시각은 우리 사회의 다른 영역에서 찾아볼 수 있는 자본주의적 경쟁 논리와는 배치되는 것이다. 그럼에도 불구하고 교육자들은 검증되지 않은 최소한의 지식 기반을 모든 아동에게 제공하도록 요구받아 왔다. 40년이 넘게 교육의 책무성과 보다 엄격한 기준의 확립에 대한 요구에 직면해 온 교육자들은 모든 것을 치료하는 소위 교육적 **만병통치약**(panacea)에 대한 유혹에 취약할 수밖에 없었는데, 그것은 저항할 수 없는 요구였다.

가장 최근의 그리고 가장 유명세를 타고 있는 만병통치약 중의 하나는 RTI로, 실제로 **주변적 중재**(peripheral intervention)나 **교사 및 교육과정중심평가**(teacher and curriculum-based assessment) 등 과거의 여러 교육적 접근의 부산물이다. 사실상 아이들을 가르치는 **방법**에 대한 연구는 전혀 새로운 것이 아니다. 행동주의적 사조가 풍미했던 1960~1970년대에도 이와 유사한 기대들이 있었다. 그 시기에 제안된 것으로서 개별화 학습 접근(individualized learning approach)이라고 알려진 방법이 완전학습(Mastery Learning)의 개념과 융합되었다. 이 개념은 특정 영역에서 학습자의 지식 수준을 높이고, 교수에 대한 반응에서 오류를 만들지 않을 정도로 필요한 만큼의 향상 수준에 대한 정보(즉, 무오류 학습[errorless learning])를 분석한다. 이 접근은 데이터 기반이라는 특성과 교사들에게 중재의 강도 및 종류의 변화에 따른 학생의 반응, 즉 학습 진전도에 대한 피드백을 줌으로써 매우 유망한 접근법으로 인식되었다. 그러나 데이터가 이 접근을 뒷받침해 주는 반면, 교사에게 그 접근 방법은 각 학생에 대한 개별적인 접근을 해야 한다는 점에서 매우 복잡하고도 집중적인 노력을 요하는 것이었다. **학습기계**(learning machine; basement storage 참조) 접근 또한 그 종말을 고해야만 했다.

1970년대 중후반에 시작된 보다 인지적인 이론 및 실제로의 패러다임 전환으로, 신경심리학에는 거의 유사한 관심사가 생겨났다. 지난 수십 년 동안, 신경심리학은 외상의 부위를 찾아내는 방법으로부터 진단과 처치 계획에 관한 기능적인 신경심리학적 접근(예: Dean-Woodcock Neuropsychological System[DWNS]; Dean & Woodcock, 2003)에 보다 많은 초점을 두는 방향으로 발전해 왔다. 실제로 최근의 데이터들은 DWNS가 Fletcher 등(2005)이 지적했던 심리측정학적 문제 없이 학습 문제의 진단과 처치에서 높은 유용성을 제공해 줌을 보여 주고 있다. 사실 DWNS에 기반을 둔 평가 결과들은 Fletcher, Lyon, Fuchs와 Barnes(2007)가 RTI 적용에 대한 접근에서 제안한 요소들을 모두 제공한다. 그러나 DWNS 임상가들은 학령기 인구의 10% 이상의 필요를 충족하는 접근으로서의 RTI의 적용 가능성에 대해 회의적인 것 같다. 게다가 임상적 관점에서 보면 RTI는 학생이 무엇을 가지고 있느냐보다는 무엇을 가지고 있지 않느냐에 대해 더 많이 이야기하고 있다.

학습장애 진단 방법으로서 RTI와 임상신경과학 지식을 어떻게 조화시킬 것인가

RTI는 일반학급의 일반적인 학생들과 동일한 학습 진전을 보이지 못하는 학생들에 대한 접근 틀이다. 역사적으로 볼 때, 기대된 것에 비하여 지속적으로 실패를 보이는 학생들은 그들의 부모나 교사로부터 공식적인 평가를 통한 검사나 판별이 필요한 대상자로 여겨졌다. RTI는 공식적인 의뢰 절차가 시작되기 전에 다단계의 연구 기반 중재를 제공함으로써 학습장애 과잉 판별을 줄이기 위한 것으로, 전통적인 의뢰 방법(개별화된 학습 접근)에 대한 대안으로 제안되었다. 이러한 방식에서는 단순히 적절한 교수를 제공받지 못했다고 해서 학습장애를 가진 것으로 오판하지 않는다. IDEA에 따르면, 이러한 중재들은 그 효과성을 입증할 수 있는 연구에 의해 지지될 수 있어야 한다.

연구 기반 중재의 사용과 학생 진전도의 지속적인 모니터링, 그리고 관찰에 의한 경험적 의사결정의 특징을 갖는 RTI는 1950~1970년대의 완전/무오류 학습 접근과 크게 달라 보이지 않는다. 만약 처음 고안된 대로 정확하고 지속적으로 사용된다면, RTI는 아동의 학업적 어려움 및 학습 부진의 치료에 적합하게 부합될 수 있다(Lyon et al., 2001; Speece, 2005). 학업적 어려움의 위험에 처한 아동들을 위한 예방적 기술들을 적용하고 조기에 문제를 식별해 냄으로써 중재가 지연될 경우 겪을 수 있는 문제들을 미연에 방지할 수 있게 할 것이다(Fuchs et al., 2003).

그러나 RTI는 그 본질상 특정학습장애에 대한 진단적 접근으로 고안되었다기보다는 특정 과목에서 학급 또래에 비하여 학업 진전에 어려움을 보이는 학생들을 중재하기 위한 것으로 볼 수 있다. 학습장애의 이질적 특성의 개념에 대한 많은 지지 요소가 있는데, 전부는 아니지만 대부분은 기대보다 낮은 저성취를 야기하는 기본적인 심리적 처리 과정이 그 원인이 된다. 학습에 실패하는 것 자체는 본질적으로 학습장애 진단의 충분조건이 되지 못한다. 만약 RTI가 특정학습장애 진단을 위한 유일한 기준이 된다면, RTI 모형과 특정학습장애의 구인 및 정의 사이에 생기는 불일치로 인하여 정확한 판별이 어려워질 것이다.

RTI가 학교로 하여금 진단 및 판별을 위한 단순한 지능-성취 불일치 모형에서 벗어나게 해 주는 것처럼 보임에도 불구하고, 비판자들은 현재로서는 RTI가 학습장애를 지닌 학생들을 정확하게 판별하는 데 있어 제한적인 능력을 가지고 있다고 본다(예: Fletcher et al., 2007; Semrud-Clikeman, 2005; Hale et al., 2006). 또한 학습 문제의 현상들을 교정하고자 하는 RTI의 시도는 시간 및 자원 집중적 방법 측면에서 다소 무리한 면이 있다. 덧붙여 학교 장면에서 교사들이 RTI 절차를 효과적으로 실행할 수 있도록 도움을 제공하는 지원 체계 또한 미비하다. 아동의 학업 수행에 순기능 또는 역기능을 가져오는 요인들은 다양하며, 그 예로 정서적 문제, 교사-학생 관계, 불안, 우울, 그 외 환경적 요인들이 포함된다. 이러한 요인들은 교사들이 그들의 학생들을 위한 중재 프로그램을 선정할 때 쉽게 간과되는 부분들이다(Hale et al., 2006). 나아가 개별화된 학습 접근으로는 그것이 비록 얼마간의 성공적 산출을 가져온다 하더라도 학습 문제에 대한 RTI의 적용에 필요한 자원의 양은 시간이 경과함에 따라, 그리고 아동의 실패 경험이 누적됨에 따라 더욱 현실적이지 못하게 된다.

학습장애 진단에서 신경심리학은 어떤 역할을 해야 하는가

신경심리학은 기억 손상 문제의 진단에서의 역할과 마찬가지로 학습장애 진단에서도 매우 유사한 역할을 지닌다. 만일 누군가가 '장애(disorder)'로 진단받는다면 실제로 그 상태가 나타나야 한다. 그러나 근본적인 증상의 요인들을 제외하면 학습 결손을 설명해 줄 수 있는 설득력 있는 데이터가 거의 없다. 균일하지 않은 능력 프로파일을 가지는 경향이 있는 학습장애 아동들의 오랜 관찰에 의하면, 그들은 어떤 영역에서는 강점을 드러내고 또 어떤 영역에서는 문제를 갖기 마련인데, 능력-성취 불일치에 따른 학교 장면에서의 학습장애는 동질화되어 가고 있다. 편차 점수만을 가지고 진단 및 판별하는 것의 부적절성에 대한 지난 수십 년간의 비판(예: Berninger, 2001; Flowers et al., 2000; Kavale, Kaufman, Naglieri, & Hale, 2005 참조)에도 불구하고, 많은 교육청에서 이 정책을 고수하고 있다. 학습장애 진단을 능력과 성취 간의 차이에만 의존하는 것은 과잉 판별을 가져오고(Kavale, Holdnack, & Mostert, 2005), 결과적으로 학습장애 아동 및 성인의 진단, 그리고 중재와 관련된 최적의 실제에 대해 혼란을 증폭시켰다(Kavale & Forness, 2003).

　RTI가 단순히 지능-성취 불일치 모형을 통한 판별에서 벗어날 수 있도록 학교 체제에 도움을 줄 수 있는 것처럼 보이지만, 비평가들은 현재로서는 학습장애를 정확히 판별하는 데 제한적인 능력을 가지고 있음을 지적한다. 비록 RTI가 학습에 어려움을 겪는 아동들에게 그들의 요구에 적합한 교수를 보장하도록 고안되었지만, 그들이 보이는 성취 격차의 근본적인 원인을 밝히는 데는 거의 노력을 기울이지 않는다. 학습 및 수행을 방해하는 교수 이외의 요소들, 즉 정서장애, 교사-학생 관계, 불안, 우울, 그 외 환경적 요인들은 교사들이 그들의 학생들을 위한 중재 프로그램을 선정할 때 쉽게 간과되고 있다.

　신경심리학자들은 뇌와 행동 간의 관계에 대한 전문가들이다. 이러한 전문성을 바탕으로 그들은 학습장애 진단에 잘 준비되어 있는데, 이는 단순히 교실 상황에서 나타나는 표면적인 증상에 의한 것이 아니라 학습 문제의 근본적인 원인을 설명하기 위해 고안된 다면적 평가 기법을 통한 것이라 할 수 있다(Mather & Gregg, 2006). 다양한 측면의 데이터—공식적 신경심리학적 검사, 부모 및 교사 보고, 비형식적 관찰 기록, RTI 중재 결과 등—를 수집, 분석 및 해석함으로써, 신경심리학자들은 학습에 영향을 미치는 내적·외적 요인들을 차별적으로 구분해 낼 수 있다.

　특수교육 배치를 위한 단 하나의 준거로서 지능-성취 불일치를 사용하는 것이 많은 문제를 가지고 있음에도 불구하고, 학습장애 아동의 판별에서 공식적 평가(사정)와 신경심리학적 도구들이 갖는 유용성은 여전히 유효하다(Dean & Woodcock, 2003). 공식적 평가(사정)를 배제하는 것은 근시안적이고 마치 '욕조 물에 아기를 내던지는 것'(모든 것을 배제하는 것)과 같다. 예를 들면, 학습장애를 지닌 아동 및 성인에게 공통적으로 보이는 개인 내적인 인지적 강점과 약점의 패턴이 그들의 학업 문제의 근본적 원인을 밝히는 데 사용될 수 있는 것이다(Woodcock, 1984). 특정한 강점과 약점에 대한 식별은 인지적 평가와 중재 사이의 직접적인 연결 고리를 형성케 하고(Mather & Wendling, 2005), 그 결과로 개인의 특정 결함에 가장 근접하게 들어맞는 연구 기반 중재를 적용할 기회를 갖게 된다.

RTI 정책에 관련된 잠재적인 논리적 문제들을 차치한다고 하더라도, 완벽한 신경심리학적 검토는 학습장애 진단 및 처치에서 그러한 징후들을 야기하는 근본적인 역기능들에 대해 보다 정확하게 기술할 수 있게 해 준다. 예컨대, 지난 10년 동안 연구자들은 임상적으로 결함이 있는 읽기 학습자와 정상 읽기 학습자 사이의 구조적인 차이들을 판별해 왔으며(Grigorenko, 2001), 그 결과로 학습장애 아동들은 일반 아동들에 비해 정보 처리 방식이 상이하다는 증거를 발견했다(Schlaggar et al., 2002; Semrud-Clikeman, 2005). 요약하면, RTI에 대한 미래는 그리 고무적이지 않아 보이지만, RTI 접근법의 효과성은 중재 가능한 장애를 배제하기 위한 RTI 절차에 신경심리학적 검토를 통합시킴으로써 향상될 것이라 볼 수 있다.

비록 RTI가 학습에 어려움을 겪는 아동들의 요구에 적합한 교수를 보장하도록 고안되었지만, 그들이 보이는 성취 격차의 근본적인 원인을 밝히는 데는 거의 노력을 기울이지 않고 있다. 학습 및 수행을 방해하는 교수 이외의 요소들, 즉 정서장애, 교사-학생 관계, 불안, 우울, 그 외 환경적 요인들은 교사들이 그들의 학생들을 위한 중재 프로그램을 선정할 때 쉽게 간과되고 있다. 공식적 평가, 비공식적 평가(교육과정중심 측정 선별 및 RTI 절차에서의 다른 기타 평가를 포함), 교수 및 부모 보고, 의학적 기록, 조기 발달 상태, 수업 포트폴리오 등의 수집, 분석, 다양한 경로를 통한 자료의 해석 등을 통하여, 신경심리학자들은 개개의 학생들에게 어떤 중재를 제공해야 할지를 결정하기 위한 학생 중심 팀에 도움을 줄 수 있다. 중재는 장애의 유형에 직접적으로 연관될 때 그 효과가 가장 잘 드러난다

(Fletcher et al., 2007). RTI 절차에서 가장 적합한 중재를 조기에 적용함으로써 보다 적은 횟수의 중재 시도 및 일반학급 교육과정 밖에서의 교수 시간 감소를 이끌어 낼 수 있다.

제18장
신경과학, 신경심리학 그리고 교육
－함께 공부하고 서로 어울려 지내기 위한
  학습을 위하여

Michael D. Franzen

신경과학은 학습장애 평가(사정)와 판별에
어떻게 기여할 것인가

  학습장애(learning disability: LD)의 평가(사정)와 판별에서 신경과학
은 장래성과 실현되지 않은 기대에 대한 변화가 많은 역사를 가지고 있
다. 초기에는 아동들이 이후에 주의력결핍 과잉행동장애(attention deficit
hyperactivity disorder: ADHD)라고 알려진 증상들을 보였지만 미세뇌기능장
애(minimal brain dysfunction: MBD)를 가지고 있다고 일컬어졌을 때, 신경
과학은 실제적인 설명 기제와 명확한 치료를 하지 못하더라도 진단이라
는 형태로 설명을 제공하도록 요청받았다. 미세뇌기능장애 개념은 환경
적이고 심리학적인 설명들이 증상을 설명해 주기에는 부족하였기 때문
에 가설적이고 주어진 것이었다. 그러나 미세뇌기능장애의 용어 채택에

서 신경과학에 책임을 떠맡기는 것은 증상들의 치료나 이해를 더 나아지게 하지는 못했다. 다행히도 신경과학은 현대에 더 제공할 수 있는 것들을 가지고 있다. 현재 기초 신경과학은 학습장애의 임상에서의 판별에 제한적으로 적용되고 있다. 임상병리 실험과 화학물 검사(chemical assay)가 없으며, 학습장애 진단에서 민감도와 특수성을 가지게 되는 신경영상 스캔이 없다. 그러나 선행 연구는 학습장애를 가진 개개인들이 신경화학 또는 신경 기능에서 이형적인 양상을 보여 줌으로써 그 질문에 정반대되는 것을 나타냈다. 더 나아가 그러한 이형적 특성에 대한 연구들은 증상들을 이해하는 데 도움을 줄 것이며 결국 다른 학습장애 진단을 좀 더 정확하게 하는 데 도움을 줄 것이다. 최근에 신경영상은 자폐증 또는 윌리엄스 증후군과 같은 특정한 장애의 진단에 도움을 줄 수 있지만(Samango-Sprouse, 2007), 그러한 진단은 여전히 주로 임상적 진단이다.

학습장애는 행동, 뇌의 생리학, 환경, 정서 기능, 학업 성취 등에 걸친 독립변인과 종속변인의 많은 혼합을 포함한다. 유사하게, 신경과학은 빈번하게 현상의 다요인적 조사를 포함한다. 하나의 신경화학 물질에 대한 단순한 수준을 조사하는 실험실 연구들이 있지만, 임상적 현상에 대한 신경과학 조사는 보다 넓은 체계의 수준들로부터 변인들을 통합시키려고 시도한다. 그러므로 신경과학에 의해서 사용되는 발견적(heuristic) 모형들은 학습장애의 복합성(complexity)을 조사하는 데 유용할 것이다. 학습장애는 환경적 노출, 장소, 사건뿐만 아니라 유전적 요인도 포함한다. Grigorenko(2007)는 그러한 매트릭스 체계와 변인들 안에서 발달적 난독증을 이해하기 위한 모형을 제공한다. 희망적으로 다양한 변인을 설명함으로써 또는 적어도 고려함으로써 증상에 대한 더 많은 이해가 가능해질 것이다.

향후 신경과학의 발달은 학습장애의 분류와 중재에 어떤 영향을 줄 것인가

신경과학의 미래는 적어도 두 가지 면에서 발전을 이루게 될 것이다. 첫 번째는 중재의 효과를 평가하는 정확성과 학습에 포함되는 뇌의 구조와 기능에 대한 더 많은 이해를 가능하게 할 기술의 진보다. 두 번째는 학습과 기술 발달이 장애를 가진 학습의 일반적인 경로뿐만 아니라 정상적인 학습의 실제적인 과정에 대해 상세한 개요를 기술하기 위해 어떻게 학습과 기술의 발달이 이루어지는지에 대한 이론적 이해에서의 진보다. 이러한 발달의 정확한 본질은 이 지점까지 정확하게 진술하기 어렵기 때문에 이 장이 아마도 가장 희망적인 시나리오로 보일 수 있을 것이다.

지난 10년 동안 신경영상과 관련된 지식과 기술이 급증하였다. 고정된 이미지는 정상적인 기술과 장애를 보이는 기술에서의 양적 차이를 이해하도록 하게 한다. 양전자단층촬영(PET) 스캔과 기능적 자기공명영상(fMRI)과 같은 기능적 영상은 뇌의 어떤 구조가 과업을 수행하는 데 이용되는지에 대한 정보를 제공해 준다. 예를 들어, 최근의 연구는 연역적 추론의 훈련이 뇌의 우측 복내측 전전두엽 부분의 활성화에 변화를 가져온다는 것을 발견하였다(Houde et al., 2001). 아마도 다른 훈련 과제들은 경험과 변화를 보여 주는 기저의 뇌의 영역을 가질지도 모른다. 그러한 방식으로 현재 실험실로 제한된 영상 기술은 교육 중재 또는 훈련의 효과성을 점검하는 방식으로 교육적 임상으로 이동할지도 모른다. 예를 들어, 교육에 좀 더 직접적인 적용을 해 보자면, Delazer 등(2003)은 fMRI를 복잡한 산수 과제에서 활성화되는 뇌의 구조를 밝히기 위해 사용한 것에 대해 보고하였다. 산수 과제를 완성하는 것에 대한 훈련을 받은 피험자들은 뇌의 활성화에서 다른 패턴을 보여 주었다. 유사하게, 수학 방정식에서 옳은 것과 틀린 것을 처리하는 데 다른 뇌의 영역이 사용된다는 사건관련전위(ERP)와 fMRI 증거들이 있다(Menon et al., 2002).

뇌가 학습을 어떻게 반영하는지에 대해 성인과 아동 간의 차이에 대한 지식은 좀 더 직접적으로 기술과 지식의 습득에서 실제적인 뇌의 처리 과정을 반영하는 교육 방법들을 개발하는 데 도움을 줄 수 있다(Byrnes, 2007). 청소년기에 일어나는 신경생물학적 변화에 대한 지식(Yurgelun-Todd, 2007)은 10대들을 위한 좀 더 효과적인 교육 전략을 개발하는 데 도움을 줄 수 있다. 신경과학의 발달적 진보는 교육적 효과성의 진보를 가속화하는 데 도움을 줄 수 있다.

신경과학의 새로운 개발 영역에서 가장 흥미롭고 생산적인 것 중 하나는 실행 기능과 그러한 기능들을 보조하는 뇌의 전두엽 영역에 대한 이해다. 최근 연구는 세로토닌(serotonin; Robert, Benoit, & Caci, 2007), 아세틸콜린(acetylcholine; Amici & Boxer, 2007), 도파민(dopamine; Bonci & Jones, 2007)을 포함하여 전두엽의 신경화학적 과정을 이해하는 데 많은 도움을 제공하여 왔다. 간단한 약물(약리학)이 교육의 경험과 실제를 대체할 수는 없지만, 다양한 학습 활동에 내재되어 있는 화학적 과정들에 대한 지식은 의학적 약물들이 교육적 중재에 직접적인 도움을 주게 할 것이다. 가장 간단한 사례는 이미 널리 사용되고 있는 것으로, 전두엽을 활성화하고 ADHD 아동들의 주의집중 과정을 향상하기 위해 자극제를 투여하는 것이다. 미래의 발달은 다른 형태의 학습장애 치료에 대한 최적의 신경화학적 환경에 대한 규명을 포함할 것이다. 약물이 교육을 대체할 수는 절대 없지만 보완해 줄 수는 있을 것이다.

학습장애 진단에서 신경심리학은
어떤 역할을 해야 하는가

여기에서 'learning disorder'와 'learning disability'의 차이를 고려하는 것이 유용할 것이다. learning disability는 주와 교육청에서 정의 내리는 법적 범주다. 이 구분은 구체적이고 특정적이지만 배타적이고 한정적이다. 흔히 준거 조건들은 평균, 평균에 근접한, 또는 평균 이상의 지적 능력과 함께 적절한 교육적 노력의 상황에서 낮은 학업 성취를 보이는 것이다. IQ 점수와 학업 성적 간의 차이가 1.5 표준편차 이상 또는 다른 학업 영역에서의 학업 성적이 실제 학년 배치보다 적어도 2년 아래에 있는 것과 같은 구체적인 심리측정학적 기준들일 것이다. 이러한 정의들은 명확하다.

다른 한편으로 learning disorder는 임상적 진단명이다. 현재 DSM에서의 임상적 기준도 있다. 기대보다 낮은 저성취라는 기준이 있다. 만일 심리학적 곤란이나 장애가 있다면 그것은 분명히 learning disorder의 결과이지 원인이 아니다. learning disability와 다르게, 뇌손상 또는 발작과 같은 병력이 원인이 된다는 식의 의학적 또는 신경학적 원인론이 존재하지 않는다. 이러한 정의는 모호하며 쉽게 변할 수 있다. 기대보다 낮은 저성취라는 정의는 조작적 정의로 주어지지 않는다.

그러나 두 개념 간의 또 다른 차이는 누가 결정을 내리느냐에 있다. 주정부 법 또는 교육청 규정은 자격을 갖춘 학교심리사들이 결정을 내리는 것을 요구할지 모른다. 정부 자격 규정에 따라 학습장애(learning disorder) 진단을 결정할 때는 신경심리학자 또는 정신과 의사를 포함하여 면허를 받은 학교심리사를 허용할 수 있다.

진단 이외에도 임상신경심리학자들은 무엇을 제시할 수 있는가? 그것은 아마도 역할이라기보다는 활동일 것이다. 종합적인 신경심리학적 평가는 강점과 약점의 프로파일을 제공한다. 이것은 약점을 보완하기 위해 강점을 사용하는 중재를 가능하게 한다. 그 결과들은 모든 개인을 위한 개별화된 중재 계획을 위해 일반화될 수 있다. 평가에서 대답을 찾고자 하는 질문은 개개인을 위해 주어진 최적의 교수-학습 전략은 무엇인가다. 이론적으로 모든 학생은 그러한 평가를 통하여 혜택을 받을 수 있다. 그러나 평균적인 교수로부터 혜택을 받지 못하는 학생들은 인지 능력과 장애의 특정한 패턴과 관련되어 있는 교육 계획으로부터 혜택을 받는다.

임상신경심리는 학습장애(learning disorder) 진단에서 특정한 역할을 갖지 않는다. 그러나 그러한 장애의 특수성과 판별에서 독특한 역할을 할 수 있다. 정신과 의사는 그들의 면허와 훈련으로 학습장애를 진단할 수 있다. 학교심리사들은 그들의 면허와 경험의 범위로 학습장애를 평가하고 판별할 수 있고, 자격 규정(regulation)에 의해 아동이 학습장애(learning disability)를 가지고 있다는 것을 판단할 수 있으며, 아동이 학교 체제 내의 특수 서비스에 적격한지를 결정할 수 있다. 임상신경심리학자는 훈련과 전문성으로 아동이 학습장애(learning disability) 기준에 부합하는지를 결정할 수 있다. 하지만 많은 지역 정부에서 오직 자격을 갖춘 학교심리사만이 결정을 할 수 있음을 명세화하였다. 임상신경심리학자들은 아동의 인지 프로파일을 판별하는 평가(사정)를 제공하고 근원적인 장애의 생리학적/신경학적 기질에 대한 설명을 제공함으로써 중요한 역할을 할 수 있다. 임상신경심리학자는 정서기능장애의 가능성이나 아동이 나타내 보이는 어려움을 유발하는 의학적 진단들의 가능성을 제외하는 데 도움을 줄 수 있다.

예를 들어, 아동은 2학년과 3학년 내내 점점 낮은 학업 성취를 보일 수 있다. 관찰되는 문제들은 교실에서의 불안, 수학에서의 낮은 수행, 교실 또는 집에서 과제를 할 때 분노나 짜증을 표출하는 행동들, 낮은 교우관계들을 포함한다. 상세한 개인력/병력이 파악될 때까지 심지어는 다양한 감별 진단이 고려될 수 있고 그것들 각각은 다른 중재나 치료를 포함하게 된다. 만일 기저의 문제가 ADHD 또는 불안장애라면 RTI에 의해 제안되는 추가적인 교육 서비스가 효과적이지 않을 수 있다. 대신에 증가되는 불쾌한 기분과 함께 학업 실패의 패턴과 더 나아가 행동상의 어려움이 일어날 수 있다.

극단적인 예는 발달적 뇌기능장애 또는 의학적 질병을 가진 아동이다 (Silver et al., 2006). 만일 비언어적 학습장애 또는 복합성 부분 간질/발작 장애(complex partial seizure disorder)가 존재한다면, RTI 모형에서와 같은 추가적이지만 비특정적인 교육적 중재를 시행하는 것은 아마도 그 어려움을 치료할 수 없을 것이다. 물론 최적의 학업 수행 이하를 보이는 모든 아동이 발달적 뇌기능장애를 가지고 있는 것은 아니다. 그러나 임상신경심리학적 평가는 그러한 아동들을 발달적 뇌기능장애로 판별하기 쉽고 그에 따른 적절한 치료를 의뢰하기 쉽다. 좀 더 자세한 예로, 음운적으로 읽기 어려움을 가진 아동은 형태-음소 관계를 강조하는 교육적 중재로는 혜택을 받지 못할 것이다.

임상신경심리학자는 개인의 강점과 약점을 아동에 대한 종합적 평가를 제공함으로써 기술할 수 있다. 이상적인 세상에서는 모든 아동이 종합적인 신경심리학적 평가와 각각의 평가(사정)에 대한 결과들이 (실제적인) 개별화교육계획을 개발하는 데 사용될 수 있다. 불행히도 그러한 시스템은 비싸며 너무 방대하다. 대신에 모든 아동은 능력, 적성 면에서 같다고 여겨지며 인지 작업(cognitive operation)의 모든 구성 영역에서 같은 강점을 가지고 있다고 여겨진다. RTI에서의 서비스에 대한 요구와 장애에 대한 정의는 언뜻 보아 매력적이다. 아동은 개별화된 시험에 의뢰되거나 교실 밖으로 불려 나오는 등의 낙인찍기가 필요 없다. 교실 교수에서부터 과학 기반 중재의 제공에 이르기까지 원활한 진전이 이루어진다. 만일 일부 특정한 중재가 효과가 없다면 또 다른 중재가 시작된다.

이것은 중재가 효과가 있을 때까지 계속 사용된다. 하지만 첫눈에 반한 사랑이 흔히 그렇듯이, 면밀하게 살펴보면 바람직하지 않은 모습들이 나타난다. 중재가 효과적이지 않다고 결정될 때에 대한 기준이 없다. 어떠한 대안적 중재가 도움이 되고 제일 먼저(또는 그다음에) 시행되어야 하는지를 밝히는 절차가 없다.

중재에서 문제가 되는 영역을 첫 번째로 판별하기 위한 임상신경심리학적 진단검사를 사용하는 것은 문제점이 있음에도 불구하고 몇 가지 측면에서 장점이 있다. 첫째, 중재가 특정하게 판별된 문제 영역에 맞추어 지도록 한다. RTI에서 아동은 낮은 교실 수행(일반적인 교수에 대한 반응이 부족함)에서의 읽기 문제를 가지고 있다고 판별될 수 있다. 사실상 그것은 아동들이 신경심리학적 검사에 대한 의뢰에 어떻게 판별되는가다. 그러나 RTI에서는 아동이 아직 판별되지 않은 상태로 의뢰되어 일반적인 교수보다 좀 더 강도 높은 비특정적 읽기 중재를 받을 수 있다. 방법과 기준은 특정하지 않다. 신경심리학적 모형에서는 낮은 읽기 수행이 일반적인 주의력, 시각적 주의력 문제, 시지각(또는 철자 인식) 결함 때문인지를 결정하기 위하여 종합적인 신경심리학적 평가가 사용된다. 그리고 중재는 판별된 강점을 사용하여 특정한 결함을 다루도록 계획된다. 그러나 RTI에서는 적어도 표면적으로는 임의적인 중재들을 계속 적용하여 하나의 중재가 효과적일 때까지 아동이 지속적으로 교육받게 된다.

RTI 맥락에서의 중재 설계에서 신경심리학은 어떤 역할을 하는가

이 장에서의 모든 질문 가운데 이것이 가장 어려울 것이다. 임상신경심리학자들에 의한 중재 프로그램 고안은 종합적 평가의 속성을 띠게 된다. 신경심리학자는 개별 아동의 강점과 약점을 확인하고, 강점을 이용하고 약점을 교정하는 중재 프로그램을 고안한다. 신경생물학적, 인지적, 정서적, 사회적 그리고 심리학적인 것들이 고려되고 사용되고 다뤄진다. 그러나 RTI 체계는 종합적인 것을 피하고 대신 성취가 특정한 기준에 도달하지 못하였을 때 교정을 제공한다. 임상신경심리학자는 RTI 체계에서 제시할 것이 없는 것처럼 보이거나 가장 의미 없는 존재로 보인다.

임상신경심리학자가 RTI 체계에 상당한 공헌을 할 수 있는 영역들이 있다. 첫 번째 영역은 교정적 치료(remediation treatment)를 설계하는 영역이다. 비록 개별적인 평가는 없지만 임상신경심리학자는 일반적으로 평균적인 교사보다는 경험적인 연구를 잘 안다. 임상신경심리학자는 그러한 정보를 두 번째 혹은 세 번째 단계의 중재를 고안하는 데 사용되도록 할 수 있다. 비록 일반적인 교실 수업에 반응하지 않는 아동의 경우 읽기 어려움의 정확한 특성을 알 수는 없지만, 임상신경심리학자는 작문을 하도록 장려받은 아동들이 읽기 기술을 좀 더 연습하게 된다는 사실을 나타내는 연구에 대해서는 더 익숙할지 모른다. 이 정보는 간단한 매일의 저널 프로그램이 읽기 중재에 포함되도록 설계되는 데 사용될 수 있다. 대안적으로 프로그램은 펜팔 또는 이메일 친구로 읽기 학생들을 짝지을 수 있다. 임상신경심리학자는 실행 기능과 교정에 대한 연구를 좀 더 잘 알 수 있다. 이 정보는 Gaskins, Satlow와 Pressley(2007)에 의해 제안된 모형과 같은 것의 읽기 중재를 사용하는 것으로 사용될 수 있다. 임상신경심리학자는 시각에 기초한 읽기장애와 음운적 읽기장애에 대한 상대적 출현율에 대해 알 수 있고, 상대적인 출현율을 반영하는 두 번째 혹은 세 번째 단계의 중재를 고안할 수 있다. 마지막으로, 신경심리학자는 측정과 실험 설계에 대해 알기 때문에 사용되는 프로그램의 효과성을 평가하기 위한 적절한 체계를 고안하는 데 크게 공헌할 수 있다.

제19장
소수 집단에서의 학습장애 진단
– 비신경심리학적 접근의 적용상 난점에 대하여

Javier Gontier & Antonio E. Puente

학습장애 진단에서 신경심리학은
어떤 역할을 해야 하는가

학습장애를 포함하여 모든 장애를 가진 사람들에 대한 차별을 금지하
는 연방법들이 많이 알려져 있다(Pullin, 2002). 그에 따라 학습장애를 가
진 사람들은 교육과 그에 따른 서비스를 받을 권리를 가진다. 그들은 또
한 장애를 가지고 있지 않거나 경도의 장애를 가진 사람들과 비슷한 결
과를 얻고 같은 수준의 학업 성취도에 도달할 수 있는 기회를 똑같이 가
진다. 장애인들이 학업 성공, 적절한 중재, 재활 프로그램 및 시설 제공
등 전반에 걸쳐 동등한 기회를 가질 수 있도록 보장할 필요가 있다. 이러
한 전략들은 통합교육 환경과 직업적 및 개인적 노력을 통하여 기술, 지
식, 사회화에 도달하기 위한 기회에 접근할 권리를 보장하려 한다. 학업

성취도의 수준은 직업 기회의 양과 질, 수입, 궁극적으로는 삶의 질에 영향을 끼치게 된다. 그리하여 모든 학습장애를 위하여 적절한 재활 과정, 중재, 시설을 선택하는 것은 학습장애 학생들이 동등한 기회를 획득하는데 중요하다. 각 개인을 위하여 선택된 전략들은 그 근원, 일상의 기능적 징후, 미래에 기대되는 수행, 상황적이고 특수한 표현에 있어 장애와 관련된 모든 문제를 다루는 과학적이고 신뢰성 있는 정확한 평가 과정을 포함하여야 한다. 그렇게 하지 않으면 학습장애 집단들 내에서 역사적으로 부각되었던 특정 종류의 장애와 집단들의 편견과 차별의 가능성이 높아진다.

　장애인교육향상법(The Individuals with Disabilities Education Improvement ACT: IDEIA)은 학습장애를 언어 사용 또는 수학 연산의 심리학적 처리 과정에서 하나 또는 그 이상의 결함을 가진 장애로 정의하고 있다(IDEA, 2004). 여기서 심리학적 처리 과정은 적절한 도구로 측정되어야만 한다. 언어 사용과 수학 연산과 관련된 심리학적 처리 과정은 임상심리학의 전문 분야에서 수십 년간 연구되어 온 뇌 기능에 의하여 통제된다. 예를 들어, Spreen(2000)은 읽기와 수학의 처리 과정의 요소를 포함하는 뇌 기능의 영역들을 확인한 개관 연구를 수행하였다. 이 연구는 또한 학습장애의 진화와 아동기에서 성인기에 이르는 다른 하위 유형의 지속에 대해서도 논의하였다. 따라서 측정과 인지와 언어 처리, 뇌 기능 간의 관계를 이해하는 것은 신경심리학적 평가 과정을 이용할 때 가능하다. 이러한 과정의 질과 신뢰도는 과학적 문헌(Mitrushina, Boone, & D'Elia, 1999; Goldstein & Beers, 2004)과 PsycINFO와 같은 데이터베이스의 신뢰도, 타당도, 공정성에 대한 확장된 연구들에 의하여 증명되어 왔다. 이러한 연구들은 National Academy of Neuropsychology, International Neuropsychological Society, Division of Clinical Neuropsychology of the American Psychological Association 등과 같은 다양한 학회 등을 통하여 발표되었다. 또한 이러한 연구들은 *Archives of Clinical Neuropsychology*, *Applied Neuropsychology*, *Child Neuropsychology*, *International Journal of Neuropsychology*, *Journal of Experimental and Clinical Neuropsychology*, *Neuropsychology*, *Neuropsychology Review*, *The Clinical Neuropsychologist*와 같은 저널을 통하여 출판되었다.

　학습장애를 평가(사정)하기 위한 신뢰도와 타당도를 갖춘 검사를 제공하는 것은 학습장애 진단에서 임상신경심리학의 가장 중요한 공헌 중 하나다. 임상신경심리학은 학습장애 진단 과정과 관련된 법적이고 전문적인 규정을 포함하고 있는 과학적이고 전문적인 분야다. 이러한 규정들은 검사 상황과 맥락에 따라 검사 과정의 예상된 결과를 해석하기 위하여 검사를 수행하는 전문가에 대한 능력 기준을 정하고 있다(Puente et al., 2006). 대중과 그들의 권리에 대한 보호는 미국심리학회(American Psychological Association: APA)에 의하여 제공되고 있다. 특히 모든 검사 서비스는 무해성(nonmaleficence)의 원칙에 의해 검사 윤리 강령하에 진행되며, 최선의 과학적 근거에 기반을 두어야 한다(American Psychological Association, 2002). 검사, 평가(사정), 결과의 사용에 대한 추가적인 지침들이 APA와 관련된 전문가 집단에 의해 개발된 검사 지침에 의하여 제공되고 있다(American Educational Research Association, American Psychological Association, & National Council on Measurement in Education, 1985). 요약하면, 신경심리학은 정보와 지식의 습득에서 결함을 판단하기 위하여 과학적으로 발전된, 그리하여 편향되지 않은 접근 중 지금까지 가장 탄탄한 최선의 기초를 제공한다.

　학습장애 진단에서의 신경심리학의 적용에서 중요한 이슈는 신경심리학 전문가 수의 부족이다. Puente(2006)에 따르면, 미국에는 5,000명 이하의 신경심리학자가 있는데, 그들 중 일부만이 학교 체제와 관련되어 있고 그들의 임상 프로토콜의 부분으로서 학습장애 서비스를 제공하고 있다. 반면에 학습장애를 가진 학령기 아동의 수는 전체 학령기 아동들의 5%를 초과하고 있다(D'Amato et al., 2005). 이러한 심각한 불일치를 염두에 두고, D'Amato 등(2005)은 점진적 모형(evolving model)을 제안하였다. 그들은 학교 체계 안에서 표준적인 심리학적 평가는 학교심리사가 다루고, 더 어렵거나 심각한 사례들은 신경심리학자들이 평가하는 경향이 있다고 보았다. RTI 체계에서 함의하고 있는 것과 마찬가지로, 더 많은 아동에게 더 신속히 대처하기 위하여 하나의 가능한 해결책, 관찰 가능한 전략들을 사용하여 교사들에 의한 평가에 초점을 둔 체계가 증가하게 되면 빠른 진행이 가능하며 평가를 받는 아동들의 수 또한 증가할 것이다. 그리하여 학습장애의 한 가지 유형을 가지고 있거나, 가지고 있다고 예상되는 학생들의 대다수가 교육과정중심 측정을 통하여 평가되고, 더 어려운 경우의 아동들은 학교심리사에 의하여 평가된다.

숙련된 전문가에 의한 과학 기반 평가(사정)가 줄어드는 것은 정보와 지식의 습득, 유지, 복구와 뇌기능장애와 관련된 복잡성에 미숙한 학사 수준의 교육자들에 의하여 비과학적인 평가(사정)의 우선 실시가 증가하고 있는 것과 관련이 있을 것이다. 이러한 상황은 소수민족 집단 아동들의 거짓 긍정(false positive)을, 백인(주류) 집단 아동들의 거짓 부정(false negative)을 증가시켜 특히 소수민족 집단 아동들에게 문제가 될 것이다. 그러므로 이러한 특별한 상황에 직면한 위기는 신경심리학적 평가(사정)를 어떻게 더욱 손쉽고 빠르게 통합하느냐의 문제이지, 평가(사정)를 위한 비과학적인 접근의 책임성과 역동성의 통합에 있는 것은 아니다.

RTI 맥락에서의 중재 설계에서 신경심리학은 어떤 역할을 해야 하는가

RTI는 읽기 발달 단계와 같은 초기 학습 단계 동안 아동에게 적용되는 중재에 대한 반응에 기초를 둔 예방적인 모형으로 정의되어 왔다(Justice, 2006). 이 접근은 Justice가 출판한 개관으로부터 추론할 수 있는 몇 가지 강점들을 가지고 있다. 첫째, RTI는 아동이 형식교육을 받기 시작하는 초기 단계에서 적용되는 모형이다. 초기 읽기 교수는 예로서 사용되고 취학 전 아동들이 읽기 기술 발달과 관련하여 습득해야 할 기술들을 평가하기 위하여 제공된다. 아동이 교수와 과제에 대해 나타낸 반응은 교사들에 의하여 관찰되고 측정된다. 아동은 행동과 수행에 따라 학습장애로 판별될 수 있고, 보상적인 훈련이나 재활을 받을 수 있다. 그러나 각 과제에서 이러한 행동 또는 수행의 원인이 되는 것은 아동 개개인마다 매우 다르다. 동기 또는 실패에 대한 인내심 부족 등이 숫자들을 처리하지 못하거나 수학 문제에 대답하지 못하는 것과 같은 학습장애의 경우에서와 똑같은 행동을 만들어 낼 수 있다. 그런 점에서 겉으로 나타나는 문제(예: 장애 또는 동기적 문제)가 무엇이든지 궁극적인 결과 또는 행동은 설명될 필요가 있다.

둘째, RTI는 읽기 발달 과정 동안 기대하는 대로 읽기가 이루어지도록 단계적으로 적용되는 전체적인 교육 활동을 말한다. 처리 과정 접근과 함께 이 방법은 다른 연령 동안 아동에게 발생하는 변화들을 계속해서 점검해 나간다. 모니터링과 평가는 한 회의 사건으로서 제공되는 것이 아니라 유동적이고 변화하는 상황에서 제공된다. 평가-중재 과정에서의 이러한 연속성은 어떻게 변화가 발생하는지, 또 변화에서 중재가 가능한 요소들은 무엇인지(가족, 사회적 환경, 영양, 교육, 사회적 상호작용,

학습 방법 문제) 등에 대한 더욱 신뢰성 있는 청사진의 개발을 가능하게 한다.

셋째, 아동이 학습하기 위해 사용하는 속도와 전략에는 중요한 가변성이 있다. 모니터링의 연속적인 과정은 예측되지만 학습의 정상적인 과정의 부분인 읽기 어려움의 추적을 용이하게 하며 기대되는 읽기 성취 수준을 얻기 위한 어떤 특별한 중재를 요구하지 않는다.

대조적으로 RTI는 신경심리학적 관점으로 설명될 수 있는 여러 가지 특징이 있다. 첫째, 안면기형의 일종인 velo-cardio-facial 증후군과 같은 유전적 원인으로 발생한 학습장애들이 학령기 아동들에게서 확인된다(De Smedt et al., 2007). 이러한 아동들은 판별되기 위하여 어렵고 긴 평가, 중재, 모니터링의 과정을 겪을 필요가 없고, 적절한 중재 또는 재활만 받으면 된다. 그들은 RTI 과정이 제공하는 초기의 교육적 평가와 모니터링으로부터 효과를 볼 수 있다. 그러나 이 접근에는 특별한 주의점이 따른다. 의사결정 과정을 위한 정보 지원으로서 지적 능력의 측정은 RTI 모형에 의하여 제한되고 있다.

그럼에도 불구하고 장애를 가진 사람들의 권리는 학업적으로 성공할 수 있는 동등한 기회를 가질 수 있도록 하는 모든 원천에 접근할 권리를 허락하며 격려한다. 그것의 병인론, 발달, 이력에 대한 어떤 정보에 대하여 RTI 과정은 본래부터 불완전하고 조금만 제공할 수도 있다. 인지적·유전적·신경학적 문제들에 대한 지식은 더욱 완전하고 과학적인 기반을 가진 교육과 재활 계획의 개발을 위하여 수집되어야 한다. 이 부분에서 신경심리학은 특정한 종류의 증후군에 따른 인지, 행동, 뇌 기능 간의 관계에 대하여 사용할 수 있는 최신의 과학적 데이터를 수집하는 데 중요한 역할을 할 수 있다. 신경심리학적 기능 평가는 확장된 과학적 기반을 가지고 있고, 개인적 심리 기능과 연령 집단에 따라 기대되는 기능 간의 관계를 명확히 할 수 있도록 돕는 비교 데이터를 제공할 수 있다. 요약하면, 신경심리학은 문제에 대하여 과학적 기반의 이해를 제공하고, 그 결과 책임 있는 중재 프로그램에 더욱 튼튼한 기반을 제공한다.

D'Amato, Crepeau-Hobson, Huang과 Geil(2005)이 언급하였듯이, 생태학적 신경심리학 모형은 학습장애를 가진 개인이 속해 있거나 상호작용을 하고 있는 다른 시스템으로부터 종합적이고 역동적인 정보를 통합하는 흥미로운 접근을 제공한다. 이 접근은 학습장애를 가진 사람과 관련된 정보를 수집하는 방법을 개발할 뿐만 아니라 어떻게 보상적 자원, 재활 또는 중재들이 계획되어야만 하는지에 대한 지침을 제시한다. 이 접근은 RTI와 관련 있는 역동적이고, 빠르며, 통합된 접근을 신경심리학적 평가(사정)의 과학적이고 신뢰성 있으며 타당한 측정을 요약하여 포착한다.

RTI 접근은 다양성과 문화적 이질성의 문제에 침묵하고 있는 것으로 보인다. RTI의 타당도는 아동에게 진단명을 부여하는 것을 피함으로써 학습장애를 가진 아동과 정상 아동을 추적하는 데에 있다(Geisinger, Boodoo, & Noble, 2002). RTI가 문화적 문제에 대부분 침묵하고 있다는 가정은 그들이 아동이 학습장애를 가지고 있는가 하는 질문의 기본적인 문제를 설명함으로써 이 반박을 피하기 때문이다. 그러나 미국에서는 특수교육에 문화적으로 다양한 학생이 수적으로 불균형하게 포함되어 있다(Harris-Murri, King, & Rostenberg, 2006). 더 나아가 미국 통계청(U.S. Census Bureau, 2000)의 통계는 히스패닉과 같은 특정 집단이 학령기 인구에서 가장 빨리 증가하고 있는 집단이라고 밝혔다. 동시에 그들은 특수학급 인구로서도 가장 빠르게 증가하고 있다. 학습장애를 가진 학생들의 다양성과 그들의 다양한 환경이 증가함에 따라 다양성을 주장하는 것에 대한 침묵의 잠재적인 반대는 RTI 과정에서 주요한 복잡한 상태를 불러일으킨다. 그리하여 부정확하게 배치된 많은 학생과 부적절하게 개발된 중재 프로그램들은 계속 발생하게 된다.

서로 다른 문화를 반영하는 신경심리학은 문화적으로 다양한 인구를 평가할 때의 문제점을 과학적으로 설명해 왔다(Ardila, 2005; Evans et al., 2000; Nell, 2000; Perez-Arce & Puente, 1996; Puente & Perez-Garcia, 2000; Puente & Agranovich, 2003; Puente & Ardila, 2000; Wong et al., 2000). 학습장애를 가진 사람들의 문화적 다양성으로 인하여 평가와 관련된 많은 이슈가 연구들로부터 나오고 있다. 예를 들어, Harris-Murri, King과 Rostenberg가 지적하였듯이, RTI 과정 동안 아동들에게 제공된 교수는 학생의 인종에 따라 다르게 받아들여질 수 있다. 학생과 보호자 또는 교사 사이의 관계는 학생의 문화와 인종에 따라 다르다. 라틴계 아동들은 가정에서 권위를 존중하고 성인이 지배적이며 규칙 위반을 엄중히 다루어야 한다는 가치를 배운다. 게다가 심파티아(simpatía)와 같이 영어로는 번역할 수 없는 스페인어 단어들로 명명되는 관계를 인식하기 위해, 문화적으로 특정하고 특별한 방법이 있다. 심파티아는 한 상황에서 긍정적인 측면을 강조하고 부정적인 측면은 피하며, 감정을 느끼고, 특정 수준의 복종을 유지하며, 권위를 가지고 행동하는 사회적 능력과 관계되어 있다(Triandis et al., 1984). 심파티아는 라틴아메리카인들 사이에서 높은 사회적 가치를 가지며, 갈등과 대결을 피하는 결과를 낳는다. Triandis 등(1984)은 히스패닉과 비히스패닉이 받아들이고 있는 사회적 행동의 가치에 대해 연구하였다. 그들은 히스패닉은 비히스패닉보다 타인에게서 사회적 상호작용에서 더 협력적이고 긍정적인 행동을 기대하는 경향이 있다는 것을 알았다. 히스패닉들은 더 많은 심파티아를 찾고, 사회적 맥락에서 더 많은 심파티아를 가지고 행동하기를 기대하며, 비평하거나 경쟁하는 행동은 피하는 경향이 있다. 이러한 기대는 사회적 맥락에서 높은 지위에 있게 될 때는 변한다. 높은 지위에 있을 때, 히스패닉들은 명령을 내리거나 훈련시키는 것과 같은 거절할 수 없는 행동을 기대한다. 결국 이러한 환경에서 히스패닉들은 권위자에게 친밀한 생각을 표현하거나 사적인 문제를 나타내는 경향이 적다. 같은 방식으로 히스패닉들은 자신들이 다른 약속에 늦을지라도 친구들과 이야기하는 경향이 있다. 따라서 라틴계 사람들은 개인적인 의미를 가진 언급들에 대해서 백인이나 흑인들보다 더 불쾌감을 가질 수 있다. 또한 그들은 더 높은 질의 같은 서비스를 제공하는 전문가가 있다고 하더라도 친구가 제공하는 것을 선호하는 경향이 있다. 이러한 특징들은 라틴아메리카인들을 더욱 집단적으로 만들고 다른 사람들의 가치, 요구, 목적, 관점을 더욱 중심에 두게 한다. 전통적인 앵글로아메리카 문화는 더 개인주의적 경향이 있으며, 경쟁, 기쁨, 안락한 삶, 사회적 인정 등을 강조한다(Triandis et al., 1985).

개인적이고 문화적인 차이들은 평가(사정)나 중재를 계획할 때 고려되어야 한다. 특히 신경심리학은 세계화의 시대에서 학습장애의 신경심리학적 원칙 적용의 일반화 가능성뿐만 아니라 미국 인구 다양성의 증가를 설명하기 위한 기초로서 문화와 다른 나라의 연구 결과들을 통합하고 비교할 필요가 있다. 데이터베이스 PsycINFO에서 'neuropsychology(신경심리학)' 또는 'neurosciences(신경과학)'로 제목을 검색하면 영어로 쓰인 1만 1,359개의 논문이 제시된다. 그러나 같은 데이터베이스에서 neuropsicologia(신경심리학을 나타내는 스페인어와 불어 단어)를 제목으로 검색하면 46개의 논문만이 검색된다. 이것은 히스패닉 인구에게 적용할 수 있는 매우 제한적인 지식 기반이다. 반대로 라틴아메리카에서 발간되고 있는 *Revista Brasileira de Neuropsicologia, Revista Chilena de Neuropsicología, Revista Española de Psicología, Revista Argentina de Neuropsicología, y Revista Neuropsicología, Neuropsiquiatría y Neurociencias de Colombia* 등의 광범위한 신경심리학 관련 저널들이 있다. 그러나 이 연구들을 보면 여전히 신경심리학적 평가(사정) 적용의 일반화, 특히 스페인어 사용 인구에 대한 일반화와 관련된 정보가 매우 부족함을 알 수 있다.

문화에 따른 사회적 상호작용과 사회적 인식의 차이는 다양한 문화적 · 인종적 배경을 가진 아동들이 RTI와 같은 평가 과정을 겪게 될 때 답변에 영향을 줄 수 있다(Harris-Murri et al., 2006). 학생들이 특수 또는 일반 학업 프로그램에 잘못 배치되어 있다는 증거들에 근거하여 다양한 문화적 배경을 가진 사람들에게 사용될 RTI 도구의 타당도와 공정성의 연구에 대한 질문들이 제기되고 있다. 심리학, 심리측정학의 지식, 다문화적인 신경심리학은 문화 · 인종적으로 다양한 인구에게 RTI 과정에서 적용되고 있는 도구들의 신뢰도, 타당도, 공정성의 연구에 공헌할 것이다. 그 결과, 타당하고 정확한 평가(사정)는 모든 유형의 학습장애 학생에게 정확하고 책임 있는 중재 프로그램을 제공하게 될 것이다.

향후 신경과학의 발달은 학습장애의 분류와 중재에 어떤 영향을 줄 것인가

학습장애의 역사적 정의는 1981년 전국학습장애연합(National Joint Committee for Learning Disabilities: NJCLD)에 의하여 만들어졌다(Hynd et al., 1986). 이 정의는 학습장애가 중추신경계의 기능장애에 잠재적인 원인을 가지고 있다고 서술한다. 이후의 정의는 감각적, 운동 정서적, 환경적 또는 경제적 요소들에 의해 발생하지 않은 학업 결손에 초점을 맞추어 왔다(Zillmer, Spiers, & Culbertson, 2008). 지금까지 확인된 학습장애의 가장 일반적인 하위 유형은 난독증, 수학장애, 쓰기장애다. 학습장애의 정의가 바뀐다고 하더라도 주제의 다양성에 대한 방대한 연구와 뇌기능장애의 증거들이 있다. 각 하위 유형의 특정한 신경학적 기질에 대한 이론들이 충분히 검증되지는 않았지만, 초기의 효과도 충분히 풍부하고 단단해 보인다. 신경과학의 미래 발전은 발전된 기술적 도구들의 공헌을 이용하여 이 문제를 설명하여야 할 것이다. 자기공명 스캐너, PET(positron emission tomography), 발전된 유전적 평가 등과 같은 기술과 신경심리학의 통합은 미래의 조류가 될 것이다. 뇌의 복잡성과 지역 간의 활동, 각 하위 유형과 다른 정서 및 행동 장애의 관계는 신경과학에서 이론과 정의에 도전이 될 것이다. 그러나 신경 기능과 국지화(localization)를 정의하고, 평가를 위한 정확한 검사 절차뿐만 아니라 특정한 기술을 발전시키는 것에 있어서 중요한 발전이 있다는 입증된 결과들이 있다(Wolf, Bowers, & Biddle, 2000). 이런 결과들은 또한 모든 교육적 중재에 대한 함의를 가지고 있다. 임상적·교육적 연구는 신경심리학적 평가(사정)뿐 아니라 모든 유형의 학습장애에 대한 정확하고 특정한 재활 기술과 교육적 중재와 관련된 주제를 설명하여야 한다.

신경과학은 학습장애 평가(사정)와 판별에 어떻게 기여할 것인가

신경과학은 20세기 후반 MRI, PET와 같은 신경영상 기술과 진보된 유전적 검사를 사용함으로써 급속한 발전을 이루었다. 학습장애의 정의에서 학습장애는 해부학적으로 확인된 뇌기능장애와 관련이 있을 것이라는 생각을 포함하고 있기 때문에, 특정학습장애와 학습장애를 가지고 있지 않은 아동들에게도 뇌 안에서 다른 시스템이 어떻게 기능하는지를 보여 주는 모든 증거의 중요성이 증가하고 있다. Dmitrova, Dubrovinskaya, Lukashevich, Machinskaya와 Shklovskii(2005)는 '일반' 아동들과 난독증, 쓰기장애를 가진 아동들의 신경심리학적 수행과 뇌파검사(EEG)를 실시하였다. 그들은 학습장애를 가지지 않은 아동들과의 비교를 통하여, 철자장애와 난독증을 가진 학생들이 낮은 빈도의 EEG 요소의 뇌 중심 간 상호작용(brain intercentral interaction)을 보였다. 학습장애를 가지지 않은 아동에게는 이러한 뇌 중심 간 상호작용이 높은 빈도의 리듬으로 우세하였다. Semrud-Clikeman과 Pliszka(2005)의 신경영상 연구의 개관에서는 몇몇 뇌 영역이 학습장애와 관련 있다는 결론을 보여 주었다. 예를 들어, 페리실비안(Perisylvian) 영역은 난독증보다는 언어장애를 가지는 아동들과 더욱 관련이 있는 것으로 나타났고, 몇몇 발간물은 청각 처리에 어려움을 가지는 아동들에게 언어 처리 과정의 중재를 실시한 이후 구조적·기능적 뇌 활동의 변화들을 관찰하였다. 신경과학의 다른 영역에서의 증거뿐만 아니라 이러한 발견들은 학습장애를 이해하는 데 중요한 기초를 제공한다. 연관 분석을 사용하여 6, 15, 16, 18, 19번 유전자가 학습장애와 연관이 있을 수 있다고 확인한 유전적 분야로부터 나온 증거들도 있다(Plomin & Walker, 2003). 그러나 이러한 유전자 변화가 어떻게 일어나며 중추신경계에 어떻게 영향을 미치는지에 대한 이론을 발전시키기 위하여 추가적인 연구가 필요하다.

신경과학이 없는 신경심리학은 신경심리학이 없는 학습장애와 같다.

제20장
RTI 패러다임과 학습장애의 진단에서 신경과학과 신경심리학의 역할

Sally L. Kemp & Marit Korkman

학습장애 진단 방법으로서 RTI와 임상신경과학 지식을 어떻게 조화시킬 것인가

중재반응(RTI)을 이용하여 학생이 학습하도록 돕는 것은 모든 헌신적인 교사들의 소망이다. 따라서 RTI는 교사 경험이 있는 이들은 거의 거부하지 않을 개념이고, 확실히 부모와 다른 전문가들은 칭찬할 만한 목표라고 여긴다. 많은 교사는 매우 성공적인 방법으로 중재를 성취하고 비공식적으로 진전을 평가(사정)한다. 그러나 다른 이들은 그렇지 못하고 있다. 따라서 장애인교육향상법(Individuals with Disabilities Education Improvement Act: IDEA)에 법으로 제정된 적절한 중재에 대한 책임을 포함하는 것은 교육 분야의 많은 곳에서 환영을 받고 있다(Hale et al., 2006). 교사가 실시했던 '일반적으로 효과적인' 교육 방법을 기초로 하는 교육

과정중심 측정(curriculum-based measurement: CBM)에서 현재의 상태를 드러내는 RTI를 초기 진단 단계로 적용하는 것은 문제가 있다.

문제는 RTI의 개념에서 생기는 것이 아니라 교실의 실제적 제약들과 진단 도구로서 표준화된 CBM이 부재하는 데서 생긴다. CBM이 각각의 학교, 교실, 학생 사이의 문제에 타당하고 신뢰할 만하다고 누가 책임을 질 것인가? 표준화된 교육과정을 진행하는 데 드는 비용은 얼마인가? Gerber(2005)는 이런 표준화 과정을 위해서 교육청이 엄청난 비용 부담을 안게 될 것이라고 말했다. 그러나 훈련, 교육 방법, 교육과정과 CBM의 표준화가 없다면, 교육청은 학생이 실패한 이유가 교사나 학교 체계에 있는 것이 아니라, 중재에 대한 반응을 보이지 못한 아동에게 있다는 것을 보여 주는 것이 불가능하다.

2단계는 개별 아동의 요구를 기초로 하는 연구 기반 중재와 지속적인 진전도 모니터링을 포함한다. 특별한 중재 계획과 지속적인 모니터링은 매우 중요하지만, 실제적인 관점에서 봤을 때 통계적으로 타당하거나 신뢰할 만하지 않은 CBM을 기초로 어떻게 개별화 중재를 선택할 것인가? 그리고 그것을 선택할 사람은 누구인가?

중재에 반응을 보이지 않은 학생들은 3단계에서 특수교육 조건을 충족하게 되지만, 중재가 통계적으로 타당하거나 신뢰할 수 없는 것을 기초로 하고 있다면 진단 과정이 필수적일까? 3단계에서 대안은 아동이 배치를 결정받기 위해 특수교육 평가를 받는 것이다(Fuchs et al., 2003). 중재가 선택되기 전에 이곳이 시작점이 될 수 없을까? 25~30명의 각기 다른 요구를 가진 학생을 다루면서 이런 종류의 개별화된 3단계 절차를 이용하고 적용하며 기록할 수 있는 교사의 능력은 무엇인가? 심리학 연구를 시작하기 전 20년간 교사였던 Kemp 박사는 교육 분야의 베테랑들이 문서로 여러 가지 멋진 계획을 세우며 특수 학생의 광범위한 요구에 맞추기 위해 다양한 교수 방법을 지속적으로 실행한다는 것을 발견했다.

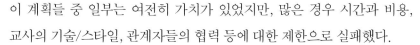

이 계획들 중 일부는 여전히 가치가 있었지만, 많은 경우 시간과 비용, 교사의 기술/스타일, 관계자들의 협력 등에 대한 제한으로 실패했다.

진단의 첫 단계로서 타당도와 신뢰도가 의심스러운 CBM을 사용할 때 적절치 않은 중재가 선택될 위험이 있지 않은가? 진단 정보가 타당하지 않거나 믿을 수 없다면, 아동의 진전이 모니터링되고 아동이 결함을 극복하지 못했을 때 다른 중재가 처음 것보다 더 적절했다고 무엇이 보장할 수 있는가? 아동이 타당하고 신뢰할 수 있는 표준화된 평가를 기초로 한 특수한 중재를 받을 수 있는데도 2단계에서 얼마나 많은 시간을 낭비할 것인가?

3단계(Tier 3)에서는 중재반응 혹은 평가 준거의 낮은 수행에 근거하여 학생을 특수교육으로 보낼지 말지를 결정하게 된다. 이로 인해 아동이 특수교육에 배치되기 전에는 타당하거나 신뢰할 수 있는 진단 도구로 평가받지 못할 가능성 또한 있다. 재정적으로 어려운 교육청의 관계자들에게는 아동을 특수교육으로 배치하기 위해서 평가를 선택하는 것보다 RTI의 실패를 선택하는 것이 더 유혹적일 수 있다. 중재를 결정하는 지침으로 아동의 인지/신경심리학적 프로파일을 판정하려는 시도를 위한 RTI의 특정한 조항은 없다. 얼마나 많은 아동이 적절한 중재가 제공되지 않았거나 교사가 30여 명의 학생에게 열 가지의 다양한 개별화된 계획을 적용할 수 없었기 때문에 중재에 대한 반응을 보이는 데 실패하게 될 것인가?

이 질문들에 대한 대답은 이미 표준화된 방법에서 아동의 강점과 약점을 연구 기반으로 진단하는 데에서 드러난다. 아동의 신경심리학적 기능을 기반으로 하는 중재를 교사가 완성하기 위해 정보를 사용할 수 있는 표준화된 방법이 연구 기반으로 먼저 존재하고 있다. 소아 신경과학을 기초로 한 중요한 정보들이 뇌영상의 발전으로 나날이 풍부해지고 있다. 학령기 아동의 특수한 신경심리학적 프로파일을 만들어 내는 타당하고 신뢰할 수 있는 연구 기반 평가(사정) 도구들이 현재 사용 가능하고, 성공적일 수 있는 특정한 중재를 선택하는 데 사용될 수 있다. 그러나 이런 정보들은 타당하지 못하고 신뢰할 수 없는 CBM을 기반으로 한 RTI 접근에 의해 부차적인 것으로 치부되는 것 같다.

RTI는 특수하고 개별화된 방식으로 아동의 결함에 접근하는 데 필요한 유용한 정보가 교사에게 없기 때문에 최종적으로 실패할지 모른다. 확실히 모든 사람이 아동의 특수한 요구에 따른 적절한 중재를 제공하는 것이 필요하다는 것과 여기에 책임을 지는 것에 동의할 것이다. 하지만 아동의 특수한 결함을 진단하는 것과 적절한 연구 기반 중재를 찾아내는 것이 교사의 일인가? 교사들은 이 역할을 수행하기 위해 훈련이 되었는가? 교사들에게 이 역할에 충실하도록 요구하는 것이 공정한 일인가? RTI는 통계적으로 신뢰할 수 없는 CBM이 진단에 사용될 수 있기 때문에 어떤 관계자가 비용 부담이 되는 평가를 피하려고 만든 길 아닌가?

이와 같은 문제들이 단계 구조(tier structure)를 다시 고안하면서 제기될 수 있다. 특수한 중재와 지속적인 모니터링처럼 RTI의 긍정적인 면은 유지될 수 있겠지만, 진단과 배치의 단계에서는 신뢰성과 유용성의 관점에서 더 엄격할 수 있다. [그림 20-1]은 수정된 3단계 절차를 보여 준다.

초기 진단 단계(1단계)에서 교사, 학교심리사와 심리측정가, 치료자들이 함께하면서, 핵심적인 표준화 검사가 초기에 착수되고 아동의 기능에 대한 프로파일이 빠르게 만들어질 수 있다. 교사와 다른 지원 관계자들은 학업 성취 검사, 평정척도, 학급 관찰을 실시할 수 있다. 학교심리사는 간단한 인지 평가를 수행할 수 있고, 아동의 문제가 불명확할 때 핵심적인 신경심리학적 하위 검사가 실시된다. 좀 더 특수한 의뢰 요구가 있다면 전체적인 신경심리학적 검사가 임상적, 연구적 혹은 아동의 특정한 요구에 의해 선택될 수 있다. 예를 들어, NEPSY-II(Korkman, Kirk, & Kemp, 2007)는 검사자가 일반적인 의뢰 요구를 위한 평가를 계획하는

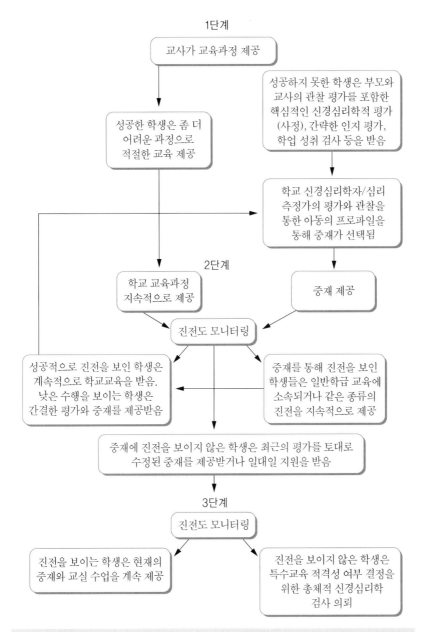

1단계

교사가 교육과정 제공

성공하지 못한 학생은 부모와 교사의 관찰 평가를 포함한 핵심적인 신경심리학적 평가 (사정), 간략한 인지 평가, 학업 성취 검사 등을 받음

성공한 학생은 좀 더 어려운 과정으로 적절한 교육 제공

학교 신경심리학자/심리 측정가의 평가와 관찰을 통한 아동의 프로파일을 통해 중재가 선택됨

2단계

학교 교육과정 지속적으로 제공

중재 제공

진전도 모니터링

성공적으로 진전을 보인 학생은 계속적으로 학교교육을 받음. 낮은 수행을 보이는 학생은 간결한 평가와 중재를 제공받음

중재를 통해 진전을 보인 학생들은 일반학급 교육에 소속되거나 같은 종류의 진전을 지속적으로 제공

중재에 진전을 보이지 않은 학생은 최근의 평가를 토대로 수정된 중재를 제공받거나 일대일 지원을 받음

3단계

진전도 모니터링

진전을 보이는 학생은 현재의 중재와 교실 수업을 계속 제공

진전을 보이지 않은 학생은 특수교육 적격성 여부 결정을 위한 총체적 신경심리학 검사 의뢰

[그림 20-1] 수정된 3단계 절차

구체적인 중재와 반복된 관찰과 같은 중재반응 모형의 많은 관점이 유지되었다. 하지만 배치 단계에 서는 더 신뢰할 수 있고 타당한 진단 평가가 포함되었다.

것을 도울 수 있도록 8개의 검사를 제공한다. 초기 검사 후에 교사와 학교심리사/심리측정가 그리고/혹은 지원 관계자들은 검사에서 얻은 타당하고 신뢰할 수 있는 정보를 토대로 중재를 고안할 수 있다. RTI의 특징이기도 한 재빠른 중재가 실시될 수 있고, 아동의 진전도는 정해진 시간 간격에 따라 2단계에서 모니터링될 수 있다.

이 구조에서 가장 중요하게 추가된 것은 주요 평가(사정) 초기에 낮은 수행을 보이거나, 2단계에서의 지속적인 점검 결과, 중재에 대한 반응을 보이지 않은 아동에 대한 인지/신경심리학적 평가가 실시되는 것이다. 이 구조에서는 어떤 아동도 신경심리학을 공부한 학교심리사나 유아 신경심리학자에 의해 평가를 받지 않는다면 특수교육에 배치되지 못한다. Hale 등(2006)이 말한 것처럼, 특수한 학습장애의 측정은 일반 또래와 비교하였을 때 보이는 기초 심리 과정상의 결함을 기초로 한다. 이런 결함들은 특정한 학업 분야에서 아동의 발달이 실패하는 것의 메커니즘을 결정한다. 이와 같은 것들은 아동의 프로파일에 있는 인지 능력과 인지 결함 사이의 중대한 불일치를 통해 드러난다. 그러면 이런 주된 결함에 대한 지식은 특수교육 수단에 대한 선택과 발달을 알려 줄 것이다.

새로 고안된 이 단계 구조를 이용한다면 교사들은 아동의 결함과 중재를 찾아내려 노력하는 데 '바다에서 길을 잃은' 듯한 느낌을 받지 않을 수 있을 것이며, 아동을 위한 특수한 중재에 집중할 수 있을 것이다. 일대일 혹은 소집단 활동을 지원하기 위해서 교사의 요구가 증대될 것이다. RTI에서 교사의 역할은 매우 크며, 교사와 아동 모두에게 효과를 주기 위해서는 시간, 기술, 인내심이 필요할 것이다.

신경과학은 학습장애 평가(사정)와 판별에 어떻게 기여할 것인가

신경과학은 아동의 학습장애를 판별하고 평가하는 데 많은 도움을 줄수 있다. 아동은 성장하고 있기 때문에 뇌 기능이 놀라울 정도로 정교하다. 순수한 교육적 연구가 유용하고 특정한 답을 내지 못하고 있을 때, 신경과학은 아동 뇌의 전형적인 발달에 대해 접근할 수 있었다. 발달장애와 소아 두부 외상에 대한 연구는 아동의 뇌 기능 연구를 위한 유용한 모형을 제공해 주었다(Broman & Michel, 1995). 뇌영상은 25년 전에는 상상하지도 못했을 뇌와 뇌 기능에 대한 새로운 문을 열어 주었다.

뇌영상은 아동의 뇌 기능에 대한 정보들을 빠른 기간 동안 증대시켰다. 1992년 Chugani는 점점 더 발달되고 있는 PET 스캔 기술이 아동이 지닌 뇌 질환을 진단하고 관리하는 데 매우 효과적인 새로운 접근 방법을 제공한다는 것을 발견하였다. 15년 후에 Jung과 Haier(2007)는 현대의 뇌영상 기술이 지능의 생물학(biology of intelligence)을 명확하게 하는 시작점이라고 하였다. 그들은 분포된 네트워크의 변인이 성인의 지능과 추론 과제에서 발견되는 개인차를 예측함을 발견하였다(두정엽－전두엽 통합이론[parieto-frontal integrative theory]).

Rodriguez와 Poussaint(2007)는 발달 지체 아동의 뇌영상이 발달 단계에 도달하는 진전도를 측정하기 때문에 더욱 효과적인 치료 계획을 세우는 데 도움이 될 수 있다는 것을 발견했다. 다시 말하면, 활성화되거나 혹은 활성화되지 않은 대뇌피질에 대한 정보는 교사와 치료사들이 아동의 특수한 요구에 더 잘 맞출 수 있도록 치료 계획을 만드는 데 도움을 준다. fMRI 연구에서 Piercel과 동료들(2001)은 자폐아동이 안면 인지 과제 (facial recognition task)를 다룰 때 비정상적이고 개인 특정적인 신경 부분

(전두엽, 주 시각피질)의 활성화가 일어난다는 것을 발견했다. 통제집단에서 방추상회 안면 인식 영역(fusiform gyrus face area)의 최대 활성화는 100%의 일관성을 보였다. 따라서 뇌영상은 자폐아동이 그들의 또래와는 다른 체계를 지니고 얼굴들을 '본다'는 것을 알게 해 주었다. 이 발견은 자폐아동의 안면 인식을 평가하는 도구(예: NEPSY-II Facial Recognition Test; Korkman, Kirk, & Kemp, 2007)와 FFG가 안면 인식을 향상하기 위한 훈련을 통해 활성화될 수 있는지 조사하는 연구의 발전을 가져왔다.

Simos 등(2000)은 심각한 음운 해독 문제를 지닌 오른손잡이 난독증 아동들이 단어 인지 과제에서 오른쪽 측두 두정엽(각회를 포함)의 활성화에 이어 왼쪽 기저 측두엽 피질이 지속적으로 활성화되는 프로파일을 보인다는 것을 증명했다. 장애가 없는 아동들은 왼쪽 측두엽의 활성화를 따라 왼쪽 기저의 활성화가 우세한 것으로 나타났다. 또한 연구 팀은 난독증을 가진 아동들의 좌측두 두정엽 부위의 저활성화가 이 부위의 일반적 대뇌기능장애로 인한 것이라는 가설을 기각할 수 있었다. 발달적 난독증의 읽기 어려움은 읽기에 일반적으로 관여하는 뇌 부분들(복측 시각연합 피질과 좌반구의 측두 두정엽 부분) 간의 기능적 연결의 비정상적 패턴과 연관이 있다는 것이 드러났다. 연구자들은 난독증 아동 간의 일관성을 보이는 활성화된 프로파일이 특수한 교육적 중재 접근에서 신경심리학적 변화를 검사하는 기술이 중요하다는 것을 보여 준다고 주장하였다. 이런 연구들은 다른 발달적 읽기장애를 제외한 뇌 기반 학습장애인 난독증을 이해하는 데 도움을 준다. 또한 뇌영상 기술을 이용하여 연구되고 훈련 효과가 평가될 수 있다. Pihko 등(2007)의 연구에 따르면, 발달적 언어 손상을 지닌 아동 집단의 구별하기 어려웠던 언어음에 대한 자기 뇌 반응(magnetic brain response)은 8주의 훈련기간 후에 향상되었다.

이상의 연구들은 신경과학이 학습장애의 뇌 기능에 대한 정보에 얼마나 많이 공헌할 수 있는지 보여 주는 예들 중 일부에 불과하다. 이와 같은 발견은 학습장애를 판별할 때 뇌 기능의 특수한 근본적인 문제를 드러내는 평가(사정)에 초점을 맞추도록 하고, 밝혀진 기능장애를 위한 보다 적절한 중재를 선택할 수 있게 한다. 뇌영상을 통해 보는 것과 소아 뇌 기능에 대한 증대되는 정보를 통합하는 능력은 오늘날 신경과학의 새로운 경계를 열고 있다.

그러나 fMRI와 같은 생리학적 기술은 뛰어난 인지적 신경과학과 통계적 방법론 없이는 해석이 어렵다는 것에 주의하여야 한다. 그러므로 세 개의 모든 분야가 함께 움직이는 것이 중요하다. 아직도 제기되어야 할 질문이 많지만, 최종적으로 신경과학을 통하여 현재 우리가 학습장애를 유발하는 결함에 접근하는 것보다 더 방대한 정보를 얻을 수 있을 것이다. 또한 이것은 더욱 명확한 평가 도구와 치료 기술을 발전시키는 것을 가능하게 할 것이다.

RTI 맥락에서의 중재 설계에서 신경심리학은 어떤 역할을 해야 하는가

RTI에 대한 우려는 아동에 대한 정보의 선택과 정보를 선택하는 사람 등을 기초로 어떻게 중재가 선택될 것인지에 대해서 명확한 설명이 없다는 것에서 드러난다. 그뿐 아니라 Vaughn과 Wanzek(2007)은 1단계와 2단계에서 타당하거나 신뢰할 수 있는 진전도 모니터링 평가가 없다고 하였다. 믿을 수 있는 데이터보다는 빠른 처리에 더 강조를 두고 있는 것처럼 보인다. 구두 읽기 유창성이 읽기 이해력과 깊은 관계가 있기 때문에, 많은 학교 관계자가 읽기 이해의 척도로 읽기 유창성을 사용한다고 알려져 있다. 또한 읽기 이해에 비해 읽기 유창성이 빨리 검사될 수 있다고 주목한다.

이해하지 못하고 읽기만 하는 학생(word caller)이거나 과잉 언어증을 가진 아동의 경우에는 어떠한가? 읽기 유창성 문제는 없으나, 그들 중 대부분은 읽는 것을 잘 이해하지 못한다. 부모와 교사들은 이런 아동이 편하게 읽는 것에 대해 감명을 받는 경우가 있기 때문에, 이해력 문제가 있고 내용이 추상적일수록 더욱 문제가 될 것이라는 사실을 감지하지 못한다. 그런 경우에 어떤 중재도 제안되지 않을 가능성이 있다.

적절한 중재는 다루어야 할 필요성이 있는 주된 결함과 부차적 결함들을 순차적인 순서로 분리하는 데 달려 있다. Fuchs와 동료들(2003)이 이야기한 것처럼, 학생들이 '일반적으로 효과적'인 교육 방법을 제공받는 현재의 RTI 모형에서 어떻게 이것이 가능할 수 있을 것인가? 아동의 진전은 앞에서 언급한 이해력 측정을 위해 구두 읽기 유창성을 이용하는 것과 같은 타당도와 신뢰도가 떨어지는 CBM이나 신뢰도가 높지 않은 간략한 선별 평가 도구로 관찰될 것이다.

Vaughn과 Wanzek(2007)에 따르면, 학생들은 전체 학급, 소집단, 짝, 일대일 등을 포함하는 다양한 집단 크기의 중재를 제공받을 수 있다. 예산을 절약하고 싶은 학교 관계자들은 전체 학급 중재를 원할 수도 있다. 짧은 기간으로는 중재를 향한 이 접근이 얼마나 효과적일지는 확인할 수 없을 것이다. 모니터링의 빈도에 대한 일정한 한도가 없다. 게다가 3단계 구조 안에 있는 중재의 빈도와 기간은 달라질 수 있다. 어떤 학교는 진전을 보기 위해 합당한 기간을 정할 수 있지만, 어떤 학교는 학생에게 단지 전체 집단 중재만을 사용할 수 있다.

RTI를 최대한으로 잘 이용한다면, 아동은 자신이 지닌 주된 결함과 부차적 결함에 대한 특수하고 효과적인 중재를 제공받을 수 있다. 이것은 시간 간격을 두고 진전을 평가하는 표준화된 모니터링을 이용하여 타당도와 신뢰도가 높은 측정을 통해 결정될 것이다. 그러나 현재의 RTI 구조는 그것을 제공하기에는 너무 막연해 보인다. Fuchs 등(2003)은 진전이 관찰된 후에 "반응을 보이지 않는 학생들은 교사나 다른 이들로부터 다른 어떤 것을 제공받거나 더 많은 것을 제공받는다."(p. 159)라고 이야기했다.

　Vaughn과 Wanzek(2007)은 중재에 반응을 보이지 않을 경우 특수교육으로 배치되기 때문에 학생들이 가장 도움을 필요로 하는 3단계에 대한 연구가 매우 적게 이루어졌다고 했다. 그들은 "어려움을 겪는 상당수의 학생에게 효과를 보이는 중재에 반응을 보이지 않는 학생들을 위한 중재 대안에 대해 매우 부족한 연구 기반을 가지고 있다."(p. 10)라고 솔직하게 이야기했다. 도움이 가장 필요한 학생들을 위한 중재와 배치에 대해 많은 의문이 있음에도 불구하고 왜 이 방법이 많은 미국 학교에서 적용되는 것일까?

　만일 RTI의 목표가 학업적 어려움을 보이는 학생들에게 조기 중재 혹은/그리고 조기 예비지원 서비스를 제공받기 위한 것이라면(Vaughn & Wanzek, 2007), 중재의 고안을 돕기 위해 재활치료 계획을 고안하는 데 사용되었던 것과 같은 신경심리학적 모형을 찾는 것이 더 효과적이지 않을까? 중재는 부적합한 의뢰와 판별을 줄이기 위한 명료하고 유용하며 타당한 신경심리학적·인지적·행동적/심리적·학업적 선별 검사를 기반으로 하여야 한다. 검사는 교사, 지원 관계자(언어치료사, 작업치료사), 신경심리학 훈련 경험이 있는 학교심리사나 소아 신경심리학자에 의해 실시되어야 한다.

　자격을 갖춘 전문가들이 간략한 초기 평가를 실시하도록 한다면 좀 더 빨리 완성될 수 있다. 이 평가를 통해 완전한 신경심리학적 보고서는 아니지만 프로파일과 간략한 개요가 만들어질 수 있다. 이 팀은 프로파일을 분석하고 중재와 추후 평가를 선정할 수 있을 것이다. 이 과정은 교사가 초기 검사와 중재를 선택하는 데 있어 혼자 짊어져야 했던 막중한 책임을 덜어 줄 것이다.

　이 방법을 1단계의 시작에 사용하면 관계자들이 조금 더 많은 시간을 투자하게 되겠지만, 아동들이 중재에 반응하지 않는 사례는 줄어들 것이다. 주된 결함과 부차적 결함이 판별되었을 때 적절한 중재를 선택하거나 만들어 내는 것이 훨씬 쉬워진다. 달리 말하면, 이 접근 방법을 사용하면 치료 실패로 인해 학습장애로 진단될 아동의 수가 줄 것이다. 장애에 접근하는 것은 판별을 가능하게 할 것이고, 이로 인해 적절한 중재가 아동의 요구에 맞게 조정될 수 있다. 선별이 이러 쟁점들에 맞추어져 있기 때문에 주의력결핍 과잉행동장애와 정서장애 같은 문제는 감지되지 않을 수도 있다. 그렇지 않으면 이 아동들은 실패하게 될 것이다. 정신건강 문제를 지니거나, 초기 평가에서 매우 낮은 수행을 보였거나, 중재에 반응을 보이지 않은 학습장애를 지닌 아동들은 추가 중재 혹은 배치 결정이 이루어지기 전에 총체적인 신경심리학적 평가를 받을 수 있다.

우리는 Reynolds(2007)가 미국심리학회(American Psychological Association)의 학회에서 발표한 Fuchs 등(2003)과 RTI의 효과성과 취약점에 대해 특별히 주목한 실험적 문헌 연구에 대해 분석한 논문에 동의한다. Reynolds는 "RTI가 학습장애를 지닌 아동을 판별하는 타당한 도구로 받아들여지기 전에 더 많은 이해가 필요하다."(p.157)라고 결론을 내렸다.

학습장애 진단에서 신경심리학은 어떤 역할을 해야 하는가

신경심리학자의 역할 중 하나는 아동의 학습에 영향을 주는 주된 결함과 부차적 결함에 관해 가설 검증을 하는 것이다. 이 가설들은 지속적으로 축적된, 적어도 두 가지의 표면적 증거에 기반을 두고 있다. 그것은 복잡한 학습 과정에 관여하는 기초 심리 과정에서 찾은 결함의 종류, 그리고 기초 심리 과정의 구체적이고 신경적인 부분을 구성하는 뇌 처리 과정에 관한 것이다. 종종 학습장애의 메커니즘은 매우 복잡하다. 읽기 해독에서 한 가지의 교육적 결함으로 드러나는 것은 전두엽 실행 기능, 음운 처리 과정, 처리 속도와 심하게 손상되지 않은 경미한 일반 인지 능력 등과 같은 몇 가지의 신경심리학적 결함들의 상호작용 결과일 수 있다. 학습 차이를 만드는 것은 아동의 프로파일에 있는 뇌 기능과 기능장애의 상호작용이다.

신경심리학자에 의한 가설 검증은 양적인 데이터를 산출한 표준화되고 타당하며 신뢰할 수 있는 검사와 아동이 학습하는 방법에 대한 질적인 정보를 제공하는 아동의 문제 해결 전략과 수행에 대한 관찰을 모두 포함한다. 또한 아동의 발달과 현재 지닌 문제들과 관련한 중요한 데이터가 교사와 부모로부터 수집된다. 신경심리학자들이 치료에 도움이 되는 아동이 지닌 강점을 설명하는 것도 필수적이다.

교육 평가가 한 시점에서의 아동의 수행에 초점을 맞추는 경향이 있다고 한다면, 신경심리학자들은 어떤 기간에 걸친 아동의 발달과 학습을 고려한다. 교육 평가적 접근은 시간 경과에 따른 아동의 학습 프로파일을 고심해서 다루지 않는다. 예를 들어, 만일 12세 남아 앤드류가 CBM으로 평가되었다면 그 평가들은 읽기 이해 결함과 문어 문제를 보여 줄 수 있다. 교사는 주제를 찾고, 읽기 문단에서 세부 사항을 강조하며, 문단을 요약하는 등의 중재를 선택할 것이다. 그리고 쓰기의 경우도 마찬가지일 것이다.

만일 신경심리학자가 이 아동을 평가했다면 첫 단계는 부모에게서 아동의 종합적인 발달력, 병력, 교육력을 얻는 것이 된다. 이를 통해 부모는 아동이 세 살 때 세균성 뇌수막염을 앓았다는 사실과 같은 것을 기억할 수 있다. 대부분의 부모와 교사는 초기의 외상 사건과 그 후에 일어나는 학습 문제를 연관시키지 않는다. 문서화된 아동의 자료를 토대로 추후 면담을 실시하면 아동이 병을 앓았을 때 많은 구어 어휘를 잃어버렸고, 말하고 물체를 잡고 다시 걷기 위해 작업, 신체, 언어 치료를 받았다는 사실이 드러날 수 있다. 신경심리학자는 앤드류가 학교에 들어갈 때

쯤 그의 의사가 앤드류가 괜찮을 것이라고 느꼈다는 것을 알 수 있다. 그로 인해 부모는 더 이상의 치료를 하지 않았을 것이다.

신경심리학자는 뇌-행동 관계에 대한 배경을 지녔기 때문에, 앤드류의 세균성 뇌수막염이 학업 기능에 어떤 후유증을 주었는지 알기 위해 아동이 지닌 모든 신경심리학적 영역을 조사하는 것이 중요하다는 사실을 알고 있다. 신경심리학적 평가(사정)를 통해 아이의 모든 언어에 미묘하게 영향을 주는 경미한 후유(residual) 실어증이 있었다는 것이 명확해질 수 있다. 앤드류는 문어 표현과 이해에서 어려움을 갖고 있을 뿐만 아니라 쓰기를 수행하는 것을 어렵게 하는 후유 난서증을 지녔을 수도 있다. 마지막으로, 읽기 이해와 쓰기 표현에서 그의 문제 중 하나는 실행기능장애에 의한 것이다. 앤드류는 개념을 표현하고 추상적인 것에서 추론하는 것에 어려움을 보일 수 있다. 읽기 이해 문제가 더 추상화되어 가면서, 앤드류는 그 질문에 답하는 것에 더욱 어려움을 느끼게 될 것이다. 왜냐하면 그는 추상적인 개념을 표현하고 그것을 쓰기에서 조직화하지 못하기 때문이다. 게다가 그의 쓰기는 매우 느리고 어려운 일일 수 있다. 중재는 앤드류가 읽기 이해에서 좀 더 구체적으로 집중하기 전에 가벼운 실어증과 추상 개념을 표현하고 조직하는 어려움을 다루기 위해 언어치료사와 함께 그것이 이루어질 수 있도록 해야 한다. 그가 속한 반의 쓰기 과제가 12세 연령에 맞게 되어 있기 때문에, 작업치료사는 앤드류가 NEO (alphasmart. com에서 판매, 약 250달러)를 사용하는 것을 가르칠 수 있다. NEO는 배터리로 작동하는 키보드를 사용하는 학생을 위한 2파운드짜리 워드프로세서로서 매우 빠르게 배울 수 있다.

키보드를 사용하는 데 필요한 소근육 운동 기술은 쓰기를 직접 할 때 필요한 운동 기술보다 좀 더 쉽다. 교실에서의 쓰기와 언어치료사와의 작업 보충을 통해 앤드류는 읽기 이해와 쓰기 표현이 향상될 수 있으며, 자신감도 향상될 수 있다. 중재의 효과를 평가하기 위해서 그의 경우 빠른 진전이 예측되지 않았다는 것을 명확하게 하여야 한다. 앤드류의 검사 프로파일은 그의 검사 결과 요약과 함께 [그림 20-2]에 제시되어 있다. 학습장애를 진단하는 데 있어 신경심리학적 평가(사정)의 중요성은 앤드류의 사례와 빌과 아만다의 사례를 비교하면 명확해질 수 있다([그림 20-2] 참조).

빌의 검사 프로파일은 강점과 약점에서 꽤 평범한 양상을 보인다. 그의 일반 인지 수준(프로파일에는 없는)은 안정적인 평균이며, 언어교육에 대한 이해와 새로운 어휘와 시각적 자료에 대한 기억은 다음과 같다([그림 20-2]). NEPSY-II (Korkman, Kirk, & Kemp, 2007) 프로파일은 언어(음운처리 검사)에서 언어-소리 구조를 분석하는 것과 어휘 이름과 코드를 빠

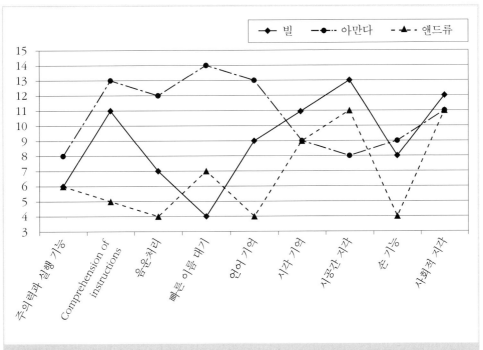

[그림 20-2] 신경심리학적 평가(사정)에서 나타난 세 개의 서로 다른 결과 프로파일: 빌, 아만다, 앤드류

르게 기억하는 것(스피드 네이밍)이 어렵다는 것을 보여 준다. 두 형식의 문제 모두, 특히 첫 번째 경우에는 읽기 성취와 관련한 주된 결함이라고 볼 수 있다. 게다가 빌이 주의력과 실행 기능과 손 기능 활동과 문제가 있다면 학교에서의 상황을 더 복잡하게 할 것이다. 그런 손상은 중재 계획을 고안할 때 고려되어야 한다.

세 번째 사례로, 아만다는 수학, 과학, 역사와 제2외국어에서의 성취가 점점 문제가 되고 있다. 그녀의 경우 신경심리학적 검사가 특정한 학습장애에 들어맞는 패턴을 드러내지는 않았다. 그보다는 인지 수행의 많은 영역이 기본적으로 높지만, 주의력과 주의력이 요구되는 과제들(시지각과 시각 기억 과제)에서 낮은 수행을 보였다. 불안, 우울, 육아, 행동 등에 대한 부모와 교사의 체크리스트를 포함한 아만다의 전체적인 상황에 대한 자세한 연구는 아만다가 처한 어려운 가족환경을 드러낼 수 있다. 부모의 이혼이 아만다의 불안과 우울을 초래했고, 그녀가 학교에서 주의력에 어려움을 보이거나 노력하지 않는 것에 대한 원인을 설명해 준다. 이상의 세 가지 사례 모두 매우 다른 중재가 필요하다는 사실이 명확하다.

신경심리학적 평가(사정)가 집중하는 것은 아동의 신경인지적 발달과 전체 상황을 포괄적으로 고려하는 것이다. 아동의 강점과 함께 결함을 판별하고 현재의 문제를 상세하게 분석한다(Korkman, Kirk, & Kemp, 1998). 따라서 아동의 기능 프로파일은 학습 차이를 일으키는 주된 결함과 그에 따른 부차적인 결과를 분석할 수 있다. 이것은 뇌-행동 관계의 지식을 바탕으로 성취될 수 있다. 신경과학이 아동의 뇌 기능과 기능장애에 대한 이해를 도울수록 신경심리학자들은 복잡한 인지 능력 기저에 있는 주된 결함을 더욱 구체적으로 판별할 수 있을 것이다. 또한 더욱 정확하게 주된 결함과 부차적 결함을 감지하고 구별하게 될수록 아동의 학습장애를 더욱 명확하게 진단하는 것이 가능해질 것이다.

제21장
학습장애 평가(사정)에서 신경과학과 신경심리학의 역할

Rosemarie Scolaro Moser

신경과학은 학습장애 평가(사정)와 판별에 어떻게 기여할 것인가

우리는 문화적·사회적으로 더 이상 어둠의 시대에 살고 있지 않다. 지속적인 과학의 발전은 우리가 더욱 효과적으로 기능하고 살아갈 수 있는 지식과 도구들을 제공해 주었다. 지난 세기에 걸쳐, 전무했던 학습장애에 대한 이해는 뇌-행동 지식과 전문 기술에까지 발전하였다. 신경과학과 신경심리학 분야에 의한 신경과학의 적용은 더 정확한 검사 도구들, 인지 과정의 종합적 평가, 인지 과정의 약점을 다루는 최신 기술과 전략들에서 잘 드러나는 전문 지식을 제공해 주었다. 회전식에서 터치식으로 카메라가 내장된 휴대폰이 있는 이 시대에는 학습장애를 갖고 있는 청소년에 대한 평가를 전문 지식과 정보를 기반으로 해야 하지 않을까?

불행히도 우리가 학습장애를 더 효과적으로 진단하고 모든 수준에서 잘 조정된 교육적 중재를 제공할 수 있게 하는 정교한 평가 도구를 지닌 이때, 우리는 교육 체계에서 뇌−행동 관계를 훈련하지 않은 개인이 행하는 간결하고 피상적인 평가에 지나치게 의존하고 있는 것처럼 보인다. 이런 문제는 오진의 위험을 높이고 목표로 하는 중재의 정확성을 떨어뜨린다. 이것은 특히 경도 학습장애를 보이거나 적절한 지원을 제공받았을 때 지적으로 평균 이상 또는 우월한 기능을 보일 수 있는 평균 범위에 있는 학생의 경우가 될 수 있다. 그들은 RTI의 레이더망에서 벗어났다. 이 학생들은 학업 기능에서 '예상된 수준'보다 많이 떨어지지 않았기 때문에, 현재의 RTI 틀은 특히 중재의 필요성에서 그들을 잘 판별하지 못하기 때문에, 혹은 종합적 평가를 위한 의뢰가 학업적 중재 기간 동안 시간을 잃지 않을까 두려워하는 이유로 그들의 시간을 잃어버렸다.

내가 처음 학생들을 평가하기 시작했을 때는 공립학교 체계의 학교 심리실습에 배치된 심리학 전공대학원생이었다. 당시 내 역할은 매우 간단하였다. 나는 지능 혹은 성취도 검사 도구와 행동 체크리스트 및 그림들과 더불어 Bender-Gestalt 검사(Bender-Gestalt Visual-Motor Test: BGT)(그 당시 검사 도구 중 표준적이었던)를 어떻게 다루는지 배웠다. 나는 사회복지사와 학습 전문가를 보통 포함하는 아동 연구 팀의 일원이었다. 우리는 학습장애로 판명된 아동을 각각 평가하였고 그들의 학습 프로파일에 관해 토론하고 개별화 교육 혹은 학습 계획을 세웠다. 우리는 우리가 판별해 낸 아동의 약점을 특정한 교육 과업 혹은 중재에 맞추기 위해 협력하였다. 또한 우리는 아동의 교육적 성장을 촉진하도록 돕는 약점을 보충하기 위해 사용되는 강점들을 기록하였다.

그러나 뭔가 빠진 연결 고리가 있었다. 대학원에서 내 수업은 인지 과정, 뇌기능장애의 이해와 신경과학의 적용에 집중되어 있었다. 비록 학습—새로운 지식을 얻는 것—에서 기능적 뇌 메커니즘이 매우 중요하다는 것을 알았지만, 학교 심리실습 경험에서 내가 참여한 아동 연구 팀의 평가는 이 연결 고리의 도움을 제공하지 않았다. 다르게 말해, 평가는 학습장애와 관련된 근본적인 뇌 구조(메커니즘)를 판별하지 못했고, 그리하여 교육적 중재의 계획을 세우는 데 그것을 사용하지 않았다. 학생의 뇌 기능과 그들이 학교에서 겪는 어려움의 명확한 연결 고리가 없었다.

이것은 마치 의사가 두통을 진단하고 진통제를 처방하지만 처음에 두통을 일으킨 원인이 무엇이었는지는 외면하는 것과 유사한 상황처럼 보였다. 두통은 비강염, 긴장, 뇌종양 혹은 뇌졸중에 의한 것인가? 뇌염의 조짐인가? 라임병인가? 증상 완화만을 제공하면 고통이 아예 사라질 수도 있고, 일시적으로 줄어들고 다시 찾아오거나 진통제가 아예 듣지 않을 수도 있다. 이유를 알지 못하면 치료의 효과성은 모험이라고 할 수 있다. 그리고 초기에 상태가 적절히 치료되지 않는다면 합병증이 발생하거나 회복이 더디고 악영향을 받을 수 있다.

학교심리사로서 신경심리학의 훈련과 경험을 얻은 것은 나에게 뇌 기능과 학습 행동 간의 잃어버린 연결 고리를 찾기 위한 틀을 제공해 주었다. 그런 훈련은 무엇이 일어나고 있는지뿐 아니라 왜 그것이 일어나는지를 이해하게 해 주었다. 이 연결 고리는 저자의 권고의 근거와 효험을 향상하였다. 그러나 중재에 대한 반응을 보기 위해 기다리고, 이를 위해 심리학적 혹은 신경심리학적 평가를 연기하고 피하려는 현재 학교의 경향은 신경과학과 신경심리학에서의 진전을 방해하고 오히려 퇴보시키는 것이다.

학습장애 진단 방법으로서 RTI와
임상신경과학 지식을 어떻게 조화시킬 것인가

Vaughn과 Wanzek(2007. 4)에 의해 묘사된 최근 RTI 1단계는 "중요한 특성……은 학습장애를 보이거나 학습장애의 위험을 보이는 학생에게 적절한 중재를 초기에 제공하는 것이다."(p. 4) 이론적으로 이것은 매우 경외할 만한 목표일 수 있다. 그러나 조기 중재에 대한 필요와 중재의 적절성을 판정하기 위한 학생의 평가는 문제가 있어 왔다. 학생들은 신경과학적 적용이 기초를 이룬 종합적 평가를 받지 못하고, 그들의 학습 경험을 최대한 활용하고 그들의 잠재력을 최대한 발휘하기보다는 그들의 읽기 점수를 '정상'처럼 보이게 만들려는 목적의 중재에 투입될 수 있다. 만일 학생이 초기에 교육적으로 단계화된 중재 프로그램에 배치된다면, 학생에게 적합하고 종합적인 평가와 조정된 중재를 받는 것은 불행하게도 몇 개월이나 몇 년 후가 될 것이다.

학습장애는 학생의 학업이 시작되는 학교에서 먼저 판별되는 것이 최적일 것이다. 특히 학업 성취와 지능 사이의 중대한 불일치를 보이는 학생이 그렇다. 학습장애의 일반적인 출현은 초기 학령기에는 높은 수행을 보이다가 학업의 과정이 증가하면 어려움을 보이거나 읽기 능력에서 아동의 지적 능력에 비해 기대되는 성취를 보이지 못할 때 나타난다.

또 다른 일반적인 출현은 중학교나 고등학교로 전환이 이루어질 때 매우 똑똑했던 학생이 학교 수행에서 예상치 못한 하락을 보일 때 나타난다. 이 학생들은 학업 과제를 감당할 수 없게 될 때까지 그들이 지닌 판별되지 않은 약점을 보완할 만큼 똑똑하다. 그들의 약점은 학교 성적에서 극적으로 드러난다. 능력과 성취의 불일치를 적절하게 밝혀내고 학습장애를 진단하기 위해 이해력 검사가 이루어져야 한다.

한 학생의 사례를 살펴보자. 학교는 이 학생을 능력과 기술에서 평균이며 평균 수준에서 잘 수행하고 있다고 하였다. 그러나 학생의 부모는 학생이 자신의 가능성보다 낮은 성취를 보이며, 학업적으로 더 좋은 수행을 보여야 한다고 믿었다. 아동은 좌절감을 느끼고 교실에서 지루해했으며 행동 문제를 보이려고 하였다. 이 사례는 학부모가 매우 똑똑하다고 믿는 3학년 학생의 경우였다. 그러나 이 학생은 학교에서 평균적인 수행을 보이고 있었다. 학교는 평가 의뢰를 해야 할 어떤 이유도 찾을 수 없었다. 그러나 부모의 간곡한 요청으로 의뢰한 결과, 아동 연구 평가 팀은 아동의 일반지능이 평균 범위에 있고 전체적인 수행 수준도 평균 범위에 있다고 했다. 이 결과를 보고 학교는 아동이 자신이 지닌 잠재력 안에서 학업을 수행하고 있고, 그의 부모가 단순히 아동의 능력을 과대평가하고 있다고 결론지었다. 학교는 아동에게서 어떤 학습장애도 판별하지 않았다.

그 이후 아동의 부모는 아동의 학습 프로파일에 관한 명확한 정보를 제공하는 사설 신경심리학적 평가기관을 찾았다. 첫째로, 학교에서 수행한 시험을 검토한 결과, 점수가 매우 분산된 것으로 드러났고 지적 능력에서 불균형이 있었다. 비록 그의 전체적인 지능은 평균 범위였지만 우월한 기능이 있는 것처럼 주요한 결함이 있는 분야도 있었다. 둘째로, 신경심리학적 검사에서 학생은 청각/듣기 기억은 우월하다고 나타났으나 시각 기억이 매우 좋지 않고 시각적 변별과 시각 트래킹 과제에서 손상된 수행을 보였다. 셋째로, 신경심리학적 검사는 시각 주의력 어려움을 배제하는 증거를 제공하여 문제가 주의력장애에서 발생하는 것이 아니라는 것을 드러냈다. 따라서 아동이 보이는 손상된 시각 처리 과정은 지식을 얻는 데 읽기 기술에 덜 의존하는 학령 초기에는 우월한 청각과 청취 능력으로 보충될 수 있었다. 그러나 읽기와 시각적 학습에 영향을 주는 아동의 시각적 변별 능력은 기대만큼 뛰어나지 않았으며 그의 잠재력을 완전히 발휘하지는 못하게 하고 있었다. 결과적으로 그의 부모가 더 높은 잠재 능력을 감지했음에도 불구하고 학생의 학업 성취는 평균적이었다. 게다가 이 학생은 더 높은 학년에서 지식을 얻는 데 필요한 시각적 처리/읽기 기술이 약하기 때문에 학년이 올라갈수록 학업 수행을 유지하는 것이 점점 더 어려워지게 된다.

이 사례는 종합적인 신경심리학적 평가가 이루어지지 않을 때 어떻게 아동의 학습적 필요가 무시될 수 있는지를 잘 보여 주는 예 중 하나다.

학습장애 진단에서 신경심리학은
어떤 역할을 해야 하는가

청소년에게 제공하는 교육·건강 서비스는 그들과 우리의 미래에 대한 투자다. 학습장애의 적절한 조기 판별과 치료는 가장 성공적인 결과를 만들어 낸다. 만일 우리의 최종적 목표가 가능한 한 가장 효과적이고 종합적인 교육 서비스를 제공하는 것이라면, 우리는 반드시 이 목표를 성취할 수 있는 기술과 도구를 이용하는 데 전념하여야 한다.

신경심리학은 뇌-행동 관계에 내한 연구이고, 인지와 사고 과정과 관련한 다양한 조건을 진단하고 치료/관리하는 데 도움을 주는 도구를 만들어 내는 과학이다. 미국심리학회 대표자 협의회(American Psychological Association Council of Representatives, 1996)에서는 임상신경심리학을 "중추신경계의 정상 혹은 비정상 기능과 관련한 인간 행동의 과학적 연구에 기반을 둔 중재와 평가 원리다. 뇌-행동 관계에 대한 이해를 증진시키고 그 지식을 인간 문제에 적용하는 데 특수성이 있다."(p. 149)라고 정의했다. 이 정의는 또한 이 전문 영역을 통해 다루어지는 인구 중 하나가 "발달적 혹은 생물학적 기반의 학습장애를 지닌 아동"(p. 149)이라고 서술하였다.

신경심리학적 평가는 학습 혹은 학교 평가에서 일반적으로 제공되는 것을 넘어서는 학생의 능력, 기술, 인지 과정의 종합적 평가(사정)를 제공한다. 신경심리학적 평가는 기억, 언어 능력, 감각/지각/작업기술, 시각/ 공간 능력, 정신 속도/효율성/유연성, 신체적·정신적 작용, 실행 기능, 청취 기술, 청각 처리, 주의력과 집중력, 문제 해결 능력, 추론, 일반지능과 성취 기술 등과 같은 과정을 평가한다. 이런 평가는 아동의 강점과 약점, 특정한 뇌손상을 판별하여 아동의 학습 능력에 맞게 교육적 중재를 조정하게 한다. 이것은 표준화된 교육적 중재가 성공적이지 않아 보일 때 특히 효과적이다.

학습장애는 인지장애이며, 개인의 인지 과정이 지능에 비해 기대되는 수준보다 현저히 낮은 수행을 나타내는 것이다. DSM-IV(American Psychiatric Association, 2000)는 읽기, 수학, 쓰기 표현 등 특정한 능력에서의 학습장애가 "읽기, 산술, 쓰기를 평가하기 위해 개별적으로 시행된 표준화 검사에서 나이, 학교교육 그리고 지능에 비해 기대되는 수준보다 성적이 현저하게 낮게 나올 때 진단된다."(p. 53)라고 묘사했다. 특히 "인지 과정과 연관되는 장애로 인하여 개인의 지능검사 결과가 영향을 받았다."(p. 53) 게다가 학습장애가 하나의 능력에 특정한 것이 아니라 보다 일반화되었을 때는 달리 분류되지 않는 학습장애(Learning Disorder Not Otherwise Specified: NOS)로 진단된다.

학교와 학습 평가는 언어와 비언어 측면과 읽기, 쓰기, 철자, 산술, 학업 능력과 같은 다양한 방면의 성취에서 지능을 평가(사정)한다. 그런 평가는 학습장애를 판별하는 데서 가장 첫 단계라고 할 수 있다. 능력과 성취에 대한 평가(사정)는 학생의 취약한 학업 수행이나 문제되는 분야를 설명하는 데 도움을 주는 불일치를 판별하는 데 중요하다. 그러나 그런 평가 하나로는 판별된 어려움의 원인과 이유를 설명하는 데 한계가 있다. 다시 말해, 우리는 아동의 성취 단계를 다양한 지적·학업적 분야에서 판별할 수 있지만, 그런 평가는 낮은 성취를 불러일으키는 인지 과정을 이해하는 데는 한계가 있다.

학업적 어려움의 이유가 학습장애로 의심되지만 학습장애로 판별되지는 않은 학생의 경우를 살펴보자. 이 학생은 학업적으로 매우 경쟁적인 분위기의 고등학교를 들어가기 전까지 A/B 학점을 받았다. 그러나 고등학교에서 그녀의 점수는 평균 밑으로 곤두박질쳤고, 그녀는 주의력과 집중력에 어려움이 있다고 호소했다. 학교는 이 학생에게 판별되지 않은 학습장애와 주의력결핍장애가 있을 가능성이 있다고 믿었다. 실제로 이 학생은 초등학교 2학년 때 주의력 어려움으로 평가에 의뢰되었지만 어떤 장애도 명확하게 판정되지 않았고, 그리하여 어떤 교육적 중재도 받을 수 없었다. 학생의 부모는 그녀가 어떠한 학습장애 혹은 주의력장애를 경험하고 있다고 믿지 않았고, 단지 이성에게 관심을 가질 시기에 더욱 독립적이고 계획적으로 생활해야 하는 매우 도전적인 학교 상황에 대한 새로운 감정적·사회적 적응을 겪고 있다고 생각했다.

이 사례에서 종합적인 신경심리학적 평가는 그동안 간과되었던 뇌진탕 증후군으로 진단을 하였다. 면담을 통해 그녀가 새로운 학교에 들어간 시기에 필드하키를 하는 동안 힌 달 간격으로 두 번의 경미한 뇌진탕을 입었지만 의식을 잃지는 않았다는 것을 알 수 있었다. 다른 요인들, 예를 들어 사회/정서적 적응도 쟁점이 되었지만, 전에 성적 우수자였던 학생이 학업에서 주요한 하락을 보이게 한 이유가 되는 것은 아니었다. 성격/감정 검사 결과는 보통의 수준을 보여 주었다. 새로운 학교에 들어오기 전 학생의 성취도 점수는 매우 우월하였다. 따라서 학업 성취에서 눈에 띄게 어려움을 보인 것은 학습장애 혹은 주의력장애 때문에도 아니고 힘든 학업 프로그램 때문에도 아니었다. 신경심리학적 검사는 학생의 학업 성취나 성취도 검사에서 나온 것과 부합하지 않은 반응시간, 처리속도, 기억력에서의 결함을 보여 주었다. 이 취약한 분야는 치료되지 않은 뇌진탕의 증상과 일치했다. 또한 학업 성취에서의 하락은 뇌진탕이 일어났던 시기와 일치했다. 비록 기억력이 예상보다 떨어지고 낮았으나, 주의력 검사 결과는 주의력장애를 보이지는 않았다. 따라서 어린 시절의 진단되지 않은 주의력결핍장애의 가능성을 배제할 수 있었다. 새로운 정보를 얻는 것은 그녀에게 가장 주요한 문제였고, 이것은 이전의 학교 점수, 학업 점수, 성적과 일치하지 않는 학업 성취에서의 중대한 어려움을 가져왔다. 교실에서의 조정, 휴식, 트레이너에 의한 신체적 검사에 대한 적절한 권고가 이루어졌고, 다시 결정으로 돌아온 후 후속 중재/조정이 필요한지를 결정하기 위한 추후검사/재검사가 이루어졌다. 이 학생의 뇌가 치료를 받는다면 시간이 지남에 따라 학생의 수행도 향상될 것이라 예상되었다. 그러므로 그녀가 학습장애를 갖고 있다고 오진하지 않는 것이 매우 중요했다.

　여기서 중요한 것은 신경심리학적 평가를 이용하지 않음으로써 학습장애와 관찰되는 학습 문제의 원인과 이유를 놓칠 수 있고, 최악의 경우 이 문제를 오진할 수 있다는 것이다. 학생의 요구를 최대한 맞추기 위해서 장애를 치료하거나 교육 계획을 세울 교육적 팀을 만들 때 우리는 효율적이지 않을 수 있다. 그런 상황은 ① 학생의 총체적인 학업생활의 중요한 시간의 낭비, ② 제한적인 학업 성취에 따른 자신에 대한 의심의 증대와 자신감의 현저한 감소, ③ 자식의 요구가 받아들여지지 않았다고 믿는 매우 낙담하고 화가 난 학부모, ④ 납세자들의 세금을 낭비할 수 있는 서비스를 사용하는 것과 같은 결과를 낳을 수 있다. 이것은 교사, 특수교육 전문가들, 학교심리사 혹은 학교 관계자들이 제공하는 중요한 서비스의 가치를 폄하하거나 비판하려는 의미는 아니다. 그보다는 판별을 위한 평가가 한계를 지녀 진단과 치료에 제한이 있는 학습 문제를 겪고 있는 학생과 관계된 모든 사람과 의사소통해야 한다는 것이다. 신경심리학적 평가는 더 넓은 범위를 제공해 준다.

RTI 맥락에서의 중재 설계에서 신경심리학은 어떤 역할을 해야 하는가

국립신경심리학회(National Academy of Neuropsychology)의 성명서에서 Silver 등(2006)은 신경심리학적 평가에 부가된 가치를 다음과 같이 묘사했다.

> 예를 들어, 교사들은 아동의 기억 능력이 지닌 강점과 약점에 따라 언어적 혹은 시각적 자료를 제공하는 것을 변화시킬 수 있다. 또한 교사가 아동의 뇌가 얼마나 '유연한지' 아는 것은 도움이 된다. 아동은 어떤 생각에서 다른 생각으로 빠르게 바꾸거나 '이동'할 수 있는가? 아동은 새로운 과제를 배우고, 그것을 다시 적용하거나 새로운 상황에 '일반화'할 수 있는가? 이 질문과 다른 뇌 관련 질문에 관한 답은 교사가 아동의 능력에 맞춘 교육 프로그램을 고안하는 데 도움을 준다. 이런 종류의 정보 없이는 아동의 발전이 더딜 것이고, 아동과 교사와 부모 모두에게서 절망감이 증가할 것이다(p. 742).

처방된 개별화교육계획에 몇 년간 참여했지만 예상된 성취 단계에 이르지 못한 채 어려움을 겪으며 학습장애를 경험하고 있다고 판명된 학생의 경우를 살펴보자. 학급 또래들과의 격차가 더 커지면서 이 학생은 몇 년간 능력이 떨어진 것으로 보일 것이다. 이 학생의 부모는 아동의 학습 능력을 더 잘 이해하고, 발달을 더디게 만드는 요소 중 학교가 찾아내지 못한 것이 있는지 알아내기 위해 신경심리학적 평가를 받을 것이다. 신경심리학적 평가는 이 학생에게 경미한 신경심리학적 손상과 진단되지 않은 청각 처리와 감각 장애가 있다고 했다. 본질적으로 이 학생은 모든 과목에서 집중적인 개인지도를 받고 있었지만, 그녀가 주로 시각 학습자 (visual learner)이며 청각/감각 훈련을 통해 효과를 얻을 것이란 것을 고려하지 않았다. 그리하여 그녀의 교육 계획에 조정이 이루어졌다.

　교사와 학습 전문가, 아동 연구 팀의 구성원, 부모들, 보험회사(third-party payors), 입법자들이 보다 정확하게 학습장애를 진단하고, 학습 문제로 어려움을 겪는 학생들의 요구에 최선의 도움을 제공할 수 있는 효과적인 교육 계획을 만들어 내는 신경심리학적 평가의 가치에 대해 고마워하길 바란다. 우리 청소년들의 학업 기술을 빠르게 향상하고 학교의 교육적 성과를 향상하는 공공의 열정 속에서, 학습장애의 진단과 치료에 기여한 신경과학과 신경심리학의 공헌을 간과하지 않는 것이 중요할 것이다.

제22장
RTI와 신경심리학
－변증법적 통합의 가능성

Andrew L. Schmitt, Ronald B. Livingston & Owen Carr

신경과학은 학습장애 판정에 관한 법률 및 정책에 어떻게 기여해야 하는가

국회의원과 교육 지도자들이 학습장애아의 판별과 치료에 대한 변화들을 정의 내리고 시행하기 위해 노력하는 동안, 빠르게 진보하는 신경심리학 전문가는 상대적으로 무시되어 왔다. 이는 과거 학습장애의 정의들이 대부분 학습과 학업 성취에서 하나 혹은 그 이상의 기본적인 인지 과정의 결손을 포함하기에 다소 복잡한 실정이다. 최근 IDEA 2004의 주된 변화는 일반적으로 중재반응(response to intervention: RTI)에서 설명된 것과 같이 제안된 모형이 학습장애의 정의를 위한 현재의 접근 방식들을 대폭 변경시킬 수도 있다는 것이다.

신경심리학적 기법들이 대부분의 교육적인 환경에 늘 적용되어 왔던 것은 아니며(최소한 우리가 믿고 보증하는 만큼 자주는 아니다), 현재 이러한 기후 변화는 기초 및 응용 신경과학 분야의 새로운 이점들을 소개할 수 있는 기회를 제공할 수도 있을 것이다. 그러나 한편으로는 신경과학이 보다 덜 중요하다 여겨졌던 규칙들을 무시해 버릴 수도 있다는 지속적인 위험이 있다. 이는 수십 년간 장애아동의 판별에서 거의 모든 표준화된 평가(사정)의 사용을 반대하고 표준화된 검사의 사용을 줄이기 위한 하나의 대안으로 RTI 교육운동에 매달려 온 교육 전문가인 우리의 생각이다. 이것은 지능과 다른 인지 능력 검사들(신경심리학적 절차 포함)을 포함한다. 반대에 대한 그들 개개인의 기준에 따라 달라질 수 있으나, 심리학적 평가(사정) 절차의 조직적인 회피에 있어 심리측정 방법의 장점에 대한 지난 백여 년 동안의 연구는 대부분 무시되어 왔다.

　현재 대부분의 연구자와 임상가는 지능-성취 불일치 접근은 학습장애 아동을 판별하는 데 효과적이지 않다는 것에 동의한다. 따라서 대부분의 연구자는 RTI 기반 모형이 효과적이라는 데 동의한다. 그러나 RTI 모형은 저학년 읽기장애 아동들의 맥락에서 주로 평가되어 왔다. 따라서 다른 학습장애와 고학년 아동들에게도 확대되어 연구될 것이 요구된다(Feifer & Toffalo, 2007; Reynolds, 2005). 그럼에도 불구하고 몇몇 RTI 제안자는 다른 장애뿐만 아니라 다른 연령 범위들까지 이러한 접근을 일반화하는 것에 대해 너무 안위하는 모습을 보인다. 더욱이 그들 중 몇몇은 특정학습장애(specific learning disability: SLD) 아동을 판별하는 데 가장 적절한 혹은 유일한 방법이라며 이를 지지한다. 우리는 항상 누군가 "그것만이 유일한 방법이다."라고 제안하면 불안해진다. 이는 일부에 의해 지지되는 RTI의 경우에도 자주 보인다. 동시에 우리가 알고 있는 모든 신경심리학자는 RTI가 특정학습장애 아동의 판별에서 기여하는 바가 있다는 것을 인정하고 복잡한 특정학습장애 평가 패러다임에 이를 포함시키는 것을 환영한다. 그러나 대부분의 신경심리학자는 RTI가 특정학습장애 아동들을 판별하는 데 필요한 유일한 평가 방법이라고는 생각하지 않는다. 이러한 관점과 일치하여 특수교육청(Office of Special Education Programs)은 다음과 같이 명시하고 있다.

……RTI는 종합적 평가를 위해 필요한 과정들을 대체하지 않는다. 공식기관은 RTI를 사용하더라도 반드시 수집된 도구와 전략들을 바탕으로 다양한 자료를 활용해야 한다. RTI의 결과는 하나의 정보 구성 요소로 34 CFR §§300.304와 330.305에 의해 요구되는 평가 절차의 한 부분으로서 검토된다. 섹션 614(b)② 법규와 일치하여 34 CFR §§300.304(b)에서는 평가는 반드시 다양한 평가 도구와 전략들을 포함하여야 하며 특수교육과 서비스를 받을 수 있는 자격을 결정하는 유일한 기준으로서 하나의 절차에만 의존하여서는 안 된다고 요구하고 있다(OSEP, p. 9, 2007).

이상적으로 입법자들, 교육자들, 심리학자들 그리고 신경심리학자들은 학습장애를 가진 아동들을 판별하기 위한 종합적이고 객관적인 접근을 가능하게 하는 학습장애의 조작적 정의를 발전시키기 위해 협력할 수 있을 것이다. 이러한 평가 절차는 장애학생들을 판별하기에 근거가 확실한 정보와 그들의 특수한 요구를 충족하기 위한 맞춤 중재를 제공한다는 것을 실증적으로 보여 줄 수 있는 다양한 기법을 포함해야 한다. 특정학습장애 아동의 판별과 치료에서 RTI와 신경심리학 모두 충분한 여지가 있다. 그들은 상호 보완적인 방식으로 서로 사용될 수 있으며 또 그래야만 한다. 우리는 궁극적인 목표가 전문 지식이나 이데올로기를 넘어서 자신의 분야만을 고집하기 위한 밥그릇 싸움을 하는 것이 아니라 장애아동의 복지와 교육을 촉진시키는 것이라는 데 모두 동의한다.

신경과학은 학습장애 평가(사정)와 판별에 어떻게 기여할 것인가

1890년 W. Pringle Morgan과 John Hinshelwood가 처음으로 정의한 이후로 학습장애의 정의는 매우 다양하게 내려졌으며, 따라서 그 개념을 파악하는 것이 어려워졌다(Fuchs et al., 2003). 그러나 진단하는 중, 이 문제는 학습장애(LD)가 고유하지 않으며, 심리학자, 신경과학자 그리고 교육자 모두 학습장애의 조작적 정의에 대한 함의를 발전시키는 책임으로부터 자유롭지 못하다는 것이다. 발전하고 있는 신경과학과 타당한 심리측정 원리를 학습장애의 조작적 정의에 포함시키지 않는 규정과 절차는 궁극적으로 주관적 판단 혹은 지나치게 단순한 기계론적 절차(예: 검증되지 않은 불일치 모형들)에 의한 판정을 내릴 수 있다. 치료 전 진단 실행이라는 일반적 패러다임은 의학과 심리치료 모형 모두에서 표준 절차로 간주되나, RTI에 관한 현재 해석의 대부분은 이러한 진단의 가장 중요한 측면을 뒤집는 것으로 보인다. 몇몇 전문가들은 학교환경에서 아동들에게 필요한 서비스를 제공하는 절차에서 진단이 중추적 역할을 할 수 없으며 또 해서도 안 된다는 것을 주장한다. 그러나 이러한 입장이 개개 아동들의 특정 학습 문제의 범위와 종류 그리고 가능한 병인에 대한 신뢰할 수 있는 올바른 정보를 얻기 위해 요구되는 것들을 완화시키지는 않는다. 사실 아동을 힘들게 하는 인과 요인을 결정하는 데 가장 적절한 과학적 지식을 적용하는 것은 연구자, 임상가 그리고 교육자로서 우리에게 주어진 의무다.

우리는 RTI가 약속을 이행할 것이며 특정학습장애의 판별과 치료에서 중요한 역할을 할 것이라 믿는다. 그러나 기존 연구에 따르면 RTI 자체만으로는 만병통치약이 될 수 없다. 그것은 학습장애 아동을 올바르게 판별하고 도와주는 데 하나의 대안이 될 수 있을 뿐 모든 것에 대한 답은 아니다. 따라서 신경과학 분야의 진보는 분명 이러한 복잡하고 다양한 결정이 가능한 문제에 있어 유일한 답만을 제공해서는 안 된다. 신경과학은 아동이 기대되는 만큼 배울 수 있는 능력이 없다는 사실과 관련하여 객관적이고 쓸 만한 가설들을 발전시키는 데 필요한 몇몇 주요 도구를 제공할 수 있는 가능성을 가진다. 이러한 가설들을 기반으로 한 중재는 시행 가능한 치료 과정을 알려 줄 수 있다.

현 IDEA에서 학습장애에 관한 정의는 개개의 학습장애 아동은 반드시 '기본적인 심리 과정에서의 장애'를 보여 주어야 한다는 것이다. 이러한 기본적인 심리 절차에 대한 정보 획득의 중요성이 분명함에도 불구하고 현행 법이나 대부분의 RTI 모형에서는 아무런 방안이 제시되어 있지 않다. 신경과학은 이제 기억, 주의력, 실행 기능, 추론, 동작 기능, 시각과 청각 과정 그리고 음운 인식을 포함하는 인지 영역의 기본 토대에 관한 세부 정보를 제공하는 단계에 들어서고 있다. 정책은 보다 상세히 기술하고 있다. 다양한 인지 능력의 기여와 중요성에 대한 인식은 진단 과정에 막대한 공헌을 할 수 있다. 입법자들은 신경심리학 기술을 포함하여 현 방법론에 따라 향상할 수 있다. 그렇게 함으로써 아동의 고유한 인지적 특징을 염두에 두고 중재를 계획할 수 있다. 더욱이 다양한 모형이 검토되고 있는 만큼 인지적 특징과 중재 사이의 관계에 대한 연구는 교육의 과정에 더 많은 정보를 제시할 수 있다.

향후 신경과학의 발달은 학습장애의 분류와 중재에 어떤 영향을 줄 것인가

신경과학의 역할은 뇌의 기능이 학습 과정에 어떤 영향을 미치는지 이해하는 것을 돕는 것이 최대 관건이었다. 특수한 구조와 신경 회로에 대한 정보는 기능의 완전성뿐만 아니라 특정 학습 과제를 포함하는 과정의 부위와 복잡성에 대한 위대한 통찰력을 제공한다. 신경과학 영역의 향후 발전은 학습장애의 판별과 효과적 중재의 실행을 위한 고유한 잠재력을 가진다. 다가오는 몇 년간 평가의 진전 과정으로서 평가 과정의 개선은 인지 과정의 이해와 식별을 위한 중요한 도구를 제공할 것이다. 특정 신경학적 과정의 발전이 어떻게뿐만 아니라 언제 이루어지는지에 대한 이해의 증가는 측정 기준의 타당성을 가져다줄 것이다. 신경영상 기술과 신경학적 평가(사정)의 향후 발전 또한 최적의 평가(사정)에 대한 이해가 이루어질 때 기대할 수 있을 것이다. 원칙적으로 이는 평가의 올바른 방법을 유지하면서 판별에 대한 성취 실패의 요구 사항 감소를 가져올 것이다.

학습장애에 대한 전반적인 퍼즐의 또 다른 조각은 판별과 함께 이루어질 중재다. 어느 퍼즐과 마찬가지로 올바른 모양을 갖추기 위한 조정을 위해서는 서로 모양이 다른 조각이 필요하다. 학습장애 진전도를 포함한 신경학 과정의 이해는 중재의 향상으로 이어진다. 평가에서 신경과학의 역할은 무엇이 될 수 있을까? 특별학습 활동과 발달 단계에서 구조 기능과 신경 회로에 관한 더 나은 지식은 목표 지향적이고 종합적인 중재 접근의 발전에 큰 도움이 될 수 있다. 학업적 및 사회적 기능의 통합에 대한 이해의 증진은 각각의 잠재력을 최대한으로 발휘하는 중재를 이끌어낼 수 있다. 연령에 적절하게 갱신된 중재는 향후 이루어질 연구들을 통한 새로운 정보의 사용을 통해 발전될 수 있으며, 이러한 중재는 발달의 목표 단계를 보다 고무시킬 수 있다. 더욱이 발달 단계와 관련하여 공존 상태는 추가적 평가를 요구할 것이다.

신경영상의 급진적 발달은 학습장애를 일으키는 원인에 대한 구조와 기능의 연구를 위한 기회를 제공할지도 모른다. 연구 기회는 아동의 학업환경의 변화나 신경학적 기능의 변화와 관련하여 찾을 수 있을 것이다. 목표된 중재를 통해 아동이 학업의 성공을 경험하는 것과 같이, 신경영상은 향상 가능한 신경학 기질들을 밝혀낼 수 있다. 예를 들어, Simos 등(2007)은 최근 연구에서 구두 일견단어 읽기 과제(oral sight-word reading task)의 수행을 통한 15명의 읽기장애 아동의 시공간에서의 뇌 활성화 프로파일을 얻기 위해 뇌자도(magnetoencephalography)를 사용하였다. 중재는 음운과 해독 기술의 결핍 대상과 읽기 유창성 기술의 발달을 포함한다. 정상화의 변화는 중측두회의 후부 영역, 후두 측두회, 운동 전 피질에서 발견되었다. 이번 연구가 읽기 결함 혹은 다른 특정학습장애 유형의 장애를 가진 모든 아동에게 일반화되지는 못하더라도 뇌 변화의 구조적 및 기능적 측면 사이의 잠재적 관계와 교육적 중재를 위한 흥미로운 틀을 제공한다. 이러한 촉진은 학습장애의 기본 요소들에 대한 더 나은 이해와 향후 중재를 위한 데이터의 제공을 이끌어 낼 수 있다. 다시 말하지만, 이는 RTI 과정과 신경심리학적 평가(사정)는 경쟁하는 대신 상호 보완하여야 한다는 우리의 견해를 다시 한 번 나타내는 것이다. 여러 저자는 RTI 과정과 신경심리학적 평가(사정)가 어떻게 종합적 모형 안에 적절하게 결합할 수 있는지 상세하게 말하고 있다(Feifer & Toffalo, 2007; Semrud-Clikeman, 2005).

더욱이 신경심리학적 평가(사정) 절차는 주의력결핍 과잉행동장애(ADHD)와 불안, 우울과 같은 공존 상태의 판별을 도울 수 있고, 보다 정확한 분류와 치료를 위한 지원을 제공한다. 이러한 공존 상태의 복잡성의 이해 증진과 뇌 발달의 효과는 특정학습장애 학생을 위한 효과적인 치료 계획의 발전과 구현을 위한 필수 정보를 제공할 수도 있다.

학습장애 진단 방법으로서 RTI와
임상신경과학 지식을 어떻게 조화시킬 것인가

조화는 신경과학과 RTI 사이의 몇 가지 공통 목표를 요구한다. 이것은 RTI의 정책 구현에서 많은 적용 가능한 임상신경과학의 통합이 제대로 이루어지지 않아 아직까지 성가신 문제로 남아 있다. RTI에 관한 많은 정의가 존재함에도 불구하고 일반적으로 RTI 과정에 포함된 필수 요소들은 수년간 참고 사항으로만 다루어져 왔다. 그런데 최근 몇 년간 이는 학습장애의 적격성 결정에서 보다 중추적인 역할을 맡게 되었다. 지금껏 알려진 모형과 같이 RTI의 접근에서 잠재적 문제들은 분명히 존재한다. 정확히 RTI 과정이 무엇을 포함하는지, 그리고 장애학생의 판별에서 어떠한 규칙이 적용되는지에 관한 합의가 제대로 이루어지지 않았다. 예를 들어, RTI에 관한 몇몇 해석에 따르면 진단 결정에서 개별 책임은 과학적으로 타당한 심리측정 절차의 사용을 완전히 포기하는 것을 의미할 수도 있다. 간단히 말하자면, 만약 한 개인에게 집중적으로 중재를 실시한 후에도 학업이 향상되지 않는다면 그는 학습장애로 진단 내려질 수 있을 것이다. 이 모형을 사용하면 판별은 인과 요인이나 병인, 경쟁적 설명, 장애를 고려한 방법론적으로 타당한 접근 없이 전적으로 학생의 성취만을 바탕으로 내려질 것이다(아마도 신뢰성과 타당성이 입증되지 않은 도구로 측정된).

RTI 접근의 완전한 신뢰에 대항하는 가장 흔한 논쟁 중 하나는 표준화된 평가를 충분히 활용하지 않는다는 것이다. 몇몇은 RTI가 IQ 90 이하의 학생들의 능력 추적(ability-tracking) 시스템을 통해 불균형적으로 특정학습장애의 판별을 결정할 수 있을 것이라 여긴다(Reynolds, 2005). 만약 RTI에만 전적으로 기댄다면 특정 인지 과정의 결핍이나 특정학습장애 그리고 '느린 학습자(slow learners, 지적 기능과 학업 성취에서 경계선급인 학생들)'로 고려되는 학생들의 차이를 구별해 낼 수 있는 객관적인 방법이 없을 것이다. 따라서 표준화된 IQ 검사의 사용을 회피한다면, 어떻게 정신지체를 다른 진단으로 제외할 수 있는가? 몇몇은 정신지체를 학업 성취 점수와 적응 행동의 측정을 시험함으로써 제외할 수 있다고 제안하였다. 그러나 이는 현재 심리 평가 수행에서는 일관성이 없다. 만약 RTI 운동의 목적이 학년 수준 성취 이하(표준 점수 80 이하로 정의)의 모든 학생을 학습장애를 가진 것으로 분류하는 것이라면, 그것의 장점에 대해 논의될 수 있도록 정확하게 명시되어야 한다.

  Semrud-Clikeman(2005)은 RTI가 학습을 다른 맥락으로 일반화하거나 보다 추상적인 문제 해결에 관여할 수 있는 아동의 능력을 평가하는 것이 아니라 기술에 초점을 맞춘 것이라 말하였다. 그녀는 또한 RTI가 학습 문제에서의 미묘한 차이를 탐지해 낼 수 없다고 하였다. 예를 들어, 읽기 장애를 가진 두 아동은 완전히 다른 과정상의 문제를 가질 수도 있다는 것이 그것이다(한 명은 주의력 문제를 가질 수 있고 다른 한 명은 해독의 문제를 가질 수 있다). 또한 평가의 중심 구성 요소 없이 RTI는 학업 수행에 영향을 미치나 학습장애와 별다른 관계가 없는 정서 또는 행동 장애와 같은 중요한 진단을 틀리게 내려 문제가 될 수도 있다. 적절한 시기의 평가는 심리학과 정신의학에 입각하여 구별된 조건에서의 올바른 치료를 위한 정보를 줄 수 있다. 다시 말해, OSEP에 의해 현재 내다본 RTI는 종합적 평가와 함께 사용될 수 있어야 한다. 우리는 RTI가 아동의 주요한 교육적 문제에 관한 발전적 가설을 세우는 데 필수적 구성 요소가 될 수 있다는 데 동의한다. 인지 능력의 평가는 RTI 과정 안에서 몇 개의 단계로 통합될 수 있다. 아동의 인지 프로파일(일반 능력, 상대적이고 규범적인 강점과 약점 그리고 근본적인 심리 과정을 포함한)의 이해를 통해 신경과학은 RTI의 수행에서 현행법 그리고 과학적으로 타당한 접근에 부합하여 중요한 역할을 할 수 있다.

학습장애 진단에서 신경심리학은
어떤 역할을 해야 하는가

임상신경심리학은 뇌−행동 관계와 관련하여 과학에 적용된다. 그것은 임상 장면에서 신경과학, 근거 있는 몇몇 심리측정 기술 등의 요소들의 적용을 포함한다. 평가(사정)의 목적은 전형적으로 환자의 관리와 치료 계획에 따른 권고뿐만 아니라 명확한 진단을 제시하고자 하는 노력을 포함한다. 직업으로서 신경심리학은 수십 년간의 개인의 고유한 능력과 강점 및 약점을 파악하기 위한 연구와 실습 그리고 전문 과정을 거쳤다. 특히 그것은 임상심리학의 과학자−전문가 모형에 매우 깊이 관련되어 있다. 오직 과학적 접근을 통해서만 개인의 현행 기능 수준과 장애 병인에 관한 정확하고 선입관 없는 정보를 얻을 수 있다. 다양한 신경인지 영역의 기능 수준의 이해를 통해 발생 가능한 기능적 어려움이나 결함의 원인에 대한 근거 있는 추론과 쓸 만한 가설을 세울 수 있다. 이는 정말 폭넓고 다양한 신경인지 행동 징후에서 개인의 기능 수준에 관한 세부 정보 없이도 최소한의 진단을 통해 올바른 중재를 결정 내리는 것을 가능하게 하는가?

신경심리학의 초기 주된 역할 중 하나는 다양한 유형의 뇌손상과 심리측정 상태를 진단하는 것이었다. 보다 정교해진 뇌영상 기술과 함께 진단은 신경심리학의 일반 진료에 있어 덜 중요시되고 있다. 그럼에도 불구하고 신경심리학은 심리측정과 비심리측정 집단 모두에서 개인의 인지적 강점과 약점에 따른 결정을 내리는 데 중요한 기여를 하고 있다. 개인의 인지 프로파일에 대한 이해는 타당한 정신의학 이론과 신경심리학적 기술에 기반을 둔 예측을 가능하게 한다. 진단을 위한 신경심리학의 전통적 기여, 신경과학의 이해에 대한 결부, 정신의학 이론을 고려할 때,

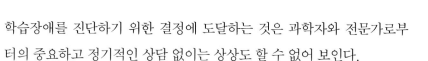

학습장애를 진단하기 위한 결정에 도달하는 것은 과학자와 전문가로부터의 중요하고 정기적인 상담 없이는 상상도 할 수 없어 보인다.

모든 학교심리사는 몇몇 진단의 고려에서 평가와 권유를 제공하기 위한 교육을 받는다. 그런데 이러한 추가적 신경심리학 교육과 경험은 필요하다고 간주될 때 보다 세부적인 신경심리학 분석을 위해서만 제한적으로 자격을 얻는다. 모든 아동의 학업 수행의 어려움에 관한 문의 초기 단계에서부터 아동을 위해 신경심리학자를 고용하는 것은 불필요하고 비실용적이라 여겨진다. 그러나 어느 시점에서는 진단과 치료 팀 구성의 일부분으로서 신경심리학적 평가를 통합하는 것이 많은 아동을 위한 RTI 과정에서 필수이다. 만약 신경심리학적인 고유 기술 설정이 다른 목적을 위해 사용된다면, 학습장애의 다양한 상태와 신경학적 부속물(뇌손상, 미세한 신경학적 결함 그리고 발달 지체)이 배제된 전문 지식은 종합적 평가 과정에서 매우 유용한 구성 요소가 될 것이다. 수많은 통합 모형이 그려질 수는 있으나, 한 예를 들자면 RTI의 초기 단계 이후에는 신경심리학적 평가에 의존할 수 있다. 만약 RTI 접근을 이용한 조기 중재가 실패로 간주된다면 학교심리사에게 보내는 것이 평가와 조정의 초기 수준에 적합할 수 있다. 만약 문제가 지속된다면 신경심리학자는 기억, 주의력, 문제 해결, 처리 과정, 추론 등을 포함한 다양한 인지 영역에서 기능의 세분화된 분석과 같은 추가적 정보를 제공할 수 있다. 신경심리학자의 접근은 구체적인 추천 질문들의 주의 깊은 분석과 함께 시작된다. 행동 관찰과 안정적이고 유효한 정신의학적 지표에 결부된 상세한 임상 면담은 아동의 학업 수행의 어려움에 대한 근거 있는 가설을 설정하기 위한 풍부한 정보를 신경심리학자에게 제공한다. 비록 교육자는 현장에서 진행되는 학업 수행을 직접 관찰할 수 있는 더 많은 자격을 얻게 되지만, 현재 신경과학에 기반을 둔 신경심리학자들은 아동의 인지 영역에서의 고유한 강점과 약점에 관하여 가치 있는 추론을 이끌어 낼 수 있는 도구를 가진다. 행동 관찰과 신뢰성 있고 타당한 심리측정을 포함한 자세한 임상적 리뷰는 신경심리학자가 아동들이 갖고 있는 학업 수행의 어려움에 대해 근거 있는 가설을 세울 수 있도록 많은 정보를 제공해 준다. 신경심리학자는 학습의 중요한 요소로서 임상적으로 평가할 필요가 있었지만 그동안 외면을 받았던 처리 결함과 관련된 학습장애의 요소들을 처리할 수 있게 되었다. 다시 말해, 우리는 종합적 과정에서 RTI와 신경심리학적 기술 모두를 포함하는 모형을 지지한다(예: Feifer & Toffalo, 2007; Semrud-Clikeman, 2005).

RTI 맥락에서의 중재 설계에서 신경심리학은 어떤 역할을 해야 하는가

신경과학의 급진적 진전 속도에 비해 학교환경에서의 신경심리학 절차 적용이 비교적 낮은 수준임을 고려하여 중재 기반의 신경심리학과 학습장애 아동의 측정 가능한 호전 정도의 관계를 비교하는 데에는 제한이 있다. 우리가 특징학습장애 판별에서 신경심리학적 평가(사정)의 통합을 지지하고 그들이 치료 계획에 있어 유용한 정보를 제공한다고 믿는 동안, 우리는 신경심리학 기반 중재의 검증은 더 나은 탐구를 요구한다는 것을 인정한다.

이러한 주어진 한계에서도 학습장애 아동의 치료에 대한 약속을 이행할 수 있는 신경심리학적 모형이 있다. Teeter와 Semrud-Clikeman(1997)은 Rourke(1994)에 의해 발전된 초기 모형을 포함하여 몇몇 모형을 설명한다. Rourke의 시스템인 신경심리학 치료/재활의 발달 모형(Developmental Neuropsychological Remediation/Rehabilitation Model: DNRR)은 특별히 학습장애 아동들을 위해 설계되었으며, 인지와 메타인지 전략을 모두 사용한 초기의 시도를 나타낸다. 이 모형은 세분화된 신경인지 프로파일을 얻을 수 있도록 구성된 평가(사정)와 함께 시작되는 7단계 전략으로 진행된다. 신경인지 과정의 기초에 영향을 미쳤던 초기 단계는 아동의 환경적 배경의 요구에 대한 이해, 환경적 요구와 아동의 신경인지 프로파일 사이의 관계를 바탕으로 한 행동 예측, 중재 전략의 관찰 및 수정, 지속적인 데이터 수집 및 분석, 그리고 치료 계획의 정기적인 재평가를 포함하는 일련의 단계들이 뒤따른다. Rourke의 모형은 실용적이고 사용 가능한 견본을 발전시키기 위해 적절한 구조를 제공하나, 여전히 학습장애의 신경과학적 상관관계에 대한 우리의 이해 속에서 새로운 이점들의 결합에 대해 열린 채 남아 있다. 이러한 유형의 모형은 RTI 과정 안에서 경쟁적 패러다임이 아닌 과정에 대한 경의의 표시로 적용되고 결합될 수 있다.

Teeter와 Semrud-Clikman(1997)은 RTI 전략 안에서 통합을 이행하기 위한 몇 개의 다른 프로그램의 윤곽을 잡았다. 반구 능력과 두뇌 향상 훈련의 Reitan 평가(Reitan Evaluation of Hemispheric Abilities and Brain Improvement Training[REHABIT]; Reitan & Wolfson, 1992)는 학습장애만을 위해 만들어진 것은 아니나, 아동의 고유한 신경인지 프로파일의 이해와 함께 치료에 접근한다. Rourke의 모형과 같이 이 모형은 중재 전략의 변화를 수반함과 동시에 지속적인 관찰과 평가를 요구한다. 본질적으로 이를 쓸 만한 가설로 발전시키고 점차적으로 이러한 가설들이 새로운 정보의 소개에 반영될 수 있도록 정제하여 과학적 방법을 반영한다.

신경심리학 영역의 빠른 성장 속에서 연구는 지속적인 과정이라 여겨지는 만큼, RTI 모형에서 교정치료를 기반으로 한 신경심리학적 평가를 적용하는 연구 설계는 매우 장려된다. 모든 특정학습장애 아동을 뇌영상 연구에 포함해 보는 것은 분명 불합리하다. 그러나 접하기 어려운 학습장애 아동들에게 신중하게 설계된 연구 기회를 제공하는 것은 의미 있다. 학습장애의 신경학적 기반과 이러한 장애에서의 뇌 가소성 정도가 노출될 수 있다. 그러한 심리연구학자, 교육자 그리고 다른 연구자들을 통해 학습장애와 관련한 신경학적인 상관관계에 대한 이해의 성장으로부터 혜택을 받을 수 있다.

우리 모두는 RTI의 필수 구성 요소로서 종합적인 신경심리학적 평가를 위해서는 상당한 비용이 요구됨을 인식하고 있다. 이는 학교가 복잡한 재정과 종합적 평가 그리고 중재 전략에서 제한된 자원을 가진다는 것을 시인한다. 그러나 이러한 한계에도 불구하고 우리는 신경심리학적 절차의 통합이 학습장애 아동의 요구를 충족하기 위해 가치 있고 필요한 일이라 믿는다.

제23장
학습장애에 대한 진단과 효과적 중재 계획의 기회로서 RTI 활용하기

Amy Nilson Connery

학습장애 진단에서 신경심리학은 어떤 역할을 해야 하는가

불일치 모형은 학업 과정의 수행에 실패하고 엄격한 지능−성취 검사 점수 기준을 충족하는 아동들로 학습장애 아동 판별의 범위를 제한하였다. 중재가 요구되는 많은 아동은 이러한 시스템 아래에서는 판별되지 않았다. 많은 학교가 이 모형을 사용하지 않으려는 경향을 보이고 있으나, 신경심리학자들은 중요한 부분을 보다 확장하여 학습장애의 정의를 새롭게 내릴 수 있다. 성공적인 학업 수행에 있어 신경발달 지식과 학업 환경의 복잡성뿐만 아니라 신경인지 기능 결핍의 영향에 대한 이해는 학습장애 아동의 정확한 중재와 조정을 계획하기 위한 보다 적절한 판별을 도울 수 있다.

Fawcett과 Nicolson(2007)은 의학 실습에서 증상을 정의하기에는 충분하지 못하나, 적절한 치료 단계를 판별하기 위해 증상의 원인을 파악하는 것은 중요하다고 기록한다. 따라서 학습장애라 판별된 부진 학생들에게 학업 과정을 수행하도록 함과 동시에 적절한 시기에 중재가 이루어질 수 있도록 이 과정에 영향을 미치는 기능의 결핍을 반드시 밝혀내야만 한다.

이 과정에서 중요한 단계는 학습장애 불일치 모형에서는 고려되지 않았지만 학습 효과에 강한 영향을 미치는 것으로 알려진 신경인지 결함의 판별이다. 이는 실행 기능, 주의력, 기억 그리고 처리 속도 등을 포함한다. 종종 보다 복잡한 학업 기술의 대체 기술은 정상적이지만 신경인지 기능 영역의 결함이 있는 경우가 있는데, 이는 적절한 교육과정을 방해한다. 언젠가는 신경인지의 약점이 대체 기술의 결함을 약화시킬 것이다. 학습에 부정적 영향을 미치는 신경인지 기능 영역의 약점을 가지고 있는 것으로 판별된 아동들은 학습에 장애가 있는 것으로 분류되어 적절한 중재와 조정을 제공받을 수 있다.

학습장애 진단에서 이전 방법들은 적절한 판별을 내리지 못하여, 비언어적 학습장애와 같이 학습에 어려움을 보이는 것으로 알려진 아동들에게는 적절한 조정이 이루어지지 못했다. 수학과 읽기에서 단순히 낮은 수행을 보인다는 것 이외에 학업 기능의 문제에 대한 이해와 이전에 언급한 것과 같이 다른 인지신경 기능의 기여에 대한 고려는 이러한 아동들을 위한 보다 적절한 중재를 도울 수 있다. 이전 시스템에서 이런 아동들은 수학에 어려움을 보이는 것으로 판별되어, 실행 기능의 결핍을 더욱 약화시킨다. 그러므로 향상된 수학 기술을 위한 중재는 중요하다. 그러나 자료의 조직, 과제를 위한 계획 미리 세우기와 사회적 배경의 탐색에 있어 아동을 지원하기 위한 중재 또한 학업 기능을 지지하기 위한 단계로서 보다 필수적이고 효과적일 수 있다.

학습장애의 확장된 정의는 교사 또는 보호자에게 이 사실을 알려 잠재적 학습 문제에 대한 조기 판별을 허락할 수 있다. 신경 발달 지식과 함께 아동의 특정 신경인지의 강점과 약점의 이해 그리고 학문적 요구가 어떻게 변화되어 축적되는지에 대한 이해는 위험군에 속한 아동들의 판별을 도울 수 있다. 예를 들면, 부모 혹은 교사들은 아동이 유치원 졸업 즈음까지 글을 읽지 못한다는 것을 염려하지 않을 수도 있으나, 음운 인식 또는 글자 인식에 있어 특정 결핍의 판별은 교육자에게 즉각적인 중재의 필요성을 알릴 수 있다. 마찬가지로 계획하고 조직하는 능력의 부족에 따른 실행 기능의 결핍을 가진 아동은 저학년에서는 어려움을 가지지 않을 수도 있다. 그러나 이러한 어려움의 판별은 방대한 양을 스스로 학습, 조직 및 계획할 것이 요구되는 중학생들을 지원하는 데는 필수적이며, 이러한 지원 없이는 성공하기가 어려울 것이다.

많은 주가 불일치 모형과 학습장애에 대한 엄격한 기준에서 벗어나는 동안, 학습장애에 관한 좁은 의미의 정의는 얼마간 문화 속에 남아 있을 수 있다. 신경심리학자들은 읽기 또는 수학의 학습 저성취를 넘어서 신경인지 기능의 폭넓은 범위를 포괄할 수 있도록 학습장애의 의미를 확장하는 데 있어 중요한 역할을 할 수 있다. 이러한 이해의 확장은 보다 특별한 중재가 요구되는 아동들에 대한 효과적인 판별과 조정을 도울 수 있다.

RTI 맥락에서의 중재 설계에서 신경심리학은 어떤 역할을 해야 하는가

RTI의 맥락에서 교육적 중재가 특정 아동에게 효과적일 가능성을 최대화하기 위해, 신경심리학자들은 중재를 계획하는 데 있어 필수적 역할을 마련해야 한다. 특수 아동을 위해 어떤 특정 연구 기반 중재가 사용되어야만 하는가 하는 결정은 질적 검사 수행의 해석, 학업에서의 특정 어려움의 원인이 되는 신경인지 기능의 평가, 그리고 효과적인 학습을 위한 다른 중요한 신경인지적 강점과 약점의 핵심 사항에 대한 고려 등을 통하여 이루어져야만 한다. 특정 아동에게 시도된 중재가 적절한지 여부를 위해 학업 문제를 위한 최적의 중재가 이루어지도록 하고, 특수교육에서의 보다 값비싼 중재나 학업 실패의 보다 심각한 결과를 초래하지 않도록 애쓰는 것은 매우 중요하다.

RTI와 함께 검사 해석과 질적 과정과 수행을 고려하기 위한 기회를 갖게 되었고 불일치 모형에서와 같이 검사 점수에 더 이상 연연하지 않게 되었다. 신경심리학자들은 검사 점수의 주요 패턴뿐만 아니라 문제 해결, 속도, 효율성 등 아동의 처리 과정과 접근 방법 같은 질적 검사 수행을 이해하고 해석하기 위한 교육을 받는다(Baron, 2000). 질적 수행의 특수한 측면 검사는 아동이 뒤떨어지는 이유 혹은 교사가 우려를 표하는 이유를 설명하도록 도울 수 있다.

다음 두 명의 9세 아동의 예를 살펴보자.

시험관: 보트의 뜻은 무엇인가요?

아동 1: 네?

시험관: 보트의 뜻은 무엇인가요?

아동 1: 보드요?

시험관: 보트.

아동 1: 보트는 물에 떠다니는 거예요. 그 위에 탈 수도 있고요. 시간이 얼마나 남았나요?

시험관: 보트의 뜻은 무엇인가요?

아동 2: 보트는 물 위를 여행할 때 이용하는 도구입니다.

두 아동 모두 그 질문에 점수를 얻었다. 그러나 반응의 질적 분석은 동등한 수행을 보여 주지 않는다. 첫 번째 아동의 대답은 청각 처리 능력의 결함이나 표현언어 조직의 문제에 대한 우려를 나타낼 수도 있다. 두 번째 아동의 대답은 질적으로 우수하여 문제가 없어 보인다.

올바른 중재를 위한 적절한 계획을 세우고 아동의 특수한 요구에 부합하기 위해서는 학습 문제의 특정 신경심리학 유형을 반드시 결정하여야 한다. 예를 들면, 아동이 수학 학습장애를 가지고 있다고 명시하는 것은 유용하지 않으나 신경인지학적 과정에서 효과적인 수학 수행을 방지하는 것을 정의하는 것이 더 낫다. 시각적–공간적 과정과 같은 영역에서의 강점과 약점, 처리기억, 사실 인출 또는 다른 언어 결함에 대한 평가는 어떤 중재가 특정 아동에게 가장 적절한지 여부를 결정하는 데 필수 구성 요소다.

RTI는 효과적인 학습을 위해 필요한 주의력 조절, 실행 기능 그리고 기억과 같은 신경인지 기능의 평가를 위한 기회를 만들어 낸다. 신경심리학적 평가를 통한 이러한 기능의 판별은 효과적인 중재를 계획하는 데 필수적인 것이 되었다. 예를 들면, 특정 음운과 음소 인식의 결핍에 따른 읽기 문제를 가지고 있는 두 아동을 위한 중재가 계획될 때 한 명은 여기에 주의력 지속 문제를 더 가지고 있고 다른 한 명은 언어 기억이 현저히 낮다면, 이 둘은 같은 중재를 통해 똑같은 혜택을 받을 가능성이 적어진다. 약점에 대한 중재나 조정, 강점에 대한 신경인지학적 이해는 또한 아동이 무엇을 잘하는지 알아내는 데 중요하다. 중재 계획은 반드시 아동의 강점과 "개별 아동에게 무엇이 효과적인지"에 기반을 두고 이루어져야 한다(Holmes Bernstein, 2000, p. 419).

많은 이가 불일치 모형에 관해 많은 아동을 정확하게 판별하지 않는 '실패하기를 기다리는' 접근이라며 비판적인 입장을 취한다. 몇몇 교육자는 더 나은 대안책으로서 RTI의 제안을 환영한다. 그러나 신경심리학이 평가 과정에서 배제되거나, 구체적인 학습 문제는 정확히 밝혀지지 않거나, 아동이 부적절하거나 부적당한 교육적 중재로 소중한 시간을 낭비할 수 있다는 위험이 존재한다(National Joint Committee on Learning Disabilities, 2005).

학습장애 진단 방법으로서 RTI와 임상신경과학 지식을 어떻게 조화시킬 것인가

학습장애의 진단 방법으로서 RTI의 활용은 임상신경과학으로부터 얻어진 지식과 반대된다. 표준화된 중재가 촉진되고, 선택된 특정 중재에서 아동의 반응 실패는 학습장애의 진단이라는 결과를 초래할 수도 있다. Reynolds(2005)는 RTI가 "중재와 교정에 천편일률적으로 적용되도록" 촉진하며 매우 큰 부분을 차지하는 개인차들에 대해서는 무시한다고 말한다(p. 3).

Reynolds(2005, p. 3)는 RTI를 "치료 실패의 진단 모형"으로서 설명한다. 아동은 "그들이 무엇을 할 수 있는지보다는 무엇을 할 수 없는지를 토대로 하여" 학습장애로 진단될 수 있다(Lyon et al., 2001, p. 267). 이러한 방식으로 모형을 활용하는 것은 단지 특정 중재가 특정 아동에게 효과적이지 않다는 것만을 결정한다. 특수하거나 심각한 학습 문제는 보다 분명히 정의 내려지지 않는다.

특정 아동을 위한 어떤 프로그램은 개인차에 따라 보다 더 혹은 보다 덜 효과적일 수 있기 때문에, 특정 중재에 반응하는 아동의 실패를 통해 학습장애를 진단해서는 안 된다. 만약 이러한 방법으로 진단을 내린다면, RTI는 불일치 모형이 그랬던 것처럼 진단 오류와 같은 문제를 가질 가능성이 크다. 중재반응의 실패는 개개 아동의 특정을 파악하기 위한 철저한 검사로 이어져야 하며, 이는 아동이 왜 특정 중재에 더 혹은 덜 성공을 할 수 있는지 원인을 명료하게 해 줄 수 있다(Lyon et al., 2001).

많은 RTI 모형에서 중재는 보다 깊이 있는 평가 실시 이전에 시행된다. 이는 아동의 특정 장애에 부합되지 않은 중재를 적용하게 되는 문제(부정확하거나 제대로 판별하지 못함)가 생길 수 있다는 것을 시사한다. 이 모형의 의도는 학습장애의 진단은 아동이 중재에 반응하지 않을 때 이루어지는 것이라 여겨진다. 그러므로 중재가 실제적 문제를 파악하지 못하는 것과 같은 위험이 존재하는 경우에는 큰 문제가 될 수 있다. 더욱이 이 모형은 학습 문제와 중재반응에 대한 아동의 실패를 고려하지 않았기에 감정적 혼란이나 환경적 스트레스와 같은 다른 비학업적 문제와 관련이 있을 수도 있다. 따라서 또다시 진단 오류의 위험성을 증가시킬 수 있다(Reynolds, 2005).

학습장애에 대한 연방정부의 정의는 신경생물학의 기여를 고려하고 환경적 영향을 제외시킨다. RTI를 통한 학습장애의 진단은 반대로 나타나는데, 신경생물학을 무시하는 대신에 환경을 고려한다. 환경(즉, 교육적 중재)에 대한 반응 증진의 실패는 이 모형에서 학습장애의 존재를 의미할 수 있다. 정반대로 이 모형은 중재로부터 도움을 받고 그에 잘 반응한 아동은 학습장애를 지니고 있지 않다는 것을 함축하는가?

신경과학은 우리에게 교육적 환경은 학습에서의 차이를 악화시켜 학습장애로 발전시킬 수도 있다는 것을 보여 준다. 이와 마찬가지로 좋은 교육적 환경은 신경계와 뇌 기능의 약점을 개선할 수 있다(Sherman, 2004). 그런데 이러한 서로 다른 처리 과정은 기능적 영상 연구를 통해 몇몇 아동에게 학습장애는 중재와 함께 '치료'되지 않는다는 것을 보여 준다(Lyon et al,. 2001). 효과적인 중재는 '신경생물학적 차이(의 소거)'보다는 "기능적 뇌 시스템에 있어 보상적 조정"의 결과를 이끌어 낼 수 있다(Moats, 2004, p. 4). 결론적으로 몇몇 아동에 대한 학습장애 진단의 보류는 중재에 대한 좋은 반응에도 불구하고 도움이 될 것이다. 예를 들어, 난독증을 가진 아동은 전문화된 읽기 중재를 더 이상 요구하지 않을 것이나 시험시간 조정이나 책 내용의 녹음테이프와 같은 신경생물학적 약점을 위한 필수적 조정을 지속적으로 받을 수는 있다(Moats, 2004). 이러한 방식으로 RTI 모형은 학습장애를 위한 기여를 인정하고 환경과 신경생물학의 상호작용을 인식할 수 있다. [그림 23-1]은 난독증에 영향을 미치는 뇌 영역을 시각적으로 제공한다.

RTI를 진단의 목적이 아닌 교수적 중재와 특수교육 과정의 한 단계로 생각하는 것은 중요할 수 있다. Fuchs와 Fuchs(2001)는 중재반응의 실패 이후 확실한 진단을 내리기 위한 종합적 평가가 이루어질 수 있다고 제안한다. RTI 모형에서 평가는 학습장애 진단을 위한 도구가 될 수 있다.

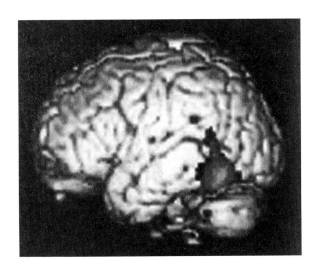

[그림 23-1] 난독증 이력이 있는 환자에 비해 난독증 이력이 없는 대학생의 뇌가 더욱 활성화되어 있음을 보여 주는 PET 데이터. 양쪽 집단 모두 고등교육을 받고 있음에도 분명한 차이가 존재한다.

출처: Paulesu, E., et al. (2001). Dyslexia: Cultural Diversity and Biological Unity (Electronic version). *Science, 291*, 2165-2167.

그러나 Reynolds(2005)는 의학 실습에서 치료가 결정되고 실시되기 이전에 문제는 반드시 확실히 정의되고 설명되어야 한다고 지적한다. 비용이 많이 드는 반면, Fuchs와 Fuchs가 RTI의 초기 단계에서 발생하도록 제안한 종합적 평가를 위해 고려가 이루어져야 한다. 이 단계에서 적절하다면 학습장애가 진단될 수 있다. 아동의 RTI의 성공 가능성을 높이기 위해서 보다 정확하게 정의된 목표 증상에 중재를 적용할 수 있다. 처음 실시된 중재에 대한 아동의 반응에 따라 학습장애 아동들에게는 보다 집중적인 중재를 권유할 수 있다.

신경과학은 학습장애 판정에 관한 법률 및 정책에 어떻게 기여해야 하는가

IDEA(2004)는 배제 기준뿐만 아니라 학습장애에 관한 이전의 정의를 유지하고 있다. 환경적, 문화적 혹은 경제적 불이익은 학습장애 진단과 특수교육 접근에서 배제되는 요소로서 특수교육 정책에 남아 있다. 뇌 기능의 환경적 요소들의 영향을 무시하고, 아동의 신경생물학에 기여하는 정책적 정의들 속에 학습장애에 관한 지속적인 관심은 신경과학으로부터 얻어진 지식과 일치하지 않는다(Lyon et al., 2001).

아동의 신경 회로는 신경생물학적 또는 유전적 요인들 그리고 아동이 수행하는 특정 환경의 영향에 따른 결과다. "뇌의 다양한 기능을 위한 위대한 잠재력은 유전적으로 준비되며, 적합한 환경은 건강한 뇌의 발달과 뇌 기능의 알맞은 적용을 자극한다."(Koizumi, 2004, p. 435) 그래서 최적의 학습환경은 뇌 구조와 기능에 긍정적 영향을 미칠 수 있으며 부적절하거나 궁핍한 환경은 뇌에 해로운 영향을 미칠 수 있다(Lyon et al., 2001). 환경은 "상대적으로 경미한 학습장애 아동들을 심각한 학습장애로 치부해 버려 아동의 학습 문제를 악화"시킬 수 있다(Taylor, 1989, p. 349).

환경의 박탈은 노출의 위험 증가와 관련하여 학습 문제, 사회적·경제적 요인들을 이끄는 부적절한 신경 회로의 결과를 낳을 수 있다. "영양 부족, 출산 전후의 관리, 기형 발생 물질에의 노출, 약물 남용 등은 아동을 신경장애, 인지, 언어 그리고 학습 결함으로 이끄는 위험에 빠뜨릴 수 있다."(Lyon et al., 2001, p. 268) 해롭거나 궁핍한 환경은 두뇌 발달과 신경인지와 신경 행동에 지속적인 영향을 미칠 수 있다.

읽기에 관한 연구는 읽기장애의 신경생물학적 이해를 도울 수 있는 중요한 이점이 있기 때문에 여기서 흥미 있게 살펴볼 만하다. 읽기 연구는 읽기 능력 변수의 약 절반은 유전적 요인에 기인할 수 있음을 보여 준다(Moats, 2004). 그리고 가변성의 나머지 절반은 환경적 요인들에 의해 설명된다. "학습장애에 잠재적 영향을 미치는 요소에서 제외된 많은 문제는 읽기장애 아동들에게서 자주 관찰되는 학업 결함을 이끄는 인지적 그리고 언어적 기술의 발달을 저해시키는 요소들이다."(Lyon et al., 2001, p. 267) 사실 Shaywitz(2003)는 읽기가 문제가 되어 왔던 학습장애에서 환경적 요인들의 제외라는 유감스러운 결과는 아동의 불리한 환경으로 인한 영향이 제대로 인식되지 못한 것이라고 하였다.

환경 배타적 기준의 위험은 환경의 해로운 영향으로 인해 학습장애를 겪는 아동들이 필수적인 교육적 중재를 받지 못한다는 것뿐만 아니라, 교육자들 또한 정확하지 않을 때는 환경적 요인에 의한 학습장애라고 탓한다는 것이다. 나는 이중언어 혹은 학교 밖 영어 사용에서 부적절한 노출로 인해 학습 문제를 가지고 중재를 받지 못한 많은 언어 기반 학습장애 아동들을 보아 왔다. 하나의 비극적 예를 들자면, 심한 언어 결핍을 보이는 한 5학년 아동은 영어의 빈곤한 환경적 노출이 원인이라 간단히 치부되어 왔다. 그러나 사실 그 아동은 나이지리아 출신으로 모국어가 영어였다.

Fawcett과 Nicolson(2007)은 신경과학 교수법(pedagogical neuro-science)이라 불리는 새로운 교육법을 옹호한다. Koizumi(2004)는 이러한 접근법을 두뇌 발달(developing the brain) 혹은 두뇌과학(brain science and education)이라 칭한다. 이러한 교육법은 학습과 교육의 연구와 함께 신경과학적 지식과 결합하여 신경과학 공동체와 교육 정책 사이를 연결하는 데 도움을 줄 수 있다. 신경과학이 특수교육법에 중요한 기여를 할 수 있다며 제안된 교육법들은 긍정적이다. 아동의 환경적 맥락에서 학습의 어려움을 평가하기 위한 필수 요소로 남아 있을 동안, 신경과학은 우리에게 뇌의 환경적 영향에 대한 가치 있는 정보를 준다. 특수교육법에서 환경적, 문화적 혹은 경제적 결손과 같은 학습장애 제외 준거를 빼는 것이 아동들에게 보다 효율적인 교육 체계를 제공하는 데 도움을 줄 것이다.

제24장
신경심리학, 신경과학, 학습장애
─뇌와 행동의 연관성에 대한 시사점

Arthur MacNeill Horton, Jr.

신경과학은 학습장애 판정에 관한 법률 및 정책에 어떻게 기여해야 하는가

첫 번째 요점은 학습장애 판정과 관련한 법률과 정책은 공공정책과 인류의 보다 넓은 복지의 맥락에 있어야 한다는 것이다. 즉, 학습장애의 판정과 관련 있는 법률과 정책에 대한 근거는 이러한 판정이 공공선을 이루는 것이라는 가정이다. 법은 우발적으로 만드는 것이 아니라 대중의 정책적 의지를 담고 있는 결정체로서 제정된다(예: NCLB). 다수의 사람들은 사회가 아동의 교육을 촉진해야 한다는 데 동의한다. 이것은 두말할 나위 없이 명백하지만 학습장애의 판정에 가장 중심이 되는 이슈다. 사회는 아동의 교육에서 공공의 선을 보고 법률을 제정하며, 법률은 모든 아동이 교육을 받도록 보장한다. 교육받은 성인은 경제적으로 풍요롭고 세금을 낼 수 있는 지적 시민으로 성장하도록 기대될 것이며, 그들의 투표를 통하여 민주주의가 보장된다. 이것이 왜 모든 주에서 의무교육법(compulsory school attendance laws)과 게으른 관료와 사회복지사 등이 존재하는지를 말해 준다.

두 번째 요점은 아동의 학습이 공적 자산이며 국가 간 경쟁 및 민주적 시민을 양성하는 데 필수불가결하다는 사실이다. 사회는 날로 과학기술이 발전하는 국제환경에서 잘 교육된 시민이 재화와 서비스를 더 생산할 수 있는 능력이 있음을 보아 왔다. 그리고 교육을 받지 못한 시민, 사회에 방해가 되는 사람은 바람직하지 않은 사람들인 것으로 간주되었다. 이러한 차별은 이민법과 정책에 반하는 것이다. 모든 나라는 교육받은 시민을 원하고 경제적으로 부유한 사람이 자기 나라의 시민이 되기를 원한다. 그래서 그들이 나라의 부를 증대시키고 더욱 많은 부를 제공해 줄 것을 기대한다. 아동의 교육 목적은 지식과 기술을 제공하여 그들이 사회에 도움이 되는 기능을 하기 위함이고 보다 더 큰 부를 돌려주기 위함이다.

모든 형태의 경쟁은 자연적으로 장점이 있는 경우와 장점이 없는 경우가 있다. 만약 농구를 한다고 하였을 때 키가 크고 민첩한 것은 큰 장점이다. 미식축구를 하는 경우라면 크고 강하고 빠른 것이 성공을 위해 이상적이다. 학습도 이와 비슷하다. 어떤 아동은 다른 학생에 비하여 장점을 가지고 있다. 미국 교육을 예로 들 때 가장 단순한 경우는 학업 성취도 검사를 하는 것이며, 더욱 보편적인 방법은 대학수학능력시험, 의학 및 법학 전문대학원 입학고사 등과 같은 표준화된 검사를 치르는 것이다. 어떤 학생은 표준화된 학업 성취도 검사에 재능이 있어서 그것을 잘 볼 것이고, 어떤 학생은 그러한 재능이 없어서 잘 보지 못할 것이다. 그렇다고 그들이 바보인가? 어떤 경우에는 그렇고 어떤 경우에는 그렇지 않다. 이 결과에 대하여 매우 단순하게 보면 표준화된 검사를 잘 보지 못한 학생은 두 가지로 나누어 볼 수 있다. 첫 번째는 실제로 그들이 덜 지적인 경우이고, 두 번째는 그들이 충분히 지적임에도 불구하고 시험에서 그 능력을 발휘하지 못한 경우다. 여러 이유에서 두 번째 경우는 (시험에 필요한) 지식을 배우지 못했거나 배운 학업 지식을 충분히 발휘할 수 없었기 때문이다. 다르게 말하면, 이런 사람은 배울 능력이 있음에도 어떤 이유에서 학습이 일어나지 않은 경우다. 광범위한 감각의 문제가 이러한 학습의 문제를 일으킨다. 더 좁은 의미로 부차적 감각 결함(예: 맹, 시각 문제, 청각 문제)은 학습장애로 인정되지 않으며 일반적으로 단지 학습 문제가 있는 것으로 생각된다. 신경장애 혹은 신경발달장애(예: 뇌손상, 후천적 뇌손상)로 진단받은 집단은 뚜렷하게 학습에 어려움을 겪거나 학습장애를 가진 것으로 간주될지 모른다. 그러나 신경학적 혹은 신경 발달의 손상은 역사적으로 학습장애의 개념, 즉 지적인 문제는 없으나 학습 기술에 어려움을 갖는다는 학습장애의 정의에서 유래된 것이 아니다. 하지만 신경학자들은 전통적인 신경 진단 절차(예: Brain MRI, EEG, 신경학적 신체검사, 요추천자[Spinal Tap])에서는 명확한 증거를 찾지 못하였다. 반면에 종합적인 표준화 신경심리학적 검사들은 타당하고 신뢰성 있게 뇌손상이 있는 학생과 정상 학생에서 학습장애가 있는 학생을 구분할 수 있다(Reitan & Wolfson, 1992). 일반적으로 학습장애 아동은 정상 아동과 신경학적 뇌손상으로 진단받은 아동에 대하여 신경심리학적 연장선상에 있다. 간단히 말해, 그 가운데 학습장애 아동이 존재한다는 것이다.

세 번째 요점은 신경심리학적 검사는 학습장애의 판정과 관련된 법률과 정책에 대하여 어떤 학생이 신경심리학적 기능으로 학습 문제가 있는지를 판별하는 객관적인 수단을 제시한다는 것이다. 여기에서 가장 중요한 것은 객관적(objective)이라는 말인데, 학교 체계에서 학습장애의 판정에 법적이면서 경제적인 문제가 내포되어 있기 때문이다. 만약 한 학생이 학습장애가 있다고 판별되었다면, 학교에서는 비싼 교육 서비스를 제공해야 할 것이다. 학교 체제에서는 학생 수의 비율에 따라 판별된 학생 수를 제한하거나 예산이 허락하는 특정 비율 이하로 떨어뜨리기보다는 학습장애 판별 도구를 더 선호할 것이다. 교육 체제에서의 긴장은 모든 학생은 적절하게 교육받아야 한다는 사회에 대한 공공선을 이루어야 한다는 것이다. 그것은 학습에 문제가 있으나 지적인 학생들까지 포함해야 하며, 모든 지역학교 체제는 특수교육 서비스에 대한 지불을 해야 한다는 것이다. 그러므로 사회적으로 모든 학생이 적합한 교육을 받아야 한다는 생각이 커짐으로써 예산 운영을 해야 하는 지역학교 체제는 갈등이 생기게 된다. 법률과 정책은 학습장애가 객관적인 과학적 근거에 기초하여야 한다고 규정하고 있으며 정치적 고려의 대상이 아님을 분명히 하고 있다. 신경심리학을 통한 신경과학은 학습장애의 판정에 대한 객관적이고 과학적인 증거를 제공해 줄 수 있다.

신경과학은 학습장애 평가(사정)와 판별에 어떻게 기여할 것인가

신경심리학적 검사를 통한 신경과학은 학습장애의 판별과 평가에 객관적인 방법과 절차를 제공해 준다. 이런 맥락에서 학습장애라는 용어는 신경학적 진단을 받지 않고 감각적 결함(예: 맹, 시각 손상, 난청) 없이 신경심리학적 기능장애로 인하여 적합한 지능에도 불구하고 학업 지식과 기술을 습득하는 데 어려움을 갖는 것을 의미한다. 신경심리학적 검사는 학습장애를 정상적 학습을 하는 학생들과 구별할 수 있으며 신경학적으로 뇌손상이 있는 집단들과도 구분할 수 있다(Reitan & Wolfson, 1992). 학습장애 아동 집단은 정상적 학습을 보이는 아동들과 신경학적으로 뇌손상을 가진 아동들 사이에 존재하는 집단이다.

신경과학은 신경심리학적 검사를 통하여 모종의 절차와 방법을 제시하는데, 이로써 학습장애로 판별된 학생들의 신경심리학적 문제를 더욱 설명할 수 있다. 학습장애에서 신경심리학적 접근은 학습장애가 신경심리학적 처리 과정의 장애이며 이것이 학업 지식의 습득에 방해를 주는 것이라는 접근이다. 새롭게 개발된 언어적 개념화와 유창성 검사(Test of Verbal Conceptualization and Fluency: TVCF), 아동의 기억에 대한 검사인 기억과 학습검사 제2판(Test of Memory and Learning-Second Edition: TOMAL-2; Reynolds & Voress, 2007)은 아동기의 학습 능력에서 가장 필수적인 능력과 기술에 대한 도구와 과정을 제공한다. 더욱이 TVCF와 TOMAL-2는 처리 기술과 능력을 신경심리학적으로 측정할 수 있는 많은 신경심리학적 도구들 중의 예일 뿐이다.

더구나 새롭게 개발된 신경영상은 진단적 민감도를 높여 주며 신경심리학적 검사는 학습장애 학생의 판별과 평가에 보충적 검사가 될 것으로 기대된다.

나아가 신경심리학의 형태에서 신경과학은 뇌의 기능에 대한 신경심리학적 이론 모형을 가지고 있다. A. R. Luria(1970)의 뇌-행동의 관련 모형은 신경심리학적 처리와 기능에 대한 역동적이고 전체적인 이해를 가능하게 해 준다. Luria의 고등 피질 기능(higher cortical functionaing) 모형은 뇌의 세 가지 영역과 연관이 있다. ① 하부 뇌간 구조, ② 중심구의 후측 대뇌피질(cerebral cortex posterior to central sulcus), ③ 중심구의 전측 대뇌피질(celebral cortex anterior to central sulcus). 이 주요 영역은 뇌 기능에 독특한 기여를 한다.

1번 영역

하부 뇌간 구조에서는 톤(탄력)과 대뇌피질의 에너지 공급을 조절하는 기능을 한다. 또한 이 구조는 기억과 실행 기능 능력을 촉진하는 보다 높은 수준으로 진행하기 위하여 톤(탄력)과 대뇌피질의 에너지 수준을 제공한다.

2번 영역

후측 중심구(posterior to central sulcus) 또는 배측 대뇌피질(posterior cerebral cortex)에서는 시각적 · 청각적 감각 자극과 촉각적 특성이 확인되고 지각되며 부호화된다.

3번 영역

전측 중심구는 점화, 산출, 모니터링, 운동 반응의 평가에 연관된다. 전측 중심구는 후반부 감각 처리기의 정보를 받는다. 더불어 의도의 형성과 운동 행동의 산출 그리고 운동과 운동 행동의 결과에 대한 평가가 있다.

신경심리학적 발달 단계

Luria(1970)는 신경심리학적 기능에 의하여 많은 단계가 발달되었다고 가정하고 환경적 · 문화적 영향이 신경학적 구조와 함께 보다 높은 단계의 정신 능력(예: 기억과 기능의 실행)과 상호작용한다고 하였다. 그에 의하면, 보다 높은 피질 기능은 정상적인 신경학적 발달과 특정 문화, 역사적 · 사회적 환경 자극 간 상호작용이 필요하다. 이와 같은 적절한 신경학적 발달과 신경학적 자극의 상호작용은 언어, 기억, 실행 기능을 최적화한다(Luria, 1970).

향후 신경과학의 발달은 학습장애의 분류와 중재에 어떤 영향을 줄 것인가

미래는 항상 예측하기 어렵다. 그러나 어떤 경향은 지속될 것이다. 신경영상 기술의 발달과 신경심리학적 검사의 발달은 인간의 뇌가 어떻게 정보를 저장하고, 평가하고, 인출하고, 행동을 계획하고, 모니터링하는지에 대한 지식을 더욱 발전시킬 것이다. 이러한 발달은 학습장애의 중재와 분류를 하는 새로운 방법을 이끌 것이다. 가장 최근에 발달된 신경심리학에서는 인간의 정보 처리가 다양한 뇌 영역에서 동시에 그리고 순차적으로 작용한다고 하였는데, 거기에는 다양한 과제와 사람들이 한 경험, 배경 그리고 인지적 자극이 포함되어 있다. 신경 네트워크는 아동의 학습이 어떻게 진전되는지와 왜 진전하는 데 실패하는 지에 대해 알 수 있게 해 준다.

더욱이 신경유전학의 발달(예: 유전학의 뇌의 기능 영향)은 증가될 것으로 보인다. 유전학이 뇌의 기능에 영향을 미치는 것을 이해하면 학습장애의 분류에 새로운 길이 열릴 것이다(Olsen & Gayan, 2001). 예를 들어, 학습장애를 갖고 있는 사람들 대다수가 유전적으로 청각-구어와 언어-선형 처리를 저해하는 최적의 시공간적 · 지각 운동 기능을 갖고 있는 사람들이라는 이론이 있다. 이러한 유전적 특성을 가진 사람은 자극 처리 상황에서 매우 높은 수행을 보이나 연속적 처리 상황에서는 수행이 낮다. 전통적인 학업 성취 상황은 반복적 수행과 연속적 처리 과정에 편중되어 있으며, 이러한 사람은 학습장애로 분류되기보다는 특정한 유전적 학습 스타일인 것으로 치부되어 왔다. 유전공학과 유전적 표현의 포괄적인 확산은 특정 학습 문제를 밝혀 주는 방법으로 이용될 것이다. 미래에는 현재의 학습장애가 유전적 수단을 통해서 수정될 것이며 모든 이는 학습에서 동등한 기회를 얻게 될 것이다.

예를 들어, 미국에서 언어 기반 학습장애의 출현은 언어의 산출과 관련이 있다. 이탈리아와 같은 나라에서는 그들의 언어적 특성이 다르기 때문에 학습장애의 출현이 매우 다르다. 유사하게, 구어적 자극이 정신적으로 처리되는 것은 중국어를 모국어로 하는 학습자나 영어를 모국어로 하는 학습자나 비슷하지만, 중국어 사용자가 양 반구에서 그림을 언어적으로 인식하여 처리하는 데 반하여 영어 사용자는 좌반구에서 비슷한 자극을 처리한다. 신경과학과 언어와 뇌 기능을 이해하는 것은 새로운 학습장애 분류에 지평을 열 것으로 기대된다.

학습장애 진단 방법으로서의 RTI와 임상신경과학 지식을 어떻게 조화시킬 것인가

RTI는 처치 계획과 중재의 다양한 측면에서 다루어질 것이다. RTI는 실제로 행동주의적 관점에서 온 읽기 교수에서의 치료 중재다. 늘어나는 임상적 아동 연구 결과에서는 아동의 경우 행동 방법이 다양한 주변 환경과 아동의 문제에 따라 다르다고 말한다. RTI와 신경과학–신경심리학의 관계를 이해하는 더욱 적절한 방법은 문제 해결 모형으로, 학습장애의 진단, 신경심리학적 검사, 처치 계획 그리고 다양한 행동 조절 실행 기술을 결합한다.

문제 해결 모형

RTI를 포함하여 일반적인 접근의 개발에서, Lewinsohn과 동료들 (Lewinsohn, Danaher, & Kikel, 1974)에 의해 개발된 문제 해결 모형은 특

→ 〈표 24-1〉 Lewinsohn의 모형

① 신경심리적 기능의 일반적 평가(사정)
② 신경심리적 기능의 특정한 평가(사정)
③ 중재 기법의 실험실적 평가
④ 중재 기법의 실제 적용

별한 가치가 있다. Lewinsohn과 동료들은 치료 전략을 제안하였다. 그
것은 개념화된 처치 중재라는 측면에서 매우 중요한 의미를 갖는다.
Lewinsohn의 모형은 중재와 평가(사정)에 따라 몇 가지 단계로 되어 있
다. 구체적인 단계는 〈표 24-1〉과 같다.

네 단계를 보면 처음 두 단계는 신경심리학적 평가에 중점을 두고 있으
며 나머지 두 단계는 RTI의 이용에 중점을 두고 있다. 1단계는 사람들과
의 규준적 비교를 통하여 이루어진다. 다르게 이야기하면, 어떻게 개인이
지능, 신경심리학적 기능, 사회적 기술, 정서적 상태 또는 학업 성취의 표
준화된 검사를 통해 다른 또래들과 비교되는가다(Horton & Wedding,
1984). 어떤 학생을 동일한 나이, 성, 교육 수준 그리고 사회경제적 지위
에 있는 아이들과 비교한다는 것은 매우 중요한 일이다. 전통적인 DSM-
IV나 ICD-10과 같은 진단 체계에서 이러한 단계가 나타난다.

다음 단계인 2단계에서는 아동 스스로의 내적 비교에 중점을 둔다. 더
구체적으로는 아동의 내적 능력의 구조는 어떠한가, 아동 스스로의 강점
과 약점은 무엇인가 등이다. 예를 들면, 아동은 구어나 언어 능력에 강점
을 지니고 있는가, 아동은 시각-공간적 활동, 조작 활동을 잘하는가 등이
다. 아동의 내적 능력 구조의 이해는 그 아동에게 어떤 과제가 가능한
지, 그리고 아동의 능력과 환경적 스트레스의 갈등이 일어나는 곳이 문
제를 일으키는 곳이라는 것을 알려 줄 것이다.

많은 방법에서 2단계의 신경심리학적 기능의 평가는 행동 평가와는

또 다른 맥락으로 보인다(Horton & Wedding, 1984). 이 단계는 아동의 실제적 행동 기능을 조직화된 형태로 검사하는 것을 포함한다. 처치 중재 계획에서 특정 행동과 관련한 문제들은 기준선을 설정하는 데 매우 도움이 된다. 이후 결정의 기준은 문제 행동이 무엇이며 그것이 어떻게 변화하였나가 될 것이다. 목표 행동의 증가와 감소를 정하는 것이 도움이 되는 경우가 있다. 그리고 이 목표 행동이 지속적인 중재에 의해 중재 이전 단계와의 변화를 비교 측정하는 것도 도움이 된다.

3단계에서는 특정 중재 전략이 평가될 수 있다. 기본적인 RTI 기술은 행동적 패러다임을 이용하여 개념화될 수 있다(Bandura, 1969). 행동주의 모형은 조절이 가능한 상황에서 처치 중재를 시작하기에 가장 적합하다. 학교 교실환경에서는 동일한 수준의 실험 조절이 불가능하다. 많은 오류와 변수가 중재 결과에서 설명되어야 한다. 더욱이 어떤 행동을 설명하는 특정 평가를 계속하는 것은 그것이 목표 행동의 발달을 보여 주기 때문에 좋다. 지속적 평가와 평가의 결과는 중재와 그 효과를 설명하는 데 합리적인 판단의 준거가 된다. 만약 초기의 중재 효과가 3단계에서 시연된다면(이 활동은 쉽게 되지 않을 수 있음) 어떤 임상적 적용도 주어져야 할 것이다.

임상적 적용은 4단계에서 설명된다. 초기의 행동 수정 시기에 행동 평가와 중재가 시작될 것이고, 초기의 긍정적 행동 변화가 있은 후에 행동 수정자들은 떠나갈 것이다. 천재가 아니더라도 알아차릴 수 있는 것은 행동수정자들이 떠난 후 문제아동은 처치와 '실제 사회'의 조건을 구별해 내고 점차로 행동을 바꾼다는 것이다. 간단하게 정리하면, 처치 조건이 끝나면 다양한 행동에 대해 강화가 없다는 것을 알아차린 아동은 적합한 행동을 그만둔다.

오늘날 처치 중재가 조작적 환경에서 소개되었을 때 그것을 유지하고 발전시켜 어떤 처치 효과의 특정 시스템을 만들거나 실행하는 것이 중요하다는 것이 지각되었다(Bandura, 1982). 이것은 더 많은 훈련과 특정 강화 프로그래밍 그리고 추가적 실험 장면이 필요하다. 그렇지 않으면 어떤 행동 효과도 환상으로 판명되어 사라질 것이다. Bandura(1982)는 변화를 위한 방법도, 변화를 유지하는 방법도, 그리고 변화를 일반화하는 방법도 존재할 것이라고 가정하였다. 아동의 문제를 중재하는 데 있어서 변화시키려는 기술들이 변화를 유지하기 위해서 필요한 혹은 제일 효과적인 기술들과 다를 수 있다는 것을 아는 것이 중요하다. 그리고 그것은 긍정적 행동의 일반화를 다른 환경, 다른 사람, 다른 행동들에서 유지할 수 있는 가장 효과적인 방법과는 완전히 다를 수도 있다. 그러므로 개인이 행동 수정 전략을 이용할 때 자문을 구하는 것이 바람직하며, 많은 단계와 하위 단계가 제시되어야 한다. 이러한 문제들을 논의하지 않는 것은 부적합한 서비스 전달을 촉진하고 모든 계획을 수포로 만들 것이다.

제25장
맺음말
－적용해야 제대로 아는 것이다.
행동으로 보여야 제대로 의지를 지닌 것이다.

Elaine Fletcher–Janzen

신경과학은 학습장애 평가(사정)와 판별에 어떻게 기여할 것인가

오랜 기간 동안 특수교육 관련 연구자와 전문가들은 학습 문제에 대한 병인론 연구로서 신경과학을 바라보았다(D'Amato & Dean, 2007; Reynolds, 2007; Edelston & Swanson, 2007). 지각－운동 훈련 및 처리를 통한 학습장애 중재의 초기 실패는 학습 문제에 대한 치료적 처치를 기반으로 하는 신경학적 발견에 대한 열의를 수그러들게 했지만(Hynd & Reynolds, 2005; Reynolds, 2007), 신경생물학에 근거한 정부 수준의 학습장애 정의를 막지는 못했다(Appleguist, 2007; Edelston & Swanson, 2007).

미국 국립보건원(National Institutes of Health: NIH)은 최근 임상과 기초 연구 간의 장벽이 점점 높아지고 있음을 인식했다. 임상 연구 수행 시 포함되는 복잡성의 증가는 실험실에서 도출되는 새로운 지식을 임상 현장으로 전환하는 데 더 많은 어려움을 낳고 있으며, 다시 임상 경험이 연구 현장으로 돌아오기도 어려워지고 있다. 이러한 도전은 연구 영역의 전문적 관심사를 제한하고 연구가 확대되어야 할 시기에 임상적 연구 계획을 저지하고 있다. NIH(2007)는 최근 "인간 보건을 증진하기 위해서 과학적 발견이 실제적 적용으로 전환되어야 하며, 이런 발견은 전형적으로 기초 연구실에서 이루어지는 분자 혹은 세포 수준의 질병 연구에서 시작하여 임상적 수준으로 진보한다."(p. 4)라고 발표했다.

과학자들은 이러한 실험실–임상 현장의 연결 접근에 두 가지 길이 있음을 점차 인식하고 있다. 기초과학자들은 임상가가 환자에게 사용할 수 있는 새로운 도구를 제공하는 반면, 임상 연구자들은 기초 연구에 자극을 줄 수 있는 병의 속성과 진전에 대한 새로운 발견을 제공하고 있다.

이러한 과학적 정보의 실제적 임상 적용에 대한 정부의 관점은 특히 학습장애와 신경과학의 관계에서 부합한다. 예를 들면, Sally Shaywitz(2004)와 같은 연구자들이 수행한 연구는 읽기장애를 가진 아동의 읽기에 관여하는 뇌의 다른 세 영역을 설명하고 있다. 그들의 연구에서는 치료적 중재를 전략적으로 수행하면서 중재의 결과로서 관여하는 뇌의 영역을 증거로 제시했다(Simos et al., 2002). 그들의 연구는 또한 어떻게 전략적 중재가 교실과 학교에서 적용될 수 있는지에 대한 연구를 확대하고 있다. 이런 연구들은 직접적 임상과 학업적 효과에 대한 많은 약속을 내포하고 있다는 점에서 뇌–행동 연구의 응용에 있어 기준을 확립하는 선구자적 성향을 보인다.

읽기 및 학습 장애에 관한 이러한 응용 연구의 또 다른 예는 Posner와 Rothbart(2007a, 2007b)가 수행한 연구다. 그들의 연구는 정보에 주의를 기울이고, 주의를 통제하며, 정서와 인지의 상호작용을 조절하고, 부호화하고 조직화하여 정보를 인출하는 뇌의 기능을 설명한다. Posner와

Rothbart는 뇌 기능과 발달이 어떻게 학교생활의 자발성, 독해력, 수리력 그리고 학업 능력과 관련 있는지 꾸준히 연구하고 있다.

과거 신경과학은 실험실 안에 고립되어 있었지만, 기술적 진보는 영상 결과를 실험실의 연구에서 임상적 실제 활동으로 전환시키는 과정을 거치고 있다. 이러한 진전은 단지 시작일 뿐 더 큰 영향력을 미칠 것이라 예상된다(Scientific & Computing Imaging Institute, 2007). 일부 연구 영역에서 실험실에서 교실까지의 지휘가 일련의 연구자에 의해 유지되고 있고, 일부 집단에서 실제 적용을 수행할 수 있는 집단으로 이전되지 않는 예가 있다(예: Fletcher et al., 2007; Shaywitz, 2004). 본질적으로 지난 15년 동안 학습장애 연구의 주요한 획기적 성과는 신경과학에서 비롯된 것들이며, 임상 실제와 학습장애 판별의 진전에 강력한 촉매제였다. 신경과학은 수년 동안 학습장애 영역을 구체화하였고, 학급 현장에 직접적으로 영향을 미치기 위해 전환적 효과를 증가시키고 있다. 이런 공헌이 수년 안에 약화될 것이란 어떤 표시도 없으며, 오히려 정부는 신경학적 연구의 실제 현장의 전환을 주도하고 있고, 실험실로부터 개별 학생으로 확대되고 있는 발전적 연구 프로그램들이 일군의 연구자 집단에 의해 수립되고 있다.

향후 신경과학의 발달은 학습장애의 분류와 중재에 어떤 영향을 줄 것인가

신경과학에서 두 가지 영역의 성장은 학습장애를 판별하고 중재하는 문제에 지속적인 영향을 미칠 것이다. 첫 번째 영역은 뇌와 뇌의 순환 그리고 세포의 위치를 표지하고 있는 유전자를 매핑하는 신경유전학 분야다. 현재까지 신경과학 논문의 99%는 1만 5,000~1만 6,000개 뇌 유전자

중 1%에만 초점을 맞추고 있고 인간 뇌의 유전자 매핑은 갈 길이 멀다. 그러나 최종적 목표는 단순한 뇌의 매핑이 아니라 "해부학적, 유전학적 그리고 행동적 관찰 간의 관련성을 알아내는 것이다."(Gewin, 2007, p. 12) 유전자가 인간의 특정 행동 형태를 자동적으로 생산하는 것이 아니라, 인간의 행동은 환경(경험을 통해 생성된)과 뇌의 네트워크 간 상호작용에 의해 결정되기 때문이다. 현재 주의력에 관여하는 신경망에서의 다른 형태의 유전자형과 표현형의 프로파일 간의 관련성을 인식하기 시작한 연구자들이 있다(예: Posner & Rothbart, 2007a). 자폐 스펙트럼 장애 연구자들은 발달상 자폐적 행동을 유발하는 10개가 넘는 유전자를 발견했다(NIH, 2005). 학습장애와 관련하여 일부 연구자는 음운 해독, 철자 부호화, 단일단어 읽기 그리고 음운 인식의 표현형에 특이하게 관여하는 유전자를 발견했다(Grigorenko, 2005). 추가적으로 많은 읽기장애에 관한 유전적 위험 인자와 환경적 위험 인자가 어떻게 상호작용하는지 연구하고 있다(예: Fisher & DeFries, 2002; Fletcher et al., 2007).

두 번째 영역은 신경과학에서의 미래 발달 분야로 현재 진전 중인 영상 기술의 임상적 적용 분야다. 뇌영상 기술 중에서 특히 뇌의 처리 과정에 대한 이해를 높이는 새로운 방식들이 개발되고 있다. 예를 들면, 확산 텐서영상(diffusion tensor imaging: DTI)은 뇌 기능의 국지화(localization)와 반대로 처리의 효과성을 보여 준다. 축삭 다발의 구조적 관련성을 보여 주며 또한 한 영역에서 다른 영역으로의 정보 흐름의 강도를 보여 준다 ([그림 25-1]의 DTI 뇌영상 참조). 이러한 DTI 기법은 읽기와 관련한 처리 과정의 역동적 국지화를 이해하는 데 도움을 준다. 예를 들면, Beaulieu 등의 연구(2005)에 따르면, 뇌의 DTI는 "정상 아동의 읽기 수행력의 향상의 경우 좌측 측두두정엽백색질에서의 영역 간 연결성의 중요성을 보여 준다."(p. 1270) 미래에 역동적 국지화 영상은 학업 활동 그리고 중재 시 관여하는 뇌의 처리 과정을 이해하는 데 중요한 영향을 미칠 것이다. 개별 아동 수준의 뇌영상이 사용 가능하리라고 상상하기는 어렵지만, 이러한 경향은 전반적 증거로 제시될 것이다(Linden, 2006).

영상에 관해서 또 다른 최근의 중요한 진보는 맥길 대학(McGill University)

[그림 25-1] DTI를 이용한 인간 뇌의 시각화. 묘사되어 있는 것은 정중 시상면을 지나는 재건된 섬유조직이다. 특히 뇌량(영상 평면에서 나와 위로 굽어지는)을 통해 두 반구를 이어 주는 U자 모형의 섬유조직과 척추로 내려가는 섬유다발이 두드러진다.

출처: Courtesy of Gordon Kindlemann at the Scientific Computing and Imaging Institute, University of Utah, and Andrew Alexander, W. M. Keck Laboratory for Functional Brain Imaging and Behavior, University of Wisconsin-Madison.

에서 이루어지고 있는 MRI의 뇌영상 데이터베이스의 축적이다. 이는 아동 및 청소년의 뇌영상의 표준적 비교를 구축하려는 국제적 노력이다. 6개의 미국 소아의학 연구센터의 연구자들은 신생아에서 18세까지 500명 이상의 정상 아동의 MRI 영상을 수집했다. 각 아동의 뇌는 최소 2년에 한 번씩 6년에 걸쳐 영상이 수집되었으며, 어린 아동일수록 더 자주 영상이 수집되고 있다. 이상의 데이터는 신경학적 손상을 지닌 뇌와 비교하여 건강한 정상의 뇌가 어떻게 발달하는지 보여 준다. 이런 데이터베이스는 3,000달러의 비용이 소요되며 온라인을 통해 전 세계 과학 커뮤니티에 무료로 제공되고 있다(Bourguignon, 2006).

　미래에는 뇌영상이 중재 효과를 측정하는 직접적 수단이 될 것이다. 기술과 기술 적용(translational) 연구가 현재의 속도로 확대된다면, 영상은 학습장애의 분류 및 치료에서 주요한 자료가 될 것이다. 아직 이런 특수한 수준의 실제적 활용은 실험실 밖에서는 불가능하다. 그러나 실험실에서 가능하다면, 남은 부분은 임상적 실제로 전환할 수 있는 수단이 있는가 하는 점이다. 기술 적용의 한 방식은 이미 일부 연구자가 단어 형태 재인, 음소 인식과 같은 뇌의 기능/인지 처리(예: Beaulieu et al., 2005; Shaywitz, 2004) 및 주의력, 실행 기능과 같은 보다 폭넓은 과정에 관여하는 검사를 통해 확인하고 있다(예: Posner & Rothbart, 2007b). 이런 심리측정 검사들은 심리측정학적 이론과 검사타당화 방법뿐만 아니라 뇌영상 기법에 의하여 타당화되고 있다. 이런 뇌영상 기법과 심리측정 이론이 학습장애 '의심' 아동의 뇌/인지 과정에 대한 보다 직접적인 평가를 하는 데 있어 서로 도움이 된다는 것은 이치에 맞고 매우 고무적이다.

　요약하면, 진행 중인 신경유전학 연구, 뇌영상 기술의 진보, 뇌영상 데이터베이스의 축적, 뇌 기능을 측정하는 심리측정 수단으로서의 영상화의 타당성, 그리고 치료를 통한 변화 과정의 측정은 강력한 과학적 발전으로 이미 학습장애에 대한 우리의 이해와 평가 그리고 치료에 영향을 미치고 있다.

학습장애 진단 방법으로서의 RTI와
임상신경과학 지식을 어떻게 조화시킬 것인가

신경학 기반 연구는 음운 기반 읽기장애를 판별하고 치료하는 중재반응(RTI)의 효과성에 대해 경제성을 논의하고 있다(Fletcher et al., 2007; Shaywitz, 2004). 신경생물학 기반의 과학적 증거는 판별 및 치료의 효과에 대한 측정치로서 뇌영상을 이용하고 있으며 평가와 진전에 대한 교육과정중심 측정에 기초한 측정에 기술적으로 적용되고 있다(Fuchs & Young, 2006). 따라서 읽기 문제의 치료를 위한 RTI의 신경과학적 지지는 건실하며 실제적이다. 다만, 공존장애를 가지고 있지 않으며 상당 기간 통제적 조건에서 강한 강도의 치료를 받은 아동의 음운 기반 읽기장애에 한정되었다.

RTI는 특정 집단에 대한 효과성의 유망한 증거이지만(예: Vaughn, 2007; Fletcher et al., 2007), 실제 세계에서 나타날 수밖에 없는 혼재변인 효과를 명료하게 설명할 수 없다. 학습장애는 ① 다른 장애와 빈번히 공존하고, ② 다른 장애로 빈번히 오인되며, ③ 다른 읽기 및 학습 장애 하위 유형과 함께 출현하고, ④ 발달 시기에 출현, 진전, 발현하며, ⑤ 사회경제적 지위 같은 문화적 변수에 민감하고(NCCREST, 2007; Sirin, 2005), ⑥ 학교, 지역에 걸쳐 일관된 증거를 보여야만 하는데, 이런 점에서 RTI가 학습장애 진단의 정부 지침을 준수하고 학습장애를 예측하는 신뢰성 있고 타당한 방법이 될 수 있는 것이 아닌 것은 확실하다. 이상과 같은 많은 변인은 학습장애 판별을 위한 타당하고 광범위하게 적용되는 방법으로 RTI 절차를 전환하는 데 주의 깊은 전문가적 분석을 요구한다.

이것은 RTI가 학습장애의 예방을 위한 의미 있는 접근이 아니라고 말하는 것이 아니라 오히려 신경과학이 뇌 기능의 실제적 변화를 이끄는 촉진자로서 고군분투하는 읽기 학습자의 음운 교수를 지원한다는 의미다(예: Fletcher et al., 2007; Shaywitz, 2004). 이상은 수년 동안 읽기 중재에 대한 우리의 이해에 영향을 미칠 매우 훌륭한 발견이다. 그러나 이런 발견들은 학교 및 다양한 읽기 문제에서 임상 실제를 반영하지 못하고 있고 단지 실험적 상황을 보여 주고 있다. 때로 과학이 교실 상황으로 적용되기도 했지만 대부분은 그러하지 못했다. RTI의 경우 신경과학의 적용은 실험실과 같은 통제된 조건을 똑같이 학교에서 실시하려 했으나 실패하였다. 집단 수준의 데이터와 통제된 실험실 조건을 교실에 적용하는 것을 강조하다 보면 학생-교사 상호작용의 생생함은 무시된다. 매우 임의적이며 강력한 인간의 모습이 사라지게 된다. 학습장애로 분류되기 전, 아동의 생활세계를 문화적 그리고 임상적으로 제대로 분석할 권리가 무시되고 있다는 점에서 학습장애 판별의 유일한 방법으로서 RTI는 정당하지 않을 수 있다.

학습 능력에 대한 신경심리적 접근(Silver et al., 2006)은 단일 대상 연구 설계 방식을 포함하고 개인의 독특성을 보전하며 교사의 판단을 보완하는 방식이다. 이것은 아동의 환경을 탐색하고 유전과 경험 간의 고도의 개별화된 관계를 양방향으로 이해한다. 또한 그것은 효과적 중재를 계발하는 것을 보조하고, 정서/행동적 요인의 효과를 염두하면서 "병인론과 수행 요인을 통합한다."(Silver et al., 2006, p. 4)

OSERS과 NASP는 최근 학습장애 결정은 광범위한 평가의 맥락에서뿐 아니라 법의 테두리 안에서도 이루어져야 한다고 명시한다. 이것은 RTI가 평가 절차에 대해 주요한 정보에 공헌하지 않는다고 말하는 것이 아니다. RTI가 학습장애 진단에 제공하는 가장 주요한 공헌은 단일 대상 설계의 종합적 평가(사정)에 존재하는 환경적 혼란 요소를 제거하는 것이다.

현재까지의 연구 기반을 고려해 보면, RTI는 학생이 음운에 기반한 읽기 문제가 있는지, 그리고 학생에게 적합한 교수가 제공되었는지 판단하는 증거 기반의 경제적인 방법이다. 학생이 실행된 중재에 잘 반응하지 않는다면, RTI는 종합적 평가(사정)를 기반으로 하여 상호작용 및 실제 생활에 반드시 필요한 것을 제공한다. 이론적으로 우리는 설계된 중재에 대해 실패한 아동이 있다면 최소한 심각하고 비치료적인 음운 기반 읽기 문제나 그 밖의 음운에 기반한 결손 및 학업의 어려움이 있을 것이란 점을 알 수 있다. 지속적 어려움을 생성하는 것은 (검사자의 학습에 대한 철저한 신경학적 이해, 다양한 데이터, 문화적으로 유능한 임상 실제, 국가적인 규준참조 도구, 감별 진단을 이용한 임상적 유능성을 포함하는) 객관적이고 심층적이며 종합적인 평가(사정)를 요구한다.

요약하면, RTI와 신경과학의 조화는 찬사를 받을 만하다. 적절히 수행된 RTI는 읽기 및 다른 학습 문제를 가진 아동의 종합적 평가(사정)에 대해 귀중한 정보를 제공해 준다. 다시 말해, 이 관계는 협동 체계를 우대하고 반영한다. Posner와 Rothbart(2007b)는 다음과 같이 적절한 결론을 내렸다. "많은 동료와 함께 우리는 동등한 과학적 타당성을 가진 각 수준에서 서로 정보를 제공하는 다른 분석 수준을 본다. 이러한 수준의 가교는 더 높은 수준의 이해와 예견을 가능하게 할 것이다."(p. 2)

학습장애 진단에서 신경심리학은 어떤 역할을 해야 하는가

학습장애 진단에서 신경심리학의 역할은 본질적으로 자연적이며 결함이 없다. 신경심리학자들은 종합적인 학교 기반 학습장애 평가(사정) 영역을 평가하지만, 광범위하고 국지화된 뇌 처리 과정에 특정한 검사를 포함하고 어떻게 뇌가 행동(학업과 사회성)으로 표현되는지에 대한 독특한 관점을 제공하고 있다. 신경심리학자는 또한 아동의 뇌 기능에 손상을 주어 학업에 손상을 미칠 수 있는 잠재적인 의학적 문제, 예를 들면 경미한 뇌손상, 간질, 천식 그리고 당뇨와 같은 만성 질병에 대한 전문 지식을 가지는 경향이 있다.

감별 진단은 학습장애 증후를 보이는 아동의 평가에 포함되는데, 이는 매우 복잡하고 (윤리적·법적으로) 판별이 어려운 공존장애 조건을 배제할 것을 요구한다. 아동은 성인보다 많이 정신병리적이고 신경 발달적인 조건(뇌손상 후유증, 우울증, 불안)을 증거로 삼으며, 임상가의 뇌-행동 전문 지식으로부터 도출된 종합적 평가(사정)에 기초한다. 많은 학교 및 외래 기반 임상가는 판별되어야 할 발달적 혹은 기질적(organic) 문제를 보이는 경우, 소아 신경심리학자에게 진료를 의뢰한다(Silver et al., 2006).

신경과학에서 도출된 뇌의 기능 측면(실행 기능, 작업기억)의 정보들은 현재 임상 및 학교 현장에서 평가되는 방식으로 변환되고 진보되고 있다(Hynd & Reynolds, 2005). 예를 들면, 주의력결핍 과잉행동장애(ADHD)는 자주 학습장애(LD)와 공존하는 것으로 나타나고 있다. 만약 DSM 및 감별 조건이 주의, 조직, 계획 그리고 충동 등에 대한 공식적 측정 기준을 제시하지 않았다면, ADHD와 학습장애의 공존을 판단하는 것은 가능하지 않았을 것이다(Barkley, 2003; Fletcher-Janzen, 2005; Semrud-Clikeman, 2005). ADHD 증상을 보이는 아동에게는 다양한 이유가 있으며, 이상과 같은 뇌-행동의 관련성에 대한 지식은 증상의 병인론 및 최종적 치료 방향을 알아내는 데 매우 중요하다(Semrud-Clikeman, 2005).

현재 학습장애 판정에서 불일치 모형을 꼭 적용하도록 하지 않으며, 학습장애 평가(사정)에 있어 다양한 장면에서 공식적 방법으로 신경심리학적 원리가 포함되는 것도 가능한 일이다. 학습장애를 정의하고 판정하는 새로운 모형은 단일한 방법이 크게 인기를 얻은 것은 아직까지 없

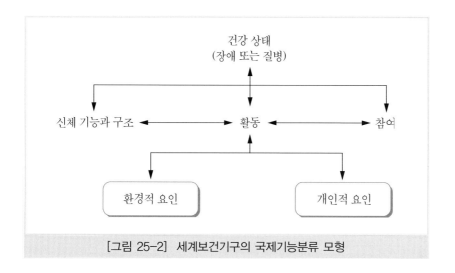

[그림 25-2] 세계보건기구의 국제기능분류 모형

었다. 그러나 세계보건기구의 국제기능(장애, 건강)분류(International Classification of Functioning; WHO, 2007)가 아동에게 적용되고 있고 (Simeonsson, Pereira, & Scarborough, 2003), 이것은 정치, 환경, 국경을 초월한 장애 모형에 대한 많은 약속을 포함하고 있다. [그림 25-2]는 WHO의 모형 및 그 구성 요소를 보여 준다. 독자들은 이 모형에 대한 세부적인 관련 연구를 다른 곳에서 찾아볼 수 있다(WHO, 2007). 이 모형은 기능의 모든 요소(생물학적, 사회학적, 심리학적, 환경적, 체계적)를 포함하고 인간적 관점에서 장애의 요소를 공통적으로 이해하려는 광범위한 노력을 표명한다고 보일 것이다. 이 모형은 장애 기능에 대한 용어를 표준화하는 것뿐만 아니라, 장애와 치료를 판정하기 위해 전반적 기능의 종합적 평가를 받을 개인적 권리에 대한 세계적 표준을 정립하고 있다.

요약하면, 우리는 신경과학과 신경심리학의 증거가 임상 실제와 학교학습에 적용되어 활용되는 매우 흥미로운 시대에 살고 있다. 우리는 더이상 불일치 모형에 의해서만 학습장애를 판별하지 않으며, 신경과학의적용이 매우 빠른 속도로 성장하고 있고, 향후 장애 진단의 세계적 표준 모형에 포함될 것이다. 그러므로 정책 입안자나 교육 전문가는 학습장애 판별에서 신경심리학적 접근을 포함하는 데 보다 열린 자세를 지녀야 할 것이다.

● 참고문헌 ●

제1장

Beaton, A. A. (1997). The relation of the planum temporale asymmetry and morphology of the corpus callosum to handedness, gender, and dyslexia: A review of the evidence. *Brain and Language, 60,* 255-322.

Beaulieu, C., Plewes, C., Paulson, L. A., Roy, D., Snook, L., Concha, L., & Phillips, L. (2005). Imaging brain connectivity in children with diverse reading ability. *NeuroImage, 25,* 1266-1271.

Benton, A. L. (1982). Child neuropsychology: Retrospect and prospect. In J. de Wit & A. L. Benton (Eds.), *Perspectives on child study* (pp. 41-46). Lisse, Netherlands: Swets & Zeitlinger.

Bigler, E. D., Lajiness-O'Neill, R., & Howes, N-L. (1998). Technology in the assessment of learning disability. *Journal of Learning Disabilities, 31,* 67-82.

Cruickshank, W. M., Bice, H. V., & Wallen, N. E. (1957). *Perception and cerebral palsy.* Syracuse, NY: Syracuse University Press.

Dejerine, J. (1892). Contribution À l'etude anatomic-pathologique et clinique des différentes variétés de cécite verbale. *Comptes Rendus des Seances et Memoires de la Societé de Biologie et de Ses Filiales, 44,* 61.

Deutsch, G. K., Dougherty, R. F., Bammer, R., Siok, W. T., Gabrieli, J. D. E., & Wandell, B. (2005). Children's reading performance is correlated with white matter structure measured by diffusion tensor imaging. *Cortex, 41,* 354-363.

Drake, W. E. (1968). Clinical and pathological findings in a child with developmental learning disability. *Journal of Learning Disabilities, 1,* 9-25.

Duara, B., Kushch, A., Gross-Glenn, K., Barker, W., Jallad, B., Pascal, S., Loewenstein, D. A., Sheldon, J., Rabin, M., Levin, B., & Lubs, H. (1991). Neuroanatomical differences between dyslexic and normal readers on magnetic resonance imaging scans. *Archives of Neurology, 48,* 410-416.

Federal Register (2006). Vol. 71, No. 156 / Monday, August 14, 2006 / Rules and Regulations at http://www.gpoaccess.gov/fr/index.html

Galaburda, A. M., & Kemper, T. L. (1978). Cytoarchitectonic abnormalities in developmental dyslexia: A case study. *Annals of Neurology, 6,* 94-100.

Goldstein, K. (1942). *After-effects of brain injuries in war.* New York: Grune & Stratton.

Gresham, F. M. (2002). Responsiveness to intervention: An alternative approach to the identification of learning disabilities. In R. Bradley, L. Danielson, & D. Hallahan (Eds.), *Identification of learning disabilities: Research to practice* (pp. 467-519). Mahwah, NJ: Erlbaum.

Hale, J. B., Naglieri, J. A., Kaufman, A. S., & Kavale, K. A. (2004). Specific learning disability classification in the new Individuals with Disabilities Education Act: The danger of good ideas. *The School Psychologist, 58*(1), 6-13, 29.

Hammill, D. D., & Bartel, N. R. (1978). *Teaching children with learning and behavior problems* (2nd ed.). Boston: Houghton-Mifflin.

Hertzig, M. E. (1983). Temperament and neurological status. In M. Rutter (Ed.), *Developmental neuropsychiatry* (pp. 164-180). New York: Guilford.

Hinshelwood, J. (1895). Word-blindness and visual memory. *Lancet, 2,* 1564-1570.

Hinshelwood, J. (1917). *Congenital word blindness.* London: H. K. Lewis.

Humphreys, P., Kaufmann, W. E., & Galaburda, A. M. (1990). Developmental dyslexia in women: Neuropathological findings in three cases. *Annals of Neurology, 28,* 764-774.

Kavale, K. A., & Forness, S. R. (1995). *The nature of learning disabilities: Critical elements of diagnosis and classification.* Mahwah, NJ: Erlbaum.

Kerr, J. (1897). School hygiene in its mental, moral, and physical aspects. *Journal of the Royal Statistical Society, 60,* 613-680.

Kirk, S. A. (1963). Behavioral diagnosis and remediation of learning disabilities. In *Proceedings of the annual meeting of the conference on exploration into the problems of the perceptually handicapped child,* Vol. 1, pp. 37. Chicago.

Kirk, S. A., & Kirk, W. D. (1971). *Psycholinguistic learning disabilities: Diagnosis and remediation.* Urbana: University of Illinois Press.

Morgan, A. E., & Hynd, G. W. (1998). Dyslexia, neurolinguistic ability, and anatomical variations on the planum temporal. *Neuropsychology Review, 8,* 79-93.

Morgan, B. S. (1914). *The backward child.* New York: Putnam.

Morgan, W. P. (1896). A case of congenital word blindness. *British Medical Journal, 2,* 1378.

National Joint Committee on Learning Disabilities (1998). Operationalizing the NJCLD definition of learning disabilities for ongoing assessment in the schools. *Learning Disabilities Quarterly, 21,* 186-193.

Newcomer, P. L., & Hammill, D. D. (1976). *Psycholinguistics in the schools.* Columbus, OH: Bobbs-Merrill.

Orton, S. T. (1937). *Reading, writing and speech problems in children.* New York: Norton.

Reitan, R. M., & Wolfson, D. (2001). The Halstead-Reitan Neuropsychological Test Battery: Research findings and clinical applications. In A. S. Kaufman & N. L. Kaufman (Eds.), *Specific learning disabilities and difficulties in children and adolescents: Psychological assessment and evaluation* (pp. 309-346). Cambridge, England: Cambridge University Press.

Rumsey, J. M. (1992). The biology of developmental dyslexia. *The Journal of the American Medical Association, 268,* 912-915.

Rumsey, J. M., Nace, K., Donohue, B., Wise, D., Maisog, J. M., & Andreason, P. (1997). A positron emission tomographic study of impaired word recognition and phonological processing in dyslexic men. *Archives on Neurology, 54,* 562-573.

Schmitt, C. (1921). Extreme retardation in arithmetic. *Elementary School Journal, 21,* 529-547.

Schultz, R. T., Cho, N. K., Staib, L. H., Kier, L. E., Fletcher, J. M., Shaywitz, S. E., Shankweiler, D. P., Katz, L., Gore, J. C., Duncan, J. S., & Shaywitz, B. A. (1994). Brain morphology in normal and dyslexic children: the influence of sex and age. *Annals of Neurology, 35,* 732-742.

Shaywitz, S. (2003). *Overcoming dyslexia: A new and complete science-based program for reading problems at any level.* New York: Knopf.

Shaywitz, S. E., Shaywitz, B. A., Pugh, K. R., Fulbright, R. K., Constable, R. T., Mencl, W. E., Shankweiler, D. P., Liberman, A. M., Skudlarski, P., Fletcher, J. M., Katz, L., Marchione, K. E., Lacadie, C., Gatenby, C., & Gore, J. C. (1998). Functional disruption in the organization of the brain for reading in dyslexia. *Proceedings of the National Academy of Science of the United States of America, 95,* 2636-2641.

Shaywitz, B. A., Shaywitz, S. E., Pugh, K. R., Mencl, W. E., Fulbright, R. K., Skudlarski, P., Constable, R. T., Marchione, K. E., Fletcher, J. M., Lyon, G. R., & Gore, J. C. (2002). Disruption of posterior brain systems for reading in children with developmental dyslexia. *Biological Psychiatry, 52,* 101-110.

Shaywitz, B. A., Shaywitz, S. E., Blachman, B. A., Pugh, K. R., Fulbright, R. K., Skudlarski, P., Mencl, W. E., Constable, R. T., Holahan, J. M., Marchione, K. E., et al. (2004). Development of left occipitotemporal systems for skilled reading in children after a phonologically-based intervention. *Biological Psychiatry, 55,* 926–933.

Shepherd, M. J. (2001). History lessons. In A. S. Kaufman & N. L. Kaufman (Eds.), *Specific learning disabilities and difficulties in children and adolescents: Psychological assessment and evaluation* (pp. 3–28). Cambridge, England: Cambridge University Press.

Spreen, O. (1988). *Learning disabled children growing up.* New York: Oxford University Press.

Spreen, O. (2001). Learning disabilities and their neurological foundations, theories, and subtypes. In A. S. Kaufman & N. L. Kaufman (Eds.), *Specific learning disabilities and difficulties in children and adolescents: Psychological assessment and evaluation* (pp. 283–308). Cambridge, England: Cambridge University Press.

Strauss, A. A., & Kephart, N. C. (1955). *Psychopathology and education of the brain-injured child.* New York: Grune & Stratton.

Strauss, A. A., & Lehtinen, L. E. (1947). *Psychopathology and education of the brain-injured child. Volume 2: Progress in theory and clinic.* New York: Grune & Stratton.

Strauss, A. A., & Werner, H. (1943). Comparative psychopathology of the brain-injured child and the traumatic brain-injured adult. *American Journal of Psychiatry, 99,* 835–838.

Torgesen, J. K. (1998). Learning disabilities: An historical and conceptual overview. In B. Wong (Ed.), *Learning about learning disabilities* (2nd ed.; pp. 3–34). San Diego: Academic Press.

제2장

Alexander, P. (August, 2007). *Learning and teaching in postindustrial societies: New twist on an old plot.* Paper presented to the annual meeting of the American Psychological association, San Francisco.

Chittooran, M., & Tait, R. (2005). Understanding and implementing neuropsychologically-based written language interventions. In R. D'Amato, E. Fletcher-Janzen, & C. R. Reynolds (Eds.), *Handbook of school neuropsychology* (pp. 777–803). New York: Wiley.

Cozolino, L. (2002). *The neuroscience of psychotherapy: Building and rebuilding the human brain.* New York: Norton.

Fuchs, D., & Fuchs, L. S. (2006). *What the inclusion movement and responsiveness-to-intervention say about high-incidence disabilities.* Keynote for the Inaugural International Conference of the University of Hong Kong's Center for Advancement in Special Education. Hong Kong.

Fuchs, D., Fuchs, L., & Compton, D. (2004). Identifying reading disabilities by responsiveness-to-instruction: Specifying measures and criteria. *Learning Disability Quarterly, 27*, 216-227.

Fuchs, D., Mock, D., Morgan, P., & Young, C. (2003). Responsiveness to intervention: Definitions, evidence, and implications for the learning disabilities construct. *Learnning Disabilities Research and Practice, 18*(3), 157-171.

Fuchs, D., & Young, C. (2006). On the irrelevance of intelligence in predicting responsiveness to reading instruction. *Exceptional Children, 73*, 8-30.

Galaburda, A. C., & Kemper, T. (1979). Cytoarchitectonic abnormalities in developmental dyslexia: A case study. *Annals of Neurology, 6*, 94-100.

Hartlage, L. C., & Reynolds, C. R. (1981). Neuropsychological assessment and the individualization of instruction. In G. W. Hynd & J. Orbzut (Eds.), *Neuropsychological assessment and the school-age child: Issues and procedures.* New York: Grune & Stratton.

Joseph, L. (2005). Understanding and implementing neuropsychologically-based literacy interventions. In R. D'Amato, E. Fletcher-Janzen, & C. R. Reynolds (Eds.), *Handbook of school neuropsychology* (pp. 738-757). New York: Wiley.

Lerew, C. D. (2005). Understanding and implementing neuropsychological he-based arithmetic interventions. In R. D'Amato, E. Fletcher-Janzen, & C. R. Reynolds (Eds.), *Handbook of school neuropsychology* (pp. 758-776). New York: Wiley.

Nichols, R. C. (1978). Policy implications of the IQ controversy. In L. Schulman (Ed.), *Review of research in education, Vol. 6.* Itasca, IL: Peacock.

Niogi, S. N., & McCandliss, B. D. (2006). Left lateralized white matter microstructure accounts for individual differences in reading ability and disability. *Neuropsychologia, 44*, 2178-2188.

Posny, A. (March, 2007). *IDEA 2004—Top ten key issues that affect school psychologists.* Invited address to the annual convention of the National Association of School Psychologists, New York.

Reschly, D. (August, 2005). *RTI Paradigm Shift and the Future of SLD Diagnosis and Treatment.* Paper presented to the Annual Institute for Psychology in the Schools of the American Psychological Association, Washington, DC.

Reynolds, C. R. (1984). Critical measurement issues in assessment of learning disabilities. *Journal of Special Education, 18*, 451-476.

Reynolds, C. R. (1988). Putting the individual into the aptitude-treatment interaction. *Exceptional Children, 54*, 324-331.

Reynolds, C. R. (Ed.). (1994). *Cognitive assessment: An interdisciplinary perspective.* New York: Plenum.

Reynolds, C. R. (August, 2005). *Considerations win RTI as a Method of Diagnosis of Learning Disabilities.* Paper presented to the Annual Institute for Psychology in the Schools of the American Psychological Association, Washington, DC.

Reynolds, C. R. (August, 2007). *On the nexus between socio-emotional development and academic development.* Paper presented to the annual meeting of the American Psychological Association, San Francisco.

Reynolds, C. R., & French, C. (2005). The brain as a dynamic organ of information processing and learning. In R. D'Amato, E. Fletcher-Janzen, & C. R. Reynolds (Eds.), *Handbook of school neuropsychology* (pp. 86-119). New York: Wiley.

Reynolds, C. R., & Kamphaus, R. W. (2003). *Reynolds Intellectual Assessment Scales and Reynolds Intellectual Screening Test: Professional manual.* Lutz, FL: Psychological Assessment Resources.

Sattler, J. M. (2001). *Assessment of children: Cognitive applications.* San Diego: Jerome Sattler Publishing.

Semrud-Clikeman, M., Fine, J., & Harder, L. (2005). Providing neuropsychological services to students with learning disabilities. In R. D'Amato, E. Fletcher-Janzen, & C. R. Reynolds (Eds.), *Handbook of school neuropsychology* (pp. 403-424). New York: Wiley.

Shaywitz, S. E. (2005). Foreword. In R. D'Amato, E. Fletcher-Janzen, & C. R. Reynolds (Eds.), *Handbook of school neuropsychology* (pp. vii-viii). New York: Wiley.

Shaywitz, B. A., Shaywitz, S. E., Pugh, K. R., Mencl, W. E., Fulbright, R. K., Skudlarski, P., Constable, R. T., Marchione, K. E., Fletcher, J. M., Lyon, G. R., & Gore, J. C. (2002). Disruption of posterior brain systems for reading in children with developmental dyslexia. *Biological Psychiatry, 52,* 101-110.

Shinn, M. (August, 2005). *Who is LD? Theory, Research, and Practice.* Paper presented to the Annual Institute for Psychology in the Schools of the American Psychological Association, Washington, DC.

Siegel, L. S. (1989). IQ is irrelevant to the definition of learning disabilities. *Journal of Learning Disabilities, 22,* 469-478, 486.

제3장

Berninger, V., & Richards, T. L. (2002). *Brain literacy for educators and psychologists.* San Diego: Academic Press.

Bruer, J. T. (1997). Education and the brain. *Educational Researcher, 26,* 4-16.

Clements, S. D. (1966). Learning disabilities—Who? In Special Education: Strategies for educational progress-selected convention papers (44th Annual CEC Convention). Washington, DC: Council for Exceptional Children.

Cohen, J. (1988). *Statistical power analysis for the behavioral sciences* (2nd ed.). Hillsdale, NJ: Erlbaum.

Deno, E. (1980). Special Education as developmental capital. *Exceptional Children, 37*, 229-237.

Fine, J. G., Semrud-Clikeman, M., Keith, T. Z., Stapleton, L. M., & Hynd, G. W. (2007). Reading and the corpus callosum: An MRI family study of volume and area. *Neuropsychology, 21*, 235-241.

Fletcher, J. M., Francis, D. J., Rourke, B. P., Shaywitz, S. E., & Shaywitz, B. A. (1992). The validity of discrepancy-based definitions of reading disabilities. *Journal of Learning Disabilities, 25*, 555-561.

Fletcher, J. M., Shaywitz, S. E., Shankweiler, D. P., Katz, L., Liberman, I. Y., Stuebing, K. K., Francis, D. J., Fowler, A., & Shaywitz, B. A. (1994). Cognitive profiles of reading disability: Comparisons of discrepancy and low achievement definitions. *Journal of Educational Psychology, 86*, 6-23.

Francis, D. J., Fletcher, J. M., Stuebing, K. K., Lyon, G. R., Shaywitz, B. A., & Shaywitz, S. E. (2005). Psychometric approaches to the identification of LD: IQ and achievement scores are not sufficient. *Journal of Learning Disabilities, 38*(2), 98-108.

Fuchs, D., Fuchs, L., Mathes, P. G., & Lipsey, M. (2000). Reading differences between low achieving students with and without learning disabilities. In R. Gersten, E. P. Schiller, & S. Vaughn (Eds.), *Contemporary special education research: Synthesis of knowledge base of critical issues.* Mahwah, NJ: Erlbaum.

Fuchs, D., Mock, D., Morgan, P., & Young, C. L. (2003). Responsiveness-to-intervention: Definitions, evidence, and implications for the learning disabilities construct. *Learning Disabilities Research & Practice, 18*, 157-171.

Glaser, R. (1976). Components of a psychology of instruction: Toward a science of design. *Review of Educational Research, 46*, 1-24.

Grigorenko, E. (2001). Developmental dyslexia: An update on genes, brains, and environments. *Journal of Child Psychology and Psychiatry, 42*, 91-125.

Hallahan, D. P., & Cruickshank, W. M. (1973). *Psychoeducational foundations of learning disabilities.* Englewood Cliffs, NJ: Prentice Hall.

Hammill, D. D., & Swanson, H. L. (2006). The national reading panel's meta-analysis of phonics instruction: Another point of view. *The Elementary School Journal, 107*, 17-26.

Haring, N. G., & Bateman, B. (1977). *Teaching the learning disabled child.* Englewood Cliffs, NJ: Prentice

Hall.

Hoskyn, M., & Swanson, H. L. (2000). Cognitive processing of low achievers and children with reading disabilities: A selective meta-analytic review of the published literature. *School Psychology Review, 29,* 102–119.

Individuals with Disabilities Education Improvement Act of 2004 (IDEIA). PL 108–446, 20 U.S.C., 1400 et seq.

Kane, M. J. (2005). Full frontal fluidity? Looking in on the neuroimaging of reasoning and intelligence. In O. Wilhem & R. W. Engle (Eds.), *Handbook of understanding and measuring intelligence* (pp. 141–164). Thousand Oaks, CA: Sage.

Keeler, M. L., & Swanson, H. L. (2001). Does strategy knowledge influence working memory in children with mathematical disabilities? *Journal of Learning Disabilities, 34,* 418–434.

Miller, C. J., Sanchez, J., & Hynd, G. W. (2003). Neurological correlates of reading disabilities. In H. L. Swanson, K. R. Harris, & S. Graham (Eds.), *Handbook of learning disabilities* (pp. 242–255). New York: Guilford Press.

National Reading Panel. (2000). *Teaching children to read: An evidence-based assessment of the scientific research literature on reading and its implications for reading instruction. Summary report.* Washington, DC: National Institute of Child Health and Development.

Newell, A., & Simon, H. A. (1972). *Human problem solving.* Englewood Cliffs, NJ: Prentice Hall.

Paulesu, E., Demonet, J., Fazio, F., McCrory, E., Chanoine, V., Brunswick, N., Cappa, S., Cossu, G., Habib, M., Frith, C., & Frith, U. (1993). Dyslexia, cultural diversity and biological unity. *Science, 291,* 2165–2167.

Pellegrino, J. W., & Goldman, S. R. (1990). Cognitive science perspectives on intelligence and learning disabilities. In H. L. Swanson & B. Keogh (Eds.), *Learning disabilities: Theoretical and research issues* (pp. 41–58). Hillsdale, NJ: Erlbaum.

Posner, M. I., & Rothbart, M. K. (2007a). *Education, psychology, and the brain.* Washington, DC: American Psychological Association.

Posner, M. I., & Rothbart, M. K. (2007b). Research on attention networks as a model for the integration of psychological science. *Annual Review of Psychology, 58,* 1–23.

Posner, M. I., & Rothbart, M. K. (2005). Influencing brain networks: Implications for education. *Trends in Cognitive Sciences, 9*(3), 99–103.

Riccio, C. A., & Hynd, G. W. (2003). Measurable biological substrates to verbal-performance differences

in Wechsler scores. *School Psychology Quarterly, 15*, 386-399.

Rueda, M. R., Posner, M. I., & Rothbart, M. K. (2005). The development of executive attention: Contributions to the emergence of self-regulation. *Developmental Neuropsychology, 28*, 573-594.

Shaywitz, B. A., Shaywitz, S. E., Blachman, B. A., Pugh, K. R., Fulbright, R. K., Skudlarski, P., et al. (2004). Development of left occipitotemporal systems for skilled reading in children after a phonologically-based intervention. *Biological Psychiatry, 55*, 926-933.

Shaywitz, S. E., Mody, M., & Shaywitz, B. A. (2006). Neural mechanisms in dyslexia. *Current Directions in Psychological Science, 15*, 278-281.

Shaywitz, S. E., & Shaywitz, B. A. (2003). Neurobiological indices of dyslexia. In H. L. Swanson, K. R. Harris, S. Graham (Eds.), *Handbook of learning disabilities* (pp. 514-531). New York: Guilford.

Shaywitz, S. E., & Shaywitz, B. A. (2005). Dyslexia (specific reading disability). *Biological Psychiatry, 57*, 1301-1309.

Shaywitz, S. E., Shaywitz, B. A., Fulbright, R. K., Skudlarski, P., Mencl, W. E., Constable, R. T., et al. (2003). Neural systems for compensation and persistence: Young adult outcome of childhood reading disability. *Biological Psychiatry, 54*, 25-33.

Simmerman, S., & Swanson, H. L. (2001). Treatment outcomes for students with learning disabilities: How important are internal and external validity? *Journal of Learning Disabilities, 34*, 221-236.

Simos, P. G., Fletcher, J. M., Sarkari, S., Billingsley-Marshall, R., Denton, C. A., & Papanicolaou, A. C. (2007). Intensive instruction affects brain magnetic activity associated with oral word reading in children with persistent reading disabilities. *Journal of Learning Disabilities, 40*, 37-48.

Stuebing, K. K., Fletcher, J. M., LeDoux, J. M., Lyon, G. R., Shaywitz, S. E., & Shaywitz, B. A. (2002). Validity of IQ-discrepancy classifications of reading disabilities: A meta-analysis. *American Educational Research Journal, 39*, 469-518.

Swanson, H. L. (1988a). Comments, counter comments, and new thoughts. *Journal of Learning Disabilities, 21*, 289-298.

Swanson, H. L. (1988b). Learning disabled children's problem solving: Identifying mental processes underlying intelligent performance. *Intelligence, 12*, 261-278.

Swanson, H. L. (1988c). Toward a metatheory of learning disabilities. *Journal of Learning Disabilities, 21*(4), 196-209.

Swanson, H. L. (1990). Intelligence and learning disabilities. In H. L. Swanson & B. Keogh (Eds.), *Learning disabilities: Theoretical and research issues* (pp. 23-39). Hillsdale, NJ: Erlbaum.

Swanson, H. L. (1993). An information processing analysis of learning disabled children's problem solving. *American Educational Research Journal, 30,* 861-893.

Swanson, H. L. (1999a). Instructional components that predict treatment outcomes for students with learning disabilities: Support for a combined strategy and direct instruction model. *Learning Disabilities Research & Practice, 14*(3), 129-140.

Swanson, H. L. (1999b). Reading research for students with LD: A meta-analysis in intervention outcomes. *Journal of Learning Disabilities, 32,* 504-532.

Swanson, H. L. (1999c). What develops in working memory? A life span perspective. *Developmental psychology, 35,* 986-1000.

Swanson, H. L. (2000a). Are working memory deficits in readers with learning disabilities hard to change? *Journal of Learning Disabilities, 33,* 551-566.

Swanson, H. L. (2000b). Searching for the best cognitive model for instructing students with learning disabilities: A component and composite analysis. *Educational and Child Psychology, 17,* 101-121.

Swanson, H. L. (2001). Research on interventions for adolescents with learning disabilities: A meta-analysis of outcomes related to higher-order processing. *The Elementary School Journal, 101,* 331-348.

Swanson, H. L., & Deshler, D. (2003). Instructing adolescents with learning disabilities: Converting a meta-analysis to practice. *Journal of Learning Disabilities, 36,* 124-135.

Swanson, H. L., & Hoskyn, M. (1998). Experimental intervention research on students with learning disabilities: A meta-analysis of treatment outcomes. *Review of Educational Research, 68,* 277-321.

Swanson, H. L., & Hoskyn, M. (1999). Definition × treatment interactions for students with learning disabilities. *School Psychology Review, 28,* 644-658.

Swanson, H. L., Hoskyn, M., & Lee, C. M. (1999). *Interventions for students with learning disabilities.* New York: Guilford.

Swanson, H. L., Howard, C. B., & Sáez, L. (2006). Do different components of working memory underlie different subgroups of reading disabilities? *Journal of Learning Disabilities, 39,* 252-269.

Swanson, H. L., & Jerman, O. (2007). The influence of working memory on reading growth in subgroups of children with reading disabilities. *Journal of Experimental Child Psychology, 96,* 249-283.

Swanson, H. L., & Sachse-Lee, C. (2000). A meta-analysis of single-subject-design intervention research for students with LD. *Journal of Learning Disabilities, 33,* 114-136.

Swanson, H. L., & Sachse-Lee, C. (2001). A subgroup analysis of working memory in children with reading disabilities: Domain-general or domain-specific deficiency? *Journal of Learning Disabilities,*

34, 249-263.

Swanson, H. L., Sáez, L., & Gerber, M. (2006). Growth in literacy and cognition in bilingual children at risk or not at risk for reading disabilities. *Journal of Educational Psychology, 98*, 247-264.

Swanson, H. L., & Siegel, L. (2001). Learning disabilities as a working memory deficit. *Issues in Education, 7*, 1-48.

Valentine, J. C., & Cooper, H. M. (2005). Can we measure the quality of causal research in education. In G. Phye, D. Robinson, & J. Levin (Eds.), *Empirical methods for evaluating interventions* (pp. 85-112). San Diego: Elsevier Academic Press.

Vellutino, F. R., Scanlon, D. M., & Lyon, G. R. (2000). Differentiating between difficult-to-remediate and readily remediated poor readers: More evidence against the IQ-achievement discrepancy. *Journal of Learning Disabilities, 33*, 192-199.

Wagner, T. D., & Smith, E. E. (2003). Neuroimaging study of working memory: A meta-analysis. *Cognitive, Affective, and Behavioral Neuroscience, 3*, 255-274.

Weiderholt, L. (1974). Historical perspective on the education of the learning disabled. In L. Mann & D. Sabatino (Eds.), *The second review of special education* (pp. 103-152). Austin: Pro-Ed.

제4장

Adams, M. J. (1990). *Beginning to read: Thinking and learning about print.* Cambridge, MA: MIT Press.

Andersen, J. K., Klitgaard, H., & Saltin, B. (1994). Myosin heavy chain isoforms in single fibres from m. vastus lateralis of sprinters: Influence of training. *Acta Physiologica Scandinavica, 151*, 135-142.

Bradley, L., & Bryant, P. (1985). *Rhyme and reason in reading and spelling.* Ann Arbor: University of Michigan Press.

Brown, A. L., & Campione, J. C. (1986). Psychological theory and the study of learning disabilities. *American Psychologist, 41*, 1059-1068.

Byrne, B., Fielding-Barnsley, R., Ashley, L., & Larson, K. (1997). Assessing the child's and the environment's contribution to reading acquisition: What we know and what we don't know. In B. Blachman (Ed.), *Foundations of reading acquisition and dyslexia* (pp. 265-285). Mahwah, NJ: Erlbaum.

Cruickshank, W. M. (1980). "When winter comes, can spring . . .?" In W. M. Cruickshank (Ed.), *Approaches to learning. Vol. 1: The best of ACLD* (pp. 1-24). Syracuse, NY: Syracuse University Press.

Cruickshank, W. M., Bentzen, F. A., Ratzeburg, F., & Tannhauser, M. T. (1961). *A teaching method of brain-injured and hyperactive children.* Syracuse, NY: Syracuse University Press.

Espy, K. A., Molfese, D. L., Molfese, V. J., & Modglin, A. (2004). Development of auditory event-related potentials in young children and relations to word-level reading abilities at age 8 years. *Annals of Dyslexia, 54,* 9-38.

Fletcher, J. M., Morris, R. D., & Lyon, G. R. (2003). Classification and definition of learning disabilities: An integrative perspective. In H. L. Swanson, K. R. Harris, & S. Graham (Eds.), *Handbook of learning disabilities* (pp. 30-56). New York: Guilford.

Frostig, M., Lefever, D. W., & Whittlesey, J. R. B. (1964). *The Marianne Frostig Developmental Test of Visual Perception.* Palo Alto, CA: Consulting Psychology Press.

Galton, F. (1961). Classification of men according to their natural gifts. In J. J. Jenkins & D. G. Paterson (Eds.), *Studies in individual differences: The search for intelligence* (pp. 1-16). New York: Appleton-Century-Crofts. (Original work published 1870).

Gresham, F. M. (2002). Responsiveness to intervention: An alternative approach to the identification of learning disabilities. In R. Bradley, L. Danielson, & D. P. Hallahan (Eds.), *Identification of learning disabilities: Research to policy* (pp. 467-519). Hillsdale, NJ: Erlbaum.

Guttorm, T. K., Leppänen, P. H. T., Poikkeus, A. -M., Eklund, K. M., Lyytinen, P., & Lyytinen, H. (2005). Brain event-related potentials (ERPs) measured at birth predict later language development in children with and without familial risk for dyslexia. *Cortex, 41,* 291-303.

Hallahan, D. P., & Mock, D. R. (2003). A brief history of the field of learning disabilities. In H. L. Swanson, K. R. Harris, & S. Graham (Eds.), *Handbook of learning disabilities* (pp. 16-29). New York: Guilford.

Hiscock, M., & Hiscock, C. K. (1991). On the relevance of neuropsychological data to learning disabilities. In J. E. Obrzut & G. W. Hynd (Eds.), *Neuropsychological foundations of learning disabilities* (pp. 743-774). San Diego: Academic Press.

Kinsbourne, M. (1973). School problems. *Pediatrics, 52,* 697-610.

Kinsbourne, M., & Warrington, E. (1963). Developmental factors in reading and writing backwardness. *British Journal of Psychology, 54,* 145-156.

LaBerge, D., & Samuels, S. (1974). Toward a theory of automatic information processing. *Cognitive Psychology, 6,* 293-323.

Mattis, S. (1981). Dyslexia syndromes in children: Toward the development of syndrome-specific treatment programs. In F. J. Pirozzolo & M. C. Wittrock (Eds.), *Neuropsychological and cognitive processes in reading* (pp. 93–107). New York: Academic Press.

Rayner, K., Foorman, B. R., Perfetti, C. A., Pesetsky, D. D., & Seidenberg, M. S. (2001). How psychological science informs the teaching of reading. *Psychological Science in the Public Interest, 2,* 31–74.

Riley, J. L. (1996). The ability to label the letters of the alphabet at school entry: A discussion of its value. *Journal of Research in Reading, 19,* 87–101.

Satz, P., Taylor, H. G., Friel, J., & Fletcher, J. M. (1978). Some developmental and predictive precursors of reading disabilities: A six year follow-up. In A. L. Benton & D. Pearl (Eds.), *Dyslexia: An appraisal of current knowledge* (pp. 313–347). New York: Oxford University Press.

Simos, P. G., Fletcher, J. M., Sarkari, S., Billingsley, R. L., Denton, C., & Papanicolaou, A. C. (2007). Altering the brain circuits for reading through intervention: A magnetic source imaging study. *Neuropsychology, 21,* 485–496.

Taha, T., & Thomas, S. G. (2003). Systems modeling of the relationship between training and performance. *Sports Medicine, 33,* 1061–1073.

Torgesen, J. K., Wagner, R. K., Rashotte, C. A., Rose, E., Lindamood, P., Conway, J., & Garvan, C. (1999). Preventing reading failure in young children with phonological processing disabilities: Group and individual responses to instruction. *Journal of Educational Psychology, 91,* 579–593.

Towbin, A. (1978). Cerebral dysfunctions related to perinatal organic damage: Clinical–neuropathologic correlations. *Journal of Abnormal Psychology, 87,* 617–635.

Vellutino, F. R. (1979). *Dyslexia: Theory and research.* Cambridge, MA: MIT Press.

Wagner, R. K., & Torgesen, J. K. (1987). The nature of phonological processing and its causal role in the acquisition of reading skills. *Psychological Bulletin, 101,* 192–212.

제5장

Abbott, S., Reed, L., Abbott, R., & Berninger, V. (1997). Year-long balanced reading/writing tutorial: A design experiment used for dynamic assessment. *Learning Disability Quarterly, 20,* 249–263.

Altemeier, L., Abbott, R., & Berninger, V. (2007). Contribution of executive functions to reading and writing in typical literacy development and dyslexia. *Journal of Clinical and Exerimental Neuropsychology.*

Amtmann, D., Abbott, R., & Berninger, V. (2006). Mixture growth models for RAN and RAS row by row:

Insight into the reading system at work over time. *Reading and Writing. An Interdisciplinary Journal.* Published Springer online: 28 November 2006.

Amtmann, D., Abbott, R., & Berninger, V. (in press). Identifying and predicting classes of response to explicit, phonological spelling instruction during independent composing. *Journal of Learning Disabilities.*

Berninger, V. (2001). Understanding the lexia in dyslexia. *Annals of Dyslexia, 51,* 23-48. Reprinted in Hebrew, 2002.

Berninger, V. (2004). Understanding the graphia in dysgraphia. In D. Dewey & D. Tupper (Eds.), *Developmental motor disorders: A neuropsychological perspective* (pp. 328-350). New York: Guilford.

Berninger, V. (2006a). A developmental approach to learning disabilities. In I. Siegel & A. Renninger (Eds.), *Handbook of child psychology. Vol. IV: Child psychology and practice* (pp. 420-452). New York: Wiley.

Berninger, V. (2006b). Research-supported ideas for implementing reauthorized IDEA with intelligent and professional psychological services. *Psychology in the Schools, 43,* 781-797.

Berninger, V. (in press). Defining and differentiating dyslexia, dysgraphia, and language learning disability within a working memory model. In E. Silliman & M. Mody (Eds.), *Language impairment and reading disability-interactions among brain, behavior, and experience.* New York: Guilford.

Berninger, V. (2007a). *PAL II Diagnostic Test for Reading and Writing* (2nd ed.). *PAL II RW.* San Antonio, TX: The Psychological Corporation.

Berninger, V. (2007b). *PAL II Diagnostic Test for Math. PAL II M.* San Antonio, TX: The Psychological Corporation.

Berninger, V. (2007c). *PAL II User's Guide* (CD). San Antonio, TX: The Psychological Corporation.

Berninger, V., & Abbott, R. (1992). Unit of analysis and constructive processes of the learner: Key concepts for educational neuropsychology. *Educational Psychologist, 27,* 223-242.

Berninger, V., Abbott, R., Brooksher, R., Lemos, Z., Ogier, S., Zook, D., et al. (2000). A connectionist approach to making the predictability of English orthography explicit to at-risk beginning readers: Evidence for alternative, effective strategies. *Developmental Neuropsychology, 17,* 241-271.

Berninger, V., Abbott, R., Thomson, J., & Raskind, W. (2001). Language phenotype for reading and writing disability: A family approach. *Scientific Studies in Reading, 5,* 59-105.

Berninger, V., Abbott, R., Thomson, J., Wagner, R., Swanson, H. L., Wijsman, E., et al. (2006). Modeling developmental phonological core deficits within a working-memory architecture in children and adults with developmental dyslexia. *Scientific Studies in Reading, 10,* 165-198.

Berninger, V., Abbott, R., Vermeulen, K., Ogier, S., Brooksher, R., Zook, D., et al. (2002). Comparison of faster and slower responders to early intervention in reading: Differentiating features of their language profiles. *Learning Disability Quarterly, 25,* 59-76.

Berninger, V., & Abbott, S. (2003). *PAL Research-Supported Reading and Writing Lessons.* San Antonio, TX: The Psychological Corporation.

Berninger, V., Dunn, A., & Alper, T. (2004). Integrated models for branching assessment, instructional assessment, and profile assessment. In A. Prifitera, D. Saklofske, L. Weiss, & E. Rolfhus (Eds.), *WISC-IV Clinical use and interpretation* (pp. 151-185). San Diego: Academic Press.

Berninger, V., & O'Donnell, L. (2004). Research-supported differential diagnosis of specific learning disabilities. In A. Prifitera, D. Saklofske, L. Weiss, & E. Rolfhus (Eds.), *WISC-IV Clinical use and interpretation* (pp. 189-233). San Diego: Academic Press.

Berninger, V., Raskind, W., Richards, T., Abbott, R., & Stock, P. (in press). A multidisciplinary approach to understanding developmental dyslexia within working-memory architecture: Genotypes, phenotypes, brain, and instruction. *Developmental Neuropsychology.*

Berninger, V., & Richards, T. (2002). *Brain literacy for educators and psychologists.* New York: Academic Press.

Berninger, V., Vaughan, K., Abbott, R., Brooks, A., Abbott, S., Reed, E., et al. (1998). Early intervention for spelling problems: Teaching spelling units of varying size within a multiple connections framework. *Journal of Educational Psychology, 90,* 587-605.

Berninger, V., Vaughan, K., Abbott, R., Brooks, A., Begay, K., Curtin, G., et al. (2000). Language-based spelling instruction: Teaching children to make multiple connections between spoken and written words. *Learning Disability Quarterly, 23,* 117-135.

Berninger, V., Winn, W., Stock, P., Abbott, R., Eschen, K., Lin, C., et al. (2007). Tier 3 specialized writing instruction for students with dyslexia. *Reading and Writing: An Interdisciplinary Journal.* Printed Springer online: May 15, 2007.

Delis, D. C., Kaplan, E., & Kramer, J. H. (2001). *The Delis-Kaplan executive function system: Examiner's manual.* San Antonio: The Psychological Corporation.

Eckert, M., Leonard, C., Richards, T., Aylward, E., Thomson, J., & Berninger, V. (2003). Anatomical correlates of dyslexia: Frontal and cerebellar findings. *Brain, 126* (no. 2), 482-494.

Eckert, M., Leonard, C., Wilke, M., Eckert, M., Richards, T., Richards, A., & Berninger, V. (2005). Anatomical signature of dyslexia in children: Unique information from manual-based and voxel-based morphometry brain measures. *Cortex, 41,* 304–315.

Posner, M., & Rothbart, M. K. (2007). *Educating the human brain.* Washington, DC: American Psychological Association.

Raskind, W., Igo, R., Chapman, N., Berninger, V., Thomson, J., Matsushita, M., et al. (2005). A genome scan in multigenerational families with dyslexia: Identification of a novel locus on chromosome 2q that contributes to phonological decoding efficiency. *Molecular Psychiatry, 10*(7), 699–711.

Richards, T., Aylward, E., Berninger, V., Field, K., Parsons, A., Richards, A., et al. (2006). Individual fMRI activation in orthographic mapping and morpheme mapping after orthographic or morphological spelling treatment in child dyslexics. *Journal of Neurolinguistics, 19,* 56–86.

Richards, T., Aylward, E., Raskind, W., Abbott, R., Field, K., Parsons, A., et al. (2006). Converging evidence for triple word form theory in children with dyslexia. *Developmental Neuropsychology, 30,* 547–589.

Richards, T., & Berninger, V. (2007). Abnormal fMRI connectivity in children with dyslexia during a phoneme task: Before but not after treatment. *Journal of Neurolinguistics.* Posted online Springer.

Richards, T., Berninger, V., Nagy, W., Parsons, A., Field, K., & Richards, A. (2005). Brain activation during language task contrasts in children with and without dyslexia: Inferring mapping processes and assessing response to spelling instruction. *Educational and Child Psychology, 22*(2), 62–80.

Richards, T., Berninger, V., Winn, W., Stock, S., Wagner, R., Muse, A., et al. (2007, November). fMRI activation in children with dyslexia during pseudoword aural repeat and visual decode: Before and after instruction. *Neuropsychology.*

Stanberry, L., Richards, T., Berninger, V., Nandy, R., Aylward, E., Maravilla, K., et al. (2006). Low frequency signal changes reflect differences in functional connectivity between good readers and dyslexics during continuous phoneme mapping. *Magnetic Resonance Imaging, 24,* 217–229.

제6장

Aaron, P. G. (1989). *Dylsexia and hyperlexia.* Boston: Klüwer.

Adams, M. J. (1990). *Beginning to read: Thinking and learning about print.* Cambridge, MA: MIT Press.

Anderson, S. W. (2002). Visuospatial impairments. In P. J. Eslinger (Ed.), *Neuropsychological* interventions: Clinical research and practice (pp. 163-181). New York: Guilford.

Ardoin, S. P., Witt, J. C., Suldo, S. M., Connell, J. E., Koenig, J. L., Resetar, J. L., et al. (2004). Examining the incremental benefits of administering a maze and three version one curriculum-based measurement reading probe when conducting universal screening. School Psychology Review, 33, 218-233.

Bental, B., & Tirosh, E. (2007). The relationship between attention, executive functions and reading domain abilities in attention deficit hyperactivity disorder and reading disorder: A comparative study. Journal of Child Psychology and Psychiatry, 48, 455-463.

Blair, C., & Razza, R. P. (2007). Relating effortful control, executive function, and false belief understanding to emerging math and literacy ability in kindergarten. Child Development, 78, 647-663.

Braze, D., Tabor, W., Shankweiler, D. P., & Mencl, W. E. (2007). Speaking up for vocabulary: Reading skill differences in young adults. Journal of Learning Disabilities, 40, 226-243.

Bruno, J. L., Manis, F. R., Keating, P., Sperling, A. J., Nakamoto, J., & Seidenberg, M. S. (2007). Auditory word identification in dyslexic and normally achieving readers. Journal of Experimental Child Psychology, 97, 183-204.

Caffrey, E., & Fuchs, D. (2007). Differences in performance between students with learning disabilities and mild mental retardation: Implications for categorical instruction. Learning Disabilities Research & Practice, 22, 118-127.

Cao, F., Bitan, T., Chou, T., Burman, D. D., & Booth, J. R. (2006). Deficient orthographic and phonological representations in children with dyslexia revealed by brain activation patterns. Journal of Child Psychology and Psychiatry, 47, 1041-1050.

Cardoso-Martins, C., & Pennington, B. F. (2004). The relationship between phoneme awareness and rapid serial naming skills and literacy acquisition: The role of developmental period and reading ability. Scientific Studies of Reading, 8, 27-52.

Chugani, H. T. (1999). PET scanning studies of human brain development and plasticity. Developmental Neuropsychology, 16, 379-381.

Eslinger, P. J., & Oliveri, M. V. (2002). Approaching interventions clinically and scientifically. In P. J. Eslinger (Ed.), Neuropsychological interventions: Clinical research and practice (pp. 3-15). New York: Guilford.

Fletcher, J. M., Lyon, G. R., Fuchs, L. S., & Barnes, M. A. (2007). Learning disabilities: From identification to intervention. New York: Guilford.

Flowers, D. L., Wood, F. B., & Naylor, C. E. (1991). Regional cerebral blood flow correlates of language processes in reading disability. *Archives of Neurology, 48,* 637-643.

Foster, L. M., Hynd, G. W., Morgan, A. E., & Hugdahl, K. (2002). Planum temporale asymmetry and ear advantage in dichotic listening in developmental dyslexia and attention-deficit/hyperactivity disorder (ADHD). *Journal of the International Neuropsychological Society, 8,* 22-36.

Freund, A. M., & Baltes, P. B. (1998). Selection, optimization, and compensation as strategies of life management: Correlations with subjective indicators of successful aging. *Psychology and Aging, 13,* 531-543.

Fuchs, D., & Deshler, D. D. (2007). What we need to know about responsiveness to intervention (and shouldn't be afraid to ask). *Learning Disabilities Research & Practice, 22,* 129-136.

Fuchs, D., Mock, D., Morgan, P., & Young, C. (2003). Responsiveness to intervention: Definitions, evidence, and implications for the learning disabilities construct. *Learning Disabilities Research & Practice, 18,* 157-171.

Galaburda, A. M. (2005). Neurology of learning disabilities: What will the future bring? The answer comes from the successes of the recent past. *Learning Disability Quarterly, 28,* 107-109.

Gaskins, I. W., Satlow, E., & Pressley, M. (2007). Executive control of reading comprehension in the elementary school. In L. Meltzer (Ed.), *Executive function in education: From theory to practice* (pp. 194-215). New York: Guilford.

Gazzinga, M. S., Ivry, R. B., & Mangun, G. R. (2002). *Cognitive neuroscience.* New York: W. W. Norton.

Gersten, R., Clarke, B., & Mazzocco, M. M. M. (2007). Historical and contemporary perspectives on mathematical learning disabilities. In D. B. Berch & M. M. M. Mazzocco (Eds.), *Why is math so hard for some children? The nature and origins of mathematical learning difficulties and disabilities* (pp. 7-27). Baltimore Brookes.

Glisky, E. L., & Glisky, M. L. (2002). Learning and memory impairments. In P. J. Eslinger (Ed.), *Neuropsychological interventions: Clinical research and practice* (pp. 137-162). New York: Guilford.

Good, R. H., Simmons, D. C., & Kame'enui, E. J. (2001). The importance and decision-making utility of a continuum of fluency-based indicators of foundational reading skills for third-grade high-stakes outcomes. *Scientific Studies of Reading, 5,* 257-288.

Gresham, F. M. (2006). Response to Intervention. In G. G. Bear & K. M. Minke (Eds.), *Children's needs III: Development, prevention, and intervention* (pp. 525-540). Washington, DC: National

Association of School Psychologists.

Gross-Glenn, K., Duara, R., Barker, W. W., Loewenstein, D., Chang, J. Y., & Yoshii, F. (1991). Positron emission tomographic studies during serial word-reading by normal and dyslexic adults. *Journal of Clinical and Experimental Neuropsychology, 13*, 531-544.

Hammill, D. D., Leigh, J. E., McNutt, G., & Larsen, S. C. (1981). A new definition of learning disabilities. *Learning Disability Quarterly, 4*, 336-342.

Heim, S., Alter, K., Ischebeck, A. K., Amunts, K., Eickhoff, S. B., Mohlberg, H., et al. (2005). The role of the left Brodmann's areas 44 and 45 in reading words and pseudowords. *Cognitive Brain Research*, 982-993.

Hintze, J. M., & Christ, T. J. (2004). An examination of variability as a function of passage variance in CBM progress monitoring. *School Psychology Review, 33*, 204-217.

Hugdahl, K., Heiervang, E., Ersland, L., Lundervold, A., Steinmetz, H., & Smievoll, A. I. (2003). Significant relation between MR measures of planum temporale area and dichotic processing of syllables in dyslexic children. *Neuropsychologia, 41*, 666-675.

Hutton, J. B., Dubes, R., & Muir, S. (1992). Assessment practices of school psychologists: Ten years later. *School Psychology Review, 21*, 271-284.

Hynd, G. W., Hynd, C. R., Sullivan, H. G., & Kingsbury, T. B. (1987). Regional cerebral blood flow (RCBF) in developmental dyslexia: Activation during reading in a surface and deep dyslexic. *Journal of Learning Disabilities, 20*, 294-300.

Kavale, K. A. (1990). Effectiveness of special education. In T. B. Gutkin & C. R. Reynolds (Eds.), *The handbook of school psychology* (2nd ed., pp. 868-898). New York: Wiley.

Kavale, K. A., & Forness, S. R. (1987). A matter of substance over style: A quantitative synthesis assessing the efficacy of modality testing and teaching. *Exceptional Children, 54*, 228-239.

Khateb, A., Pegna, A. J., Landis, T., Michel, C. M., Brunet, D., Seghier, M. L., et al. (2007). Rhyme processing in the brain: An ERP mapping study. *International Journal of Psychophysiology, 63*, 240-250.

Lee, D., & Riccio, C. A. (2005). Cognitive retraining. In R. C. D'Amato & C. R. Reynolds (Eds.), *Handbook of school neuropsychology* (pp. 701-720). New York: Wiley.

Mateer, C. A. (1999). The rehabilitation of executive disorders. In D. T. Stuss, G. Winocur, & I. H. Robertson (Eds.), *Cognitive rehabilitation* (pp. 314-322). Cambridge, UK: Cambridge University Press.

McLean, J. F., & Hitch, G. J. (1999). Working memory impairments in children with specific arithmetic learning difficulties. *Journal of Experimental Child Psychology. Special Issue: The development of mathematical cognition: Arithmetic, 74*(3), 240-260.

Paul, I., Bott, C., Heim, S., Eulitz, C., & Elbert, T. (2006). Reduced hemispheric asymmetry of the auditory N260m in dyslexia. *Neuropsychologia, 44*, 785-794.

Pennington, B. F. (1995). Genetics of learning disabilities. *Journal of Child Neurology, 10*(Suppl 1), S69-S77.

Poldrack, R. A., Selco, S. L., Field, J. E., & Cohen, N. J. (1999). The relationship between skill learning and repetition priming: Experimental and computational analyses. *Journal of Experimental Psychology: Learning, Memory, and Cognition, 25*(1), 208-235.

Powell, D., Stainthorp, R., Stuart, M., Garwood, H., & Quinlan, P. (2007). An experimental comparison between rival theories of rapid automatized naming performance and its relationship to reading. *Journal of Experimental Child Psychology, 98*, 46-68.

Pugh, K. R., Menel, W. E., Jenner, A. R., Katz, L., Frost, S. J., Lee, J. R., et al. (2000). Functional neuroimaging studies of reading and reading disability (developmental dyslexia). *Mental Retardation and Developmental Disabilities Research Reviews, 6*, 207-213.

Riccio, C. A., & Hynd, G. W. (1996). Neuroanatomical and neurophysiological aspects of dyslexia. *Topics in Language Disorders, 16*(2), 1-13.

Riccio, C. A., Hynd, G. W., & Cohen, M. J. (1993). Neuropsychology in the Schools: Does it belong? *School Psychology International, 14*, 291-315.

Riccio, C. A., & Reynolds, C. R. (1998). Neuropsychological assessment of children. In C. R. Reynolds (Ed.), *Comprehensive clinical psychology* (Vol. 4, pp. 267-301). Oxford: Elsevier.

Richards, T. L., Aylward, E. H., Berninger, V. W., Field, K. M., Grimme, A. C., Richards, A. L., et al. (2006). Individual fMRI activation in orthographic mapping and morpheme mapping after orthographic or morphological spelling treatment in child dyslexics. *Journal of Neurolinguistics, 19*, 56-86.

Rumsey, J. M., Anderson, P., Aquino, T., King, A. C., Hamburger, S. D., Pikus, A., et al. (1992). Failure to activate the left temporoparietal cortex in dyslexia. *Archives of Neurology, 49*, 527-534.

Savage, R. S., & Frederickson, N. (2006). Beyond phonology: What else is needed to describe the problems of below-average readers and spellers? *Journal of Learning Disabilities, 39*, 339-413.

Semrud-Clikeman, M. (2005). Neuropsychological aspects for evaluating learning disabilities. *Journal of Learning Disabilities, 38*, 563-568.

Semrud-Clikeman, M., Guy, K. A., & Griffin, J. D. (2000). Rapid automatized naming in children with reading disabilities and attention deficit hyperactivity disorder. *Brain and Language, 74*, 70-83.

Shaywitz, S. E., & Shaywitz, B. A. (1999). Cognitive and neurobiologic influences in reading and in dyslexia. *Developmental Neuropsychology, 16*, 383-384.

Shaywitz, S. E., & Shaywitz, B. A. (2005). Dyslexia (Specific Reading Disability). *Biological Psychiatry, 57*, 1301-1309.

Shaywitz, S. E., & Shaywitz, B. A. (2006). Dyslexia. In M. D'Esposito (Ed.), *Functional MRI: Applications in clinical neurology and psychiatry* (pp. 61-79). Boca Raton, FL: Informa Healthcare.

Shaywitz, S. E., Shaywitz, B. A., Fulbright, R. K., Skudlarski, P., Mencl, W. E., Constable, R. T., et al. (2003). Neural systems for compensation and persistence: Young adult outcome of childhood reading disability. *Biological Psychiatry, 54*, 25-33.

Shaywitz, S. E., Shaywitz, B. A., Pugh, K. R., Fulbright, R. K., Constable, R. T., Mencl, W. E., et al. (1998). Functional disruption in the organization of the brain for reading in dyslexia. *Proceedings of the National Academy of Sciences of the United States of America, 95*, 2636-2641.

Silver, C. H., Blackburn, L. B., Arffa, S., Barth, J. T., Bush, S. S., & Koffler, S. P. (2006). The importance of neuropsychological assessment for the evaluation of childhood learning disorders: NAN policy and planning committee. *Archives of Clinical Neuropsychology, 21*, 741-744.

Simos, P. G., Fletcher, J. M., Bergman, E., Breier, J. I., Foorman, B. R., Castillo, E. M., et al. (2002). Dyslexia-specific brain activation profile becomes normal following successful remedial training. *Neurology, 58*, 1202-1213.

Simos, P. G., Fletcher, J. M., Sarkari, S., Billingsley, R. L., Denton, C., & Papanicolaou, A. C. (2007). Altering the brain circuits for reading through intervention: A magnetic source imaging study. *Neuropsychology, 21*, 485-496.

Simos, P. G., Fletcher, J. M., Sarkari, S., Billingsley, R. L., Francis, D. J., & Castillo, E. M. (2005). Early development of neurophysiological processes involved in normal reading and reading disability: A magnetic source imaging study. *Neuropsychology, 19*, 787-798.

Snow, C., Burns, M. S., & Griffin, P. (1998). *Preventing reading difficulties in young children*. Washington, DC: National Academy Press.

Snowling, M. J. (2000). *Dyslexia* (2nd ed.). Malden, MA: Blackwell.

Sohlberg, M. M., & Mateer, C. A. (1989). *Introduction to cognitive rehabilitation*. New York: Guilford.

Spear-Swerling, L., & Sternberg, R. J. (1994). The road not taken: An integrative theoretical model of reading disability. *Journal of Learning Disabilities, 27*, 91-103, 122.

Speece, D. L., & Case, L. P. (2001). Classification in context: An alternative approach to identifying early reading disability. *Journal of Educational Psychology, 93*, 735-749.

Stanovich, K. E. (1988). Explaining the differences between the dyslexic and the garden-variety poor reader: The phonological-core variable-difference model. *Journal of Learning Disabilities, 21*, 590-604, 612.

Teeter, P. A., & Semrud-Clikeman, M. (1997). *Child neuropsychological assessment and intervention.* Boston: Allyn & Bacon.

Temple, E., Poldrack, R. A., Protopapas, A., Nagarajan, S., Salz, T., Tallal, P., et al. (2000). Disruption of the neural response to rapid acoustic stimuli in dyslexia: Evidence from functional MRI. *Proceedings of the National Academy of Sciences of the United States of America, 97*(25), 1307-1312.

Turkeltaub, P. E., Gareau, L., Flowers, D. L., Zeffiro, T. A., & Eden, G. F. (2003). Development of neural mechanisms for reading. *Nature Neuroscience, 6*, 767-773.

Turkeltaub, P. E., Weisberg, J., Flowers, D. L., Basu, D., & Eden, G. F. (2005). The neurobiological basis of reading: A special case of skill acquisition. In H. W. Catts & A. G. Kamhi (Eds.), *The connections between language and reading disabilities* (pp. 103-129). Mahwah, NJ: Lawrence Erlbaum.

Van Orden, G. C. (1987). A ROWS is a ROSE: Spelling, sound, and reading. *Memory & Cognition, 15*, 181-198.

Van Orden, G. C., & Kloos, H. (2005). The question of phonology and reading. In M. J. Snowling & C. Hulme (Eds.), *The science of reading: A handbook* (pp. 61-78). Malden, MA: Blackwell.

Vellutino, F. R., Fletcher, J. M., Scanlon, D. M., & Snowling, M. J. (2004). Specific reading disability (dyslexia): What have we learned in the past four decades? *Journal of Child Psychology and Psychiatry, 45*, 2-40.

Wadsworth, S. J., Olson, R. K., Pennington, B. F., & DeFries, J. C. (2000). Differential genetic etiology of reading disability as a function of IQ. *Journal of Learning Disabilities, 33*, 192-199.

Willcutt, E. G., Pennington, B. F., Olson, R. K., Chhabildas, N., & Hulslander, J. (2005). Neuropsychological analyses of comorbidity between reading disability and attention deficit hyperactivity disorder: In search of the common deficit. *Developmental Neuropsychology, 27*, 35-78.

Wodrich, D. L., Spencer, M. L. S., & Daley, K. B. (2006). Combining RTI and psychoeducational assessment: What we must assume to do otherwise. *Psychology in the Schools, 43*, 797-806.

제7장

Aaron, P. G., Baxter, C. F., & Lucenti, J. (1980). Developmental dyslexia and acquired dyslexia: Two sides of the same coin? *Brain and Language, 11,* 1–11.

Alfano, K., & Boone, K. B. (2007). The use of effort tests in the context of actual versus feigned attention-deficit/hyperactivity disorder and learning disability. In K. B. Boone (Ed.), *Assessment of feigned cognitive impairment: A neuropsychological perspective* (pp. 366–383). New York: Guilford.

Armengol, C. G., Moes, E. J., Penney, D. L., & Sapienza, M. M. (2001). Writing client-centered recommendations. In C. G. Armengol, E. Kaplan, & E. J. Moes (Eds.), *The consumer-oriented neuropsychological report* (pp. 141–160). Lutz, FL: Psychological Assessment Resources.

Boder, E. (1973). Developmental dyslexia: A diagnostic approach based on three atypical reading-spelling patterns. *Developmental Medicine and Child Neurology, 15,* 663–687.

Byring, R., & Pulliainen, V. (1984). Neurological and neuropsychological deficiencies in a group of older adolescents with dyslexia. *Developmental Medicine and Child Neurology, 26,* 765–773.

Christensen, C. A. (1992). Discrepancy definitions of reading disability: Has the quest led us astray? A response to Stanovich. *Reading Research Quarterly, 27,* 276–278.

Constantinou, M., & McCaffrey, R. J. (2003). Using the TOMM for evaluating children's effort to perform optimally on neuropsychological measures. *Child Neuropsychology, 9,* 81–90.

Coslett, H. B., Gonzalez Rothi, L. J., & Heilman, K. M. (1985). Reading: Dissociation of the lexical and phonologic mechanisms. *Brain and Language, 24,* 20–35.

Denckla, M. B., Rudel, R. G., & Broman, M. (1981). Tests that discriminate between dyslexic and other learning-disabled boys. *Brain and Language, 13,* 118–129.

Donders, J. (2005). Performance on the Test of Memory Malingering in a mixed pediatric sample. *Child Neuropsychology, 11,* 221–227.

Dorman, C. (1985). Defining and diagnosing dyslexia: Are we putting the cart before the horse? *Reading Research Quarterly, 20,* 505–508.

Finn, S. E., & Tonsager, M. E. (1992). Therapeutic effects of providing MMPI-@ test feedback to college students awaiting therapy. *Psychological Assessment, 9,* 374–385.

Fletcher, J. M., Francis, D. J., Morris, R. D., & Lyon, G. R. (2005). Evidence-based assessment of learning disabilities in children and adolescents. *Journal of Clinical Child and Adolescent Psychology, 34,* 506–522.

Fuchs, L. S. (2007). *NRCLD update on responsiveness to intervention: Research to practice.* Retrieved

August 1, 2007 from http://www.nrcld.org.

Funnell, E. (1983). Phonological processes in reading: New evidence from acquired dyslexia. *British Journal of Psychology, 74,* 159-180.

Georgiewa, P., Rzanny, R., Hopf, J. M., Knab, R., Glauche, V., Kaiser, W. A., & Blanz, B. (1999). fMRI during word processing in dyslexic and normal reading children. *Neuroreport, 10,* 3459-3465.

Gross-Glenn, K., Duara, R., Barker, W. W., Loewenstein, D., Chang, J. Y., Yoshii, F., Apicella, A. M., Pascal, W., Boothe, T., & Sevush, S. (1991). Position emission tomographic studies during serial word-reading by normal and dyslexic adults. *Journal of Clinical and Experimental Neuropsychology, 13,* 531-544.

Hulme, C., & Snowling, M. (1988). The classification of children with reading difficulties. *Developmental Medicine and Child Neurology, 20,* 398-402.

Hynd, G. W., & Hynd, C. R. (1984). Dyslexia: Neuroanatomical/neurolinguistic perspectives. *Reading Research Quarterly, 19,* 482-498.

Lewak, R., & Hogan, L. (2003). Applying assessment information. In L. E. Beutler & G. Groth-Marnat (Eds.), *Integrative assessment of adult personality* (2nd ed). New York: Guilford.

Lu, P. H., & Boone, K. B. (2002). Suspect cognitive symptoms in a 9-year-old child: malingering by proxy? *The Clinical Neuropsychologist, 16,* 90-96.

Lyon, G. R., Fletcher, J. M., Shaywitz, S. E., Shaywitz, B. A., Torgesen, J. K., Wood, F. B., Schulte, A., & Olson, R. (2001). Rethinking learning disabilities. In C. E. Finn, Jr., A. J. Rotherham, & C. R. Hokanson, Jr. (Eds.), *Rethinking special education for a new century.* Thomas B. Fordham Foundation.

Matarazzo, J. D. (1990). Psychological assessment versus psychological testing: Validation from Binet to the school, clinic, and courtroom. *American Psychologist, 45,* 999-1017.

Mattis, S., French, J. H., & Rapin, I. (1975). Dyslexia in children and young adults: Three independent neurological syndromes. *Developmental Medicine and Child Neurology, 17,* 150-163.

McCarthy, R. A., & Warrington, E. K. (1986). Phonological reading: Phenomena and paradoxes. *Cortex, 22,* 359-380.

National Institute of Child Health and Human Development (2000). The report of the National Reading Panel: An evidence-based assessment of the scientific research literature on reading and its implications for reading instruction. Bethesda, MD.

National Research Center on Learning Disabilities (2005). *Executive summary of the NRCDLD topical form applying responsiveness to intervention to specific learning disability determination decisions.*

Retrieved August 1, 2007, from http://www.nrcld.org.

Patterson, K. E. (1981). Neuropsychological approaches to the study of reading. *British Journal of Psychology, 72,* 151-174.

Psychological Corporation (1997). *WAIS–III WMS III Technical Manual.* San Antonio, TX: Author.

Pugh, K. R., Mencl, W. E., Jenner, A. R., Katz, L., Frost, S. J., Lee, J. R., Shaywitz, S. E., & Shaywitz, B. A. (2000). Functional neuroimaging studies of reading and reading disability (developmental dyslexia). *Mental Retardation and Developmental Disabilities Research Reviews, 6,* 207-213.

Rumsey, J. M., Andreason, P., Zametkin, A. J., Aquino, T., King, A. C., Hamburger, S. D., Pikus, A., Rapoport, J. L., & Cohen, R. M. (1992). Failure to activate the left temporoparietal cortex in dyslexia. An oxygen 15 positron emission tomographic study. *Archives of Neurology, 49,* 527-534.

Rumsey, J. M., Nace, K., Donohue, B., Wise, D., Maisog, J. M., & Andreason, P. (1997). A positron emission tomographic study of impaired word recognition and phonological processing in dyslexic men. *Archives of Neurology, 54,* 562-573.

Saffran, E. M., & Marin, O. S. (1977). Reading without phonology: Evidence from aphasia. *Quarterly Journal of Experimental Psychology, 29,* 515-525.

Shaywitz, B. A., Lyon, G. R., & Shaywitz, S. E. (2006). The role of functional magnetic resonance imaging in understanding reading and dyslexia. *Developmental Neuropsychology, 30,* 613-632.

Simos, P. G., Breier, J. I., Fletcher, J. M., Berman, E., & Papanicolaou, A. C. (2000). Cerebral mechanisms involved in word reading in dyslexic children: A magnetic source imaging approach. *Cerebral Cortex, 10,* 809-816.

Simos, P. G., Fletcher, J. M., Denton, C., Sarkari, S., Billingsley–Marshall, R., & Papanicolaou, A. C. (2006). Magnetic source imaging studies of dyslexia interventions. *Developmental Neuropsychology, 30,* 591-611.

Snowling, M. J. (1980). The development of grapheme-phoneme correspondence in normal and dyslexic readers. *Journal of Experimental Child Psychology, 29,* 294-305.

Stanovich, K. E. (1988). Explaining the differences between the dyslexic and the garden-variety poor reader: The phonological-core variable-difference model. *Journal of Learning Disabilities, 21,* 590-604.

제8장

American Psychiatric Association. (1994). *Diagnostic and Statistical Manual of Mental Disorders, Fourth*

Edition. Washington, DC: American Psychiatric Association.

Arns, M., Peters, S., Breteler, R., & Verhoeven, L. (2007). Different brain activation patterns in dyslexic children: Evidence from EEG power and coherence patterns for the double-deficit theory of dyslexia. *Journal of Integrative Neuroscience, 6*(1), 175-190.

Baker, G. A. (2001). Psychological and neuropsychological assessment before and after surgery for epilepsy: Implications for the management of learning-disabled people. *Epilepsia, 42*(Suppl 1), 41-43.

Baron, I. S. (2004). *Neuropsychological evaluation of the child.* New York: Oxford University Press.

Baron, I. S., Fennel, E. B., & Voeller, K. K. (1995). *Pediatric neuropsychology in the medical setting.* New York: Oxford University Press.

Bernstein, J. (February, 2006). From field and lab to clinic and life. Using the 'evidence base' in pediatric practice. Continuing Education Workshop, International Neuropsychological Society meeting, Boston, MA.

Bjoraker, K. J., Delaney, K., Peters, C., Krivit, W., & Shaprio, E. G. (2006). Longterm outcomes of adaptive functions for children with mucopolysaccharidosis I (Hurler Syndrome) treated with hematopoietic stem cell transplantation. *Journal of Developmental & Behavioral Pediatrics, 27*(4), 290-296.

Burgio-Murphy, A., Klorman, R., Shaywitz, S. E., Fletcher, J. M., Marchione, K. E., Holahan, J., et al. (2007). Error-related event-related potentials in children with attention-deficit hyperactivity disorder, oppositional defiant disorder, reading disorder, and math disorder. *Biological Psychology, 75*(1), 75-86.

Cortiella, C. (2006). Response-to-Intervention—An emerging method for LD identification. Retrieved on August 11th, 2007 from http://www.schwablearning.org/articles.aspx?r=840.

D'Amato, R. C., Fletcher-Janzen, E., & Reynolds, C. R. (Eds.). (2005). *Handbook of school neuropsychology.* New York: Wiley.

de Vries, P. J., & Hunt, A. (2006). The importance of comprehensive assessment for cognitive and behavioral problems in tuberous sclerosis complex. *Epilepsy & Behavior, 9*(2), 373.

Denckla, M. B. (1996). Biological correlates of learning and attention: What is relevant to learning disability and attention-deficit hyperactivity disorder? *Journal of Developmental & Behavioral Pediatrics, 17*(2), 114-119.

Dennis, M. (2006). Attention in individuals with spina bifida: Assets and deficits. Retrieved on September 10th, 2007 from http://sbaa.omnibooksonline.com/2006/data/papers/016.pdf.

Dennis, M., Landry, S., Barnes, M., & Fletcher, J. (2006). A model of neurocognitive function in spina bifida over the lifespan. *Journal of the International Neuropsychological Society, 12*, 285-296.

Filipek, P. A., Semrud-Clikeman, M., Steingard, R. J., & Renshaw, P. F. (1997). Volumetric MRI analysis comparing subjects having attention-deficit hyperactivity disorder with normal controls. *Neurology, 48*(3, Pt 2), 589-601.

Fine, J. G., Semrud-Clikeman, M., Keith, T. Z., Stapleton, L. M., & Hynd, G. W. (2007). Reading and the corpus callosum: An MRI family study of volume and area. *Neuropsychology, 21*(2), 235-241.

Fletcher, J., Coulter, W., Reschley, D., & Vaughn, S. (2004). Alternative approaches to the definition and identification of learning disabilities: Some questions and answers. *Annals of Dyslexia, 54*(2), 304-331.

Francks, C., MacPhie, I. L., & Monaco, A. P. (2002). The genetic basis of dyslexia. *Lancet Neurology, 1*(8), 483-490.

Francks, C., Paracchini, S., Smith, S. D., Richardson, A. J., Scerri, T. S., Cardon, L. R., et al. (2004). A 77-kilobase region of chromosome 6p22.2 is associated with dyslexia in families from the United Kingdom and from the United States. *American Journal of Human Genetics, 75*(6), 1046-1058.

Fuchs, D., Fuchs, L., & Compton, D. (2004). Identifying reading disabilities by responsiveness-to-instruction: Specifying measures and criteria. *Learning Disability Quarterly, 27*, 216-227.

Fuchs, D., Mock, D., Morgan, P., & Young, C. (2003). Responsiveness to Intervention: Definitions, evidence and implications for the learning disabilities construct. *Learning Disabilities Research & Practice, 18*, 157-171.

Gilger, J. W., Pennington, B. F., & DeFries, J. C. (1992). A twin study of the etiology of comorbidity: Attention deficit-hyperactivity disorder and dyslexia. *Journal of the American Academy of Child and Adolescent Psychiatry, 31*, 343-348.

Greenberg, L. M., & Waldman, I. D. (1993). Developmental normative data on the test of variables of attention (T.O.V.A.). *Journal of Child Psychology & Psychiatry & Allied Disciplines, 34*(6), 1019-1030.

Gunduz, E., Demirbilek, V., & Korkmaz, B. (1999). Benign rolandic epilepsy: Neuropsychological findings. *Seizure, 8*(4), 246-249.

Haier, R. J. (1999). PET studies of learning and individual differences. In J. L. McClelland & R. S. Siegler (Eds.), *Mechanisms of cognitive development: Behavioral and neural perspectives.* New Jersey: Erlbaum. 2001.

Haier, R. J., Siegel, B. V., McLachlan, A., Soderling, E., Lottenberg, S., & Buchsbaum, M. S. (1992). Regional glucose metabolic changes after learning a complex visuospatial/motor task: a positron emission tomographic study. *Brain Research, 570*(1-2), 134-143.

Hale, J., Kaufman, A., Naglieri, J., & Kavlae, K. (2006). Implementation of IDEA: Integrating response to intervention and cognitive assessment methods. *Psychology in the Schools, 43*(7), 753–770.

Individuals with Disabilities Education Improvement Act of 2004, PL 108–446 Section 614.

Institute of Education Sciences (2007). What works Clearinghouse: Read Naturally. Retrieved September 3, 2007 from http://ies.ed.gov/ncee/wwc/reports/beginning_reading/read_naturally/index.asp

Jameson, P. (2006). Diabetes, cognitive function and school performance. *School Nurse News,* (May), 34–36.

Kucian, K., Loenneker, T., Dietrich, T., Dosch, M., Martin, E., & von Aster, M. (2006). Impaired neural networks for approximate calculation in dyscalculic children: A functional MRI study. *Behavioral & Brain Functions* [Electronic Resource]: *BBF, 2,* 31.

Lezak, M. D. (1995). *Neuropsychological assessment* (3rd ed.). New York: Oxford University Press.

Llorente, A. M., Voigt, R. G., Jensen, C. L., Berretta, M. A., Fraley, J. K., & Heird, W. C. (2006). Performance on a visual sustained attention and discrimination task is associated with urinary excretion of norepinephrine metabolite in children with attention deficit/hyperactivity disorder (AD/HD). *Clinical Neuropsychologist, 20*(1), 133–144.

Lubar, J. F., Bianchini, K. J., Calhoun, W. H., Lambert, E. W., Brody, Z. H., & Shabsin, H. S. (1985). Spectral analysis of EEG differences between children with and without learning disabilities. *Journal of Learning Disabilities, 18*(7), 403–408.

Mather, N., & Gregg, N. (2006). Specific learning disabilities: Clarifying, not eliminating, a construct. *Professional Psychology: Research and Practice, 37*(1), 99–106.

McCarthy, A., Lindgren, S., Mengeling, M., Tsalikian, E., & Engvall, J. (2002). Effects of diabetes on learning in children. *Pediatrics, 109*(1), e9.

Moore, C. J., Daly, E. M., Schmitz, N., Tassone, F., Tysoe, C., Hagerman, R. J., et al. (2004). A neuropsychological investigation of male premutation carriers of fragile X syndrome. *Neuropsychologia, 42*(14), 1934–1947.

Mulhern, R., Fairclough, D., & Ochs, J. (1991). A prospective comparison of neuropsychologic performance of children surviving leukemia who received 18-Gy, 24-Gy, or no cranial irradiation. *Journal of Clinical Oncology, 9,* 1348–1356.

National Association of School Psychologists. (2007). NASP position statement on identification of students with specific learning disabilities. Retrieved August 17, 2007 from http://www.nasponline.org/about_nasp/positionpapers/SLDPosition_2007.pdf.

National Center for Learning Disabilities. (2006). *Parent Advocacy Brief: A Parent's Guide to Response-to-*

Intervention. Retrieved July 15, 2007 from http://www.ncld.org/images/stories/downloads/parent_center/rti_final.pdf.

National Joint Committee on Learning Disabilities. (2005). *Responsiveness to intervention and learning disabilities.* Retrieved on July 15, 2007 from www.ldonline.org/?module=upload&func=download &fileId=461.

Pizzamiglio, M. R., Piccardi, L., & Guariglia, C. (2003). Asymmetries in neuropsychological profile in cri-du-chat syndrome. *Cognitive Processing, 4*(Suppl), 20.

Plotts, C. A., & Livermore, C. L. (2007). Russell-silver syndrome and nonverbal learning disability: A case study. *Applied Neuropsychology, 14*(2), 124-134.

Prieler, J., & Raven, J. (2002). *The measurement of change in groups and individuals, with particular reference to the value of gain scores: A new IRT-based methodology for the assessment of treatment effects and utilizing gain scores.* Retrieved July 25, 2007 from http://home.earthlink.net/~rkmck/ vault/priravf/prirav.pdf

Reynolds, C. (August, 2005). Considerations in RTI as a method of diagnosis of learning disabilities. Paper presented to the Annual Institute for Psychology in the Schools of the American Psychological Association, Washington, DC.

Semrud-Clikeman, M. (2005). Neuropsychological aspects for evaluating learning disabilities. *Communication Disorder Quarterly, 26*(4), 242-247.

Semrud-Clikeman, M., Biederman, J., Sprich-Buckminster, S., Krifcher Lehman, B., Faraone, S., & Norman, D. (1992). Comorbidity between ADDH and learning disability: A review and report in a clinically referred sample. *Journal of the American Academy of Child and Adolescent Psychiatry, 31,* 439-448.

Shapiro, E. G., Lipton, M. E., & Krivit, W. (1992). White matter dysfunction and its neuropsychological correlates: A longitudinal study of a case of metachromatic leukodystrophy treated with bone marrow transplant. *Journal of Clinical and Experimental Neuropsychology, 14*(4), 610-624.

Shaywitz, B. A., Fletcher, J. M., & Shaywitz, S. E. (1995). Defining and classifying learning disabilities and attention-deficit/hyperactivity disorder. *Journal of Child Neurology, 10,* S50-S57.

Shaywitz, B. A., Lyon, G. R., & Shaywitz, S. E. (2006). The role of functional magnetic resonance imaging in understanding reading and dyslexia. *Developmental Neuropsychology, 30*(1), 613-632.

Silver, S., Blackburn, L., Arffa, S., Barth, J., Bush, S., Kifler, S., Pliskin, N., Reynolds, C., Ruff, R., Troster, A., Moster, R., & Elliott, R. (2006). The importance of neuropsychological assessment for the evaluation of childhood learning disorders: NAN policy and planning committee. *Archives of Clinical Neuropsychology, 21,* 741-744.

Simos, P. G., Fletcher, J. M., Denton, C., Sarkari, S., Billingsley-Marshall, R., & Papanicolaou, A. C. (2006). Magnetic source imaging studies of dyslexia interventions. *Developmental Neuropsychology, 30*(1), 591-611.

Simos, P. G., Fletcher, J. M., Sarkari, S., Billingsley, R. L., Denton, C., & Papanicolaou, A. C. (2007a). Altering the brain circuits for reading through intervention: A magnetic source imaging study. *Neuropsychology, 21*(4), 485-496.

Simos, P. G., Fletcher, J. M., Sarkari, S., Billingsley-Marshall, R., Denton, C. A., & Papanicolaou, A. C. (2007b). Intensive instruction affects brain magnetic activity associated with oral word reading in children with persistent reading disabilities. *Journal of Learning Disabilities, 40*(1), 37-48.

Spencer, J. (2006). The role of cognitive remediation in childhood cancer survivors experiencing neurocognitive late effects. *Journal of Pediatric Oncology Nursing, 23*(6), 321-325.

Spironelli, C., Penolazzi, B., Vio, C., & Angrilli, A. (2006). Inverted EEG theta lateralization in dyslexic children during phonological processing. *Neuropsychologia, 44*(14), 2814-2821.

Vaughn, S., & Fuchs, L. (2003). Redefining learning disabilities as inadequate response to instruction: The promise and potential problems. *Learning Disabilities Research and Practice, 18*(3), 137-146.

Weber Byars, A. M., McKellop, M., Gyato, K., Sullivan, T., & Franz, D. N. (2001). Metachromitic leukodystrophy and nonverbal learning disability: Neuropsychological and neuroradiological findings in heterozygous carriers. *Child Neuropsychology, 7*(1), 54-58.

West, R. L. (2006). Review of survivors of childhood and adolescent cancer: A multidisciplinary approach, second edition. *Journal of the American Academy of Child & Adolescent Psychiatry, 45*(11), 1387-1388.

Willcutt, E. G., & Pennington, B. F. (2000). Comorbidity of reading disability and attention-deficit/hyperactivity disorder: Differences by gender and subtype. *Journal of Learning Disabilities, 33,* 179-191.

Yeates, K. O., Ris, M. D., & Taylor, H. G. (1995). Hospital referral patterns in pediatric neuropsychology. *Child Neuropsychology, 1*(1), 56-62.

제9장

Bauman, M. L., & Kemper, T. L. (Eds.). (2005). *The neurobiology of autism.* Baltimore: Johns Hopkins

University Press.

Dean, R. S., & Woodcock, R. W. (2003). *Dean-Woodcock Neuropsychological Battery*. Itasca, IL: Riverside Publishing.

Delis, D., Kaplan, E., & Kramer, J. H. (2001). *Delis-Kaplan Executive Function System Examiner's Manual*. San Antonio, TX: The Psychological Corporation.

Feifer, S. G., & DeFina, P. A. (2000). *The neuropsychology of reading disorders: Diagnosis and intervention*. Middletown, MD: School Neuropsych Press.

Feifer, S. G., & DeFina, P. A. (2002). *The neuropsychology of written language disorders: Diagnosis and intervention*. Middletown, MD: School Neuropsych Press.

Feifer, S. G., & DeFina, P. A. (2005). *The neuropsychology of mathematics disorders: Diagnosis and intervention*. Middletown, MD: School Neuropsych Press.

Feifer, S. G., & Della Toffalo, D. A. (2007). *Integrating RTI with cognitive neuroscience: A scientific approach to reading*. Middletown, MD: School Neuropsych Press.

Fischer, K. W., Daniel, D. B., Immordino-Yang, M. H., Stern, E., Battro, A., & Koizumi, H. (2007). Why mind, brain, and education? Why now? *Mind, Brain, and Education, 1,* 1-2.

Fletcher, J. M., Lyon, G. R., Fuchs, L. S., & Barnes, M. A. (2007). *Learning disabilities from identification to intervention*. New York: Guilford.

Fletcher-Janzen, E. (2005). The school neuropsychological examination. In D. C. D'Amato, E. Fletcher-Janzen, & C. R. Reynolds (Eds.), *Handbook of school neuropsychology*. Hoboken, NJ: Wiley.

Grigorenko, E. L. (2007). Triangulating developmental dyslexia: Behavior, brain, and genes. In D. Coch, G. Dawson, & K. W. Fischer (Eds.), *Human behavior, learning, and the developing brain: Atypical development* (pp. 117-144). New York: Guilford.

Hale, J. B., & Fiorello, C. A. (2004). *School neuropsychology: A practitioner's handbook*. New York: Guilford.

Hale, J. B., Kaufman, A., Naglieri, J. A., & Kavale, K. A. (2006). Implementation of IDEA: Integrating response to intervention and cognitive assessment methods. *Psychology in the Schools, 43,* 753-770.

Hammill, D. D. (1990). On defining learning disabilities: An emerging consensus. *Journal of Learning Disability, 23,* 74-84.

Hammill, D. D., Leigh, J. E., McNutt, G., & Larsen, S. C. (1981). A new definition of learning disabilities. *Learning Disability Quarterly, 4,* 336-342.

Hartlage, L. C., Asken, M. J., & Hornsby, J. L. (Eds.). (1987). *Essentials of neuropsychological assessment.*

New York: Springer.

Kaufman, A. S., & Kaufman, N. L. (2005). *Kaufman Test of Educational Achievement–Second Edition.* Circle Pines, MN: American Guidance Service Publishing.

Korkman, M., Kirk, U., & Kemp, S. (2007). *NEPSY–II: A developmental neuropsychological assessment.* San Antonio, TX: The Psychological Corporation.

Learning Disabilities Roundtable. (2002). *Specific learning disabilities: Finding common ground.* Washington, DC: U.S. Department of Education. Division of Research to Practice. Office of Special Education Program.

Miller, D. C. (2007). *Essentials of school neuropsychological assessment.* New York: Wiley.

Miller, D. C., & Palomares, R. (2000, March). Growth in school psychology: A necessary blueprint. *Communique', 28*(6), 1, 6-7.

Mirsky, A. F. (1996). Disorders of attention: A neuropsychological perspective. In G. R. Lyon & N. A. Krasnegor (Eds.), *Attention, memory and executive function.* (pp. 71-95). Baltimore: Brookes.

Naglieri, J., & Das, J. P. (1997). *Das–Naglieri Cognitive Assessment System.* Itasca, IL: Riverside Publishing Company.

NASP Postion Statement on Identification of Students with Specific Learning Disabilities. (July, 2007). Bethesda, MD: National Association of School Psychologists.

Obrzut, J. E., & Hynd, G. W. (1986a). *Child neuropsychology. Volume 1: Theory and research.* San Diego: Academic Press.

Obrzut, J. E., & Hynd, G. W. (1986b). *Child neuropsychology. Volume 2: Clinical practice.* San Diego: Academic Press.

Pliszka, S. R. (2003). *Neuroscience for the mental health clinician.* New York: Guilford.

Posner, M. I., & Rothbart, M. K. (2007). *Educating the human brain.* Washington, DC: American Psychological Association.

Report of the President's Commission on Excellence in Special Education. (2002). *A new era: Revitalizing special education for children and their families.* Washington, DC: U.S. Department of Education, Author.

Reschly, D. J., Hosp, J. L., & Schmied, C. M. (2003). *And miles to go ...: State SLD requirements and authoritative recommendations.* Report to the National Research Center on Learning Disabilities.

Reynolds, C. R., & Bigler, E. D. (1994). *Test of Memory and Learning: Examiner's manual.* Austin, TX: PRO-ED.

Rourke, B. P. (1982). Central processing deficits in children: Toward a developmental neuropsychological model. *Journal of Clinical Neuropsychology, 4,* 1-18.

Shaywitz, S. (2003). *Overcoming dyslexia: A new and complete science-based program for reading problems at any level.* New York: Alfred A. Knopf.

Sheslow, D., & Adams, W. (2003). *Wide range assessment of memory and learning-Second edition.* Wilmington, DE: Wide Range, Inc.

Stern, E. (2005). Pedagogy meets neuroscience. *Science, 310,* 745.

Wechsler, D. (2003). *Wechsler Intelligence Scale for Children-Fourth Edition.* San Antonio, TX: Harcourt Assessment, Inc.

Wechsler, D., Kaplan, E., Fein, D., Morris, E., Kramer, J. H., Maerlender, A., & Delis, D. C. (2004). *The Wechsler Intelligence Scale for Children-Fourth Edition. Integrated Technical and Interpretative Manual.* San Antonio, TX: Harcourt Assessment, Inc.

제10장

Ahmad, B. S., Balsamo, L. M., Sachs, B. C., Xu, B., & Gaillard, W. D. (2003). Auditory comprehension of language in young children. *Neurology, 60,* 1598-1605.

Allin, M., Rooney, M., Griffiths, T., Cuddy, M., Wyatt, J., Rifkin, L., & Murray, R. (2006). Neurological abnormalities in young adults born preterm. *Journal of Neurology, Neurosurgery and Psychology, 77,* 495-499.

Aylward, E. H., Richards, T. L., Berninger, V. W., Nagy, W. E., Field, K. M., Grimme, A. C., Richards, A. L., Thomson, J. B., & Cramer, S. C. (2003). Instructional treatment associated with changes in brain activation in children with dyslexia. *Neurology, 61*(2), 212-219.

Balsamo, L. M., Xu, B., & Gaillard, W. D. (2006). Language Literalization and the role of fusiform gyrus in semantic processing in young children. *Neuroimage, 31*(3), 1306-1315.

Balsamo, L. M., Xu, B., Grandin, C. B., Petrella, J. R., Branieki, S. H., & Elliot, T. K. (2002). A functional magnetic resonance imaging study of left hemisphere language dominance in children. *Archives of Neurology, 59,* 1168-1174.

Banai, K., Nicol, T., Zecker, S., & Kraus, N. (2005). Brainstem timing: Implications for cortical processing and literacy. *Journal of Neuroscience, 25*(43), 9850-9857.

Baron, I. S. (2004). *Neuropsychological evaluation of the child.* New York: Oxford University Press.

Chuang, N. A., Otsubo, H., Pang, E. W., & Chuang, S. H. (2006). Pediatric magnetoencephalography (MEG) and magnetic source imaging (MSI). *Neuroimaging Clinics of North America, 16*(1), 193-210.

Francis, D., Fletcher, J., Stuebing, K., Lyon, G., Shaywitz, B., & Shaywitz, S. (2005). Psychometric approaches to the identification of LD: IQ and achievement scores are not sufficient. *Journal of Learning Disabilities, 38*(2), 98-108.

Freud, S. (1900). *The interpretation of dreams.* Vol. I. New York: Basic Books (Ernest Jones; 1955 edition).

Fuchs, D., Mock, D., Morgan, P., & Young, C. (2003). Responsiveness to intervention: Definition, evidence and implications for learning disabilities. *Learning Disabilities Research and Practice, 18,* 157-171.

Gaillard, W. D., Balsamo, M. A., Ibrahim, B. A., Sachs, B. C., & Xu, B. (2003). fMRI identifies regional specialization of neural networks for reading in young children. *Neurology, 60,* 94-100.

Hale, J. B., Kaufman, A., Naglieri, J. A., & Kavale, K. A. (2006). Implementation of IDEA: Integrating response to intervention and cognitive assessment methods. *Psychology in the Schools, 43,* 753-770.

Hebb, D. O. (1949). *The organization of behavior: A neuropsychological theory.* New York: Wiley.

Jensen, J., & Breiger, D. (2005). Learning disorders. In K. Cheng & K. M. Myers (Eds.), *Child and adolescent psychiatry: The essentials* (pp. 281-298). Baltimore: Lippincott, Williams & Wilkens.

Majovski, L. V., & Breiger, D. (2007). Development of higher brain functions: Birth through adolescence. In C. R. Reynolds & E. Fletcher-Janzen (Eds.), *Handbook of clinical child neuropsychology* (3rd ed.). New York: Press (in press).

Mather, N., & Kaufman, N. (2006). Introduction to the special issue, part two: It's about the what, the how well, and the why. *Psychology in the Schools, 43*(8), 829-834.

Olsen, P., Vainionpaa, L., Paakko, E., Korkman, M., Pyhtinen, J., & Jarvelin, M. R. (1998). Psychological findings in children related to neurologic status and magnetic resonance imaging. *Pediatrics, 102,* 329-336.

Pennington, B. F. (1999). Toward an integrated understanding of dyslexia: Genetic, neurological, and cognitive mechanisms. *Developmental Psychopathology, 11,* 629-654.

Rourke, B., Van Der Vlugt, H., & Rourke, S. (2002). Practice of child-clinical neuropsychology: An introduction. Swets & Zeitlinger: The Netherlands.

Shaywitz, S., Gruen, J., & Shaywitz, B. (2007). Management of dyslexia, its rationale, an underlying neurobiology. *Pediatric Clinics of North America, 54,* 609-623.

Shaywitz, B. A., Lyon, G. R., & Shaywitz, S. E. (2006). The role of functional magnetic resonance imaging in understanding reading and dyslexia. *Developmental Neuropsychology, 30*(1), 613-632.

Simos, P., Fletcher, J., Sarki, S., Billingsley, R., Francis, D., Castillo, E., Pataraia, E., Denton, C., & Papanicolaou (2005). Early development of neurophysiological processes involved in normal reading and reading disability: A magnetic source imaging study. *Neuropsychology, 19*(6), 787-798.

Sowell, E. R., Thompson, P. M., Leonard, C. M., Welcome, S. E., Kan, E. R., & Toga, A. W. (2004). Longitudinal mapping of cortical thickness and brain growth in normal children. *Journal of Neuroscience, 24*(38), 8223-8231.

Stiles, J., Reilly, J., Paul, B., & Moses, P. (2005). Cognitive development following early brain injury: Evidence for neural adaptation. *Trends in Cognitive Sciences, 9,* 136-143.

Taylor, H. G., Minich, N., Bangert, B., Filipek, P. A., & Hack, M. (2004). Longterm neuropsychological outcomes of very low birth weight: Associations with early risks for periventricular brain insults. *Journal of the International Neuropsychological Society, 10,* 987-1004.

Temple, E., Deutsch, G. K., Poldrack, R. A., Miller, S. L., Tallal, P., Merzenich, M. M., & Gabrielli, J. E. (2003). Neural deficits in children with dyslexia ameliorated by behavioral remediation: Evidence from functional MRI. *Proceedings of the National Academy of Sciences of the United States of America, 100*(5), 2860-2865.

Vellutino, F., Fletcher, J., Snowling, M., & Scanlon, D. (2004). Specific reading disability (dyslexia): What have we learned in the past four decades? *Journal of Child Psychology and Psychiatry, 45, 1,* 2-40.

Willis, J., & Dumont, R. (2006). And never the twain shall meet: Can response to intervention in cognitive assessment be reconciled? *Psychology in the Schools, 43*(8), 901-908.

Wodrich, D., Spencer, M., & Daley, K. (2006). Combining RTI and psychoeducational assessment: What must we assume to do otherwise. *Psychology in the Schools, 43*(8), 797-806.

Yeates, K., Ris, D., & Taylor, G. (Eds.). (2000). Pediatric neuropsychology: Research theory and practice. New York: Guilford.

Yuan, W., Szaflarski, J. P., Schmithorst, V. J., Schapiro, M., Byars, A. W., Strawsburg, R. H., & Holland, S. K. (2006). fMRI shows atypical language lateralization in pediatric epilepsy patients. *Epilepsia, 47,* 593-600.

Zabel, T. A., & Chute, D. L. (2002). Educational neuroimaging: A proposed neuropsychological application of near-infrared spectroscopy (nIRS). *Journal of Head Trauma Rehabilitation, 17*(5), 477-488.

제11장

American Academy of Pediatrics (AAP), Committee on Children with Disabilities, American Academy of Ophthalmology (AAO), and the American Association for Pediatric Ophthalmolgy and Strabismus (AAPOS). (1998). Learning disabilities, dyslexia, and vision: A subject review. *Pediatrics, 102,* 1217-1219.

American Psychiatric Association. (2000). *Diagnostic and statistical manual of mental disorders—text revision (DSM-IV-TR).* (4th ed.). Washington, DC: American Psychiatric Association.

Barkley, R. (2006). *Attention-Deficit Hyperactivity Disorder: A handbook for diagnosis and treatment* (3rd ed.). New York: Guilford.

Black, L. M., & Stefanatos, G. (2000). Neuropsychological assessment of developmental and learning disorders. *Clinical Practice Guidelines.* Bethesda, Maryland: ICDL Press.

Breier, J. I., Simos, P. G., Fletcher, J. M., Castillo, E. M., Zhang, W., & Papanicolaou, A. C. (2003). Abnormal activation of temporoparietal areas in children with dyslexia during speech processing. *Neuropsychology, 17,* 610-621.

Castellanos, F. X., Giedd, J. N., Marsh, W. L., Hamburger, S. D., Vaituzis, A. C., & Dickstein, D. P. (2003). Quantitative brain magnetic resonance imaging in attention-deficit/hyperactivity disorder. *Archives of General Psychiatry, 53,* 607-616.

Collins, D. W., & Rourke, B. P. (2003). Learning-disabled brains: A review of the literature. *Journal of Clinical and Experimental Neuropsychology, 25,* 1011-1034.

D'Amato, R. C., Crepeau-Hobson, F. C., Huang, L. V., & Geil, M. (2005). Ecological neuropsychology: An alternative to the deficit model for conceptualizing and serving students with Learning Disabilities. *Neuropsychology Review, 15,* 97-103.

D'Amato, R. C., Rothlisberg, B. A., & Work, P. H. L. (1998). Neuropsychological assessment for intervention. In C. R. Reynolds & T. B. Gutkin (Eds.), *The handbook of school psychology* (3rd ed., pp. 452-475). New York: Wiley.

D'Angiulli, A., & Siegel, L. S. (2003). Cognitive functioning as measured by the WISC-R: Do children with learning disabilities have distinctive patterns of performance? *Journal of Learning Disabilities, 36,* 48-58.

DeFries, J. C., & Fulker, D. W. (1988). Multiple regression analysis of twin data: Aetiology of deviant scores versus individual differences. *Acta Geneticae Eneticae Medicae Et Gemellologiae, 37,* 205-216.

DeFries, J. C., & Decker, S. N. (1982). Genetic aspects of reading disability: A family study. In R. N. Malatesha & P. G Aaron (Eds.), *Neuropsychology of developmental dyslexia and acquired alexia: Varieties and treatments* (pp. 255-279). New York: Academic Press.

Dehaene, S., Cohen, L., Sigman, M., & Vinckler, F. (2005). The neural code written for written words: A proposal. *Trends in Cognitive Sciences, 9,* 335-341.

Eden, G. F., VanMeter, J. W., Rumsey, J. M., Maisog, J. M., Woods, R. P., & Zeffiro, T. A. (1996). Abnormal processing of visual motion in dyslexia revealed by functional brain imaging. *Nature, 382,* 66-89.

Emerson, E., Hatton, C., Bromley, J., & Caine, A. (Eds.). (1998). *Clinical psychology and people with intellectual disabilities.* Chichester: Wiley.

Faraone, S. V., Biederman, J., Lehman, B. K., Keenan, K., Norman, D., Seidman, L. J., et al. (1993). Evidence for the independent familial transmission of attention deficit hyperactivity disorder and learning disabilities: Results from a family genetic study. *American Journal of Psychiatry, 150,* 891-895.

Frank, Y. & Pavlakis, S. G. (2001). Brain imaging in neurobehavioural disorders. *Pediatric Neurology, 25,* 278-287.

Gamma, A., Lehmann, D., Frei, E., Iwata, K., Pascual-Marqui, R. D., & Vollenweider, F. X. (2004). Comparison of Simultaneously Recorded [H_2 ^{15}O]-PET and LORETA During Cognitive and Pharmacological Activation. *Human Brain Mapping, 22,* 83-96.

Goldstein, S., & Kennemer, K. (2006). Learning disabilities. In S. Goldstein & C. R. Reynolds (Eds.), *Handbook of neurodevelopmental and genetic disorders in adults.* New York: Guilford.

Grigorenko, E. L., Wood, F. B., Meyer, M. S., Hart, L. A., Speed, W. C., Shuster, A., et al. (1997). Susceptibility loci for distinct components of developmental dyslexia on chromosomes 6 and 15. *American Journal of Human Genetics, 60,* 27-39.

Halperin, J. M., Newcorn, J. H., Kopstein, I., McKay, K. E., Schwartz, S. T., Siever, L. J., & Sharma, V. (1997). Serotonin, aggression, and parental psychopathology in children with attention-deficit hyperactivity disorder. *American Academy of Child and Adolescent Psychiatry, 36,* 1391-1398.

Hynd, G. W., & Semrud-Clikeman, M. (1989). Dyslexia and brain morphology. *Psychological Bulletin, 106,* 447-482.

Johnson, E., Mellard, D. F., & Byrd, S. E. (2005). Alternative models of learning disabilities identification: Considerations and initial conclusions. *Journal of Learning Disabilities, 38,* 569-572.

Kavale, K. A. (2005). Identifying specific learning disability: Is responsiveness to intervention the answer? *Journal of Learning Disabilities, 38,* 553-562.

Kilpatrick, D. A., & Lewandowski, L. J. (1996). Validity of screening tests for learning disabilities: A comparison of three measures. *Journal of Psychoeducational Assessment, 14,* 41-53.

Learning Disabilities Roundtable (2004). *Comments and recommendations on regulatory issues under the individuals with disabilities education improvement act of 2004: Public Law 108-446.* U.S. Department of Education, Office of Special Education Programs: Washington, DC (released February, 2005).

Martínez, R. S., & Semrud-Clikeman, M. (2004). Psychosocial functioning of young adolescents with multiple versus single learning disabilities. *Journal of Learning Disabilities, 37,* 411-420.

Merz Sr., W. R., Buller, M., & Launey, M. (1990). Neuropsychological assessment in schools. *Practical Assessment, Research & Evaluation, 2*(4). Retrieved August 20, 2007 from http://PAREonline.net/getvn.asp?v=2&n=4

Moisecu-Yiflach, T., & Pratt, H. (2005). Auditory event related potentials and source current density estimation in phonologic/auditory dyslexics. *Clinical Neurophysiology, 116,* 2632-2647.

Morgan, A. E., & Hynd, G. W. (1998). Dyslexia, neurolinguistic ability, and anatomical variation of the planum temporale. *Neuropsychology Review, 8,* 79-93.

National Joint Committee on Learning Disabilities. (1994). *Secondary to postsecondary education transition planning for students with disabilities.* National Joint Committee on Learning Disabilities.

Pliszka, S. R., McCracken, J. T., & Mass, J. W. (1996). Catecholamines in ADHD: current perspectives. *Journal of the American Academy of Child and Adolescent Psychiatry, 35,* 264-272.

Price, C., & Michelli, A. (2005). Reading and reading disturbance. *Current Opinion in Neurobiology, 15,* 231-238.

Provencal, S., & Bigler, E. D. (2005). Behavioral neuroimaging: What is it and what does it tell us? In D' Amato, R. C., Fletcher-Janzen, E., & Reynolds, C. R. (Eds.), *The handbook of school neuropsychology* (pp. 327-361). Hoboken, NJ: Wiley.

Pugh, K. R., Mencl, W. E., Shaywitz, B. A., Shaywitz, S. E., Fulbright, R. K., Constable, R. T., et al. (2000). The angular gyrus in developmental dyslexia: task-specific differences in functional connectivity within posterior cortex. *Psycholgical Science, 11,* 51-56.

Rumsey, J. M., Horwitz, B., Donahue, B. C., Nace, K. L., Maisog, J. M., & Andreason, P. (1999). A functional lesion in developmental dyslexia: left angular gyral blood flow predicts severity. *Brain & Language, 70,* 187-204.

Shaywitz, B., & Shaywitz, S. (2005). Dyslexia (Specific Reading Disability). *Biological Psychiatry, 57,* 1301-1309.

Shaywitz, B., Shaywitz, S., Blachman, B., Pugh, K., Fulbright, R., Skudlarski, P., et al. (2004).

Development of left occipital temporal systems for skilled reading in children after a logically based intervention. *Biological Psychiatry, 55*, 926-933.

Shaywitz, B. A., Shaywitz, S. E., Pugh, K. R., Mencl, W. E., Fulbright, R. K., Skudlarski, P., et al. (2002). Disruption of posterior brain systems for reading in children with developmental dyslexia. *Biological Psychiatry, 52*, 101-110.

Shaywitz, S. E., & Shaywitz, B. A. (2003). The science of reading and dyslexia. *Journal of the American Association for Pediatric Ophthalmology and Strabismus, 7*, 158-166.

Shaywitz, S. E., Cohen, D. J., & Shaywitz, B. A. (1980). Behavior and learning difficulties in children of normal intelligence born to alcoholic mothers. *Journal of Pediatrics, 96*, 978-982.

Silver, C. H., Blackburn, L. B., Arffa, A., Barth, J. T., Bush, S. S., et al. (2006). The importance of neuropsychological assessment for the evaluation of childhood learning disorders. NAN policy and planning committee. *Archives of Clinical Neuropsychology, 21*, 741-744.

Simos, P. G., Fletcher, J. M., Sarkan, S., Billingsley, R. L., Denton, C., & Papanicalaou, A. C. (2007). Altering the brain circuits for reading through intervention: A magnetic source imaging study. *Neuropsychology, 21*, 485-496.

Smith, S. D., Kimberling, W. J., Pennington, B. F., & Lubs, H. A. (1983). Specific reading disability: Identification of an inherited form through linkage analysis. *Science, 219*, 1345-1347.

Temple, E., Poldrack, R. A., Protopapas, A., Nagarajan, S., Salz, T., Tallal, P., et al. (2000). Disruption of the neural response to rapid acoustic stimuli in dyslexia: evidence from functional MRI. *Proceedings of the National Academy of Sciences (USA), 97*, 13907-13912.

Vellutino, F. V., Fletcher, J. M., Snowling, M. J., & Scanlon, D. M. (2004). Specific reading disability (dyslexia): What we have learned in the past four decades. *Journal of Child Psychology and Psychiatry, 45*, 2-40.

Wadsworth, S., DeFries, J., Stevenson, J., Gilger, J., & Pennington, B. (1992). Gender ratios among reading-disabled children and their siblings as a function of parental impairment. *Journal of Child Psychiatry, 33*, 1229-1239.

Zeffiro, T. J., & Eden, G. (2000). The neural basis of developmental dyslexia. *Annals of Dyslexia, 50*, 1-30.

제12장

Hoskyn, M., & Swanson, H. L. (2000). Cognitive processing of low achievers and children with reading disabilities: A selective meta-analytic review of the published literature. *School Psychology Review, 29*, 102–119.

Koenig, M., & Gunter, C. (2005). Fads in speech-language pathology. In J. W. Jacobson, R. M. Foxx, & J. A. Mulick (Eds.), *Controversial therapies for developmental disorders* (pp. 215–234). Mahwah, NJ: Erlbaum.

Lyon, G. R., Fletcher, J. M., Shaywitz, S. E., Shaywitz, B. A., Torgesen, J. K., Wood, F. B., Schulte, A., & Olson, R. (2001). In C. E. Finn, A. J. Rotherham, & C. R. Hokanson (Eds.), *Rethinking Special Education for a New Century* (pp. 259–287). Washington, DC: Progressive Policy Institute and Thomas B. Fordham Foundation.

Newschaffer, C. J., & Curran, L. K. (2003). Autism: an emerging public health problem. *Public Health Report, 118*(5), 393–399.

Spring, B. (2007). Evidence-based practice in clinical psychology: What it is, why it matters; what you need to know. *Journal of Clinical Psychology, 63*(7), 611–631.

Steubing, K. K., Fletcher, J. M., LeDoux, J. M., Lyon, G. R., Shaywitz, S. E., & Shaywitz, B. A. (2002). Validity of IQ discrepancy classification of reading disabilities: A meta-analysis. *American Educational Research Journal, 39*, 469–518.

U. S. Office of Education (1977). Assistance to states for education of handicapped children: Procedures for evaluating specific learning disabilities. *Federal Register, 42*(250), 65082–65085.

제13장

Berninger, V. W., & Richards, T. L. (2002). *Brain literacy for educators and psychologists.* San Diego: Academic Press.

Brown-Chidsey, R., & Steege, M. W. (2005). *Response to intervention.* New York: Guilford.

Christ, T. J., Davie, J., & Berman, S. (2006). CBM data and decision making in RTI contexts: Addressing performance variability. *Communique, 35*(2), Retrieved September 2, 2007, from http://www.nasponline.org/publications/cq/mocq352cbmdata.aspx.

Feifer, S. G. (in press). Integrating RTI with Neuropsychology: A scientific approach to reading. In a special edition of *Psychology in the Schools: Applications of Neuropsychology.*

Fuchs, D., & Fuchs, L. S. (2002). Is "Learning Disability" just a fancy term for low achievement? A meta-analysis of reading differences between low achievers with and without the label. *Learning*

Disabilities Summit: Building a Foundation for the Future White Papers. National Research Center on Learning Disabilities.

Fuchs, D., Mock, D., Morgan, P. L., & Young, C. L. (2003). Responsiveness-to-Intervention: Definitions, evidence and implications for the learning disabilities construct. *Learning and Disability Research & Practice, 18,* 157–171.

Fuchs, D., & Young, C. L. (2006). On the irrelevance of intelligence in predicting responsiveness to reading instruction. *Exceptional Children, 73,* 8–30.

Gottlieb, J., Alter, M., Gottlieb, B. W., & Wishner, J. (1994). Special education in urban America: It's not justifiable for many. *The Journal of Special Education, 27,* 453–465.

Graner, P. S., & Faggella-Luby, M. N. (2005). An overview of responsiveness to intervention: What practioners ought to know. *Topics in Language Disorders, 25,* 93–105.

Gresham, F. M., & Witt, J. C. (1997). Utility of intelligence tests for treatment planning, classification, and placement decisions: Recent empirical findings and future directions. *School Psychology Quarterly, 12,* 249–267.

Hale, J. B., Naglieri, J. A., Kaufman, A. S., & Kavale, K. A. (2004). Specific learning disability classification in the new Individuals with Disabilities Education Act: The danger of a good idea. *The School Psychologist, 58,* 6–13.

Individuals with Disabilities Education Improvement Act of 2004 (IDEA), P. L. N., 118 Stat 2647. (2004).

Kavale, K. A., & Forness, S. R. (1994). Learning disabilities and intelligence: An uneasy alliance. In T. E. Scruggs & M. A. Mastropieri (Eds.), *Advances in learning and behavioral disabilities.* (Vol. 8, pp. 1–63). Greenwich, CT: JAI Press.

Kavale, K. A., Holdnack, J. A., & Mostert, M. P. (2005). Responsiveness to intervention and the identification of specific learning disability: A critique and alternative proposal. *Learning Disability Quarterly, 28*(1), 2–16.

Kronenberger, W. G., & Meyer, R. G. (2001). *The child clinician's handbook* (2nd ed.). Needham Heights, MA: Pearson Education.

Naglieri, J. A., & Crockett, D. P. (2005). Response to intervention (RTI): Is it a scientifically proven method? *Communiqué, 34,* 38–39.

Reid, R., & Lienemann, T. O. (2006). *Strategy instruction for students with learning disabilities.* New York: Guilford.

Reschly, D. J., & Ysseldyke, J. E. (2002). Paradigm shift: The past is not the future. In A. Thomas & J.

Grimes (Eds.), *Best practices in school psychology* (3rd ed., pp. 3-36). Washington, DC: National Association of School Psychologists.

Roundtable, L. D. (2005). *Comments and recommendations on regulatory issues under the Individuals with Disabilities Education Improvement Act of 2004, Public Law 108–446.* Retrieved September 14, 2005, from http://www.ncld.org/content/view/278/398/

Schmitt, A. J., & Wodrich, D. L. (in press). Reasons and rationale for neuropsychological tests in a multi-tier system of school services. In a special edition of *Psychology in the Schools: Applications of Neuropsychology.*

Short, E. J., Feagans, L., McKinney, J. D., & Appelbaum, M. I. (1986). Longitudinal stability of LD subtypes based on age-and IQ-achievement discrepancies. *Learning Disability Quarterly, 9,* 214-225.

Telzrow, C. F., McNamara, K., & Hollinger, C. L. (2000). Fidelity of problem-solving implementation and relationship to student performance. *School Psychology Review, 29,* 443-461.

Walcott, C. M., & Riley-Tillman, C. (2007). Evidence-based intervention from research to practice. NASP *Communiqué, 35*(6). Retrieved September 1, 2007, from http://www.nasponline.org/publications/cq/mocq356research.aspx.

Wright, J. (n.d.). *RTI_wire.* Retrieved January 4, 2007, from http://www.jimwrightonline.com/php/rti/rti_wire.php.

Ysseldyke, J., Alzozzine, B., Richey, L., & Graden, J. (1982). Declaring students eligible for disability services: Why bother with the data? *Learning Disability Quarterly, 5,* 37–43.

제14장

Berry, K. E., Buktenica, N. A., & Beery, N. A. (2004). The Beery-Buktenica Developmental Test of Visual-Motor Integration: Beery VMI Administration, Scoring, and Teaching Manual (5th ed.). Minneapolis: NCS Pearson.

Benasich, A. A., Choudhury, N., Friedman, J. T., Realpe-Bonilla, T., Chojnowska, C., & Gou, Z. (2006). The infant as a prelinguistic model for language learning impairments: Predicting from event–related potentials to behavior. *Neuropsychologia, 44,* 396–411.

Catts, H. W., Fey, M. E., Tomblin, J. B., & Zhang, X. (2002). A longitudinal investigation of reading outcomes in children with language impairments. *Journal of Speech Language & Hearing Research, 45,* 1142-1157.

Dykman, R. A., & Ackerman, P. T. (1991). Attention deficit disorder and specific reading disability: Separate but often overlapping disorders. *Journal of Learning Disabilities, 24,* 95-103.

Kavale, K. A., & Forness, S. R. (1996). Social skill deficits and learning disabilities: A meta analysis. *Journal of Learning Disabilities, 29,* 226-237.

Lyytinen, H., Guttorm, T. K., Huttunen, T., Hämäläinen, J., Leppänen, P. H. T., & Vesterinen, M. (2005). Psychophysiology of developmental dyslexia: A review of findings including studies of children at risk for dyslexia. *Journal of Neurolinguistics, 18,* 167-195.

Roid, G. H., & Miller, L. J. (1997). Leiter International Performance Scale-Revised. Wood Dale, IL: Stoelting.

Rourke, B. P., van der Vlugt, H., & Rourke, S. B. (2002). Practice of child-clinical neuropsychology: An introduction. Lisse, The Netherlands: Swets & Zeitlinger.

Semrud-Clikeman, M., Biederman, J., Sprich-Buckminster, S., Lehman, B. K., Faraone, S. V., & Norman, D. (1992). Comorbidity between ADHD and learning disability: A review and report in a clinically referred sample. *Journal of the American Academy of Child and Adolescent Psychiatry, 31,* 439-448.

Shaywitz, S. E. (1998). Dyslexia. *New England Journal of Medicine, 338,* 307-312.

Shaywitz, B., Shaywitz, S., Pugh, K. R., Mencl, W. E., Fulbright, R. K., Constable, R. T., Skudlarski, P., Jenner, A., Fletcher, J. M., Marchione, K. E., Shankweiler, D., Katz, L., Lacadie, C., Lyon, G. R., & Gore, J. C. (2002). Disruption of the neural circuitry for reading in children with developmental dyslexia. *Biological Psychiatry, 52,* 101-110.

Tallal, P., & Gaab, N. (2006). Dynamic auditory processing, musical experience and language development. *Trends in Neurosciences, 29,* 382-390.

Tallal, P., & Piercy, M. (1973). Developmental aphasia: Impaired rate of non-verbal processing as a function of sensory modality. *Neuropsychologia, 11,* 389-398.

Temple, E., Poldrack, R. A., Salidis, J., Deutsch, G. K., Tallal, P., Merzenich, M. M., & Gabrieli, J. D., (2001). Disrupted neural responses to phonological and orthographic processing in dyslexic children: An fMRI study. *Neuroreport, 12*(2), 299-307.

제15장

Alfonso, V. C., Flanagan, D. P., & Radwan, S. (2005). The impact of Cattell-Horn-Carroll theory on test development and interpretation of cognitive and academic abilities. In D. P. Flanagan & P. L.

Harrison (Eds.), *Contemporary intellectual assessment: Theories, tests, and issues* (pp. 185-202). New York: Guilford.

Badzakova-Trajkov, G., Hamm, J. P., & Wladie, K. E. (2005). The effects of redundant stimuli on visuospatial processing in developmental dyslexia. *Neuropsychologia, 43,* 473-478.

Cao, F., Bitan, T., Chou, T.-L., Burman, D. D., & Booth, J. R. (2006). Deficient orthographic and phonological representations in children with dyslexia revealed by brain activation patterns. *Journal of Child Psychology and Psychiatry, 47,* 1041-1050.

Collins, D. W., & Rourke, B. P. (2003). Learning-disabled brains: A review of the literature. *Journal of Clinical and Experimental Neuropsychology, 25,* 1011-1034.

Elliott, C. D. (1990). *Differential ability scales.* San Antonio, TX: The Psychological Corporation.

Elliott, C. D. (2001). Application of the Differential Ability Scales and the British Ability Scales: Second Edition for the assessment of learning disabilities. In A. S. Kaufman & N. L. Kaufman (Eds.), *Specific learning disabilities and difficulties in children and adolescents: Psychological assessment and evaluation* (pp. 178-217). New York: Cambridge University Press.

Elliott, C. D. (2005). The Differential Ability Scales. In D. P. Flanagan & P. L. Harrison (Eds.), *Contemporary intellectual assessment: Theories, tests, and issues* (pp. 402-424). New York: Guilford.

Elliott, C. D. (2007a). *Differential ability scales* (2nd ed.). San Antonio, TX: The Psychological Corporation.

Elliott, C. D. (2007b). *Differential Ability Scales: Introductory and technical handbook.* San Antonio, TX: The Psychological Corporation.

McGrew, K. S. (2005). The Cattell-Horn-Carroll theory of cognitive abilities: Past present, and future. In D. P. Flanagan & P. L. Harrison (Eds.), *Contemporary intellectual assessment: Theories, tests, and issues* (pp. 136-181). New York: Guilford.

National Association of School Psychologists. (2007). NASP position statement on identification of children with specific learning difficulties. http://www.nasponline.org/about_nasp/positionpapers/SLDPosition_2007.pdf.

National Association of State Directors of Special Education. (2005). *Response to intervention: Policy considerations and implementation.* Alexandria, VA: NASDSE.

Reynolds, C. R. (August, 2005). Considerations in RTI as a method of diagnosis of learning disabilities. Paper presented to the Annual Institute for Psychology in the Schools of the American Psychological Association, Washington DC.

Semrud-Clikeman, M. (2005). Neuropsychological aspects for evaluating learning disabilities. *Journal of*

Learning Disabilities, 38, 563-568.

Semrud-Clikeman, M., & Pliszka, S. R. (2005). Neuroimaging and psychopharmacology. *School Psychology Quarterly, 20,* 172-186.

Shaywitz, B. A., Lyon, G. R., & Shaywitz, S. E. (2006). The role of functional magnetic resonance imaging in understanding reading and dyslexia. *Developmental Neuropsychology, 30,* 613-632.

Zadina, J. N., Corey, D. M., Casbergue, R. M., Lemen, L. C., Rouse, J. C., Knaus, T. A., & Foundas, A. L. (2006). Lobar asymmetries in dyslexic and control subjects. *Journal of Child Neurology, 21,* 922-931.

제16장

Feifer, S. G., & DeFina, P. D. (2000). *The neuropsychology of reading disorders: Diagnosis and intervention.* Middletown, MD: School Neuropsych Press.

Feifer, S. G., & Della Toffalo, D. (2007). *Integrating RTI with cognitive neuropsychology: A scientific approach to reading.* Middletown, MD: School Neuropsych Press.

Fletcher, J. M., Coulter, W. A., Reschly, D. J., & Vaughn, S. (2004). Alternative approaches to the definition and identification of learning disabilities: Some questions and answers. *Annals of Dyslexia, 54*(2), 173-177.

Fuchs, D., Mock, D., Morgan, P. L., & Young, C. L. (2003). Responsiveness-to-intervention: Implications for the learning disabilities construct. *Learning Disabilities Research & Practice, 18*(3), 157-171.

Goldberg, E. (1989). Gradient approach to neocortical functional organization. *Journal of Clinical and Experimental Neuropsychology, 11*(4), 489-517.

Goldberg, E. (2005). The *wisdom paradox.* New York: Gotham Books.

Goswami, U. (2007). Typical reading development and developmental dyslexia across language. In D. Coch, G. Dawson, & K. W. Fischer (Eds.), *Human behavior, learning and the developing brain* (p. 145-167). New York: Guilford.

Grigorenko, E. L. (2007). Triangulating developmental dyslexia. In D. Coch, G. Dawson, & K. W. Fischer (Eds.), *Human behavior, learning and the developing brain* (p. 117-144). New York: Guilford.

Hale, J. B., & Fiorello, C. A. (2004). *School neuropsychology.* New York: Guilford.

Hale, J. B., Kaufman, A., Naglieri, J. A., & Kavale, K. A. (2006). Implementation of IDEA: Integrating response to intervention and cognitive assessment methods. *Psychology in the Schools, 43*(7), 753-770.

International Dyslexia Association (IDA). (2003). *Finding the answers (pamphlet).* Baltimore: Author.

LD Roundtable (2002). *Specific learning disabilities: Finding common ground.* Washington DC: Office of Special Education Programs. Retrieved August 28th, 2007 from the NASP website: http://www.nasponline.org/advocacy/SLD_OSEP.pdf.

Levine, M. D., & Reed, M. (1999). Developmental *variation and learning disorders.* Cambridge, MA: Educators Publishing Services, Inc.

McCandliss, B. D., & Noble, K. G. (2003). The development of reading impairment: A cognitive neuroscience model. *Mental Retardation and Developmental Disabilities, 9,* 196–205.

Moats, L. (2004). Relevance of neuroscience to effective education for students with reading and other learning disabilities. *Journal of Child Neurology, 19*(10), 840–845.

Nation, K., & Snowling, M. (1997). Assessing reading difficulties: The validity and utility of current measures of reading skill. *British Journal of Educational Psychology, 67,* 359–370.

National Joint Committee on Learning Disabilities. (2005). Responsiveness to intervention and learning disabilities. Retrieved August 30, 2007 from http://www.ldonline.org/njcld.

Natinal Reading Panel. (2000). *Teaching children to read: An evidenced based assessment of the scientific research literature on reading and its implications for reading instruction.* Washington, DC: National Institutes of Child Health and Human Development.

Noble, K. G., & McCandliss, B. D. (2005). Reading development and impairment: Behavioral, social, and neurobiological factors. *Developmental and Behavioral Pediatrics, 26*(5), 370–376.

Owen, W. J., Borowsky, R., & Sarty, G. E. (2004). FMRI of two measures of phonological processing in visual word recognition: Ecological validity matters. *Brain and Language, 90,* 40–46.

Paulesu, E., Frith, U., Snowling, M., Gallagher, A., Morton, J., Frackowiak, R. S. J., & Frith, C. (1996). Is developmental dyslexia a disconnection syndrome? *Brain, 119,* 143–157.

Pinker, S. (2000). *The language instinct.* New York: Harper-Collins.

Pugh, K. R., Mencl, W. E., Jenner, A. R., Katz, L., Frost, S. J., Lee, J. R., Shaywitz, S. E., & Shaywitz, B. A. (2000). Functional neuroimaging studies of reading and reading disability (developmental dyslexia). *Mental Retardation and Developmental Disabilities Research Reviews, 6,* 207–213.

Ratey, J. J. (2001). *A user's guide to the brain: Perception, attention, and the four theatres of the brain.* New York: Pantheon Books.

Rechsly, R. J. (2003). *What if LD identification changed to reflect research findings?* Paper presented at the National Research Center on Learning Disabilities Responsiveness-to-Intervention Symposium, Kansas City, MO.

Reiter, A., Tucha, O., & Lange, K. W. (2004). Executive functions in children with dyslexia. *Dyslexia, 11*, 116-131.

Richards, T. L., Aylward, E. H., Field, K. M., Grimme, A. C., Raskind, W., Richards, A., Nagy, W., Eckert, M., Leonard, C., Abbott, R. D., & Berninger, V. W. (2006). Converging evidence for triple word form theory in children with dyslexia. *Developmental Neuropsychology, 30*(1), 547-589.

Rumsey, J. M. (1996). *Neuroimaging in developmental dyslexia.* In G. R. Lyon & J. M. Rumsey (Eds.), *Neuroimaging: A window to the neurological foundations of learning and behavior in children.* (p. 57-77). Baltimore: Paul H. Brookes.

Sandak, R., Mencl, W. E., Frost, S., Rueckl, J. G., Katz, L., Moore, D. L., Mason, S. A., Fulbright, R. K., Constable, R. T., & Pugh, K. R. (2004). The neurobiology of adaptive learning in reading: A contrast of different training conditions. *Cognitive, Affective, & Behavioral Neuroscience, 4*(1), 67-88.

Semrud-Clikeman, M. (2005). Neuropsychological aspects for evaluating learning disabilities. *Journal of Learning Disabilities, 38*, 563-568.

Schatschneider, C., & Torgeson, J. K. (2004). Using our current understanding of dyslexia to support early identification and intervention. *Journal of Child Neurology, 19*, 759-765.

Shaywitz, S. (2004). *Overcoming dyslexia.* New York: Random House.

Shaywitz, S., & Shaywitz, B. (2005). Dyslexia: Specific reading disability. *Biological Psychiatry, 57*, 1301-1309.

Shinn, M. R. (2002). Best practices in using curriculum-based measurement in a problem-solving model. In A. Thomas & J. Grimes (Eds.), *Best practices in school psychology IV.* Bethesda, Maryland: National Association of School Psychologists.

Temple, E. (2002). Brain mechanisms in normal and dyslexic readers. *Current Opinion in Neurobiology, 12*, 178-193.

Torgeson, J., Wagner, R., Rashotte, C., Rose, E., Lindamood, P., Conway, T., & Garvan, C. (1999). Preventing reading failure in young children with phonological processing disabilities: Group and individual responses to instruction. *Journal of Educational Psychology, 91*, 579-593.

U. S. Department of Education (2005). *The nation's report card: Mathematics 2005.* Washington DC: National Center for Educational Statistics.

U. S. Department of Education, Office of Special Education and Rehabilitative Services (2006). Twenty-sixth annual report to Congress on the implementation of the Individuals with Disabilities Education Act. Washington, DC: Author.

제17장

Berninger, V. W. (2001). Understanding the "lexia" in dyslexia: A multidisciplinary team approach to learning disabilities. *Annals of Dyslexia, 51,* 23-48.

Dean, R. S., & Woodcock, W. (2003). *The Dean-Woodcock Neuropsychological System.* Itasca, IL: Riverside.

Fletcher, J. M., Francis, D. J., Morris, R. D., & Lyon, G. R. (2005). Evidence-based assessment of learning disabilities in children and adolescents. *Journal of Clinical Child & Adolescent Psychology, 34,* 506-522.

Fletcher, J. M., Lyon, G. R., Fuchs, L. S., & Barnes, M. A. (2007). *Learning disabilities: From identification to intervention.* New York: Guilford.

Flowers, L., Meyer, M., Lovato, J., Wood, F., & Felton, R. (2000). Does third grade discrepancy status predict the course of reading development? *Annals of Dyslexia, 50,* 49-71.

Fuchs, D., Mock, D., Morgan, P. L., & Young, C. L. (2003). Responsivenes-to-Intervention: Definitions, evidence, and implications for the learning disabilities construct. *Learning Disabilities Research and Practice, 18,* 157-171.

Gilger, J. W., & Kaplan, B. J. (2001). Atypical brain development: A conceptual framework for understanding learning disabilities. *Developmental Neuropsychology, 20,* 465-481.

Grigorenko, E. L. (2001). Developmental dyslexia: An update on genes, brains, and environments. *Journal of Child Psychology and Psychiatry, 42,* 91-125.

Hale, J. B., Kaufman, A., Naglieri, J. A., & Kavale, K. A. (2006). Implementation of IDEA: Integrating response to intervention and cognitive assessment methods. *Psychology in the Schools, 43*(7), 2006.

Kavale, K. A., & Forness, S. R. (2003). Learning disabilities as a discipline. In H. L. Swanson, K. R. Harris, & S. Graham (Eds.), *Handbook of learning disabilities* (pp. 76-93). New York: Guilford.

Kavale, K. A., Holdnack, J. A., & Mostert, M. P. (2005). Responsiveness to intervention and the identification of specific learning disability: A critique and alternative proposal. *Learning Disability Quarterly, 28,* 2-16.

Kavale, K. A., Kaufman, A. S., Naglieri, J. A., & Hale, J. (2005). Changing procedures for identifying learning disabilities: The danger of poorly supported ideas. *School Psychologist, 59,* 16-25.

Lyon, G. R., Fletcher, J. M., Shaywitz, S. E., Shaywitz, B. A., Torgesen, J. K., Wood, F., et al. (2001). Rethinking learning disabilities. In C. E. Finn, Jr., A. J. Rotherham, & C. R. Hokanson, Jr. (Eds.), *Rethinking special education for a new century* (pp. 259-287). Washington, DC: Thomas B. Fordham Foundation. Retrieved from http://www.excellence.net/library/specialed/index.html

Mather, N., & Gregg, N. (2006). Specific learning disabilities: Clarifying, not eliminating, a construct. *Professional Psychology: Research and Practice, 37,* 99-106.

Mather, N., & Wendling, B. (2005). Linking cognitive assessment results to academic interventions for students with learning disabilities. In D. P. Flanagan & P. L. Harrison (Eds.), *Contemporary intellectual assessment: Theories, tests, and issues* (2nd ed., pp. 269-294). New York: Guilford.

National Joint Committee on Learning Disabilities. (2005). *Responsiveness to intervention and learning disabilities: Concepts, benefits and questions.* [Report] Alexandria, VA: Author.

Schlaggar, B. L., Brown, T. T., Lugar, H. M., Visscher, K. M., Miezin, F. M., & Peterson, S. E. (2002). Functional neuroanatomical differences between adults and school age children in processing of single words. *Science, 296,* 1476.

Semrud-Clikeman, M. (2005). Neuropsychological aspects for evaluating learning disabilities. *Communication Disorders Quarterly, 26*(4), 242-247.

Speece, D. L. (2005). Hitting the moving target known as reading development: Some thoughts on screening children for secondary interventions. *Journal of Learning Disabilities, 38,* 487-93.

U. S. Office of Education. (1968). First *annual report of the National Advisory Committee on Handicapped Children.* Washington, DC: U. S. Department of Health, Education, and Welfare.

Woodcock, R. W. (1984). A response to some question raised about the Woodcock-Johnson. *School Psychology Review, 13,* 355-362.

제18장

Amici, S., & Boxer, A. L. (2007). Oiling the gears of the mind: Roles for acetylcholine in the modulation of attention. In B. L. Miller and J. L. Cummings (Eds.), *The human frontal lobes functions and disorders* (pp. 135-144). New York: Guilford.

Bonci, A., & Jones, S. (2007). The mesocortical dopaminergic system. In B. L. Miller & J. L. Cummings (Eds.), *The human frontal lobes functions and disorders* (pp. 145-162). New York: Guilford.

Byrnes, J. P. (2007). Some ways in which neuroscientific research can be relevant to education. In D. Coch, K. W. Fisher, & G. Dawson (Eds.), *Human behavior, learning and the developing brain: Typical developments* (pp. 30-49). New York: Guilford.

Delazer, M., Donahs, F., Bartha, L., Brenneis, C., Lochy, A., Treib, T., & Benke, T. (2003). Learning complex arithmetic—an fMRI study. *Cognition and Brain Research, 18,* 76-88.

Gaskins, I. W., Satlow, E., & Pressley, M. (2007). Executive control of reading comprehension in the elementary school. In L. Meltzer (Ed.), *Executive function in education* (pp. 194-215). New York: Guilford.

Grigorenko, E. L. (2007). Triangulating developmental dyslexia: Behavior, brain, and genes. In D. Coch, G. Dawson, & K. W. Fisher (Eds.), *Human behavior, learning and the developing brain: Atypical development* (pp. 117-144). New York: Guilford.

Houde, O., Zago, L., Crivello, F., Moutier, S., Pineau, A., Mazoyer, & Tzourio-Mazoyer, N. (2001). Access to deductive logic depends on a right ventromedial area devoted to emotion and feeling: Evidence from a training paradigm. *Neuroimage, 14,* 1486-1492.

Menon, V., MacKenzie, K., Rivera, S. M., & Reiss, A. L. (2002). Prefrontal cortex involvement in processing incorrect arithmetic equation: Evidence from event-related fMRI. *Human Brain Mapping, 16,* 119-130.

Robert, P. H., Benoit, M., & Caci, H. (2007). Serotonin and the frontal lobes. In B. L. Miller & J. L. Cummings (Eds.), *The human frontal lobes functions and disorders* (pp. 121-134). New York: Guilford.

Samango-Sprouse, C. (2007). Frontal lobe development in childhood. In B. L. Miller & J. L. Cummings (Eds.), *The human frontal lobes: Functions and disorders* (pp. 576-593). New York: Guilford.

Silver, C. H., Blackburn, L. B., Arffa, S., Barth, J. T., Bush, S. S., Troster, A. I., Moser, R. S., Elliott, R. W. NAN Policy and Planning Committee. (2006). The importance of neuropsychological assessment for the evaluation of childhood learning disorders. *Archives of Clinical Neuropsychology, 21,* 741-744.

Yurgelun-Todd, D. (2007). Emotional and cognitive changes during adolescence. *Current Opinions in Neurobiology, 17,* 251-257.

제19장

American Educational Research Association, American Psychological Association, & National Council on Measurement in Education. (1985). *Standards for Educational and Psychological Testing.* Washington, DC: American psychological Association.

American Psychological Association. (2002). *Ethical principles of psychologists and code of conduct.* Washington, DC: American Psychological Association.

Ardila, A. (2005). Cultural values underlying psychometric cognitive testing. *Neuropsychology Review, 4,* 185-195.

Camara, W. J., Nathan, J. S., & Puente, A. E. (2000). Psychological test usage: Implications in professional psychology. *Professional Psychology: Research and Practice, 31*(2), 141–154.

Evans, J. D., Millar, S. W., Byrd, D. A., & Heaton, R. K. (2000). Cross-cultural applications of the Halstead-Reitan Battery. In E. Fletcher-Janzen, T. L. Strickland, & C. R. Reynolds (Eds.), *Handbook of cross-cultural neuropsychology* (pp. 287–303). New York: Kluwer Academic/Plenum.

D'Amato, R. C., Crepeau-Hobson, F., Huang, L. V., & Geil, M. (2005). Ecological Neuropsychology: An alternative to the deficit model for conceptualizing and serving students with learning disabilities. *Neuropsychology Review, 15*(2), 97–103.

De Smedt, B., Swillen, A., Devriendt, K., Fryns, J. P., Verschaffel, L., & Ghesquiere, P. (2007). Mathematical disabilities in children with velo-cardio-facial syndrome. *Neuropsychologia, 45*, 885–895.

Dmitrova, E. D., Dubrovinskaya, N. V., Lukashevich, I. P., Machinskaya, R. I., & Shklovskii, V. M. (2005). Features of cerebral support of verbal processes in children with dysgraphia and dyslexia. *Human Physiology, 31*(2), 5–12.

Geisinger, K. F., Boodoo, G., & Noble, J. P. (2002). The psychometrics of testing individuals with disabilities. In Ekstrom, R. B. & Smith, D. K. (Eds.), *Assessing individuals with disabilities* (pp. 33–42). Washington, DC: American Psychological Association.

Goldstein, G., & Beers, S. R. (2004). Intellectual and neuropsychological assessment. In G. Goldstein, S. R. Beers, & M. Hersen (Eds.), *Comprehensive handbook of psychological assessment* (pp. 101–104). Hoboken, NJ: Wiley.

Harris-Murri, N., King, K., & Rostenberg, D. (2006). Reducing disproportionate minority representation in special education programs for students with emotional disturbances: Toward a culturally responsive response to intervention model. *Education and treatment of children, 29*(4), 779–799.

Hynd, G. W., Orbzut, J. E., Hayes, F., & Becker, M. G. (1986). Neuropsychology of childhood learning disabilities. In D. Wedding, A. M. Horton, & J. Webster (Eds.), *The neuropsychology handbook*. (pp. 456–485). New York: Springer.

Individuals with Disabilities Education Improvement Act. Conference Report. (2004). Washington, D.C.

Justice, L. M. (2006). Evidence-based practice, response to intervention, and prevention of reading difficulties. *Language, Speech, and Hearing Services in Schools, 37*, 284–297.

Mitrushina, M. N., Boone, K. B., & D'Elia, L. (1999). *Handbook of normative data for neuropsychological testing.* New York: Oxford University Press.

Nell, V. (2000). *Cross-cultural neuropsychological assessment: Theory and practice.* Mahwah, NJ: Erlbaum.

Perez-Arce, P., & Puente, A. E. (1996). Neuropsychological assessment of ethnic-minorities: The case of assessing Hispanics living in North America. In R. J. Sbordone, & C. J. Long (Eds.), *Ecological validity of neuropsychological testing* (pp. 283-300). Delray Beach, FL: Gr Press/St Lucie Press.

Plomin, R., & Walker, S. O. (2003). Genetics and educational psychology. *British Journal of Educational Psychology, 73,* 3-14.

Puente, A. E. (2006). Cómo se relaciona la cultura con la neuropsicología clínica? La construcción de una neuropsicología global desde una perspectiva personal. In *Avances en neuropsicología clínica* (pp. 6-9). Madrid, Spain: Fundación Mafre.

Puente, A. E., Adams, R., Barr, W. B., Bush, S. S., and NAN Policy and Planning Committee, Muff, R. M., Barth, J. T., Broshek, D., Koffler, S. P., Reynolds, C., Silver, C. H., & Trostel, A. I. (2006). The use, education training and supervision of neuropsychological test technicians (psychometrists) in clinician practice. Official Statement of the National Academy of Neuropsychology. *Archives of Clinical Neuropsychology, 21*(8), 837-839.

Puente, A. E., & Perez-Garcia, M. (2000). Psychological assessment of ethnic minorities. In G. Goldstein & M. Hersen (Eds.), *Handbook of psychological assessment.* Kidlington, Oxford: Elsevier Science.

Puente, A. E., & Agranovich, A. V. (2003). The cultural in cross-cultural neuropsychology. G. Goldstein, S. R. Beers, & M. Hersen (Ed.), *Comprehensive handbook of psychological assessment* (pp. 321-332). Hoboken, NJ: Wiley.

Puente, A. E., & Ardila, A. (2000). Neuropsychological assessment of Hispanics. In E. Fletcher-Janzen, T. L. Strickland, & C. R. Reynolds (Eds.), *Handbook of cross-cultural neuropsychology* (pp. 87-104). New York: Kluwer Academic/Plenum.

Pullin, D. (2002). Testing individuals with disabilities: reconciling social science and social policy. In R. B. Ekstrom, & D. K. Smith (Eds.), *Assessing individuals with disabilities* (pp. 11-32). Washington, DC: American Psychological Association.

Semrud-Clikeman, M., & Pliszka, S. R. (2005). Neuroimaging and psychopharmacology. *School Psychology Quarterly, 20*(2), 172-186.

Spreen, O. (2000). The neuropsychology of learning disabilities. *Zeitschrift fur Neuropsychologie, 11*(3), 168-193.

Triandis, H. C., Marín, G., Lisansky, J., & Betancourt, H. (1984). Simpatía as a cultural script for Hispanics. *Journal of Personality and Social Psychology, 47*(6), 1363-1375.

Triandis, H. C., Leung, K., Villareal, M. J., & Clack, F. L. (1985). Allocentric versus idiocentric tendencies:

Convergent and discriminant validation. *Journal of Research in Personality, 4,* 395–415.

U. S. Census Bureau. (2000). United States: 2000, *Summary Population and Housing Characteristics,* PHC-1-1, United States Washington, DC, 2002.

Wolf, M., Bowers, P. G., & Biddle, K. (2000). Naming-speed process, timing, and reading: A conceptual review. *Journal of Learning Disabilities, 33*(4), 387–407.

Wong, T. M., Strickland, T. L., Fletcher-Janzen, E., Ardila, A., & Reynolds, C. R. (2000). Theoretical and practical issues in the neuropsychological assessment and treatment of culturally dissimilar patients. In E. Fletcher-Janzen, T. L. Strickland, & C. R. Reynolds (Eds.), *Handbook of cross-cultural neuropsychology* (pp. 3–18). Dordrecht, Netherlands: Kluwer Academic.

Zillmer, E. A., Spiers, M. V., & Culbertson, W. C. (2008). *Principles of neuropsychology.* Belmont, CA: Thomson Wadsworth.

제20장

Baron, I. (2004). *Neuropsychological evaluation of the child.* New York: Oxford University Press.

Denckla, M. (1995). Foreword. In S. Broman & M. Michel (Eds.), *Traumatic brain injury in children* (p. x). New York: Oxford University Press.

Fuchs, D., Mock, D., Morgan, P., & Young, C. (2003). Responsiveness to intervention: Definitions, evidence, and implications for the learning disabilities construct. *Learning Disabilities Research and Practice, 18*(3), 157–171.

Fuchs, D., Fuchs, L., & Compton, D. (2004). Identifying reading disabilities by responsiveness-to-instruction: Specifying measures and criteria. *Learning Disability Quarterly, 27,* 216–227.

Gilger, J. & Kaplan, B. (2001). Atypical brain development: A conceptual framework for understanding developmental learning disabilities. *Developmental Neuropsychology, 20*(2), 465–481.

Hale, J., Kaufman, A., Naglieri, J., & Kavale, K. (2006). Implementation of IDEA: Integrating response to intervention and cognitive assessment methods. *Psychology in the Schools, 43*(7), 753–769.

Hartlage, L., & Long, C. (1997). The development of neuropsychology as a professional psychological specialty: History, training, and credentialing. In C. Reynolds & E. Fletcher-Janzen (Eds.), *Handbook of clinical child neuropsychology* (2nd ed.). New York: Plenum.

Korkman, M., Kirk, U., & Kemp, S. (1998). *A Developmental Neuropsychological Assessment.* San Antonio, TX: The Psychological Corporation.

National Association of School Psychologists. (2007). *NASP Position Statement on Identification of Students with Specific Learning Disabilities.* Approved by NASP Delegate Assembly, July 2007.

Pihko, E., Mickos, A., Kujala, T., Pihlgren, A., Westman, M., Alku, P., Byring, R., & Korkman, M. (2007). Group intervention changes brain activity in bilingual language impaired children. *Cerebral Cortex, 17,* 849-858.

Piercel, K., Müller, R-A., Ambrose, J., Allen, G., & Courchesne, E. (2001). Face processing occurs outside the fusiform "face area" in autism: Evidence from functional MRI. *Brain, 124*(10), 2059-2073.

Reynolds, C. (August, 2005). *Considerations in RTI as a method of diagnosis in learning disabilities.* Paper presented to the Annual Institute for Psychology in the Schools of the American Psychological Association, Washington, DC.

Rodriguez, D. P., & Poussaint, T. Y. (2007). Neuroimaging of the child with developmental delay. *Topics in Magnetic Resonance Imaging, 18,* 75-92.

Simos, P., Breier, J., Fletcher, J., Bergman, E., & Papanicolaou, A. (2000). Cerebral mechanisms involved in word reading in dyslexic children: a magnetic source imaging approach. *Cerebral Cortex, 10*(8), 809-816.

Vaughn, S., & Wanzek, J. (April, 2007). LD Talk: Reading and RTI. *National Council of Learning Disabilities.* Retrieved September 5, 2007 from the NCLD website: http://www.ncld.org/content/view/1226.

제21장

American Psychiatric Association. (2000). *Diagnostic and statistical manual-Fourth Edition.* Washington, DC: American Psychological Association.

American Psychological Association Council of Representatives. (1996). Archival description of the specialty of clinical neuropsychology. *Appendix K XVI.3.* Washington, DC: American Psychological Association.

Silver, C. H., Blackburn, L. B., Arffa, S., Barth, J. T., Bush, S. S., Koffler, S. P., Pliskin, N., Reynolds, C. R., Ruff, R. M., Troster, A. I., Moser, R. S., & Elliott, R. W. (2006). The importance of neuropsychological assessment for the evaluation of childhood learning disorders. *Archives of Clinical Neuropsychology, 21,* 741-744.

Vaughn, S., & Wanzek, J. (April, 2007). LD Talk: Reading and RTI. http://www.ncld.org/content/view/1226.

제22장

Feifer, S. G., & Toffalo, D. A. (2007). *Integrating RTI with cognitive neuropsychology: A scientific approach to reading.* Middletown, MD: School Neuropsych Press, LLC.

Fuchs, D., Mock, D., Morgan, P. L., & Young, C. L. (2003). Responsiveness-to-intervention: Definitions, evidence, and implications for the learning disabilities construct. *Learning Disabilities Research & Practice, 18*(3), 157-171.

Individuals with Disabilities Improvement Act of 2004, Publication 108–446, 602, 30 (A).

Reitan, R. M., & Wolfson, D. (1992). *Neuropsychological evaluation of older children.* Tucson, AZ: Neuropsychology Press.

Reynolds, C. R. (August, 2005). Considerations in RTI as a method of diagnosis of learning disabilities. Paper presented to the Annual Institute for Psychology in the Schools of the American Psychological Association. Washington, DC.

Rourke, B. (1994). Neuropsychological assessment of children with learning disabilities: Measurement issues. In C. R. Lyon (Ed.), *Frames of reference for the assessment of learning disabilities: New views on measurement issues* (pp. 475-514). Baltimore: Paul H. Brooks.

Semrud-Clikeman, M. (2005). Neuropsychological aspects for evaluating learning disabilities. *Journal of Learning Disabilities, 38*(6), 563-568.

Simos, P. G., Fletcher, J. M., Sarkari, S., Billingsley-Marshall, R., Denton, C. A., & Papanicolaou, A. C. (2007). Intensive instruction affects brain magnetic activity associated with oral word reading in children with persistent reading disabilities. *Journal of Learning Disabilities, 40,* 37-48.

Teeter, P. A., & Semrud-Clikeman, M. (1997). *Child neuropsychology: Assessment and interventions for neurodevelopmental disorders.* Needham Heights, MA: Allyn & Bacon.

U. S. Department of Education. Office of Special Education and Rehabilitation Services (OSERS). (2007). Questions and answers on response to intervention (RTI) and early intervening services (EIS). Retrieved September 10, 2007, from http://idea.ed.gov/explore/view/p/%2Croot%2Cdynamic%2CQaCorner%2C8%2C.

제23장

Baron, I. S. (2000). Clinical implications and practical applications of child neuropsychological evaluations. In K. O. Yeates, M. D. Ris, & H. G. Taylor (Eds.), *Pediatric neuropsychology: Research, theory, and practice* (pp. 439-456). New York: Guilford.

Fawcett, A. J., & Nicolson, R. I. (2007). Dyslexia, learning, and pedagogical neuroscience. *Developmental Medicine and Child Neurology, 49,* 306-311.

Fuchs, D., & Fuchs, L. S. (2001). Responsiveness-to-intervention: A blueprint for practitioners, policymakers, and parents. *Teaching Exceptional Children, 38,* 57-61.

Holmes Bernstein, J. (2000). Developmental neuropsychological assessment. In K. O. Yeates, M. D. Ris, & H. G. Taylor (Eds.), *Pediatric neuropsychology: Research, theory, and practice* (pp. 405-438). New York: Guilford.

IDEA (2004). Individuals with Disabilities Education Improvement Act of 2004. *Public Law* 108-446.

Koizumi, H. (2004). The concept of 'developing the brain': A new natural science for learning and education. *Brain & Development, 26,* 434-441.

Lyon, G. R., Fletcher, J. M., Shaywitz, S. E., Shaywitz, B. A., Torgesen, J. K., Wood, F. B., et al. (2001). Rethinking learning disabilities (Electronic version). In C. E. Finn, A. J. Rotherham, & C. R. Hokanson, (Eds.), *Rethinking special education for a new century* (pp. 259-287). Washington, DC: Thomas Fordham Foundation.

Moats, L. (2004). Relevance of neuroscience to effective education for students with reading and other learning disabilities. *Journal of Child Neurology, 19,* 840-845.

National Joint Committee on Learning Disabilities (2005). *Responsiveness to intervention and learning disabilities.* Retrieved July, 2007, from http://www.ldonline.org.

Paulesu, E., Demonet, J. F., Fazio, F., McCrory, E., Chanoine, V., et al. (2001). Dyslexia: Cultural diversity and biological unity (Electronic version). *Science, 291,* 2165-2167.

Reynolds, C. R. (2005). Considerations in RTI as a method of diagnosis of learning disabilities. Paper presented to the Annual Institute for Psychology in the Schools of the American Psychological Association, Washington, DC.

Shaywitz, S. (2003). *Overcoming dyslexia.* New York: Alfred A. Knopf.

Sherman, G. (2004, August). *Are there structural brain differences in kids with ld?* Retrieved July, 2007, from http://www.schwablearning.org.

Taylor, H. G. (1989). Learning Disabilities. In E. J. Mash & R. Barkley (Eds.), *Behavioral Treatment of Childhood Disorders* (pp. 347-380). New York: Guilford.

제24장

Bandura, A. (1969). *Principles of behavior modification*. New York: Holt, Rinehart, & Winston.

Bandura, A. (1982). Self-efficiency mechanism in human agency. *American Psychologist, 37*, 122-147.

Horton, A. M., Jr., & Wedding, D. (1984). *Introduction to clinical and behavioral neuropsychology*. New York: Praeger.

Lewinsohn, P. M., Danaher, B. G., & Kikel, S. (1974). Visual imagery as a mnemonic aiding brain damaged persons. *Journal of Consulting Clinical Psychology, 45*, 771-723.

Luria, A. R. (1970). *The working brain*. New York: Basic Books.

Olsen, R. K., & Gayan, J. (2001). Brains, genes and environment in reading development. In S. B. Neuman & D. K. Dickenson (Eds.), *Handbook of early literacy* (pp. 81-94). New York: Guilford.

Reitan, R. M., & Wolfson, D. (1992). *Neuropsychological evaluation of older children*. Tucson, AZ: Neuropsychology Press.

Reynolds, C. R., & Horton, A. M. (2006). *Test of verbal conceptualization and fluency*. Austin, TX: Pro-Ed, Inc.

Reynolds, C. R., & Voress, J. A. (2007). *Test of memory and learning, second edition*. Austin, TX: Pro-Ed, Inc.

제25장

Barkley, R. S. (2003). Attention-Deficit/Hyperactivity Disorder. In E. J. Mash and R. A. Barkley (Eds.), *Child pathology* (2nd ed., pp. 75-143). New York: Guilford.

Beaulieu, C., Plewes, C., Paulson, L. A., Roy, D., Snook, L., Concha, L., & Phillips, L. (2005). Imaging brain connectivity in children with diverse reading ability. *Neuroimage, 25*, 1266-1271.

Bourguignon, M. (2006). Technology takes guesswork out of data collection. *McGill Report, 38*, 1.

D'Amato, R. C., & Dean, R. S. (2007). Neuropsychology. In C. R. Reynolds & E. Fletcher-Janzen (Eds.), *Encyclopedia of special education* (pp. 1439-1440). New York: Wiley.

Edelston, D., & Swanson, H. L. (2007). Learning disabilities. In C. R. Reynolds and E. Fletcher-Janzen (Eds.), *Encyclopedia of special education* (pp. 1231-1234). New York: Wiley.

Fisher, S. E., & DeFries, J. C. (2002). Developmental dyslexia: genetic dissection of a complex cognitive trait. *National Review of Neuroscience, 3*, 767-780.

Fletcher, J. M., Lyon, G. R., Fuchs, L. S., & Barnes, M. A. (2007). *Learning disabilities: From identification to intervention*. New York: Guilford.

Fletcher-Janzen, E. (2005). The school neuropsychological assessment. In R. C. D'Amato, E. Fletcher-Janzen, & C. R. Reynolds (Eds.), *Handbook of school neuropsychology* (pp. 173-213). New York:

Wiley.

Fuchs, D., & Young, C. L. (2006). On the irrelevance of intelligence in predicting responsiveness to reading instruction. *Exceptional Children, 73*, 8–30.

Gewin, V. (2007). *A golden age of brain exploration.* PloS Biology, 3, e24.

Grigorenko, E. (2005). A conservative meta-analysis of linkage and linkage-association studies of developmental dyslexia. *Scientific Studies of Reading, 9*, 285–316.

Hooper, S. R. (1999). Subtyping specific reading disabilities: Classification approaches, recent advances, and current status. *Mental Retardation and Developmental Disabilities Research Reviews, 2*, 14–20.

Hynd, G. W., & Reynolds, C. R. (2005). School neuropsychology: The evolution of a specialty in school psychology. In R. C. D'Amato, E. Fletcher-Janzen, & C. R. Reynolds (Eds.), *Handbook of school neuropsychology* (pp. 3–14). New York: Wiley.

Linden, D. E. J. (2006). How psychotherapy changes the brain—the contribution of functional neuroimaging. *Molecular Psychiatry, 11*, 528–538.

National Institutes of Health. (2005). Autism and genetic research. Retrieved August 29, 2007, from http://www.nimh.nih.gov/healthinformation/autismmenu.cfm.

NCCREST. (2007). Cultural considerations and challenges in response-to-intervention models: An NCCREST position statement. Retrieved August 20, 2007, from http://www.nccrest.org/index.html.

NIH. (2007). Translational research. Retrieved August 6, 2007, from: Office of Portfolio Analysis and Strategy, National Institutes of Health http://nihroadmap.nih.gov/clinicalresearch/overview-translational.asp.

Posner, M., & Rothbart, M. (2007a). *Educating the human brain.* Washington, DC: APA.

Posner, M., & Rothbart, M. (2007b). Research on attention networks as a model for the integration of psychological science. *Annual Review of Psychology, 58*, 1–23.

Reynolds, C. R. (2007). Neurological organization. In C. R. Reynolds & E. Fletcher-Janzen (Eds.), *Encyclopedia of special education* (pp. 14–39). New York: Wiley.

Scientific and Computing Imaging Institute. The golden age of imaging. Retrieved August 24, 2007, from http://www.sci.utah.edu/

Semrud-Clikeman, M. (2005). Neuropsychological aspects for evaluating learning disabilities. *Journal of Learning Disabilities, 38*, 563–568.

Shaywitz, S. (2004). *Overcoming dyslexia.* New York: Knopf.

Silver, C. H., Blackburn, L. B., Arffa, S., Barth, J. T., Bush, S., Koffler, S. P., Pliskin, N. H., Reynolds, C. R.,

Ruff, R. M., Troster, A. I., Moser, R. S., & Elliot, R. W. (2006). The importance of neuropsychological assessment for the evaluation of childhood learning disorders. *Annuals of Clinical Neuropsychology, 21,* 741-744.

Simeonsson, R. J., Pereira, S., & Scarborough, A. A. (2003). Documenting delay and disability in early development with the WHO-ICF. *Psicologia, 17*(1), 31-41.

Simos, P. G., Fletcher, J. M., Bergman, E., Breier, J. I., Foorman, B. R., Castillo, E. M., Davis, R. N., Fitzgerald, M., & Papanicolaou, A. C. (2002). Dyslexia-specific brain activation profile becomes normal following successful remedial training. *Neurology, 58,* 1203-1213.

Sirin, S. R. (2005). Socioeconomic status and academic achievement: A meta-analytic review of research. *Review of Educational Research, 75,* 417-453.

Vaughn, S. (2007). LD talk: Reading and RTI. Retrieved September 2, 2007, from http://www.ncld.org/content/view/1226.

World Health Organization (2007). International classification of functioning. Retrieved September 2, 2007, from http://www.who.int/classifications/icf/en/

● 찾아보기 ●

인 명

내 용

공|저|자|소|개

Sally Shaywitz, M.D.
    신경심리학자이며, 예일 대학교 소아과 교수 및 학습과 주의 연구(Study of Learning and Attention)를 위한 예일 센터의 공동 소장이다. 전미과학아카데미(National Academy of Sciences)의 의학협회(Institute of Medicine)와 가장 효과적인 읽기 프로그램 결정을 위해 의회에 위임된 국립 읽기위원회(National Reading Panel)의 일원이며, *Scientific American*과 *New York Times*에 기사를 쓰고 있다. 전국에서 강의를 하고 있으며, 정기적으로 방송 활동도 하고 있다.

Alan S. Kaufman, Ph.D.
    예일대학교 의과대학의 심리학 교수이며, Nadeen Kaufman과 함께 Wiley 사의 *Essential of Psychological Assessment* 시리즈의 편집자다. 웩슬러 지능척도(Wechsler Scales)와 지능검사에 대한 수많은 책을 저술하였으며, 널리 사용되고 있는 여러 평가도구의 저자이기도 하다.

H. Lee Swanson, Ph.D.
    캘리포니아 대학교(리버사이드)의 특훈교수이자 석좌교수다. *Intelligence, Journal of Experimental Child Psychology, Memory & Cognition, Developmental Psychology, Journal of Educational Psychology, Review of Educational Research* 등의 학술지에 250편 이상의 논문을 게재했고, 15개 학술지의 심의회에 소속되어 있으며, *Journal of Learning Disabilities*의 편집장이다.

Merrill Hiscock, Ph.D.
    신경심리학자이며, 아동 및 성인의 대뇌 좌·우 기능 분화(cerebral lateralization)와 주의(attention)에 대한 연구에 관심을 가지고 있다. 수년간 학교 문제를 겪고 있는 아동을 위한 임상적 서비스를 제공해 왔다. 1989년 휴스턴 대학교 교수진에 합류하였고, 현재 신경공학과 인지과학 분야에서 UH 센터에 소속되어 있다.

Marcel Kinsbourne, M.D.
    신경학, 소아학, 교육학, 인지심리학, 철학 분야에 다양한 실증적·이론적 기여를 한 소아 신경심리학자다. 수년간 학교 문제를 겪고 있는 아동을 위한 임상 서비스를 제공해 왔다.

Virginia W. Berninger, Ph.D.

워싱턴 대학교 교육심리학과 교수이며, NICHD의 Funded Literacy Trek과 Write Stuff Intervention Projects 그리고 Multidisciplinary Learning Disabilities Center의 책임자다. 또한 미국심리학회 공인 학교심리학과 학습과학 프로그램에 소속되어 있다.

James A. Holdnack, Ph.D.

현재 The Psychological Corporation의 선임 연구책임자다. 펜실베이니아 대학교에서 신경심리학 박사후 과정을 수료했다. 공인 심리학자로서 델라웨어에 위치한 Division of Child Mental Health에서 복합적인 의학적·정신적 문제와 학습장애를 가진 아동을 위해 일하였다.

Cynthia A. Riccio, Ph.D.

학교심리학 프로그램의 전공주임이며, 텍사스 A&M 대학교 신경과학 전공 교수다. ADHD, 소아 신경심리학, 학습 및 언어 장애 연구에 관심을 가지고 있다. 50편 이상의 학술지 논문을 발표 및 출판 중에 있으며, 임상 실습에서의 연속-수행검사의 사용에 대한 책을 공동 저술했다.

Julie A. Suhr, Ph.D.

아이오와 대학교에서 임상심리학 박사학위를 취득했으며, 아이오와 대학교 병원과 클리닉에서 임상심리학 박사후 과정을 수료했다. 현재 오하이오 대학교 심리학부 부교수로 재직하여 연구를 수행하고 있으며, 신경심리 평가에서 학생들의 교육을 지도하고 있다.

Steven J. Hughes, Ph.D., L.P.

소아 신경심리학자이며, 미네소타 대학교 의과대학의 소아과 및 신경학 조교수, TOVA (Test of Variables of Attention) 회사의 교육 및 연구 책임자이자 발행인이다. American Board of Pediatric Neuropsychology로부터 전문의사 자격을 취득하였다.

Daniel C. Miller, Ph.D.

텍사스 여자대학교(덴튼)의 학교심리학 박사과정 및 전문가 교육 프로그램의 교수다. 1992년부터 주립 및 국립 학교심리학협회에서 지도자 및 발표자로 활동하고 있으며, *Essentials of School Neuropsychological Assessment*(Wiley, 2007)의 저자다.

David Breiger, Ph.D.

워싱턴 대학교(시애틀) 정신의학 및 행동과학과 임상부교수이며, 시애틀 아동병원 및 지역 메디컬센터 아동·청소년 정신의학과의 신경심리 컨설팅서비스 소장이다. 연구 영역은 정신분열 초기 발병뿐만 아니라 아동 백혈병 치료 및 뇌종양의 신경행동 효과를 포함한다.

Lawrence V. Majovski, Ph.D., ABPP-CN, ABClinP,
  워싱턴 대학교(시애틀)의 정신과학 및 행동과학부 임상 부교수이자 Seattle Children's Hospital
  과 Regional Medical Center의 아동 및 청소년 정신과학 부서의 임상 부교수다. 31년간 개인진
  료를 하고 있으며, American Academy of Child Psychology, American Academy of Clinical
  Neuropsychology, National Academy of Neuropsychology의 선임 연구원이다.

Ronald T. Brown, Ph.D., ABPP
  공중보건, 심리학, 소아과 교수이며 템플 대학교 College of Health Professions의 총장이다. 아동
  임상심리학과 보건심리학 분야에서 200편 이상의 논문과 책을 발표했다. Behavioral Medicine
  Interventions Outcome 연구 부문에서 과학적 리뷰와 관련한 National Institutes of Health
  Center의 전 회원이었으며, 현재는 소아심리학 학술지(*Journal of Pediatric Psychology*)의 편집
  장이다.

Brian P. Daly, Ph.D.
  템플 대학교의 공중보건학과(Department of Public Health)의 조교수다. 공중보건 분야의 강사
  이자 템플 아동병원 소아심리학 클리닉의 원장이다. 연구 주제는 만성질환을 가진 아동 및 청
  소년 중재, 학교 정신보건 서비스, 도시의 유색인종 아동 및 청소년들 사이에 발생하는 리질리
  언스 요인(resiliency factors)을 포함하고 있다.

Gerry A. Stefanatos, D.Phil.
  템플 대학교(필라델피아)의 부교수이자 의사소통 과학 및 장애 대학(Department of
  Communication Sciences and Disorders)의 학부장이다. 신경심리학과 인지신경과학 분야에서
  수많은 논문을 발표했다. 그의 연구는 뇌의 기능 연구에 대한 신경심리학적·신경언어학적 접
  근과 기능적 신경 촬영 기술(fMRI와 ERP)을 통합한다.

Richard Boada, Ph.D.
  University of Colorado Health Sciences Center 교수이며, 아동 임상신경심리학자다. Bruce
  Pennington 박사와 덴버 대학교에서 발달인지 신경과학(Developmental Cognitive
  Neuroscience)을 가르치고 있으며, 말하기와 언어, 읽기 장애의 근본적인 인지적·유전자적 요
  인에 관한 연구에 참여하고 있다. APA 논문, National Research Service, Young Investigator 상을
  수상하기도 하였으며, 공인 언어병리학자이기도 하다.

Margaret Riddle, Ph.D.

아동 학습장애를 전공한 아동 신경심리학자이며, 덴버 대학교 발달적 신경심리학 클리닉의 책임자다. 교육자 그룹들에게 난독증 판별 및 치료 교육에 대해 주로 발표하고 있으며, *Corsini Encyclopedia of Pshycology*의 'Dyslexia: Reading Disabilities(Assessment)'의 저자다.

Bruce F. Pennington, Ph.D.

난독증, ADHD, 자폐증에 관한 연구로 국제적 명성을 얻은 발달 신경심리학자다. 특히 난독증과 ADHD의 공존성, 장애 간 공존을 이해하기 위한 유전학적·신경심리학적 방법 활용에 관심을 가지고 있다. 덴버 대학교 심리학과의 John Evans 교수로서 발달 인지신경과학 프로그램을 책임지고 있다. 국제 난독증협회(International Dyslexia Association)에서 Research Scientist, MERIT, Fogarty 상을 수상하였고, 영국 아동심리학 및 정신과학협회(British Child Psychology and Psychiatric Association)로부터 Emanuel Miller Lecture를 수상하는 영광을 안았다. AAAS의 선임 연구원이기도 하다.

Scott L. Decker, Ph.D.

학교심리학 박사로 볼 주립대학교를 졸업했으며, 신경심리학을 전공했다. 학위 취득 후 Stanford-Binet(Fifth Edition)와 Woodcock-Johnson(Third Edition) 등을 포함한 몇몇 알려진 지능 측정의 개발에 참여했으며, Bender-Gestalt(Second Edition)를 공동 저술했다. 현재 조지아 주립대학교의 부교수로서 인지 및 신경심리평가에 대한 연구를 하면서 학생들을 가르치고 있다.

Jessica A. Carboni

펜실베이니아 주립대학교를 졸업하고 이학학사 학위를 취득하였다. 현재는 조지아 주립대학교의 학교심리학 프로그램에서 박사과정을 이수 중이다.

Kimberly B. Oliver

조지아 주립대학교를 심리학 문학사로 졸업했다. 현재 이 대학에서 학교심리학 박사과정을 이수 중이다.

Sangeeta Dey, Psy.D.

신경심리학자이며 현재 매사추세츠 심리학협회(Massachusetts Psychological Association)에서 아동·청소년 위원회 대표를 맡고 있다. 렉싱턴, 매사추세츠에서 개인 진료를 하고 있으며, North Shore Children's Hospital에 근무하고 있다. 연구를 통하여 발달 취약, 주의 문제, 발달장애를 가진 아동에 대한 신경심리학적 분석을 제공하고 있으며, 특히 타 문화 아동의 신경심리학적 프로파일에 대한 이해에 관심을 가지고 있다.

Colin D. Elliott Ph.D.

Differential Ability Scales(DAS)와 그 2판인 *DAS-II*의 저자다. 20년간 영국 맨체스터 대학교에서 학교심리학 프로그램의 주임을 역임했다. NASP의 회원이자 APA와 영국심리학회(British Psychological Society)의 선임 연구원이다. 현재 사우스캘리포니아에 살고 있으며, 캘리포니아 대학교(산타바바라)에서 겸임교수로 재직 중이다.

Steven G. Feifer, D.Ed., NCSP

학습장애 분야에서 유명한 학자로, 북미 전역에서 교사와 심리학자들을 대상으로 150회 이상의 세미나를 진행했다. 아동 학습장애에 대한 5권의 책을 저술했으며, 학교심리학과 학교 신경심리학 두 분야를 공부하였다. 현재 메릴랜드 주의 프레더릭에서 학교심리학자로 일하고 있으며, American Board of School Neuropsychology의 코스 강사다.

Lisa A. Pass, Ed.S., NCSP

캔자스 대학교에서 학교심리학 교수 전문가 자격을 취득했으며, 캔자스와 앨라배마에서 학교 시스템 분야에서 일해 왔다. 현재 볼 주립대학교 박사과정 이수 중이며, 신경심리학 연구소에서 일하고 있다.

Raymond S. Dean, Ph.D., ABPP, ABPN, ABPdN

1984년부터 볼 주립대학교 신경심리학의 George and Frances Ball Distinguished Professor이자 신경심리학 연구소 소장으로서 일하고 있다. 500편의 연구논문, 책, 검사를 출판했다. Richard 박사와 함께 Woodcock of the Dean-Woodcock Neuropsychological Battery (Riverside, 2003)를 공동 저술했다.

Michael D. Franzen, Ph.D.

드렉셀 대학교 의과대학의 정신의학 부교수이며, 피츠버그에 있는 Allegheny General Hospital의 심리학 및 신경심리학과 과장이다. APA와 NAN의 Division 40의 선임 연구원이자 펜실베이니아 심리학협회(Pennsylvania Psychological Association)의 선임 연구원이다. 신경심리학과 관련한 수많은 과학 논문 및 챕터, 책을 출간했으며, 여러 전문 학술지의 편집국에서 일하고 있다.

Javier Gontier, M.A.

노스캐롤라이나 대학교(윌밍턴)에서 심리학 대학원 과정을 이수하고 있으며, 남미 칠레의 여러 병원에서 임상심리학자로 일하고 있다. 또한 칠레 대학교에서 교수로 재직 중이며, 칠레와 미국 심리학 학술지에 논문을 게재하고 있다.

Antonio E. Puente, Ph.D.

노스캐롤라이나 대학교(월밍턴)의 Centro Hispano의 소장이자 심리학 교수다. Division of Clinical Neuropsychology of the APA, National Academy of Neuropsychology 등 여러 기구의 대표를 맡고 있다. 문화 신경심리학 분야에서 광범위하게 논문 등을 발표해 왔다.

Sally L. Kemp, Ph.D.

컬럼비아 대학교에서 발달심리학(신경심리학 전공) 박사학위를 취득하였다. 25년간 소아과의 다학제 간 환경에서 적용된 간호, 교육, 신경심리학과 관련한 경력을 쌓았다. 주요 연구 분야는 난독증, ADHD, 자폐증이며, NEPSY와 NEPSY-II의 공저자다.

Marit Korkman, Ph.D.

1975년부터 1995년까지 병원의 아동 부서에서 임상심리학자로 일했으며, 프랑스와 핀란드의 국가 연구기관의 연구원을 지냈다. 1997년부터 2007년까지 아보 아카데미 대학교(Åbo Akademi University), 2007년에는 헬싱키 대학교의 신경심리학 교수로 재직했다. *NEPSY-A Developmental Neuropsychological Assessment*의 책임저자이며, 수많은 연구 논문과 챕터의 저자다.

Rosemarie Scolaro Moser, Ph.D.

뉴저지 주 로렌스빌에 위치한 RSM Psychology Center, LLC의 소장이며, 펜실베이니아 대학교에서 심리학 박사학위를 취득했다. ABPP로부터 신경심리학자 자격을 인정받았고, 공인된 학교심리학자이기도 하다. 학습, 기억, 뇌장애 및 청소년의 스포츠 뇌진탕 등을 주제로 많은 논문을 발표했다.

Andrew L. Schmitt, Ph.D.

텍사스 대학교(타일러)의 심리학 조교수다. 텍사스 대학교, Southwestern Medical Center at Dallas에서 임상심리학 박사학위를 받았고, 텍사스 주의 공인 심리학자다. 적용 검사 및 신경심리학 코스를 지도하며, 주로 치매(dementia), 심리측정학, 신경심리학 등의 분야에서 수많은 논문 등을 발표하고 전문적인 프레젠테이션을 해 왔다.

Ronald B. Livingston, Ph.D.

텍사스 대학교(타일러)의 심리학 교수이자 학교심리학 교육 프로그램(School Psychology Training Program)의 코디네이터다. 주로 심리측정학과 신경심리학 분야에서 수많은 연구 논문과 기타 출간물을 발표했다.

Owen Carr, M.S.

학교심리 공인 전문가이며, 텍사스 주 길머에 위치한 Upshur County Shared Service Arrangement에서 일하고 있다. 텍사스 대학교(타일러)에서 학교심리학과 신경심리학을 공부하고 있으며, 신경심리학과 심리측정학 분야의 몇몇 연구와 출판에 도움을 주고 있다.

Amy Nilson Connery, Psy.D.

유타 주의 솔트레이크시티에 위치한 신경발달센터(Neurodevelopment Center)와 아이다호 주 보이시에 위치한 Idaho Elks Rehabilitation 병원의 소아 신경심리학 선임 연구원이다.

Arthur MacNeill Horton, Jr. Ed.D., ABPP, ABPN

15권 이상의 책과 30장 이상의 책 챕터, 150편 이상의 학술지 논문을 저술 및 편집하였다. American Board of Professional Neuropsychology, Coalition of Clinical Practitioners in Neuropsychology(CCPN) 및 National Academy of Neuropsychology(NAN)의 전 국장이다.

편 | 저 | 자 | 소 | 개

Elaine Fletcher-Janzen, Ed.D., NCSP
1993년 윌리엄 앤 메리 대학에서 학교심리학 박사학위를 취득했으며, 24년째 공립학교
의 학교심리학자 및 신경정신병 입원환자 병동에서 일하고 있다. 14권의 책과 참고서들
을 저술 및 공동 편집했다.

Cecil R. Reynolds, Ph.D.
300개 이상의 학술 출판물의 저자이며, *Encyclopedia of Special Education*과 *Handbook
of Clinical Child Neuropsychology*를 포함하여 45권의 책을 저술 혹은 편집했다. 11년간
*Archives of Clinical Neuropsychology*의 편집장이었으며, 현재는 *Applied Neuro-
psychology*의 편집장이다. 또한 BASC-2와 RIAS 등 널리 이용되는 성격검사, 행동검사
등을 만들었다. 현재 텍사스 A&M 대학교의 교육심리학, 신경과학 교수이자 저명한 연구
학자다.

역 | 자 | 소 | 개

김동일(Kim Dong-il)
서울대학교 사범대학 교육상담 전공 및 동 대학원 특수교육 전공 주임교수다. 서울대학교 교육
학과를 졸업한 후 교육부 국비유학생으로 선발되어 미네소타 대학교 교육심리학과에서 학습
및 정서장애 연구로 석사 · 박사학위를 취득하였다.
Developmental Studies Center Research Associate, 한국청소년상담원 상담교수, 경인교육대학
교 교육학과 교수, 한국학습장애학회 회장을 역임하였으며, 현재 한국아동청소년상담학회 회
장, 한국교육심리학회 부회장, 서울경기인천상담학회 부회장을 맡고 있다. 2007~2012 BK역
량기반교육혁신연구사업단 연구부문 공로업적상, 2009 독서교육대상, 2009 인터넷역기능 연
구부문 행정안전부 장관 표창을 수상하였다. 『학습상담』을 비롯한 30여 권의 (공)저서를 출간
하였으며, 국내외 전문학술지에 200여 편의 연구논문을 게재하였다.

신경과학과 학습장애

-진단과 교육을 위한 새 지평-

Neuropsychological Perspectives on Learning Disabilities in the Era of RTI:
Recommendations for Diagnosis and Intervention

2014년 11월 5일 1판 1쇄 인쇄
2014년 11월 10일 1판 1쇄 발행

엮은이 • Elaine Fletcher-Janzen · Cecil R. Reynolds
옮긴이 • 김동일
펴낸이 • 김진환
펴낸곳 • (주) **학지사**
　　　　121-838 서울특별시 마포구 양화로 15길 20 마인드월드빌딩
대표전화 • 02-330-5114　　팩스 • 02-324-2345
등록번호 • 제313-2006-000265호

홈페이지 • http://www.hakjisa.co.kr
커뮤니티 • http://cafe.naver.com/hakjisa

ISBN 978-89-997-0541-0 93370

Korean Translation Copyright © 2014 by Hakjisa Publisher, Inc.

정가 20,000원

인터넷 학술논문 원문 서비스 뉴논문 www.newnonmun.com

이 도서의 국립중앙도서관 출판시도서목록(CIP)은 서지정보유통지원
시스템 홈페이지(http://seoji.nl.go.kr)와 국가자료공동목록시스템
(http://www.nl.go.kr/kolisnet)에서 이용하실 수 있습니다.
(CIP 제어번호: CIP2014030373)